지금도 **친일**은 진행형이다

일제종족주의
日帝種族主義

황태연 _ 동국대학교 정치외교학과 교수
김종욱 _ 경희대학교 후마니타스칼리지 외래교수
서창훈 _ 상명대학교 교양교육원 외래교수
유용화 _ 한국외국어대학교 교양대학 초빙교수
이영재 _ 한양대학교 제3섹터연구소 학술연구교수
홍찬선 _ 자유기고가, 전 머니투데이 편집국장

Japanese Imperialist Tribalism

지금도 **친일**은 진행형이다

일제종족주의 日帝種族主義

초판	1쇄 2019년 10월 15일(넥센미디어)
재출간	1쇄 인쇄 2023년 7월 25일
	1쇄 발행 2023년 7월 25일

지은이	황태연 김종욱 서창훈 유용화 이영재 홍찬선
펴낸이	김영훈
펴낸곳	생각굽기
출판등록	2018년 11월 30일 제 2018-000070호
주 소	(07993) 서울 양천구 목동로 230 103동 201호
전 화	02-2653-5387
팩 스	02-6455-5787
이메일	kbyh33@naver.com

ⓒ 2023, 황태연 김종욱 서창훈 유용화 이영재 홍찬선

* 책값은 뒤표지에 있습니다.
* 잘못된 책은 바꾸어 드립니다.
* 이 책의 내용은 저작권법의 보호를 받는 저작물이므로 무단 전제 및 복제를 금합니다.
* 이 책의 본문은 ㈜한글과컴퓨터의 '함초롬' 서체를 사용하였습니다.

ISBN 979-11-968168-6-5

지금도 **친일**은 진행형이다

일제종족주의
日帝種族主義

Japanese Imperialist Tribalism

프롤로그
Prologue

 '일제종족주의'는 강탈적·침략적 팽창주의로 치달은 일제의 사악한 민족주의를 비하해서 부른 경멸적 개념입니다. 이 비하와 경멸은 나치즘·파시즘·일제군국주의 등으로 설쳤던 제국주의적 민족주의가 언제나 '국수주의'·'인종주의'·'종족주의'로 전락했던 역사적 사실에 근거한 것입니다. 일제는 이런 국수주의적·종족주의적 야욕에서 왜족倭族의 족적族籍을 기준으로 식민지 한국을 왜국과 엄격히 차별하고, 심지어 한국 민족마저 왜족에 동화시켜 없애려고 우리 민족문화와 우리말의 말살을 기도하고 한국인의 이름을 왜인 이름으로 바꾸는 창씨개명을 강행했습니다.

 19세기말부터 강대국의 제국주의 침략과 정복에 희생된 약소민족과 피지배 민족은 20세기 이래 '저항적 민족주의'를 고취해 제국주의 국가들의 저 인종주의적·종족주의적 지배와 탄압을 분쇄함으로써 제국주의 열강을 물리치고 독립했습니다. 우리 헌법은 "3·1운동으로 건립된 대한민국임시정부의 법통"을 "계승"한다고 밝힘으로써 일제를 물리친 저항적 민족주의를 대한민국의 이념적 국기國基로, 그리고 '반일독립국가'를 대한민국의 국가정체성으로 선언하고 있습니다.

 제국주의적 민족주의는 침략전쟁의 전쟁범죄로 약소민족을 정복하고 피정복 민족을 박해·유린·말살하는 만고의 죄악이었던 반면, 저항적 민족주의는 이 제국주의적 죄악을 방어하고 진멸하려는 숭고한 도덕적 열정으로서 항상 윤리적으로 선이었고 지금도 선입니다. 따라서 한국의 저항적 민족주의와 일본의 제국주의적 민족주의는 결코 동일시되어는 아니 되는 것입니다. 양자를 동일시하는 것은 선과 악을 구분하지 못하는 사이코패스적 오류입니다. 그런데 작금 우리 대법원의 미쓰비시 징용자 배상판결에 반발하는 일본 아베정부의 불법적 대한對韓 무역보복 공세 와중에 일제종족주의를 추종하는 일단의 부왜노附倭奴들이 사이코패스들처럼 근거 없이 대한민국의 정당한 저항적 민족주의를 일제종족주의와 동일시해서 '반일종족주의'로 폄하함으로써 대한민국의 국기를 훼손하고 있습니다.

우리말사전에 '부왜附倭'는 "왜국倭國에 붙어서 나라를 해롭게 하는 짓"을 가리키고, 이런 짓을 하는 자는 보통 '부왜인' 또는 '부왜역적'이라고 합니다. 그런데 외국에 붙어서 외국문화를 칭송하며 우리나라를 깔보는 자들을 신채호는 "부외노附外奴"라고 불렀습니다. 이것을 본떠서 이 책에서는 부왜역적들을 '부왜노附倭奴'라고 부르기로 했습니다.

6명의 필진이 분야별로 나눠 집필한 이 책의 글들은 모두 대한민국의 저항적 민족주의를 '반일종족주의'로 폄하하고 위안부 피해자를 '매춘부'라고 모욕하고 "독도는 일본 땅"이라고 망언을 일삼는 부왜노들의 일제옹호적 역사부정을 논박하고 그들의 반인도·반국가활동을 고발하는 글들입니다. 이 책이 학술적 논박만 하는 것이 아니라, 그들을 법적으로 고발하기도 하는 것은 그들이 단순히 일제종족주의를 전파하는 학술활동만 하는 것이 아니라, 이승만학당 유튜브 방송활동, 방송내용의 출판(『반일종족주의』), 유엔 기구를 통한 부왜·반한反韓활동, '징용자상' 및 '평화의 소녀상' 건립 반대운동 등 정치활동도 전개하고 있기 때문입니다. 학술적 논박만으로는 부왜노들의 이 부왜·반한 정치활동을 진압할 수 없습니다. 법적 제재를 더해야만 그들의 망동을 저지할 수 있을 것입니다.

일제종족주의 및 일제식민통치 옹호, 한국민족주의의 폄하, 징병·징용자와 위안부들에 대한 제2차 만행 등 부왜노들의 반인도·반국가행위에 분기탱천한 국민들은 이들의 일제종족주의적 궤변과 괴설怪說을 쳐부술 명쾌한 반론과 통쾌한 논박을 아쉬워하고 있습니다. 하지만 이러한 아쉬움을 원스톱으로 해소해줄 책자가 없어 답답해하고 있습니다. 이 책의 필자들은 그간 필자들 사이에 누적된 역사연구의 자산을 활용해 최대한 신속하게 국민의 이 요구에 응하고자 했습니다. 이 책이 내용적으로 국민의 요구를 얼마나 충족시켜 줄 것인지, 그리고 필자들이 서구제국諸國에서 일반화된 역사부정죄 처벌법과의 연장선상에서 주창하는 반인도적·반국가적 역사부정죄 처벌 법률("일제 식민통치 옹호 행위 및 일제의 역사부정에 대한 내응 행위 처벌 특별법")의 제정운동에 국민이 얼마나 신속하게 나설 것인지는 여기서 개진되는 논변의 정당성과 논거의 정확성에 좌우될 것입니다.

필자들은 아무쪼록 이 책으로 국민의 요구를 10분의 1이라도 충족시켜 줄 수 있기를 바라면서, 1894년 이래 일제와 싸운 동학농민군과 의병, 독립투사들과 전사자들, 그리고 일제에 희생당한 모든 동포의 영전에 이 책을 바칩니다. 이럼으로써 필자들은 아직 생존해계신 종군위안부 피해자·징병·징용자 및 그 유족들, 그리고 이들을 동포애로 따뜻이 품어준 모든 국민과 반일독립국가 대한민국에 변함없는 충정을 표하고자 합니다.

2019년 10월 쓰고, 2023년 7월 재독再讀·검토함

필진을 대표하여 황태연 지識

일제종족주의
日帝種族主義

지금도 **친일**은 진행형이다
·····

日帝種族主義

차례 1

프롤로그 Prologue · 4

 총론: 부왜노들의 역사부정에 대한 비판과 반국가활동에 대한 고발 – 황태연

제1절/ 들어가기:
　　　 대한민국은 저항적 민족주의로 건국된 반일독립국가 · 14
제2절/ 부왜노附倭奴들의 반국가 심리에 대한 분석과 비판 · 23
제3절/ 일본회의의 일제종족주의 대對 한국의 저항적 민족주의 · 32
제4절/ 한국은 일제 식민통치시기에야 비로소 근대화되었나? · 39
제5절/ 왜정 때 한국인은 왜인과 동등한 대우를 받았나? · 69
제6절/ 반국가단체 '일본회의'의 '역사전쟁'과 대한對韓공격 · 74
제7절/ 부왜노들의 반국가활동을 법률로 규제하는 길을 터야 · 81
제8절/ 글을 맺으며 · 91
■ 참고문헌 · 92

 **일본군 위안부 피해자 문제의 본질** – 이영재

제1절/ 분노하는 이유 · 96
제2절/ 일본군 위안부 피해자 문제의 이해 · 103
제3절/ 강제연행의 실상 · 115

제4절/ 위안소의 실태 • 129
제5절/ 대한민국 입법부의 역할을 기대: 역사부정죄 제정! • 134
■ 참고문헌 • 147

육군특별지원병·학도지원병제 왜곡 비판 – 이영재

제1절/ 부왜노의 황국신민화 찬양 • 152
제2절/ 적나라한 출세욕망, 황국신민의 선언 • 158
제3절/ 학도지원병 모집 총력전 • 167
제4절/ 학도병들의 탈주와 투쟁 • 176
제5절/ 식민지 조선청년의 삶과 분투를 기억할 필요 • 183
■ 참고문헌 • 187

위계와 위력에 의한 강제징용 – 서창훈

제1절/ 일제종족주의자는 누구인가? • 190
제2절/ 위계와 위력에 의한 동화: 민족말살 • 196
제3절/ 위계와 위력에 의한 노동동원: 강제징용 • 205
제4절/ 위계와 위력에 의한 강제성 확인: 대법원판결 • 214
제5절/ 착한 일본 만들기 • 219

日帝種族主義

차례 2

제6절/ 글을 맺으며 • 225
- 참고문헌 • 228

 제5장   **식민지 근대화론 비판** – 유용화

제1절/ 식민지 근대화론, 왜 문제인가? • 232
제2절/ 토지조사사업과 산미증식계획의 진실 • 241
제3절/ 식민지 근대화론자들의 가면을 벗긴다 • 252
제4절/ 일제와 식민지 조선의 경제 관계가 EU와 동일한 효과? • 263
제5절/ 맺음말 • 272
- 참고문헌 • 275

 제6장   **고종의 항일투쟁사 그리고 수난사** – 김종욱

제1절/ 식민사관과 '고종 죽이기' • 278
제2절/ 녹두장군에게 전달된 고종의 밀지 • 287
제3절/ '아관망명'으로 임시정부를 수립한 고종 • 292
제4절/ 일제의 고종 분시焚弑·납치 시도 • 298
제5절/ 고종의 거의밀지와 국민전쟁 • 304
제6절/ 연해주망명정부 수립을 계획한 고종 • 316

일제종족주의 日帝種族主義

C·O·N·T·E·N·T·S

제7절/ 고종과 '대한독립의군', 그리고 「관견管見」• 321
제8절/ 고종의 독시毒弑와 3·1대한독립만세운동 • 327
제9절/ 고종의 죽음을 불사한 독립투쟁 • 335
보론/ 시대의 여걸이었던 명성황후 • 339
■ 참고문헌 • 344

 제7장 한국 영토로서의 독도의 역사적·국제법적 지위 – 홍찬선

제1절/ '독도포기역적죄'를 고발한다 • 348
제2절/ 독도가 대한민국 영토인 이유 1: 자연, 지리적 조건 • 353
제3절/ 독도가 대한민국 영토인 이유 2: 역사적 지배 • 357
제4절/ 독도가 대한민국 영토인 이유 3: 국제법 • 367
제5절/ 독도가 대한민국 영토인 이유 4: 실효적 지배 • 384
제6절/ 독도 확실히 지키는 역사전쟁 • 388
■ 참고문헌 • 393

에필로그 Epilogue • 394
필자소개 • 396

일제종족주의

제1장

총론: 부왜노들의 역사부정에 대한 비판과 반국가활동에 대한 고발

제1절
들어가기:
대한민국은 저항적 민족주의로 건국된 반일독립국가

제2절
부왜노附倭奴들의 반국가 심리에 대한 분석과 비판

제3절
일본회의의 일제종족주의 대對 한국의 저항적 민족주의

제4절
한국은 일제 식민통치시기에야 비로소 근대화되었나?

제5절
왜정 때 한국인은 왜인과 동등한 대우를 받았나?

제6절
반국가단체 '일본회의'의 '역사전쟁'과 대한對韓공격

제7절
부왜노들의 반국가활동을 법률로 규제하는 길을 터야

제8절
글을 맺으며

황 태 연
동국대학교 정치외교학과 교수

들어가기
대한민국은 저항적 민족주의로 건국된 반일독립국가

대한민국의 역사적 유래와 대한민국의 법통: '반일독립국가'

　대한민국 헌법은 전문前文에 "유구한 역사와 전통에 빛나는 우리 대한국민은 3·1운동으로 건립된 대한민국임시정부의 법통"을 "계승"한다고 명문화하고 있다. 일본제국주의에 맞서 정당한 대의와 적혈赤血로 항거한 3·1운동의 항일정신과 대한민국임시정부의 법통을 계승한다는 것은 반일독립운동 노선과 저항적 민족주의를 계승한다는 말이다.

　"3·1운동으로 건립된 대한민국임시정부"라는 헌법 전문의 이 짧은 언급 속에는 동학농민전쟁과 대한제국으로부터 1945년 8월까지 계속된 항일전쟁의 긴 역사가 압축되어 있다. 3·1만세운동의 직접적 도화선은 사분오열된 해외 독립운동세력들을 통합시키기 위해 북경으로 망명하려던 고종을 일제가 1919년 1월 21일 독시毒弑한 사건이고,[1] 만백성의 만세함성을 폭발시킨 기폭제는 1919년 3월 3일 고종 인산일因山日에 임금의 승하를 애도하기 위해 전국 방방곡곡에서 서울로 상경해 운집한 30여만 명의 백립白笠 백성들의 가슴속에서 북받쳐 오른 비분강개였다. 전국을 뒤덮은 만세구호는 "대한독립 만세!"였고, 이때 '대한'은 당연히 고종이 건국한 '대한제국'을 뜻했다. 동학조직 천도교의 주도 하에 1919년 3월 1일부터 5월초까지 계속된 이 평화적 비폭력운동에서 수많은 백성이 일제의 무자비한 폭력에 스러졌다. 4월 15일 수원 제암리학살을 비롯하여 이북의 곽산·사천·화수리·강계·강서·맹산학살, 대구·합천·남원·익산학살 등 일제의 전국적 학살극으로 8천여 명의 백성이 죽임을 당하고, 2만 명이 부상당하고, 5만 명이 투옥당했다. 1919년 4월 11일 대한민국임시정부는 3·1만세운동의 이 적혈과 거족적 함성 속에서 탄생한 것이다.

항일투쟁에서 죽음은 늘 헛되지 않았고, 항일의 역사는 죽음을 넘어 무궁화처럼 피고 지면서 면면히 이어졌다. 스스로 살해될 것을 예견하고 자기의 죽음을 계산했던 고종은[2] 죽어서 3·1운동을 일으켰고,

---

1) '고종독시'와 그 여파에 대한 자세한 분석은 참조: 황태연, 『갑진왜란과 국민전쟁』(파주: 청계, 2017), 485-537쪽.
2) 고종은 1918년 12월 이강 왕자와 하란사에게 베르사유 강화회의에 밀사로 갈 것을 명하고 북경망명을 추진하는 가운데 자신의 죽음을 예상하고 그 죽음의 파장까지도 계산했을 것이다. 이것은 1907년 헤이그밀사에게 내린 당부의 말에서 미뤄 알 수 있다. 다음은 1907년 7월 25일자 독일신문 『알게마이네 차이퉁』의 보도다. "이위종 공은 '(…) 특사단이 전 황제에 의해 파견되었고, 황제가 폐위되었음이 밝혀졌어도 그들의 임무는 조금도 영향받지 않는다고 설명했다. 왜냐하면 황제의 마지막 말이 「그대들은 짐이 살해되더라도 나를 신경 쓰지 말고, 그대들의 일을 계속해 나라의 독립을 회복시켜라」였기 때문이다."(*Prinz Hong erlkärten (…) Die Delegation sei von dem frührren Kaiser von Korea entsandt wordern und durch die erwiesene Abdankung des lezteren werde ihre Mission in keiner Weise berührte. Denn des Kaisers letzte Worte seien gewesen: Nehmen Sie auf mich keine Rücksicht, selbst wenn ich ermordet werden sollte. Setzen Sie Ihre Werke fort und stellen Sie die Unabhängigkeit des Landes wieder her.*) *Allgemeine Zeitung*, 25. Juli 1907 (Nr.341). 을미·갑진왜변의 충격적 경험에서 헤이그 밀사를 파견하면서 죽음을 각오했던 고종이라면 북경망명을 결

3·1운동의 생령生靈들은 죽어서 대한민국임시정부를 일으켰다. 그리고 임시정부의 광복전쟁에서 광복투사들은 죽음을 넘어 「카이로선언」을 쟁취함으로써[3] 정식 대한민국을 일으켰다.

"3·1운동으로 건립된 대한민국임시정부"는 여러 문서와 선언으로 대한제국의 항일전쟁과 대한민국임시정부의 광복전쟁 간의 역사적 연속성을 분명히 했다. 대한민국임시정부는 간고한 상황에서도 끈질긴 독립외교와 비상한 특무공작, 그리고 안중근·이봉창·윤봉길을 비롯한 의사·열사들이 수행한 부단한 의열투쟁의 대성공으로 마침내 광복군 창립의 숙원을 이룰 수 있는 여건을 마련했다. 임시정부는 1940년 9월 15일 "육탄이 아니면 독립을 이룰 수 없고 적혈이 아니면 민족을 구할 수 없다(非肉彈無以致獨立 非赤血無以救民族)"는 취지의 「한국광복군 선언문」을 발표한 데[4] 이어 동년동월 17일 광복군총사령부를 결성하고 대한제국육군무관학교 출신 지청천 장군을 대한민국광복군총사령관으로 임명했다. 그리고 「광복군총사령부성립보고서」를 통해 "적인敵人들이 우리 국군을 해산한 날이 바로 우리 광복군이 창설된 때였다(敵人解散我國軍之日 卽我光復軍創設之時)"고 밝힘으로써 대한제국 국군의 강제해산과 동시에 개시된 국군의 서울시가전 개전일인 1907년 8월 1일을 광복군 창립일로 선언했다.[5] 임정은 "국군이 의병이 됨"과 "동시에 광복군이 되었다"고 갈파함으로써[6] 광복군의 개

정했을 때는 더욱 확실하게 '죽음'을 예감하고 그 정치적 파장을 계산했을 것이다.
3) 임시정부의 광복군 창건과 「카이로선언」의 쟁취 및 그 텍스트 분석에 대해서는 참조: 황태연, 『갑진왜란과 국민전쟁』, 569-579, 580-631쪽.
4) 『대한민국임시정부자료집(10)』 「한국광복군(I) - 창설」, 22. 한국광복군 선언문(1940. 9. 15).
5) 조소앙, 「광복군총사령부성립보고서」(1940), 283-287쪽. 三均學會(편), 『素昻先生文集(上)』(서울: 횃불사, 1979).
6) 박성수, 「독립운동사의 맥락과 정통성: '광복군성립보고서'를 중심으로」, 『삼균주의연구논집』 제28집 (삼균학회 편, 2007), 20쪽.

념과 역사적 연속성을 천명한 것이다. 대한제국기 국군과 민군(의병)의 통합군대로서의 '국민군'이 수행한 '국민전쟁'을 광복전쟁의 시발점으로 본 것이다.[7]

대한민국임시정부는 1943년 12월 1일 대한민국의 독립을 만천하에 천명한 최초의 국제문서 「카이로선언」을 쟁취함으로써 마침내 갑진년(1904) 2월 6일 왜적의 재침으로 시작된 갑진왜란으로부터[8] 하루도 그칠 날 없이 계속된 '40년 장기 항일전쟁'에서 승리를 거두었다. 대한민국의 저항적 민족주의의 본질은 바로 전국 방방곡곡을 유혈로 물들인 대한제국의 국민전쟁, 의사와 열사들의 장렬한 의거, 3·1운동의 거국적 함성, 그리고 독립군과 광복군의 육탄·적혈, 40년간 하루도 빠짐없이 이어진 총성과 포연, 「카이로선언」의 쟁취를 통한 독립과 승리의 예감, 그리고 광복의 전율 속에서 끓어올라 모든 동포의 가슴을 격동시키고 항일의 투지와 힘을 샘솟게 했던 거족적 열정이었다. "3·1운동으로 건립된 대한민국임시정부의 법통"이라는 우리 헌법의 간결하고 절제된 표현은 바로 대한제국 이래 계속된 이 거족적 항일열정과 40년 최장기 대일對日항전의 긴긴 역사와 승리를 응축하고 있다.

간단히, 대한민국은 3·1운동의 '대한독립만세' 함성 속에서, 윤봉길 의사의 작탄의거의 대폭음 속에서, 대한민국임시정부와 광복군의 육탄적혈 속에서 탄생했고, 대한민국의 저항적 민족주의는 대한제국의 국민전쟁을 잇는 3·1운동과 임시정부 광복투쟁의 50년 항일전쟁 속에서 형성되고, 망국의 혈루와 광복의 벅찬 기쁨 속에서 증폭되었다. 우리 헌법은 이렇게 탄생한 저항적 민족주의를 계승·보존하고 발

---

7) '국민군'의 개념과 탄생 및 '국민전쟁' 개념과 전개에 대해서는 참조: 황태연, 『갑진왜란과 국민전쟁』, 149-159, 235-334쪽.
8) 1904년 2월 6일 일제가 재침한 '갑진왜란'에 대해서는 참조: 황태연, 『갑진왜란과 국민전쟁』, 42-69쪽.

전시키기 위해 전문에 "정의·인도·동포애로써 민족의 단결을 공고히 한다"는 의무규정을 명문화하는 것을 잊지 않고 있다. 그리고 헌법은 제69조에서 대통령취임 시에 대통령이 "민족문화의 창달에 노력할" 것을 선서할 것을 법조문으로 명령하고 있다.

따라서 광복 후 이 헌법에 입각해서 임시 대한민국을 이어 정식으로 출범한 대한민국은 민주공화국이지만 민주공화국이기 전에 무엇보다도 일본제국주의에 맞서 정의·인도·동포애의 대의로 항쟁한 3·1운동과 대한민국임시정부의 저항적 민족주의와 항일독립운동 노선에 근거해 창건된 반일독립국가다. 대한민국의 국기國基는 바로 대한민국을 창건한 저항적 민족주의와 반일독립정신이라는 말이다. 대한민국 헌법의 전문과 여러 조문에 명문화된 대한민국 건국이념의 관점에서 볼 때, 우리 국민의 반일의식 또는 항일정신을 부식腐蝕시키거나 부정하는 것, 우리의 저항적 민족주의를 폄훼하거나 훼손하는 것, 일제의 한국강점과 강탈을 정당화하거나 미화하는 것 등은 반일독립국가 대한민국의 존립과 안전을 위태롭게 하는 반국가행위다.

먼저 분명히 해 둘 것은 여기서 말하는 '반일反日'은 일본과 일본인 전부를 적대하는 '반일본反日本'이 아니라는 것이다. 임진왜란과 동학농민전쟁 이래 '반일'은 언제나 '일본제국주의자들'을 물리치는 '척왜斥倭', 즉 '반反일제'만을 의미해 왔다. 조선시대 이래 우리민족은 일본의 침략과 무관한 의미맥락에서 일본을 지칭할 때는 그냥 '일본'이라고 불렀던 반면, 우리나라에 대해 침략을 자행한 일본을 지칭할 때는 일본을 비하해서 꼭 '왜' 또는 '왜국', '왜적'이라고 불렀다. 그래서 의식적으로 '왜구', '왜인', '왜장', '임진왜란', '갑오왜란'[9], '을미왜

---

9) '갑오왜란'은 1984년 '갑오개혁'의 허울 아래 7월 23일 0시 30분부터 경복궁궐 침공 작전("조선왕궁에 대한 위협적 운동계획")을 실행해 궁궐을 무력 점령하고 고종을 생포해 시가전으로 저항하는 조선군의 반격을 무력화시키고, 고종의 밀지를 받고 임금

변'[10]) '왜당倭黨정부'[11]), '갑진왜란', '갑진왜변'[12]), '왜정 때'라는 말을 써온 것이다. 그리고 '왜적을 물리친다'는 뜻의 '척왜'는 우리나라에 쳐들어와 설치는 왜적들을 나라 밖으로 물리치는 것에 한정된 의미, 즉 순수하게 '방어적인' 의미로만 쓰였고, 애당초 일본본토에 사는 일본인들까지 정벌하는 것(南伐)과 거리가 멀었다. 아무튼 '척왜'('반일제')에 한정된 엄격한 의미에서의 '반일' 또는 '항일'은 대한민국이 국가로서 존립하는 주춧돌이다. 따라서 이 주춧돌을 흔들거나 부수는 것은 대한민국의 존립과 안전을 파괴하는 반국가행위다. '역적질'이라는 말이다.

대한민국의 저항적 민족주의를 훼손하는 반역자들의 활개

그런데 오늘날 대한민국에서 개명천지 백주대낮에 우리 국민의 반일정신을 부식시키거나 훼손하고 일제의 한국강점과 한국인에 대한 일제의 강탈과 착취를 정당화하고 아베신조(安倍晉三) 일본정부의 역사부정과 제국주의적 재무장 전략을 지원하는 언동이 버젓이 자행되

을 구하기 위해 재봉기해 북상하는 전봉준 휘하의 갑오농민군을 우금치에서 저지하고 1905년 초까지 지방각지를 침공해 전국을 군사점령한 왜란을 말한다. 갑오왜란에 대한 상세한 논의는 참조: 황태연, 『갑오왜란과 아관망명』(파주: 청계, 2017), 47-396쪽.
10) '을미왜변'은 일본정부로부터 민비 시해의 비밀지령을 받고 새로 부임한 일본공사 미우라 고로(三浦梧樓)가 1895년 10월 8일 왜군과 무장한 소시(壯士) 패를 데리고 경복궁을 범궐해 일본군장교 미야모토 다카타로(宮本竹太郎) 소위를 시켜 민비를 시해한 사건이다. 을미왜변에 대한 상세한 규명에 대해서는 참조: 황태연, 『갑오왜란과 아관망명』, 467-521쪽.
11) 당시 백성들은 갑오경장정부와 김홍집친일내각을 '왜당정부'라고 불렀다.
12) 1904년 4월 14일 밤 경운궁[덕수궁]의 모든 전각을 전소시켜 고종을 분시焚弑하려다가 실패한 사건. 일제는 분시가 실패하자 고종을 일본으로 납치하려고 기도했으나 고종은 지혜와 고집으로 납치를 면했다. 그러나 일제는 고종의 측근 이용익을 일본으로 납치해갔다. 이에 대한 상세한 분석은 참조: 황태연, 『갑진왜란과 국민전쟁』, 61-79쪽.

고 있다. 안병직·이영훈 등은 1987년 낙성대경제연구소를 세우고 일본 도요타(豊田) 재단으로부터 받은 돈으로 일찍이 일제를 정당화하는 연구를 진행하면서[13] 한국역사를 위조·변조·조작해 일제의 침략전쟁·약탈·인권유린의 역사를 부정하는 데 그치지 않고 아예 학술연구의 탈을 벗고 '이승만학당'을 만들어 공공연하게 일제의 한국강점을 고무·찬양하고 일제의 약탈행각을 '근대화' 추진으로 선전선동하며 현재 아베신조 일본정부와 그 배후에 있는 '일본회의'의 일제부활 노선과 궤를 같이해 움직이고 있다. '일본회의'는 항일독립국가 우리나라 헌법의 관점에서 '반국가단체'다.

이와 노선을 같이 하는 낙성대연구소와 이승만학당도 마찬가지로 반국가단체다. 왜냐하면 낙성대연구소와 이승만학당을 이끄는 안병직·이영훈·이우연 등은 관기官妓(관청 소속 예능인)를 일제의 공창公娼(매춘의 자유를 인정한 법률에 따라 매춘하는 여성)과 혼동하고 '공창'을 다시 '국가동원 매춘부'로 착각하면서 위안부 피해자를 조선의 '관기'나 일제의 '공창'과 다름없는 자발적 '매춘부로 모욕하고'("자신의 의지와 선택에 따라 행해지는 위안부 피해자 자신의 소규모 영업" 운운 이승만학당 유튜브에서 이영훈), 일제의 징병을 입신출세를 위한 한국청년들의 자발적 군軍입대로, 징용을 한국인들의 자발적 돈벌이 노동으로 미화하기 때문이다. 나아가 이우연은 악질적 일제극우 인사 후지키슌이치(藤木俊一) 국제역사논전論戰연구소 수석연구원 겸 이사의 제안을 받고 국제역사논전연구소에서 마련해준 여비를 수령해 2019년 7월 2일 유엔제네바본부에서 개최된 "군함도의 진실"이라는 국제심포지엄에 참석

---

13) 그들은 일본인들과 함께 쓴 책에서 도요타(豊田)재단의 돈을 받아 연구한다고 자랑찬 듯 버젓이 밝히고 있다. 安秉直·李大根·中村哲·梶村秀樹,『近代朝鮮의 經濟構造』(서울: 비봉출판서, 1989), "머리말"; 李榮薰·張矢遠·宮嶋博史·松本武祝,『近代朝鮮 水利 組合研究』(서울: 일조각, 1992), "머리말".

해 군함도 징용자들은 "강제연행 없는" 자발적 노동자라고 증언했고, 또 유엔인권이사회 본회의에도 국제커리어지원협회(ICSA) 회원 자격으로 참석해 같은 취지의 발언을 하는 등 반국가적 선전선동 활동을 국제적으로도 펼치고 있다. 이우연은 이 증언을 위해 유엔경제사회이사회에 조언할 자격을 가진 NGO 중 하나인 ICSA에 회원으로 가입했다. 이 단체는 일본극우세력이 지원하는 단체로 알려져 있다. 후지키 국제논전연구소 이사는 이 ICSA의 임원을 겸하고 있다. 그리고 국제역사논전연구소는 '일본회의'의 산하조직이다. 또한 저들은 조선총독부의 식민통치를 '식민지 근대화론'으로 정당화해 식민지강탈의 역사적 사실을 부정하고 있고, 특히 과거 일제에 항쟁했고 지금도 항쟁하고 있는 대한국민의 '저항적 민족주의'를 '반일종족주의'로 비하하고 있다.

 '학문의 자유'를 방패로 삼아 반국가 선동과 역적질을 자행하며 활개 치는 이 부왜附倭역적들의 공공연한 반역에 기가 막힌 우리 국민은 분기탱천하고, 양심 있는 학자들은 그들을 맹박하고 있다. 그리고 도처에서 그들을 직접 응징하려는 의열義烈의 기운마저 퍼져가고 있다. 그럼에도 불구하고 정부는 '학문의 자유', '학자의 사명' 운운하는 그들의 궤변과 반국가적 역적질 앞에서 속수무책이다. 게다가 그간 각 분야에서 암약하던 친일매국노와 친일파후손들, 이영훈 등이 낸 『반일종족주의』라는 책을 공개리에 찬양하는 반국가적·매국적 의원들(심재철·정종섭)까지도 당원으로 거느린 야당, 은근히 이 책을 띄우는 친일 신문들은 아베정부가 자행하는 경제침공의 엄중한 시국에도 오히려 무한정쟁을 일으키는 데 혈안이었다. 그러나 민주주의 시대의 자유와 평등이 만개한 오늘날 대한민국에서 각자의 정치적 소신에 따라 대통령을 욕할 수 있는 자유는 거의 무제한적이라고 할지라도 이

민주적 자유와 평등을 악용해 대한민국 대통령을 아베나 일본극우파보다 더 '적대시'하는 것은 국가반역일 것이다.

부왜노附倭奴들의
반국가 심리에 대한 분석과 비판

특정 외국에 대한 과도한 편애감정의 반국가적 위험성

 개인적 성향이나 경험, 또는 문화적·사상적 관점에 따라 누구나 특정 국가를 특별히 좋아할 수 있다. 그리하여 사람마다 친미, 친중, 친러, 친일, 친영, 친독, 친불 등의 경향을 띠고 있다. 그러나 어떤 시민이 자기가 좋아하는 타국의 도덕적 악행이나 한국을 해치는 행위까지도 눈감아 줄 정도로 친미적, 친일적, 친중적인 것은 '지나친' 편애다. 이렇게 타국에 대한 호감이 자기나라의 국익을 잊거나 자기나라를 비난할 정도로 '지나칠 때' 우리는 이 눈먼 타국 애착에 보통 '파派'를 붙여 '친중파', '친미파', '친일파'라는 용어를 쓴다. 신채호는 이런 자들을 '부외노附外奴'라고 불렀다.[14] 우리는 통상 친중 부외노를 '사대주

---

14) 신채호, 「舊書蒐集의 必要」, 169-170쪽. 『丹齋申采浩全集(別)』. 김도형, 『대한국의 문명전환과 개혁론』(파주·서울: 지식산업사, 2014), 396쪽에서 재인용.

의자'라고 부르고, 친미 부외노는 '숭미주의자'라고 불러왔다. 친일 부외노는 그냥 '부왜노附倭奴'라고 부르는 것이 간단하리라.

 타국에 대한 호감이 눈멀도록 지나치지 않으려면 민주시민들은 언제나 여러 타국들에 대해 불편부당不偏不黨하고 균형 잡힌 호오감정을 유지해야 한다. '지나친' 친중, 친미, 친일 편향은 국익을 해치기 때문이다. 마찬가지로 타국에 대한 '지나친' 반감도 국익에 해롭고 또 정의롭지 못하다. 가령 '반일'을 '척왜(반일제)'에 한정하는 것이 아니라, '반일본'으로까지 확대하는 것이 그런 경우다.

 지나친 친중파, 즉 사대주의자들은 중국의 '앞잡이'가 되어 반국가행위를 범할 위험이 크고, 숭미주의자들도 그럴 위험이 매우 크다. '부왜노들'도 그렇다. 그러나 '부왜노들'을 사대주의자·숭미주의자들과 동일선상에서 논의할 수는 없다. 사대주의자와 숭미주의자들은 각각 중국과 미국에 나라를 팔아먹은 적이 없는 반면, 부왜노들은 일본에 나라를 팔아먹은 전력이 있고, 또 작금 아베내각과 일본회의가 나치스의 '하켄크로이츠'나 다름없는 '욱일기'를 전면에 내걸고 침략범죄와 식민지약탈의 전과前科를 부정하고 한국 공격의 적의敵意를 다지는 것을 돕고 있기 때문이다.

 삼국시대 이래 한국의 왕조와 정부가 제거되고 한국이라는 나라가 없어지는 망국을 겪은 적은 오직 왜정시대뿐이다. 한국역사상 우리나라를 멸망시키거나 우리의 땅을 빼앗아 들어앉아 살려는 목적의 외침은 왜구들의 서해·남해연안의 지방점령과 토왜土倭로서의 장기정착, 임진왜란, 갑오왜란·갑진왜란을 통한 한국병탄 등을 초래한 남풍이었지, 거란침입·몽골침략·병자호란 등을 불러온 북풍이 아니었다. 삼국시대 이래 북풍은 대개 우리의 힘으로 물리쳤고 우리가 패배했을 때에도 우리나라를 속국으로 만드는 것으로 그쳤지, 멸망시킨 적이 없다. 이런 까닭에 과거 사대주의자나 친로파의 언동, 또는 오늘날 숭미주의자들의 미국찬양보다 부왜역적들이 일으키는 광기어린 '남풍'에 더 각별한 경계심을 가져야 하는 것이다. 대한민국이 반일독립국가인 점에서 더욱 그렇다.

부외노들의 부외附外편애 감정에 대한 조지 워싱턴의 경고

타국에 대한 지나친 애착감정으로 인한 부외노들의 이런 반국가적 파탄심리와 관련하여 미국 초대 대통령 조지 워싱턴(George Washington, 1732-1799)은 1796년의 「고별연설」에서 신생국가 미국의 독립을 걱정하는 가운데 우리에게 놀라운 통찰을 주고 있다. 타국에 달라붙어 타국을 지나치게 편애하는 "격렬한 부외附外애착감정(*passionate attachment to another nation*)"은 나라에 큰 병폐가 된다.

> 다른 나라에 대한 한 나라의 격렬한 부외애착감정은 곱절로 많은 병폐를 산출한다. 공동이익이 존재하지 않는 경우에도 가상적 공동이익이 존재한다는 환상을 촉진하는 애호국가에 대한 호의와 저 나라에 대한 이 나라의 적의敵意는 적합한 연유나 정당한 근거 없이 또 다른 나라를 배신하고 우리를 분쟁과 전쟁에 말려들도록 몰아넣는다. 이 격렬한 호의와 적의는 한 나라를 특화해 특권을 주고 다른 국가에게는 이것을 부정하는 것으로 이끌어진다. (…) 그것은 특별히 좋아하는 외국열강에 헌신하는 부패한 야욕적 시민들이 심지어 인기를 얻으며 자기나라의 국익을 배반하거나 희생시키고 야욕과 부패의 비천鄙賤한 소산들을 덕스런 열정의 외양으로 포장하는 것

제1장. 총론: 부왜노들의 역사부정에 대한 비판과 반국가활동에 대한 고발

을 수월하게 한다.[15]

이 구절은 한국을 '거짓말 국가'로 비하하며 일제를 두둔하고 찬양하는 이영훈·김낙년·이우연 등을 비롯한 작금의 반국가적 부왜노들에게 그야말로 딱 들어 맞는 말이다. "일제의 수탈에도 개발이 포함되어 있었다"는 이영훈의 궤변에 응집된 부왜附倭애착감정은 "공동이익이 존재하지 않는 경우에도 가상적 공동이익이 존재한다는 환상을 촉진하는 애호국가에 대한 호의"의 전형적 사례일 것이다. 그리고 "특별히 좋아하는 외국열강에 헌신하는 부패한 야욕적 시민들"은 이영훈·김낙년·이우연과 같은 부왜역적들을 가리킨다. 조지 워싱턴 대통령은 부왜노들이 "심지어 인기를 얻으며 자기 나라의 이익을 배반하거나 희생시키고 야욕과 부패의 비천한 소산들을 덕스런 열정의 외양으로 포장하는 것"을 심리적으로 "수월하게 하는" 것이 바로 부왜노들의 부왜감정이라 지적하고 있다. 그리고 부왜노들은 철저한 부왜심리에서 위·변조로 지어낸 "야욕과 부패의 비천한 소산들"을 '수량경제학', '학술연구', '학자의 사명'이라는 "덕스런 열정의 외양"으로 "포장함"으로써 "인기를 얻으며" 대한민국의 "국익을 배반하거나 희생시키고" 있다. 따라서 조지 워싱턴의 눈으로 보면, 그들은 일제에 "헌신하는 부패한 야욕적 시민들"을 선동해 몽땅 '일제 앞잡이'로 만들려는 역적들에 지나지 않는 자들이다. 워싱턴이 말하는 이 "특별히 좋아하는 외국열강에 헌신하는 부패한 야욕적 시민들"은 지금 광화문에서 비겁하게 욱일기 대신 성조기를 들고 "친일만이 살 길이다"

---

15) George Washington, "Farewell Address" (Original Draft by Hamilton, August, 1796), 313-314쪽. *The Writings of George Washington*, vol. XIII (1794-1798) in 14 vols., edited by Worthington Chauncey Ford (New York and London: The Knickerbocker Press, 1892).

고 악쓰거나 저 부왜附倭신문들의 부왜사설이나 부왜칼럼을 '정론'이라고 칭송하며 열독하는 떼거리들이다.

조지 워싱턴은 특정한 타국에 대한 이런 편파적 부외심리를 외세의 잠입통로로 간주하고 우리나라를 일제의 '위성국'으로 만들 정치적 위험을 이와 같이 정확하게 집어낸다.

> 이러한 부외애착 감정은 셀 수 없는 방식으로 외세의 영향이 들어오는 통로로서 특히 깨어있는 독립적 애국자들을 경악케 한다. 이런 부외심리가 국내 정파들과 음모를 꾀하고 성공리에 유혹의 기술을 실행하고 공론을 오도하고 (의회 등- 인용자) 공적 위원회들에 영향을 미치거나 이 위원회를 겁줄 수 있는 얼마나 많은 기회를 외국에 제공할 것인가? 강대국에 대한 약소국의 이러한 부외심리는 약소국을 강대국의 위성으로 돌도록 운명 짓는다.[16]

워싱턴은 당시 미국을 "약소국"이라고 칭하고 이 약소국이 유럽강대국들의 '위성국가'로 전락하는 것을 막으려고 고민하면서 이것을 저지하는 유일한 방법을 외세의 통로인 부외애착감정의 제거로 들고 있다. 당시 신생국가 미국은 실로 인구가 2백여만 명에 불과한 '약소국'이었다. 외세를 불러들이는 부외노들을 삼제芟除하고 나라를 지킬 방도는 다시 자유로운 백성의 깨인 경계심밖에 없다.

조지 워싱턴은 부외노들과 앞잡이·괴뢰들의 암약행태와 그 귀결도 이렇게 예리하게 밝혀 보인다.

---

16) Washington, "Farewell Address" (Original Draft by Hamilton, August, 1796), 314-315쪽.

외세의 음험한 간계에 대항해서 나는 나를 믿고, 나의 벗들과 동료 시민들을 믿도록 여러분들의 정신을 불러일으키고, 자유로운 백성의 경계심은 끊임없이 항상 깨어있어야 한다. 왜냐하면 역사와 경험은 외세가 공화국 정부의 가장 파괴적인 적이라는 것을 증명해주고 있기 때문이다. 그러나 백성의 저 경계심은 유용하기 위해서 불편부당해야 한다. 그렇지 않으면 그것은 바로 외세를 막는 도구가 아니라 피해야 할 바로 그 외세의 도구가 되고 만다. 이 외국에 대한 과도한 편애와 저 외국에 대한 과도한 혐오는 이 편애와 혐오가 움직이게 만드는 사람들로 하여금 한 편에서만 위험을 보게 만들어 다른 쪽의 외세의 기술들을 베일로 가리고 심지어 후원하기까지 하는 데 이바지한다. 부외노들의 음모를 저지할 수 있는 진짜 애국자들은 자칫하면 의심받고 미움 받기 쉽다. 반면, 외세의 앞잡이와 괴뢰들(tools and dupes)은 백성의 갈채와 신임을 찬탈해서 백성들의 이익을 외세에 내어주게 된다.[17]

워싱턴이 지적하는 "이 외국에 대한 과도한 편애와 저 외국에 대한 과도한 혐오"의 한국적 양상은 북한을 '불구대천의 외적'으로 여기는 극우보수세력들의 경우에 무역제재를 가하는 일제를 지나치게 우호적으로 대하는 반면, 북한의 미사일 발사에 과민하게 적대적으로 반응하는 것으로 나타난다. 따라서 진짜 애국자들과 자유로운 국민은 경계심을 늘 맑게 깨어 있게 만들고 불편부당하고 독립적이도록 유지해, 일제 "앞잡이와 괴뢰들"이 "백성의 갈채와 신임을 찬탈할" 수 없는 여론구도와 정치제도를 만들어야 한다. 대외적으로 반일독립국가

---

17) Washington, "Farewell Address" (Original Draft by Hamilton, August, 1796), 315-316쪽.

대한민국의 정치적 독립은 부왜노들이 편애하는 일본을 포함한 모든 주변 국가를 제외하고 지리적 거리감 때문에 우리 영토에 야욕을 품을 수 없는 초강대국(지금은 미국)과의 '대등한 양자동맹', 또는 나토·유엔 같은 '다자동맹'의 체결이나, 대등한 양자동맹과 다자동맹의 결합 등으로 구현될 수 있다.

결론적으로, 조지 워싱턴의 지혜를 빌리면, 한국이 일본과 아무리 긴밀한 무역관계로 얽히고설키더라도 정치적·군사적으로는 '분리'를 고수해야 한다.

> 외국에 관해 우리의 큰 행동준칙은 우리의 상업관계를 확장하는 가운데 이것에다 가급적 적은 정치적 연결(political connection)을 결부시키는 것이다. 우리가 이미 약속을 한 한에서 정말이지 이 약속을 신중하게 이행하되 완전한 신의로 이행하라. 그러나 여기서 그치자(here let it stop).[18]

이 지혜를 우리나라에 적용하면, 우리나라가 독립을 유지할 수 있는 방도는 주변 강대국들과, 이 중 특히 우리를 여러 차례 침략한 적이 있는 일본과는 이미 한 약속을 "완전한 신의로 이행해" 경제적·사회적·문화적·도덕적 선린善隣관계를 유지하되 이것으로 그치고, "가급적 적은 정치적 연결"을 하는, 즉 정치적 연결을 최소화해 정치군사적 동맹 수준의 긴밀한 연결을 피하는 것이다. 따라서 워싱턴의 이런 관점에서 보면, 미국의 강제로 2016년 11월(박근혜 전 대통령 탄핵소추안 발의 1개월 전) 비정상적으로 체결된 일본과의 군사정보보호협정

---

18) Washington, "Farewell Address" (Original Draft by Hamilton, August, 1796), 316쪽.

(GSOMIA) 파기는 당연한 것이다.

그리고 이전에는 지소미아 체결을 강요하더니 이제는 이를 다시 복원하라고 압박하는 미국은 우리의 국익과 배치되는 저들의 일(중국 견제)만 챙기고 있는 것이다. 그러나 미국인들은 그들의 초대 대통령의 「고별연설」을 다시 잘 읽어보고 한국이 처한 대내외 상황을 제대로 이해해야 할 것이다.

일반적 천적으로서의 이웃나라와 침략적 천적 일본

"상황의 근접성, 또는 인근성"은 영토와 역사 문제 때문에 "가까운 나라들을 천적으로 만든다(vicinity, or nearness of situation, constitutes nations natural enemies)." 또는 "인방隣邦은 천성적으로 서로의 적이다(Neighboring nations are naturally enemies of each other)." 워싱턴의 「고별연설」을 기초했던 재무장관 알렉산더 해밀턴(Alexander Hamilton, 1755-1804)은 이 사실을 "일종의 정치적 공리"로 천명했다.[19]

우리나라도 주변 강대국들을 가까스로 선린국가(사회 좋게 지내는 나라)로 삼을 수 있을지언정 결코 정치적·군사적 차원의 '우방'으로 삼을 수 없다. 특히 고려시대 이래 무수한 왜변을 일으키고 임진년에 조선을, 갑오년(1894)·갑진년(1904)에 대한제국을 침공해 병탄했고, 기해년(2019)에 경제왜변을 자행한 인방 일본은 결코 우리의 정치적·군사적 우방일 수 없다. 인방은 혹시 우리를 돕는 경우가 있더라도 우리나

---

19) Publius (Alexander Hamilton), The Federalist. no. 6, "Concerning Dangers from War between the States", 26쪽. James Madison, John Jay and Alexander Hamilton, *The Federalist* [Gideon ed. 1818], ed. by George W. Carey (Indianapolis: Liberty Fund, Inc., 2001).

라의 주권적 독립을 존중해줄 정치적·군사적 차원의 진정한 '우방'일 수 없다. 우리는 명대 중국조차도 임진왜란 때 원군을 파병한 뒤 조선의 독립을 무시하고 방자하게 굴었고, 청국도 임오군란을 계기로 파병한 뒤 청군을 계속 주둔시킨 채 내정에 간섭해 고분고분하지 않는 고종의 폐위를 획책하고 대원군을 잡아가는 등 수많은 행패로 조선의 왕권과 독립을 사실상 무력화시켰던 사실史實을 결코 잊어서는 아니 될 것이다. 반일독립국가 대한민국의 국민들은 이 사실에서 한 점 착각이나 환상이 없어야 한다.

워싱턴과 해밀턴의 분석에 따르면, 한국의 부왜노들이 반국가적 언동을 자행하고 반국가단체를 조직하는 것을 수월하게 해주는 심리기제는 바로 이들의 '격렬한 부왜애착감정'이다. 부왜노들은 자발적으로 "외세의 앞잡이와 괴뢰들"이 되어 "그들의 음모를 저지할 수 있는 진짜 애국자들"을 국민대중에게 "의심받고 미움받게" 만들고 궁극적으로 이 애국자들로부터 "백성의 갈채와 신임을 찬탈하고 백성들의 이익을 외세에 내줄" 목적으로 갖은 선동과 반국가활동을 저지르고 있다. 작금의 부왜노들은 일제의 한국 침습의 "통로"요, 일본회의의 "음험한 간계"에 내응하는 "앞잡이와 괴뢰들"이다.

제3절

일본회의의 일제종족주의 대對 한국의 저항적 민족주의

▌ 부왜노들의 부왜자멸주의

 '부외자멸주의附外自蔑主義' 또는 '부외자멸사상'은 강대한 외국에 붙어 외국을 찬양하며 우리나라, 우리나라 사람, 우리 역사, 우리문화와 전통 등 '우리 것'을 모조리 멸시하는 부외노들의 자문화自文化경멸 심리를 가리킨다.[20] 한국의 모든 것을 멸시하고 일제에 붙어 일제의 모든 것을 찬양하는 부왜노들의 부외자멸주의는 특별히 '부왜자멸주의附倭自蔑主義'라고 부르겠다. 이영훈·김낙년·이우연 등 부왜역적들은 바로 이 '부왜자멸주의'에 빠져 우리국민의 반일민족주의를 '반일종족주의'로 폄하하고, 친일파를 제외하고 세종대왕을 비롯한 우리 민족과 우리의 민족적인 '모든 것'을 경멸한다.
 부왜노들의 부왜자멸심리는 가령 이영훈이 한국을 "거짓말의 나

---

[20] 이에 대해서는 참조: 황태연, 『한국근대화의 정치사상』(파주: 청계, 2018), 82-85쪽.

라"로, 우리국민을 "거짓말하는 국민"으로, 우리나라 정치를 "거짓말하는 정치"로 폄훼하고, 우리나라 학계를 "거짓말의 온상"으로, 우리나라 사법부를 "거짓말하는 사법부"로, 우리 법원의 재판을 "거짓말 재판"으로 폄하할 정도로 끝 간 데 없다. 이것은 한국인 부왜노의 부왜자멸 언어라기보다 차라리 '일본회의'에 집결해 있는 일제나 아베의 언어를 반복하는 것 같다.

제국주의적 민족주의의
인종·종족주의로의 부패·퇴락

18세기말부터 일어난 서양의 근대 민족주의는 언어민족주의와 문화민족주의를 바탕으로 형성되었다. 이 근대 민족주의는 근대 민족국가를 형성하는 데 결정적 역할을 수행했다. 이 점에서 '민족주의'는 원래 대단히 긍정적인 근대이념이었다.

그러나 영국·프랑스·독일·오스트리아·이탈리아 등 서구 강대국이 19세기 중반에 들어 다투어 세계의 약소민족들을 침략·정복·강탈·지배하는 제국건설에 나서면서 강대국들의 민족주의는 상호각축 속에서 오만한 국수주의로 왜곡되더니 제국주의적 식민지정복전쟁과 식민지경영, 그리고 제국주의전쟁을 감행하면서부터는 아예 종족·인종주의, 파시즘, 나치즘 등으로 왜곡되기 시작한다.

언어와 문화를 바탕으로 형성되었던 서구 강대국들의 민족주의는 제국주의적 식민지배와 결부되면서 약소민족을 종족적·인종적 '혈통'을 기준으로 차별하고 지배하면서 제국주의적 종족주의로 변질되어 간 것이다. 식민지모국의 이익을 극대화하기 위한 식민지배의 핵은 혈통과 인종이 다른 토착민과 식민지모국 국민 간의 엄격한 차별에 기초한다. 따라서 국수적·제국주의적·팽창주의적 민족주의는 전근대적 '종족주의'나 '인종주의'로 폄하되어도 무리가 아니었고, 또 그것이 그렇게 변질되었기 때문에 그렇게 폄하되어야만 했다. 그런데 부왜노들은 부왜자멸심리에서 우리의 민족주의를 '반일종족주의'로 폄하하는 무식한 광언狂言을 토역질하듯이 토해내고 있다.

일제에 대항하는 저항적 민족주의와 통일민족주의의 도덕적 정당성

전근대, 또는 저低근대 상태에 있다가 제국주의의 침습을 받고 제국주의국가에 정복당하거나 정복의 위기에 처한 약소국들은 제국주의 침탈에 맞선 반제反帝투쟁을 통해 민족주의를 고취하고 다지면서 근대국가로 도약했다. 따라서 이때 바로 '저항적 민족주의'가 탄생한 것이다.

'저항적 민족주의'는 강대국의 제국주의적 인종·종족주의에 직면한 약소국들이 독립을 지키고 쟁취하고 회복하는 유일하게 가능한 이념이었다. 약소국의 이 저항적 민족주의는 토착민들이 힘을 다 합해도 약소하기 때문에 신분 차이를 넘고 서울표준어와 지방사투리를 넘어 유사한 언어·문화의 최대한의 공통성을 바탕으로 씨족과 종족을 넘어 하나의 '민족'으로 똘똘 뭉쳐야 했고, 또 다른 민족들과 연대해야만 독립을 쟁취할 수 있었으므로 '개방적'이어야 했다. 따라서 제국주의적 민족주의는 종족(인종)주의적·국수주의적·폐쇄적인 반면, 저항적 민족주의는 언어·문화적이고 개방적일 수밖에 없는 것이다. 이와 같이 '저항적 민족주의'는 초超신분적·초지방적·초종족적이고 대외적으로 아주 개방적인 까닭에 위대한 것이다. 한 마디로, 제국주의의 '지배적 민족주의'는 죄악인 반면, 제국주의적 정복과 약탈의 범죄행위에 맞서 싸우는 '저항적 민족주의'는 정의로운 정치이념이다. 이 저항적 민족주의는 서구제국이 공통된 언어와 전통문화를 바탕으로 소제후국들을 용해시켜 큰 민족국가를 형성하던 18세기 말과 19세기 초반의 그 근대 민족주의의 정치적 건강성과 활력, 그리고 도덕적 정당성을 그대로, 변질 없이 계승하고 있다.

그러므로 제국주의적 민족주의냐, 저항적 민족주의냐에 따라 민족주의는 도덕적 선악으로 갈리는 것이다. 제국주의적·지배적·파쇼적·국수적·네오나치스적 민족주의는 혈통기준의 배타적 인종(종족)주의·국수주의로 변질된 한에서 정치도덕적으로 아주 사악하고 매우 부당한 것이다. 반면, 저항적 민족주의는 도덕적으로 정당하고 정의롭다. 그것은 제국주의·인종주의의 침략과 약탈, 그리고 반인도적 만행이라는 국제법적 범죄에 저항하고 이를 진압하려는 정치이념이기 때문이다. 그리하여 저 부왜노들이 추종하는 일제민족주의는 사악하고 부도덕한 '일제종족주의'인 반면, 한국의 저항적 민족주의는 대한민국의 도덕적 건강성과 개방성을 보장하는 정의로운 근대적 민족이념이다. 한 마디로, 일본제국주의적 민족주의는 악이고, 한국의 저항적 민족주의는 선이다. 따라서 '종족주의'로 폄하되어야하는 것은 일본회의와 아베의 신新제국주의적 민족주의이지, 우리의 저항적 민족주의가 아니다. 우리의 저항적 반일민족주의는 동시에 우리의 정당한 헌법이념이다. 선악을 구분하지 못하는 사이코패스처럼 이것을 '반일종족주의'로 폄하한다면, 그것은 반국가 행위이고 역적질이다. 따라서 우리의 정의로운 저항적 반일민족주의를 '반일종족주의'로 비하하는 이영훈 등의 정치활동은 사이코패스적 국가반역인 것이다.

우리의 경우에 도덕적으로 정당한 민족주의는 이 저항적 반제反帝

민족주의 외에도 하나가 더 있다. 그것은 '통일민족주의'다. '통일민족주의'는 약소국이 제국주의적 강대국에 대항해 경향京鄕차이, 지역차이, 신분차이, 표준어·방언의 차이, 종족차이 등을 극복하고 최대한의 문화적 공통성을 바탕으로 자국의 군소문화집단들을 결집해 하나의 민족을 형성하는 대동大同이념의 연장선상에서, 외세에 의해 분단된 조국을 하나로 만들려는 지향, 즉 언어·문화·전통의 공통성을 바탕으로 두 '소아小我'를 '대아大我'로 통합해 분단된 민족 간의 갈등과 동족상잔을 없애 민족적 항구평화를 달성하려는 지향을 가진다. 외세와 부외노들에 의해 분단된 민족의 통일을 지향하는 이 '통일민족주의'는 도덕적으로 정당하고 정치적으로 필수적인 것이다.

또한 그것은 우리 헌법에 의하면 우리 대한국민의 권리이자 의무다. 우리 헌법은 전문에 "평화통일의 사명"을 천명한 데 이어 총강 제4조에 "대한민국은 통일을 지향한다"고 규정하고, 제66조 ③항에서는 대통령에게 "조국의 평화적 통일을 위한 성실한 의무"를 부과하고, 다시 제69조에서 대통령으로 하여금 "조국의 평화적 통일"을 위해 노력한다는 맹세를 선언하도록 규정하고 있다.

우리는 일찍이 일제의 지배적(정복적·팽창적) 민족주의를 적대하면서 일제종족주의와 투쟁함과 동시에 저항적 민족주의와 통일민족주의의 도덕적 정당성을 확신하고 헌법이념으로 높이 고양시킨 항일민족인 것이다. 그런데 학자들 중에는 남북통일을 통일민족주의가 아니라 민주주의 이념으로 달성할 수 있다고 주장하는 이들도 있다. 그러나 그것은 가능하지 않을뿐더러 또 한 번의 동족상잔을 초래할 위험이 있다. 일제치하로부터 바로 공산독재 치하로 넘어가는 통에 일순一瞬도 자유민주주의를 경험한 적이 없는 북한주민들은 대한민국에서 피를 먹고 자라나 꽃피우는 자유민주주의에 대해 아무런 정치적

매력을 느낄 수 없을 뿐더러 아마 조선노동당의 선전선동에 철저하게 세뇌당한 나머지 자유민주주의를 남한의 미제美帝이데올로기로 의심하고 적대시할 것이다. 자유민주주의를 기치로 통일을 외치는 것은 그래서 불가능하고 위험한 것이다. 물론 통일된 뒤에는 차차 북한주민을 자유민주주의로 안내해 자유와 민주적 권리들을 누릴 수 있도록 하는 것이 도리일 것이다. 하지만 그 전에 남북 간에 자유민주주의를 적용한다면, 그것은 남북통일의 이념적 동력이기는커녕 남북적대의 새로운 불씨가 될 위험이 아주 크다. 자유민주주의를 앞세워서는 아예 북한의 반민주·독재정권과 어떤 접촉이나 교섭도 불가능할 것이다. 반면, "코리아는 하나다"는 구호로 상징되는 통일민족주의는 남북을 한 민족으로 뭉치게 만들 초월적 동력으로 작용한다.

따라서 일제종족주의를 적대하는 '저항적 민족주의'와 '통일민족주의'는 대한국민의 지선至善한 정치도덕이요 헌법이념이다. 대한민국의 이 두 민족주의는 일제종족주의로 변질된 일본의 제국주의적 민족주의와 반대로 도덕적으로 정당하고 정치적으로 고귀하고 위대한 이념이다. 따라서 우리의 이 지선한 민족주의는 어떤 식으로든 폄훼되어서도 아니 된다. 또한 어떤 늙은 영문학자가 탈脫민족주의적 입장에서 공언하는 것처럼 우리의 이 민족주의는 일제의 저 사악한 민족주의와 등치되어서도 아니 되는 것이다. 제국주의적 가해자의 지배적 민족주의와 식민지 피해자의 저항적 민족주의 사이에 마치 중립이 있는 양 양자를 등치시키는 이 영문학자는 선악을 구분하지 못하는 사이코패스가 아니라면 (자기)기만적 부왜노인 것이다. 악과 선, 가해자와 피해자 사이에 중립은 존재하지 않는 것이기 때문이다. 선과 악 사이의 중립이란 고래로 악한 가해자를 편들어 도움이 절실한 선한 피해자의 손을 뿌리치는 패덕悖德을 가리는 허울로 쓰였다.

그래서 우리는 작금의 한일갈등에 대해 미국 국방부·국무부 관계자들이 보이는 중립적 작태와 언동도 친일·반한反韓의 패덕으로 의심하는 것이다. 미국이 이런 식으로 계속 한국과 일제 사이에서 친일·반한으로 귀결될 '중립 놀음'을 한다면, 이것은 한국을 우롱하는 짓거리다. 다시 분명히 말하지만 가해자와 피해자 사이의 중립은 가해자 편이다. 미국은 지난날 그들이 '중립의 허울'을 쓰고 한국을 등지고 일제를 편들었으나 곧 일제에 당하기 시작한 과거의 우愚와 유사한 외교실책을 다시 범하지 않으려면 '중립 놀음'으로 한국인을 우롱하는 짓거리를 당장 그만두어야 한다. 미국의 '과거의 우'란 미국이 한일 사이에서 '중립의 탈'을 쓰고 제3국의 핍박을 받는 조약상대국을 거중조정으로 도와야 하는 한미수호조약상의 상호 의무를 배반하고 일제를 편들어 1905년 몰래 태프트-가츠라 밀약을 맺고 한국을 일제의 아가리에 밀어 넣었다가 1907년 이래 한국병탄으로 힘을 기른 일제로부터 도전을 받기 시작했고 끝내 1941년 12월 일제로부터 진주만 폭격을 당한 것을 말한다.

종합하면, 우리의 민족주의를 '반일종족주의'로 폄훼하는 짓이든, 우리의 저항적 민족주의와 가해적 일제민족주의를 등치시키는 짓이든, 양자 사이에서 '중립 놀음'을 하는 짓이든, 현학적으로 '탈민족주의'를 운위하는 언동이든 모두 다 우리 헌법을 모독하고 대한민국의 존립과 안전을 위협하는 국가반역이다.

제4절

한국은 일제식민통치 시기에야 비로소 근대화되었나?

부왜노들이 한국, 한국문화, 한국인 등 한국적인 모든 것을 경멸하고 일제를 찬양하는 근거 중에 하나는 일제가 식민통치를 통해 한국을 근대화시켰다고 보는 그들의 소위 '식민지 근대화론'에[21] 있다. 일제식민지 시대에 한국인들은 소득과 생활수준이 계속 향상되었고 이를 통해 소득증가와 인구증가가 동시에 벌어지는 로스토우가 정의한 '경제적 근대화'가 개시되고 달성되었다는 것이다. 한 마디로, 한국의 '경제적 근대화'는 조선총독부 '덕택'이라는 말이다.

대한제국기에 개시된 한국의 경제적 근대화

진짜 한국의 '경제적 근대화'는 조선총독부 '덕택'인가? 진짜 그렇

---

21) 식민지 근대화론에 대한 전면적 비판은 참조: 황태연, 『백성의 나라 대한제국』 (파주: 청계, 2017), 1055-1081쪽; 황태연, 『한국근대화의 정치사상』, 920-949쪽.

다면 일제는 우리에게 고마운 존재이고, 일제에 의한 한국병탄은 축복이고, 위안부, 정신대, 징병, 징용, 중일전쟁·태평양전쟁의 참전 등은 이 근대화를 위해 치러야 할 당연한 희생이었을 뿐이다. 그리고 이런 경제적 근대화의 축복을 위해서라면 국가 정체성 정도야 간단히 포기하고 창씨개명과 한국어포기를 통해 왜인 신분으로 잘사는 것이 현명했다는 것이다.

식민지 근대화론자들은 자신들이 만든 신뢰할 수 없는 통계를 '과학적' 통계로 제시하며 조선후기와 대한제국에는 '근대적' 경제발전이 없었고 오직 경제발전은 일제시대에야 개시되었다고 강도 높게 주장한다.[22] 하지만 오랜 세월 OECD 경제통계를 책임졌던 앵거스 매디슨(Angus Maddison)이 2012년 산출한 한·중·일 각국의 1인당 GDP 통계를 보면, 조선경제는 늦어도 개항 훨씬 전인 1869년 이전에 저점을 통과했고, 1911년 통계치를 주시하면, 고종시대 전반, 특히 대한제국기 전반에 걸쳐 고도성장이 진행되었다는 것을 알 수 있다. 매디슨의 이 통계수치 가운데 1870년 이전 통계는 매디슨의 추정치이고, 1911년 이후의 수치는 미조구치도시유키(溝口敏行)의 1911-1938년 1인당 국민생산 추계를 1990년의 국제평균 달러가격(Geary-Khamis dollar)으로[23] 달러화한 것이다. 이 통계는 추정치지만 전반적 추세를 보는 데는 큰 도움이 된다.

매디슨의 2003년판 통계책자는 1911년 한국의 1인당 국민소득을 777달러로 제시했고,[24] 2011년 검색된 동일한 통계표에서도 777달러

---

22) 가령 참조: 차명수, 「제13장 경제성장·소득분배·구조변화」, 337쪽. 김낙년 편, 『한국의 경제성장 1910-1945』(서울: 서울대학교출판부, 2006).
23) '국제달러(International dollar)'로 더 잘 알려져 있는 'Geary-Khamis dollar'는 미국 달러가 주어진 시점에 미국 내에서 갖는 것과 동일한 구매력평가(PPP)를 표현하는 가상적 통화단위다. 보통 1990년과 2000년이 벤치마크 연도로 많이 쓰인다.
24) 참조: Angus Maddison, *The World Economy - Historical Statistics* (Paris:

로 제시했다. 그런데 아래의 2012년 통계표에서는 815달러로 제시하고 있다. 이 수치는 매디슨이 미조구치 통계에 의존했던 2003·2011년 통계를 바로잡은 교정 값이다.

아래 통계표를 보면, 1911년 한국의 1인당 국민소득은 815달러로서 아시아 4위의 경제대국이 되었고, 1915년에는 1인당 국민소득 1,048달러에 달해 미국 치하의 필리핀(875달러)과 네덜란드 치하의 인도네시아(866달러)를 뛰어넘어 '아시아 2위의 경제대국'이 된 것으로 나타나고 있다.

동아시아 주요 국가 1인당 GDP(2012)[25]

년도	1700	1820	1850	1870	1911	1912	1913	1914	1915	1916
조선		600		604	815	843	869	902	1,048	1,018
중국	600	600	600	530			552			
일본	570	669	679	737	1,356	1,384	1,387	1,327	1,430	1,630
인도	550	533	533	533	691	689	673	709	691	710
인도네시아	580	612	637	578	839	838	874	864	866	870
필리핀		584		624	913	911	938	952	875	1,003
태국		570		608			841			

※ 조선의 1820년 통계수치 600달러는 중국의 1인당 GDP와 같은 것으로 산정한 추정치이고, 조선의 1870년 통계는 인도네시아, 스리랑카, 태국의 1870-1913년간의 1인당 GDP 평균치와 평행한 것으로 산정한 추정치임.[26] (1990년의 국제평균 달러가격[Geary-Khamis dollar])

그러나 식민지 근대화론자들은 매디슨이 산출한 이 통계를 의심한다. 하지만 이 통계는 대체로 그들도 인정하는 미조구치의 추정통계

Development Center of the OECD, 2003), 180쪽.
25) Angus Maddison, "Historical Statistics for the World Economy: 1-2008 AD."(2012). (http//www.ggdc.net/maddison/oriindex.htm. 최종검색일: 2012. 10. 19.).
26) 참조: Maddison, The World Economy - Historical Statistics, 154쪽.

치를 근거로 삼고 있는 한에서 큰 흐름의 추세를 알아보는 데는 문제될 것이 없고, 김낙년의 수정치도 매디슨·미조구치의 추정치와 대동소이하다. 그리고 특히 필자가 중시하는 1915년까지 국민소득의 경우에는 김낙년이 제시하는 수정치가 오히려 1911-1915년의 국민소득을 약 5% 정도 위로 끌어올려주기 때문에 매디슨 통계의 신뢰도를 더 올려주고 필자의 해석을 더 강화시켜 줄 뿐이다.[27]

결론적으로, 거의 아무런 편향을 보이지 않는 매디슨의 저 2012년판 통계표는 객관적이라서 신뢰할 만한 것이다. 적어도 그것은 김낙년의 통계치보다 훨씬 더 신뢰할 만한 것이다. 따라서 매디슨의 통계를 다시 보고 정밀하게 해독할 필요와 의미가 있다. 재해독하면, 조선은 1820년 당시 1인당 국민소득 600달러로서 중국과 공동으로 동아시아 3위 국가였으나 늦어도 1869년 이전에 저점을 통과해 1870년 604달러로 반등하기 시작했고, 이후 40년 동안 연평균 5.275달러씩 매년 고도성장을 거듭해 1911년 815달러에 도달했다. 이로써 한국은 급전직하로 추락하는 중국을 제치고 일본·필리핀·인도네시아에 이어 아시아 4위 국가로 올라섰다. 1911년에 산출된 통계수치는 원래 1910년의 경제상황도 간접적으로 보여주는 것이다. 그러므로 815달러는 사실상 대한제국의 1910년 경제성과다. 그리고 일제가 전혀 개발투자를 하지 않은 1911년부터 1915년까지 '병합 후 5년' 동안에도 한국경제는 대한제국기 도약단계의 관성을 따라 성장을 계속해, 위에서 제시된 매디슨의 통계에서 보듯이, 1915년 한국의 1인당 국민소득이 1,048달러에 달했다. 그리하여 한국은 미국 치하의 필리핀(875달러)과 네덜란드 치하의 인도네시아(866달러)도 뛰어넘어 '아시아

---

27) 차명수의 문제제기와 김낙년의 수정통계에 대한 비판은 참조: 황태연, 『백성의 나라 대한제국』, 1062-1064쪽; 황태연, 『한국근대화의 정치사상』, 920-923쪽.

2위의 경제대국'이 된 것이다.

 1915년 1인당 국민소득 1,048달러에 도달한 한국의 당시 생활수준은 '대규모 국부유출 시기'에 이룬 것이기에 특별한 의미를 지니는 것이다. 그것은 일제와 왜인들의 억압·착취·약탈에도 '불구하고' 거의 순수하게 대한제국기 경제도약의 '여세'로 달성된 것이기 때문이다. 1906년 통감부시기부터 1915년 식민지시기까지 10년 동안 일제와 왜인들은 한국에 개발투자를 전혀 하지 않고 일면적으로 한국인들의 경제활동에 대한 억압과 강탈 및 경제적 수탈, 그리고 공동지·무주지·미개지 등을 강탈해 왜인에게 불하해 이들의 이주정착을 촉진하는 '척식拓殖'과 '본국으로의 이익송금'에만 혈안이 되어 있었다.

 1915년 1인당 국민소득 1,048달러에 도달한 한국의 생활수준은 유럽과 비교해서도 괄목할 만한 것이었다. 1915년 당시 영국의 1인당 국민소득은 5,288달러, 미국은 4,864달러, 프랑스는 3,248달러, 독일은 2,899달러, 오스트리아는 2,653달러, 이탈리아는 2,070달러, 스페인은 2,033달러, 포르투갈은 1,228달러(1918년에는 1,150달러), 그리스는 1,143달러(1916년은 972달러, 1917년은 848달러)였다.[28] 이 수치들을 보면, 1915년 당시 한국인들의 생활수준은 이미 이탈리아·스페인의 절반 수준을 넘어 포르투갈과 대등하고 그리스를 앞지른 수준이었다. 그리고 1915년경 한국은 당연히 당시 동유럽·중남미 국가들을 아주 많이 능가한 단계에 있었던 것이다.

 대한제국 백성의 이 놀라운 소득증가와 생활수준 향상은 대한제국기 한국노동자의 실질임금 상승추세에 의해서도 뒷받침된다. 일단 정부의 토목공사에 고용된 모군募軍 잡부들의 임금이 대한제국기에

---

28) Angus Maddison, "New Maddison Project Database" – "GDP per capita". (http://www.ggdc.net/maddison. oriindex.htm. 최종검색일: 2017. 2. 20.).

급상승했다. 1776년부터 1901년까지 전액이 금전으로 지불된 영건역(건설노동)과 축성역 모군들의 임금 추이를 보면, 1776년부터 1858년까지 모군 고가는 줄곧 월급으로 8냥(80전), 일당으로 2전 5푼이 지급되다가, 1900년에는 고가가 급상승해 일당 1냥 2전(즉, 12전), 1901년 진전眞殿 중건역에는 1냥 1전(11전), 1901년 중화전 영건역에는 2냥 2전(22전)이 지불되었다.[29] 이것은 명목임금이지만, 1901년 일당 평균임금이 1냥 6전 5푼(16전 5푼)으로 가파르게 급상승한 것은 물가 인상을 상쇄하고 실질임금이 상승한 것을 짐작케 한다. 일고日雇 농업노동자의 실질임금은 이우연의 주장을 보더라도 1880년부터 계속 하락하다가 1895년부터 1903년까지 소폭의 등락을 반복하며 정체하더니 1904년을 기점으로 급상승의 반전을 맞는다. 연고年雇노동자(머슴)의 실질임금도 1880년 이래 계속 하락하다가 1905년부터 급상승으로 반전한다.[30] 이 실질임금의 상승세는 일제식민지 시대 초기에도 그대로 이어진다. 실질임금의 이런 급상승이 혹시 일제통감부의 농업정책의 성과가 아닐까 하는 의심이 있을 수 있지만, 이런 의심은 불가하다. 1880년 이래 14년 동안 계속된 실질임금 하락세가 정지된 시점은 1906년 통감부가 설치되기 훨씬 전인 1895년이었고, 일고 농업노동자의 실질임금이 급상승세로 반전한 시점은 통감부 설치 2년 전인 1904년이었기 때문이다. 그리고 정부토목공사 모군 임금은 이미 1900년부터 급상승으로 반전된 것에 주목해야 할 것이다.

　식민지 근대화론자들은 1906년부터 1910년까지 통감부의 경제정책이 매디슨 통계에서 1911년 1인당 GDP가 815달러로 증가하는 데,

---

29) 윤용출, 『조선후기의 요역제와 고용노동』(서울: 서울대학교출판부, 1998), 290쪽 「표 6」 '17-19세기 영건역·축성역 모군 고가'.
30) 이우연, 「農業賃金의 推移: 1853-1910」, 197쪽. 안병직·이영훈 편, 『맛질의 농민들』(서울: 일조각, 2001).

또는 1915년 1,048달러로 증가하는 데 영향을 주지 않았을까 의심할 것이다. 그러나 다시 확언하는 바, 1919년 3·1운동 때까지 일제는 오직 한국의 약탈·수탈에만 급급했고 전혀 개발투자를 하지 않았다. 이 기간에 일제가 종자개량, 수리사업, 토지개간, 간척사업 등을 추진했다는 식민지 근대화론자들의 주장들은 다 새빨간 거짓말이다.[31]

결론적으로, 한국의 1인당 국민소득을 1870년 604달러에서 1915년 1,048달러로 끌어올린 한국경제의 놀라운 고도성장은 1910년경 이미 815달러에 도달한 대한제국기(1896-1910) 고속성장의 여세와 관성으로 이룩된 것이다. 따라서 매디슨 통계에 따르면 한국의 경제적 근대화는 일제식민지 시대가 아니라 대한제국기에 개시되었다. 식민지 근대화론은 과학적 근거가 전무한 괴설怪說이다.

대한제국기 근대화에 대한 당시 서양인들의 관찰보고

대한제국 정부의 식산흥업 정책으로 그 시기에 비약적인 경제발전이 이루어진 사실은 미조구치·매디슨의 통계에서만이 아니라, 외국 학자들의 방문관찰, 일본공사의 정보보고, 대한제국 정부 자체의 통계치 등에서도 여실히 드러난다.

독일 『쾰른신문(Kölnische Zeitung)』 기자로서 방한訪韓한 지그프리트 겐테(Siegfried Genthe) 박사는 6년 차 광무개혁이 한창이던 1901년 2-3개월 동안 한국의 경향각지를 샅샅이 돌아보았다. 이후 그는 한

---

31) 이 시기에 일제가 경제개발을 했다는 식민근대화론자들의 주장에 대한 비판은 참조: 허수열, 『일제초기 조선의 농업』(파주: 한길사, 2011), 20-28, 258-259, 365-367, 369-391쪽; 황태연, 『백성의 나라 대한제국』, 1066-1081쪽; 황태연, 『한국근대화의 정치사상』, 925-940쪽. 김운태의 논의도 도움이 된다. 김운태, 『日本帝國主義의 韓國統治』(서울: 박영사, 1986·1999), 119-121, 126-131쪽.

국 방문기를 1901년 10월부터 1902년 11월까지 『쾰른신문』에 연재했다. 이 방문기에서 그는 1901년 무렵 서울의 변화로 일어난 새로운 인상을 이렇게 기술하고 있다.

> 아시아의 모든 수도 중에서 이른바 '대한의 황제(Kaiser von Dä Han)'의 소재지인 서울은 아마도 현재 가장 특이한 광경을 보여주는 곳일 것이다. 특이한 것은 그 광경이 여느 동방군주의 수도에서 보통 상상하곤 하는 것과 아주 완전히 다르기 때문이고, 또 다른 한편으로 옛것과 새것, (…) 아시아적 원시상태와 서구적 혁신상태 사이에 지구상에서 두 번 다시 볼 수 없을 만큼 현격한 대립을 보여주기 때문이다.[32]

'근대국가' 대한제국에 대한 이 묘사적 기록은 고종이 '전통을 근본으로 삼고 새것을 참조해 근대화한다'는 구본신참론舊本新參論으로 표방한 근대화 개혁철학의[33] 구현태가 독일인 겐테의 눈에는 당시 아시아의 수도 중에서 "가장 특이한(merkwürdigst)" 광경, 즉 "아시아적 원시상태와 서구적 혁신상태 사이"의 "현격한 대립"으로 투영되고 있다. 동시에 겐테는 아시아의 모든 대도시를 앞지른 대한제국 수도 서울의 놀랍도록 눈부신 발전상도 보았다.

> 사람들은 연이은 마을들의 낮은 회갈색 지붕들 위로 전깃줄이 팽팽히 처지고 다른 세계의 전령처럼 야만적 무無문화와 유치한 미

---

32) Siegfried Genthe, *Korea: Reiseschilderungen von Dr. Sigfried Genthe*, 201쪽. Genthes Reisen, Band I, herausgegeben v. Georg Wegener (Berlin: Allgemeiner Verein für Deutsche Literatur, 1905).
33) 구본신참론에 대한 상세한 논의는 참조: 황태연, 『백성의 나라 대한제국』, 953-1015쪽; 황태연, 『한국근대화의 정치사상』, 810-883쪽.

신의 이 나라로의 이 전기의 개선凱旋 행진을 알리는, 자기瓷器머리를 쓴 전봇대들이 높이 솟아 있는 것을 본다면 거의 믿지 않을 것이다. 그리고 실로 서울은 서양제국諸國의 발명품들을 대규모의 수도 교통을 용이하게 하는 데 활용하는 면에서 동양의 다른 모든 대도시를 앞질렀다. 아프가니스탄의 군주는 이미 수년 전부터 카불에서 그의 여름 성곽으로 가는 작은 전차가 있고 네팔의 마하라자(군주) 디라쥐(Diradsch)는 80년대에 그의 카트만두 궁전을 전기등으로 밝히도록 만들긴 했지만, 북경도, 동경도, 방콕도, 상해도 서울처럼 전신과 전화, 전차와 전기조명을 동시에 가진 것을 자랑하지 못한다. 아침신선의 나라(*das Land der Morgenfrische*)의 고이 잠든 여기 한국인들에게 이것(다른 동양 대도시의 아래와 같은 행색)은 사건, 믿을 수 없는, 창피한 사건이 된다. 중국의 번영하는 개방항구들에 온 유럽인들은 아직도 원시적 이동수단, 즉 개별 인력으로, 말하자면 인력거(*Dschinriksha*)라고 불리는 "인력수레"를 타고 중국의 당당한 주택가를 관통해야 하는 반면, 한국인은 쌩쌩 달리는 전차를 타고 수도 서울의 움막과 초가 사이를 누비고, 밤이면 눈부신 아크등이 수도라는 거대한 마을의 옹기종기 모인 지붕들을 비추고 있다.[34]

겐테가 1901년 후반에 목격한, 북경·동경·방콕·상해 등 아시아의

---

34) Genthe, *Korea: Reiseschilderungen von Dr. Sigfried Genthe*, 207-208쪽. 지그프리트 겐테(권영경 역), 『신선한 나라 조선, 1901』(서울: 책과함께, 2007). '아침신선의 나라'는 '조선국(朝鮮國)'을 독일어로 직역한 것이다. 즉, '조선국'의 '조(朝)'를 '아침(Morgen)'으로, '선(鮮)'을 '신선(Frische)'으로 옮겨 '朝鮮'을 '아침신선(Morgenfrische)'으로 독역한 것이다. 겐테는 이 국명의 직역으로 '아침고요의 나라(*das Land der Morgenruhe*)'라는 조선의 별명을 비판하고 있다. '아침고요의 나라'는 서양인들이 한국에 와보지도 않고 북경이나 동경에 눌러앉아서 헛소문을 듣고 지어낸 그릇된 이름이라는 것이다. 왜냐하면 그가 본 조선은 '고요한' 나라가 아니라 온갖 '문명의 이기'를 받아들여 한참 새롭게 발전하고 있는, '조선(朝鮮)'이라는 국명에 합당한 '신선한' 나라였기 때문이다.

모든 대도시를 앞지른 한국과 서울의 이런 "가장 특이한" 근대화 광경은 4-5년 뒤에 서구인들을 아예 "깜짝 놀라게 할" 단계에 도달한다. 그리고 서울의 진보적 변모에 대한 서구인들의 놀람은 시간이 갈수록 '경악' 수준으로 변해갔다.

광무개혁 10년째가 되는 1906년 호머 헐버트(Homer B. Hulbert)는 광무개혁에 의해 혁신된 한국의 새로운 모습에 대해 이렇게 말한다.

> 20년 전에 한국을 방문했던 여행자가 서기 1906년에 다시 여기로 돌아와 본다면, 그는 대외교류에 대해 국가를 개방한 덕택에 이룩된 물질적 변화들에 대해 깜짝 놀라게 될(startled) 것이다.[35]

20년 전은 헐버트가 육영공원의 영어교사로 초빙되어 한국에 들어온 1886년을 말한다. 헐버트는 개혁이 추진된 기간을 너무 길게(20년간으로) 잡고 있고, 또 한국을 다시 방문하는 서양인들이 "깜짝 놀라게 될" 물질적 변화의 원인을 '대외개방'이라는 한 가지 요소로만 돌리고 있다. 이 원인분석은 물론 그릇된 것이다. 하지만 그가 1906년에 이 글을 쓰고 있기 때문에 1906년에 한국을 다시 방문하는 서양인들이 "깜짝 놀라게 될" 물질적 변화는 실은 광무개혁의 성과다.

캐나다인 프레더릭 매켄지 영국 데일리메일 기자는 분명하게 이 '물질적 발전'을 광무개혁의 성과로 지목한다. 그는 『한국의 독립투쟁』(1920)에서 서양인들을 "깜짝 놀라게 하는" 한국의 발전을 1894년 이래 10년간 수행된 "모종의 대개혁" 덕택으로 돌리고 있기 때문이다.

---

35) Homer B. Hulbert, *The Passing of Korea* (New York: Double Day, Page & Company, 1906), 456쪽.

모종의 대개혁들이 이루어졌다. 1894년과 1904년 사이의 시기에 이루어진 발전들은 80년대 초에 이 나라를 알았던 사람들에게 깜짝 놀라게 하는(startling) 것으로 보였을 것이다. 서울과 제물포 간에 운행되는 잘 관리되는 현대식 철도가 있었고, 다른 철도들이 계획되어 측량되고 이 중 일부는 공사가 착수되었다. 서울은 전등·전차·영화관이 있었다. 도성을 둘러싸고는 훌륭한 도로들이 놓여 있었다. 중세시대의 많은 낡은 관습이 타파되었다. 학교와 병원이 전국적으로 확산되고 있었는데, 이는 대개 선교사 활동의 결과였다. (…) 위생시설이 개선되고, 해안 주위의 수로를 위한 측량·해도제작·등대건설이 시작되었다. 상류계급의 많은 한국인들이 해외로 나갔고, 미국대학에서 졸업장을 받고 귀국하고 있었다. 경찰은 신식 복장을 갖추고 신식으로 훈련되었고, 적지만 근대적인 군대가 출범했다.[36]

매켄지가 10년간의 "대개혁"을 통해 이루어진 "(사람들을) 깜짝 놀라게 하는" 물질적 발전에 더해 열거하는 "낡은 관습의 타파", 많은 한국청년들의 미국유학과 귀국, "신식"으로 훈련된 "신식복장"의 신식경찰, 근대적 교육을 받은 신식군대의 육성 등은 광무개혁에 의해 물질적 발전만이 아니라 제도와 정신의 근대화도 이루어지고 있었다는 것에 대한 증좌들이다.

특히 한국군의 개개 장병들은 개인적 자질 면에서 당시의 중국군이나 왜군을 월등히 능가했다. 이것은 한국인의 유전적 장점과 광무개혁의 성과가 결합된 결과였다. 1894년 한국을 방문해 도처를 돌아

---

36) Frederick A. McKenzie, *Korea's Fight for Freedom* (Old Tappan, New Jersey: Fleming H. Revell Company, 1920), 62-63쪽.

보았던 독일여행가 헤세바르텍(Ernst von Hesse-Wartegg) 박사의 관찰에 의하면, 이때도 한국병사들의 신장과 체격은 개인적으로 일본군이나 중국군보다 뛰어났다.[37] 1894년 조선병사의 신체적 자질이 저렇게 우수했으니 경제사정이 훨씬 좋아진 1900년경의 한국병사의 자질은 얼마나 월등했겠는가! 1901년 겐테는 이렇게 전한다. "한국인들은 대부분 발육이 아주 좋고 건장하기 때문에 이런 복장(신식군인 복장)을 해도 다리가 짧아 유럽식 제복이 잘 맞지 않아 보이는 일본인들보다 훨씬 잘 어울려 보였다."[38] 이것은 한국인의 유전적 장점과 광무개혁의 성과가 결합된 결과였다.

한국은 식민지시대의 왜곡된 산업화와 사이비근대화에 훨씬 앞서 이미 제대로 된 자주적 근대화 과정에 이처럼 깊숙이 접어들어 있었던 것이다. 소위 '갑오경장'은 일제괴뢰정부의 굴욕적 조치들로서 황금 같은 세월을 허송하게 만든 '사이비개혁' 또는 '반개혁'이었던 점에서 조선에 큰 마이너스였던 반면,[39] 아관망명 이후 고종의 광무개혁은 오늘날 대한민국의 기틀을 창출할 정도로 눈부신 근대화 성과를 이룩했던 것이다.

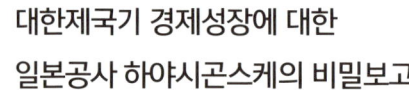

대한제국기 경제성장에 대한 일본공사 하야시곤스케의 비밀보고

---

37) Ernst von Hesse-Wartegg, Korea: *Eine Sommerreise nach dem Lande der Morgenruhe 1894* (Dresden & Leibniz: Verlag von Carl Reissner, 1895), 101쪽. 국역본도 있다. 참조: 에른스트 폰 헤세-바르텍(정현규 역), 『조선, 1894년 여름』(서울: 책과함께, 2012·2016).
38) Genthe, *Korea: Reiseschilderungen von Dr. Sigfried Genthe*, 224-226쪽.
39) 소위 '갑오경장'의 사이비개혁성·반개혁성에 대한 정밀분석은 참조: 황태연, 『갑오왜란과 아관망명』, 341-396쪽.

광무개혁의 놀라운 성과는 한국을 얕보던 일본공사 하야시곤스케(林權助) 같은 왜국 고위관리도 간파했다. 1900년 2월 19일 왜국공사 하야시는 아오키슈조(靑木周藏) 외무대신에게 이런 기밀보고를 타전하고 있다.

> 무릇 상업상 당국當國(한국)의 지위는 타동적他動的이나마 스스로 일전一轉의 기운을 만나, 즉 단순한 상업시대에서 공업시대로 들어서는 데 이르러 한두 동양국가들과의 관계로부터 나아가 세계적 경쟁영역에 임하고 있습니다.[40]

또 하야시는 1904년 10월 29일 한국경제 관련 통계표들을 붙인 「한국 외국무역 최근개황」이라는 비밀보고에서도 이렇게 평가하고 있다.

> 한국의 무역은 해마다 다소 소장消長이 있지만 발달의 추세가 현저하다.[41]

왜국공사도 인정하듯이 대한제국의 무역은 확대일로에 있었고, 교역국도 중국·일본·러시아·영국·미국 등으로 다변화되고 있었던 것이다.

외국인들의 이런저런 관찰기록들, 특히 한국을 가장 얕보는 왜국 고위관리의 이런 기밀보고들은 일단 대한제국의 광무개혁이 크게 성공했음을 보여준다. 그리고 광무경제가 근대적 경제발전상의 테이크오프(도약) 단계에 들어섰음을 알 수 있게 한다. 대한제국은 구본신

---

40) 『일본공사관기록』, ——.本省往來信, (3) '韓國에 있어서의 事業에 관한 卑見具申'(1900년 2월 19일), 林 → 靑木..
41) 일본외교사료관 소장자료 3/24/0/15 '한국 외국무역액 기타 총계보고 각 영사 新進一件'. 이태진, 「일본도 광무 근대화 성과 예의 주시했다」, 150쪽에서 재인용.

참의 근대화 개혁을 통해 7-8년 만에 아시아에서 테이크오프 단계의 경제적 근대국가로 부상한 것이다. 이것이 가능했던 것은 한국 근대화의 출발점이 일본처럼 '전근대' 단계가 아니라 이미 '초기근대'(낮은 근대) 단계였기[42] 때문이었다. 조선은 송·명대의 초기근대적 요소들을 철저히 체화하는 것을 넘어 특유한 발전을 더해서 여러 가지 면에서 중국을 능가하는 단계에 도달해 있었다. 중국과 공통된 군현제적 중앙집권제·관리임용시험제(과거제)·신분제해체 외에 중국을 능가한 18-19세기 조선의 특유한 근대적 요소들은 근대적 국민국가를 선취한 '민국', 향촌자치, 향촌 차원의 '백성참정' 등이었다.[43] 따라서 한국이 '낮은 근대'에서 19-20세기 서양의 '높은 근대'로 도약하는 것은 일본에 비해 빠르고 쉬웠던 것이다.

대한제국기 경제성장을 입증하는 대한제국과 러시아의 정부문서

이번에는 한국의 테이크오프를 입증하는 대한제국과 러시아의 정부자료를 보자. 대한제국기 경제발전을 간접적으로 보여주는 대한제국정부의 통계는 1897년 대한제국 창건 시부터 1905년까지 정부의 세출예산이다.

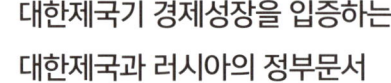

대한제국 정부예산[44] (단위: 元)

1897	1898	1899	1900	1901

---

42) 송대 이래 중국과 세종조 이래 조선의 '낮은 근대국가' 또는 '초기근대국가'에 대한 이론적 논의는 참조: 황태연, 『공자철학과 서구 계몽주의의 기원(상)』(파주: 청계, 2019), 471-581쪽; 황태연, 『한국근대화의 정치사상』, 25-46쪽.
43) '민국', 향촌차원의 '백성자치' 등에 관한 상세한 논의는 참조: 황태연, 『한국근대화의 정치사상』, 513-783쪽; 황태연, 『백성의 나라 대한제국』, 375-617쪽.
44) 이윤상, 『1894-1910년 재정제도와 운영의 변화』(1996년 서울대 국사학과 박사학위

4,190,427	4,525,530	6,471,132	6,161,871	9,078,682
1902	1903	1904	1905	
7,585,877	10,765,491	14,214,298	19,113,665	

1905년까지 예산액은 순수하게 대한제국이 세우고 사용한 액수다. 이에 따르면 대한제국은 창건 9년 만에 예산을 약 4.6배로 늘린 것이다. 이것은 경제규모가 1897년 예산과 대비할 때 5배가량 확장되었다는 것을 입증해 준다.

수출증가도 대한제국의 이 경제발전에 크게 기여했다. 러시아문서에는 대한제국의 무역총량이 1901년에 1,800만 엔을 상회했고, 3년 뒤인 1904년에는 곱절이 되었으며, 1910년에는 6천만 엔에 육박한 것으로 나타난다.

대한제국의 무역 규모

년도	수 출	수 입
1901년	350만 엔	1,477만 엔
1904년	750만 엔	2,740만 엔
1910년	1,900만 엔	3,970만 엔[45]

한국의 1910년 수출액은 1901년에 비해 5.4배 이상 증가한 것으로 나타난다. 한국의 주요 무역상대국은 일본·중국·러시아·미국·영국 등이었다. 1910년 무역총량(5,870만 엔) 중 4천만 엔은 일본과의 무역이고, 영국과는 622만 6천 엔, 미국과는 320만 4천 엔, 청국과는 384만 5천 엔, 러시아와는 293만 엔이다. 대러 수출은 주로 생우生牛였다.

논문), 「표: 1900년 전후의 세출예산 및 군사비 규모 증가 추세」.

[45] 박종효 편역, 『러시아國立文書保管所 소장 韓國關聯 文書要約集』(서울: 한국국제교류재단, 2002), 513쪽(「조선무역현황」).

한국의 주요 수출품목은 생우 외에도 쌀, 콩, 광석, 보리 · 밀, 해산물 등이었다.[46]

결국, 외국인들의 관찰기록이나 일본공사와 대한제국·러시아정부의 자료, 심지어 이우연 같은 부왜노의 통계치조차도 모든 사실들은 한결같이 한국의 경제적 근대화의 발단이 대한제국기에 시작되었음을 알려준다. 이런 증거자료들은 다시 한번 식민지 근대화론이 학술적 비판의 가치가 없는 괴설이라는 것을 보여준다.

일제 때 한국인의 소득증가는 일제수탈을 견뎌낸 한국인들의 피땀의 결과

조선총독부의 덕택으로 식민지조선의 경제가 발전했고 조선인의 생활수준이 향상되었다는 이영훈·이낙년 등의 주장도 철저히 그릇된 괴설이다. 다시 한번 매디슨 · 미조구치 통계를 보고 식민지시기 한국과 일본의 1인당 GDP 추이를 보자.

일본과 식민지조선의 1인당 GDP[47]

년도	1911	1912	1913	1914	1915	1916	1917	1918	1919	1920	1921	1922
조선	815	843	869	902	1,048	1,018	1,118	1,196	1,265	1,092	1,169	1,065
일본	1,356	1,384	1,387	1,327	1,430	1,630	1,665	1,668	1,827	1,696	1,860	1,831

년도	1923	1924	1925	1926	1927	1928	1929	1930	1931	1932	1933	1934
조선	1,131	1,129	1,119	1,152	1,191	1,190	1,118	1,049	1,046	1,039	1,247	1,236
일본	1,809	1,836	1,885	1,872	1,870	1,992	2,026	1,850	1,837	1,962	2,122	2,098

---

46) 박종효 편역, 『한국관련 러시아문서』, 513쪽(「조선무역현황」).
47) Maddison, "Historical Statistics for the World Economy: 1-2008 AD.2".

년도	1935	1936	1937	1938	1939	1940	1941	1942	1943	1944	1945
조선	1,337	1,437	1,561	1,619	1,439	1,600	1,598	1,566	1,566	1,476	683
일본	2,120	2,244	2,315	2,449	2,816	2,874	2,873	2,818	2,822	2,659	1,346

(1990년 국제Geary-Khamis달러)

　매디슨의 이 통계를 부정하려는 중국·일본학자들(소위 '매디슨프로젝트')가 변조해 재작성한 통계표는 여기서 무시한다.[48] 식민지 경제는 3·1운동 이전, 대한제국의 성장 여세로 발전하던 시기에 도달한 1915년 최고소득 1,048달러가 출발점이다. 이 출발점의 소득을 일본의 당시 소득 1,430달러와 비교하면, 일본은 한국보다 1.36배 잘 살았다. 그러나 1944년 두 국가의 소득을 비교하면 일본은 한국보다 1.8배 잘 살게 되었다. 이것은 한국인의 소득이 1915년 1,048달러에서 1943년 1,566달러, 1944년 1,476달러로 상승해 29-30년 동안 겨우 400-500여 달러가 늘어난 반면, 일본인의 소득은 1915년 1,430달러에서 1943년 2,822달러, 1944년 2,659달러로 상승해 동기간에 무려 1,200-1,300여 달러가 늘었다는 것, 즉 거의 곱절이 되었다는 것을 뜻한다.

　이것은 일제치하에서 한국인들의 경제활동에 대한 조선총독부의 수탈과 경제정책적 민족차별이 극심했다는 것을 반증한다. 왜냐하면 한국의 1915년 출발점 소득(1,048달러), 이 시점에서의 일본인들과의 적은 소득격차(1,430 - 1,048= 382달러), 그리고 한국의 당시 고속성장 추세 등을 감안할 때, 한국은 일제의 한국병탄이 없었더라면 일제를 경제적으로 충분히 앞질렀을 것이기 때문이다. 그러므로 일제 식민통치기에도 불구하고 약소하게나마 증가한 것으로 나타나는 한국 국민의 소득증가는 조선총독부 덕택이 아니라, 한국인들이 일제의 경제수탈

---

48) 이들의 변조기도에 대한 상세한 비판은 참조: 황태연, 『한국근대화의 정치사상』, 940-945쪽.

을 견뎌내며 한국 국민의 저력과 피땀으로 이룩한 결과일 따름이다.

식민통치가 없을 시에 한국은 일본을 앞질렀을 것, 그리고 이제 그럴 것이다

　일제의 병탄이 없었더라면 한국이 경제적으로 일제를 충분히 앞질 렀을 것이라는 예측은 당시의 현실적 경제발전 추세에 근거한 것이 다. 왜냐하면 일제의 한국지배가 아직 불완전했던 관계로 대한제국 기 고속성장의 여세가 계속되던 1911-1915년까지 5년간 한국의 1인 당 국민소득은 연평균 46.6달러씩 성장한 반면, 일제는 동기간에 겨 우 연평균 14.8달러씩밖에 성장하지 못했기 때문이다. 따라서 같은 기간 한국과 일제 간의 1인당 국민소득 격차는 541달러(1911) → 541 달러(1912) → 518달러(1913) → 425달러(1914) → 382달러(1915)로 급속 하게 줄어들고 있었다. 격차가 이런 속도로 줄어들었더라면, 한국은 1927년경 일제를 추월했을 것이다. 한국은 연평균 46.6달러씩 성장 해서 1927년에 1,653.8달러에 도달했을 것이고, 일제는 연평균 14.8 달러씩 성장해서 1927년 어렵사리 1,622.4달러에 도달했을 것이기 때문이다. 그러나 1927년 일제치하에서 한국의 소득은 위 도표에서 보듯이 1191달러에 불과했던 반면, 일제는 1,870달러로 치솟았다. 그 리하여 일제치하에서 한국이 일본을 추월하기는커녕 일제와의 격차 가 오히려 679달러로 크게 벌어졌다.

　한국인들의 1인당 소득은 일제식민지배 33-34년 동안(1911- 1943·44) 연평균 약 20-22달러씩이 매년 증가해서 도합 660-750달 러만큼 늘어났다. 이것은 같은 기간에 무려 1,300-1,460여 달러만큼 이나 늘어난 일본의 소득증가에 비해 그 절반밖에 되지 않는 수준이다. 만약 대한제국기 고속성장의 여세로 한국인의 1인당 소득이 매년 46.6달러씩 증가했다면, 34년 동안 한국인의 소득은 도합 1,584.4달러만큼 증가했을 것이고, 1944년 현재 한국인의 1인당 국민소득은 2,399.4달러에 달했어야 할 것이다. 일본이 만약 한국·대만 등에 대해 식민지 수탈을 하지 않거나 본격화하지 않고 그들만의 능력으로 발전했다면, 일본인의 1인당 국민소득은 매년 14.8달러씩 성장해서 1944년 현재 1,860달러에도 미치지 못했을 것이다.

부왜노들은 해방 후 일본의 빠른 전후복구와 고속성장 및 아직 일본인의 명목소득(2019년 현재 약 4만 1,000달러)을 따라잡지 못하는 한국인의 비교적 낮은 명목소득(약 3만 달러) 상태를 들어 필자의 이 추정을 부정하려고 들 것이다. 그러나 남한이 일제시대 경제수탈과 전쟁공출, 그리고 분단으로 인한 경제적 불구화 등으로 인한 경제파탄 상태에서 또 다시 3년간의 한국전쟁으로 철저히 폐허가 되었다가 일어선 반면, 일본은 한국전쟁으로 오히려 떼돈을 벌어 전후복구의 기초를 마련하고 1964-1974년간의 월남전에서 다시 천문학적 떼돈을 벌어 부국으로 도약했다가 그 후 동아시아에서 전쟁 없는 평화상태가 지속되자 경제적 정체에 빠졌다. 이 사실들을 감안하면, 부왜노들의 저 반박은 제대로 된 반박이 아니다. 게다가 현재 한국의 1인당 구매력평가(PPP) 국민소득, 즉 실질국민소득(IMF 2018년 현재 4만 1,351달러)은 오차범위 내에서 일본(4만 4,227달러)과 맞먹고 있다. 그리고 10년 뒤인 2030년이면, 한국의 1인당 실질소득은 5만 500달러(PricewaterhouseCoopers 2017년 산정치)로서 일본(4만 6,700), 프랑스(4만 9,700), 이탈리아(4만 3,000)를 모두 앞지를 것으로 전망되고 있다.

한국이 일본보다 더 빠른 속도로 근대화되고 또한 국민소득 면에서 중국만이 아니라 세계 3위의 경제강국 일본도 앞지를 수밖에 없는 데는 여러 가지 요인이 있다. 앞서 말했듯이 조선은 송·명대의 초기근대적 요소들을 수용한 것을 넘어 특유한 발전을 더해 중국을 능가하는 단계에 도달해 있었다. 따라서 한국이 '낮은 근대'에서 19-20세기 서양의 '높은 근대'로 도약하는 데는 대한제국 10여 년으로 족했고, 따라서 '높은 근대로의 도약'이라는 의미에서의 '서구화'는 중국과 일본에 비해 쉽고 빠를 수밖에 없었다. 그리고 오늘날도 한국은 중국보다 잘살고 곧 일본보다 잘살 수밖에 없다.

한국이 일본을 앞지를 수 있는 데는 또 다른 요인이 있다. 서양의 여러 학자들은 각국민의 IQ와 국민소득 간의 상관관계를 논해왔다. 이에 따르면, 한국 국민은 세계에서 IQ가 가장 높은 국민이다. 리차드 린(Richard Lynn)과 타투 바하넨(Tatu Vahanen)은 그들의 공동연구서『지능지수와 국부(IQ and the Wealth of Nations)』(2002)에서 각국의 국민소득은 각국 국민의 지능지수와 아주 긴밀한 상관관계가 있다는 명제를 제기했다. 185개국을 조사한 그들의 지능지수 통계에 의하면, 각국의 국민평균 IQ 순위는 다음과 같다.

2002년 세계 185개국 국민의 평균지능지수[49]

순 위	국 가
1위 (107)	홍콩
2위 (106)	**한국**
3위 (105)	일본
4위 (104)	대만, 북한*
5위 (103)	싱가포르

---

49) Richard Lynn & Tatu Vahanen, *IQ and the Wealth of Nations* (Westport, Connecticut: Praeger, 2002), Table 6.5(73-80쪽). 본문의 표는 린과 바하넨의 이 테이블에서 영어 국명의 알파벳 순으로 나열된 IQ 통계자료를 필자가 IQ 고저 순으로 재배열한 것임.

6위 (102)	독일, 오스트리아, 이탈리아, 네덜란드
7위 (101)	스웨덴, 스위스, 룩셈부르크
8위 (100)	중국, 영국, 뉴질랜드, 벨기에
9위 (99)	헝가리, 폴란드
10위 (98)	미국, 프랑스, 덴마크, 호주, 노르웨이, 몽고, 아이슬란드
11위 (97)	스페인, 캐나다, 핀란드, 체코, 리투아니아, 라트비아
12위 (96)	베트남, 러시아, 아르헨티나, 우루과이, 슬로바키아, 우크라이나, 벨로루시
13위 (95)	포르투갈, 이스라엘, 슬로베니아, 몰도바, 몰타
14위 (94)	이스라엘, 루마니아
15위 (93)	불가리아, 아일랜드, 칠레, 그루지아, 아르메니아, 마케도니아, 유고슬라비아, 카자흐스탄
16위 (92)	그리스, 말레이시아, 키프로스, 브루나이
17위 (91)	태국, 코스타리카
18위 (90)	터키, 페루, 크로아티아, 알바니아
19위 (89)	인도네시아, 콜롬비아, 수리남, 베네주엘라, 캄보디아, 라오스
20위 (87)	멕시코, 브라질, 통가, 사모아, 이라크, 요르단, 시리아, 아제르바이잔, 키르기스스탄, 투르크메니스탄, 우즈베키스탄
21위 (86)	레바논, 필리핀, 버마
22위 (85)	모로코, 쿠바, 파나마, 볼리비아, 파라과이
23위 (84)	이란, 푸에르토리코, 피지, 마샬제도, 솔로몬제도, 리비아, 알제리, 엘살바도르, 튀니지, 온두라스, 파라과이, 도미니카공화국, 가나, 키리바티, 미크로네시아, 파푸아뉴기니, 바누아투
24위 (83)	이집트, 사우디아라비아, 쿠웨이트, 바레인, 아프가니스탄, 벨리즈, 오만, 아랍에미레이트, 예멘
25위 (81)	인도·파키스탄, 세이셸, 몰디브, 모리티우스, 방글라데시
26위 (80)	에콰도르, 트리니다드토바고
27위 (79)	과테말라, 마다가스카르, 코모로
28위 (78)	바베이도스, 네팔, 카타르, 부탄, 바하마, 카보베르데
29위 (77)	잠비아
30위 (75)	도미니카, 세인트키츠네비스, 세인트루시아, 세인트빈센트, 앤티가바부다, 그레나다

31위 (74)	모리타니아˚
32위 (73)	우간다, 콩고(B)
33위 (72)	자메이카, 수단, 케냐, 탄자니아, 남아프리카공화국, 차드˚, 보츠와나˚, 아이티˚, 레소토˚, 모잠비크˚, 나미비아˚
34위 (71)	가나, 말라위
35위 (70)	루안다˚, 카메룬˚
36위 (69)	앙골라˚, 베닌˚, 토고˚, 말리˚
37위 (68)	지부티˚, 중앙아프리카공화국˚, 소말리아˚, 에리트리아˚
38위 (67)	나이지리아, 부르키나파소˚, 니제르˚
39위 (66)	짐바브웨, 기니, 기니비소˚, 가봉˚
40위 (65)	라이베리아˚, 콩고(Z), 감비아˚, 세네갈˚
41위 (64)	시에라리온
42위 (59)	적도기니

※ ˚로 표시한 국가의 IQ는 추정치다.

이 지능지수 순위표에서 동아시아 국가들이 1-5위를 휩쓸고 있다. 중국은 IQ 100으로 8위에 올라 영국·뉴질랜드·벨기에 등과 어깨를 나란히 하고 유교전통의 나라 베트남도 IQ 96으로 러시아·아르헨티나와 공동 12위를 마크하고 있다. 아무튼 모든 동아시아국가들은 세계 12위 이상의 IQ를 자랑하는 '지능국가'로 나타나고 있다. 린과 바하넨은 이제 독립국가가 아닌 홍콩도 국가별 IQ 비교표에 집어넣고 있다. 홍콩의 IQ 107은 도시로서 높은 편이지만, 홍콩(720만 명)보다 인구가 많은 서울(986만 명)과 도쿄(1,330만 명)의 IQ와 비교하면 아마 낮을 것이다. 그리고 서울의 IQ는 틀림없이 홍콩이나 도쿄보다 더 높을 것이다. 아무튼 홍콩을 뺀 독립국가들 중에서 한국이 세계에서 IQ가 가장 높은 나라라는 것이다.

린과 바하넨은 『지능지수와 국부』의 속편으로 『지능지수와 세계적 불평등(*IQ & Global Inequality*)』(2006)을 속간했는데, 이 책에 새로 소개한 192개국의 IQ통계치는 꽤 변화된 양상을 보이고 있다.

2006년 세계 192개국 국민의 평균지능지수[50]

순 위	국 가
1위 (108)	홍콩, 싱가포르
2위 (106)	**한국, 북한°**
3위 (105)	중국, 일본, 대만
4위 (102)	이탈리아
5위 (101)	스위스, 아이슬란드, 몽고°
6위 (100)	영국, 오스트리아, 네덜란드, 노르웨이
7위 (99)	독일, 벨기에, 폴란드, 스웨덴, 스위스, 핀란드, 에스토니아, 뉴질랜드
8위 (98)	미국, 프랑스, 스페인, 덴마크, 체코, 헝가리, 호주, 라트비아°, 안도라°
9위 (97)	러시아, 몰타, 벨로루시°, 우크라이나°
10위 (96)	우루과이, 슬로바키아, 슬로베니아, 몰도바
11위 (95)	포르투갈, 이스라엘
12위 (94)	베트남, 루마니아, 아르메니아°
13위 (93)	아르헨티나, 불가리아
14위 (92)	그리스, 말레이시아, 아일랜드
15위 (91)	태국, 리투아니아, 마케도니아°, 브루나이°, 키프로스°, 캄보디아°
16위 (90)	터키, 칠레, 크로아티아, 버뮤다, 키르기스스탄°, 보스니아헤르체고비나°, 알바니아°
17위 (89)	세르비아, 몬테네그로, 수리남, 쿡아일랜드, 모리티우스, 코스타리카°
18위 (88)	멕시코, 에콰도르, 사모아
19위 (87)	인도네시아, 이라크, 볼리비아, 아제르바이잔°, 가나°, 버마°, 티모르°, 투르크메니스탄°, 우스베키스탄°

---

50) Richard Lynn & Tatu Vahanen, *IQ & Global Inequality* (Augusta, Georgia: Washington Summit Publishers, 2006), Table 4.3(55-61쪽). 본문의 표는 필자가 린과 바하넨의 알파벳 순 IQ리스트를 IQ고저 순으로 재배열한 것임.

20위 (86)	필리핀, 쿠웨이트, 에콰도르, 통가, 세이셸*
21위 (85)	쿠바, 페루, 예멘, 뉴칼레도니아, 트리니다드토바고*, 키리바티*
22위 (84)	베네수엘라, 파라과이, 푸에르토리코, 모로코, 요르단, 이란, 파키스탄, 마샬제도, 사우디아라비아, 아프가니스탄*, 아랍에미레이트*, 파나마*, 바하마*, 미크로네시아*, 바누아투*, 솔로몬제도*, 벨리즈*
23위 (83)	파푸아뉴기니, 시리아, 알제리*, 바레인*, 리비아*, 튀니지*
24위 (82)	인도, 레바논, 도미니카공화국, 방글라데시*
25위 (81)	이집트, 온두라스, 북마리아나제도, 니카라과*
26위 (80)	바베이도스, 엘살바도르*, 부탄*
27위 (79)	스리랑카, 과테말라
28위 (78)	네팔, 카타르
29위 (77)	코모로*
30위 (76)	모리타니아*, 카보베르데*
31위 (73)	우간다
32위 (72)	남아프리카공화국, 케냐, 탄자니아
33위 (71)	가나, 수단, 잠비아, 자메이카, 세인트빈센트, 그레나다*
34위 (70)	토고*, 나미비아*, 루안다*, 베닌*, 보츠와나*, 앤티가바부다*
35위 (69)	나이지리아, 니제르*, 코트디부아르*, 부르쿤디*, 말라위*, 말리*
36위 (68)	차드*, 앙골라*, 지부티*, 에리트리아*, 소말리아*, 버키나파소*
37위 (67)	기니, 도미니카, 기니바소*, 아이티*, 레소토*, 라이베리아*, 세인트키츠*, 상투메프린시페*
38위 (66)	짐바브웨, 감비아*, 세네갈*
39위 (64)	에티오피아, 카메룬, 모잠비크, 시에라리온, 가봉*
40위 (59)	적도기니

※ *로 표시한 국가의 IQ는 추정치다.

  새로운 통계에서 두드러지는 것은 싱가포르가 103에서 108로 급상승한 것이고, 북한의 추정치가 104에서 106으로 수정되고, 중국의 IQ가 2002년 100에서 2006년 105로 급상승한 점이다. 13억 7천만 명의 거대한 인구를 가진 중국의 국민 IQ 105는 거의 비슷하게 인구가 많은 인도(12억 4천만 명)의 국민 IQ 82와 비교하면 실로 경이로운 수치다. 그리하여 홍콩, 싱가포르, 한국, 북한, 중국, 일본, 대만 등 유교문명권 국가들이 1·2·3위의 최정상 순위를 휩쓸고 있다. 유교전통의 국가들 중에는 베트남만이 IQ 94로 12위에 뒤쳐져 있을 뿐이다. 아무튼 여기서도 홍콩과 특수한 항구도시국가 싱가포르를 빼면, 한국과 북한의 IQ(106)가 여전히 중국·일본·대만(105)보다 조금 높아서 세계에서 가장 머리 좋은 나라로 나타나고 있다.

린과 바하넨의 이런 IQ 통계에 따른 국가별 순위는 스위스 취리히대학의 토마스 폴켄(Thomas Volken)이 제시한 IQ 통계치와 대동소이하다. 폴켄은 린과 바하넨 연구팀의 핵심테제('국민소득은 국민의 지능지수와 상관관계가 있다')를 부정하는 취지의 논문(2003)에서[51] 독자적인 IQ조사 자료를 사용하고 있는데, 중국에 귀속된 홍콩을 뺀 93개국의 이 조사 자료에서는[52] 한국이 IQ 세계 1위 국가로 나타나고 있다.

순위	국가
1위 (106)	한국
2위 (105)	일본
3위 (104)	대만
4위 (103)	싱가포르
5위 (102)	독일, 오스트리아, 이탈리아, 네덜란드

---

51) Thomas Volken, "IQ and the Wealth of Nations. A Critique of Richard Lynn and Tatu Vanhanen's Recent Book". *European Sociological Review*, Volume 19, Issue 4 (2003), 411-412쪽.

52) Thomas Volken, "The Impact of National IQ on Income and Growth: A Critique of Richard Lynn and Tatu Vanhanen's Recent Book", Appendix: Table 5: IQ and Country Samples Used in the Analysis. http://hsmt.history.ox.ac.uk/hsmt/courses-reading/undergraduate/authority-of-nature/ (검색일: 2015. 11. 4.)

6위 (101)	스위스, 스웨덴, 룩셈부르크
7위 (100)	중국, 벨기에, 영국, 뉴질랜드
8위 (99)	폴란드, 헝가리
9위 (98)	미국, 프랑스, 덴마크, 오스트레일리아, 노르웨이, 아이슬란드
10위 (97)	스페인, 캐나다, 핀란드, 체코, 라트비아, 에스토니아, 리투아니아
11위 (96)	러시아, 아르헨티나, 슬로바키아

폴켄의 이 조사 자료는 린과 바하넨의 조사 자료와 약간의 차이가 있지만 이 자료에서도 한국의 IQ가 일본과 중국(100, 대만 104, 싱가포르 103)을 앞지르는 부동의 세계 1위라는 사실은 변함이 없다.

그리고 2003년 오스트리아 비인의과대학교가 50개국을 대상으로 조사한 통계수치도 거의 동일한 결과를 보여준다.[53]

순위	국가
1위 (107)	홍콩
2위 (106)	**한국**
3위 (105)	일본
4위 (103)	싱가포르
5위 (102)	독일, 오스트리아, 이탈리아, 네덜란드
9위 (101)	스웨덴, 스위스
11위 (100)	중국, 영국, 뉴질랜드, 벨기에

비인의과대학의 이 2003년 조사자료에서도 다시 나라가 아닌 특수도시 홍콩을 빼면, 한국이 다시 일본과 싱가포르와 중국을 제치고 세계 1위로 나타나고 있다.

이와 같이 많은 세계 각국 국민의 IQ조사 자료들이 모두 다 한국 국

---

[53] 『경향신문』, 2003년 12월 23일자.

민의 지능지수가 일본과 중국을 능가하는 세계 1위임을 증언하고 있다. 이 자료들 중에서는 가장 최근 자료인 린과 바하넨의 2006년 통계치가 가장 신뢰도가 높다. 아무튼 영국·핀란드·스위스·오스트리아 학자들이 2002년부터 2006년까지 산출된 여러 '세계 각 국민 지능지수 조사자료'를 통해 이구동성으로 한국 국민의 지능지수가 일본과 중국을 제치고 단연 세계 1위임을 계속적으로 입증해주고 있다. 결론적으로, 한국은 송대 중국에서 세계 최초로 태동해서 원·명·청대를 거치면서 고도화되고 서천西遷하기 시작한 '낮은 근대'의 달성 정도와 이 단계에서의 특유한 선구先驅 측면에서만이 아니라, 지능 면에서도 단연 세계를 제패할 지능적 잠재력을 지니고 있다.

지금까지의 한국의 발전은 특히 세계 1위의 이 지능에 힘입은 바 크다. 이런 지적 능력으로 한국은 천연자원이 가장 빈약한 나라임에도 세계 10대 경제대국이 되었다고도 말할 수 있다. 그러나 두뇌가 '결정적 생산력'으로 이바지할 오늘날과 미래의 '지식경제'와 제4차 산업혁명 단계에서는 한국의 세계 1위 지능지수가 더욱 큰 위력을 발휘할 것으로 전망할 수 있다. 그리하여 외침·내전·천재지변 등이 방해하지 않는다면 한국은 머지않아 인구 5천만 명 이상의 나라들 중에서 1인당 실질(PPP)국민소득 세계1위 국가로 도약할 수 있을 것이다. 따라서 국민소득이 IQ와 정비례한다는 린과 바하넨의 테제를 개연적인 것으로 전제하면, 한국은 앞으로 10년 전후에 명목GDP 3.1조 달러(1인당 GDP 6만 2,000달러)로서 세계 4-5대 경제강국이 될 것으로 예상된다. 참고로, 한국은 2018년 현재 GDP 1.66조 달러로서 세계 11대 경제강국이다. 그리고 한국은 2018년 말 이래 국민소득 3만 달러 이상, 인구 5천만 명 이상 국가들로 이루어진 이른바 '30-50클럽'(미국·일본·독일·프랑스·영국·이탈리아·한국 등 7개국)에 일곱 번째로 들어갔다.

폭정에 '맞서' 이룬 성과를
폭정 '덕택'으로 해석하는 저능아들의 역사인식

　다시 일제 식민통치시기로 돌아가면, 이 시기 한국의 소득증가를 해석하는 데서 결정적으로 중요한 점은 이 시기에 일본인 소득의 절반도 안 되는 한국인의 이 소득증가도 조선총독부 '덕택'으로 이룩된 성과가 아니라, 조선총독부의 수탈과 약탈에도 '불구하고' 한국 백성의 피땀으로 이룩된 성과라는 것이다. 식민지 근대화론자들의 근본적 오추리와 오판은 조선총독부에도 '불구하고' 한국인들이 피땀으로 어렵사리 달성한 이 작은 소득증가를 조선총독부 '덕택'으로 잘못 해석한 데서 초래된 것이다. 그러므로 일제의 경제정책 '덕택'에 식민지시대 조선인의 소득이 증가하고 조선인의 생활이 향상되었다는 그들의 주장, 또는 '일제의 수탈 속에는 개발이 포함되어 있었다'는 이영훈의 주장은 학술적 비판의 가치도 없는 괴설인 것이다.

　대한제국의 경제발전을 얕보거나 간과하는 부왜자멸주의적 식민지 근대화론자들은 일제의 착취와 강탈이 없었더라면 한국인의 소득이 훨씬 더 높았을 것이고 실로 일본인의 소득도 앞질렀을 것이라는 사실을 완전히 몰각하고 있다. 그들의 오판은 조선총독부의 독재적 경제정책을 모방했던 박정희 민정시대 15년 동안 고도의 경제발전이 이루어졌다고 오해하는 착각과 판박이다. 그러나 박정희시대 15년(민정이양기부터 종말까지), 전두환·노태우 시대 12년, 민주시대 15년(김영삼으로부터 노무현 정부까지)을 비교해 매년 평균소득증가율을 계산해보면, 민주시대의 소득증가율이 독재시대보다 훨씬 더 높았다는 것을 알 수 있다. 월남전에서 한국젊은이들의 피를 판 돈과 그들의 생명수당까지 합산한 박정희시대의 1인당 국민소득이 겨우 연평균 148.7달러 정도 증가하고, 전·노 시대에는 연평균 약 392달러 씩 증가하는 것에 그친 반면, 관치경제가 폐지된 민주시대에는 무려 635.3달러씩 증가했다. 이것은 박정희시대에 비해 4배 이상, 전·노 시대에 비해 1.6배 이상의 증가속도다.[54] 박정희시대에 벌어진 미미한 소득증가도 부왜노들이 숭앙하는 박정희의 선정善政 '덕택에' 이룩된 것이 아니라, 독재와 독단, 권위주의적 관치경제와 시장개입, 거듭된 정책실패, 노동탄압과 경제인들에 대한 금품 갈취, 천문학적 권력형부정부패를 자행한 박정희와 전·노 도당의 난정과 폭정에도 '불구하고', 아니 이 난정과 폭정을 '뚫고' 우리 국민의 피땀으로 이룩한 것이다.

결론적으로 보면, 일제의 모든 것을 찬양하며 부러워하는 반면, 한국적인 모든 것을 멸시하는 부왜노들의 사고방식에는 그들을 상식적·정상적 사고를 불가능하게 만드는 지능 문제가 내재되어 있다. 문제의 핵은 바로 한국백성이 일제의 폭정에 '맞서' 이룬 성과를 폭정 '덕택'으로 해석하는 지적 저능아 수준의 판단력이다. 개인적으로 결코 저능하지 않을 그들을 이렇게 저능하게 만든 것은 그들의 저 부왜자멸주의일 것이다.

일제의 식민통치로 인한 가장 큰 상실: 집단적 자아의 상실

한편, 모든 것을 차치하더라도 우리는 자아의 정체성 문제를 돌아봐야 한다. 나의 자아는 '개인적 자아'와 한국인으로서의 '집단적 자

---

54) 상세한 것은 참조: 황태연, 「조선시대 국가공공성의 구조변동과 근대화 '조선민국'과 '대한제국'에서 '대한민국'으로」, 151-152쪽, 특히 각주306. 황태연·이영재·이나미·미타니히로시·구로즈미마코토, 『조선시대 공공성의 구조변동』(성남: 한국학중앙연구원출판부, 2016).

아'라는 두 정체성으로 구성된다. 1900년 전후에 왜적들과 친일파는 그깟 '한국'이라는 나라와 '한국인 의식'만 버리면 선진국 일본의 도움으로 개개 한국인들이 다 잘살게 될 것이라고 꾀었다. 그런데 나라를 잃는 것은 나의 집단적 자아를 잃는 것이다. 인간은 집단적 자아를 버리고 정상적으로 살 수 없다. 나라를 잃은 통한은 이 집단적 자아를 잃는 통한이었던 것이다. 반면, 해방의 기쁨은 이 집단적 자아를 되찾는 기쁨이었다.

집단적 자아를 버리고 식민통치 하에서 호의호식好衣好食했다손치더라도 그것이 살찐 마소의 신세가 아니고 무엇이겠는가? 식민지 근대화론자들은 식민지시대에 미미하게 증가한 소득의 '작은 획득'만을 일면적으로 과장함으로써 한국인이 정작 통절히 슬퍼했던 '큰 상실', 즉 '집단적 자아의 상실'을 잊게 하려는 술수를 부리고 있다. 이 얕은 술수는 1900년 전후에 왜적과 친일파가 쓰던 저 얕은 꾐수와 같은 것이다.

전반적으로, 식민지 근대화론자들은 일제의 폭정에 '맞서' 이룬 성과를 폭정 '덕택'으로 해석하는 크나큰 오류를 범하고 있다. 따라서 부왜노들의 식민지 근대화론은 일제 식민통치를 정당화하고 옹호하는 반국가적 주장, 또는 역적들의 언어로서 학술적 비판의 대상이라기보다 사법적 단죄의 대상이어야 할 것이다.

왜정 때 한국인은 왜인과 동등한 대우를 받았나?

부왜노들의 또 다른 괴설은 일제식민지 시절 조선총독부와 일본정부의 내선일체內鮮一體 정책으로 한국인은 왜인과 똑같은 대접을 받고 똑같은 의무를 짊어졌다는 것이다. 한국인은 왜인과 똑같이 군대에 입대해서 입신출세했고, 일터에서는 똑같이 노동하고 똑같은 임금을 받았다는 것이다.

한국인을 왜인으로 바꾸는 동화정책 '내선일체' 정책은 한국인말살정책

일제 때 한국인들이 왜인과 동등한 대우를 받았다는 부왜노들의 주장은 일본의 극우단체 '일본회의' 소속 예하조직들의 홍보내용과 동일한 소리다. 진짜 동등 대우를 받았나? 이 책의 뒤따를 논문들에서 철저하게 반증될 내용을 여기서 미리 약술해보자. 일제는 동등한 대우라고 선전하면서도 일본어를 그냥 두고 한국어만을 말살하려고

들었고, 일본의 전통적 이름이 아니라 한국이름만을 말살하는 창씨개명을 강요했다. 진짜 동등하다면, 한국어와 일본어를 둘 다 없애고 영어나 불어를 국어로 채택하든지, 적어도 한국어를 없애는 대신에 왜국 이름을 한국이름으로 바꾸는 역逆창씨개명이라도 했어야 하는 것이다. 그러나 일제가 추진한 것은 일방적 동화同化(assimilation)정책이었다. 민족적·민속적 다양성을 파괴하는 '동화'정책은 명백한 인권침해로서 오늘날은 국제법 위반이다. 한국인의 인권을 집단적으로 침해한 반反인권적 언어말살과 창씨개명 정책이 시행되었음에도 이를 보지 못하고 '한국인과 일본인의 평등'을 운위하는 것은 부왜자멸심리에서 발병한 부왜노들의 반反인도적 맹시盲視증세다.

위안소는 '강간소'였고, 징용은 강제노역이었다

오늘날 부왜노들은 위안부의 강제 동원은 없었고 징용자의 강제동원도 없었다고 우긴다. 그러나 2013년 '관리인 일기 연구회'(이영훈·이우연 등 참여)를 이끈 안병직은 그의 이름으로 나온 『일본군위안소 관리인의 일기』에 붙인 「해제」의 여러 곳에서 일제관헌에 의한 위안부 피해자의 강제동원과 일본군부에 의한 위안소의 직접관리를 사실로 인정했었다.[55] 오늘날 그들은 일본회의에 안테나를 맞춰 언제 그랬냐

---

[55] 안병직 번역·해제, 『일본군위안소 관리인의 일기』(서울: 이숲, 2013), 16, 23-24, 33-34, 41쪽. 안병직은 「해제」 16쪽에서 일본정부가 위안부를 동원한 것이라고 말한다. "구 일본군부가 조직한 위안단의 존재는 위안부들이 단순히 위안소업자들의 영업수단으로서 개별적으로 모집된 것이 아니라 일본군부에 의하여 계획적으로 동원되었다는 사실을 의미한다. 이러한 관점에서 보면, 구 일본군부가 위안부 문제에 '관여'했다는 현 일본정부의 인식에는 문제가 있는 것으로 보인다. 만약 구 일본군부가 조선총독부 및 조선군사령부의 협력을 받아 위안소업자들로 하여금 위안부들을 모집하게 하고 당시의 풍문으로 나돌던 바와 같이 '제1·2·3·4차위안단' 등을 조직해 순차적으로 동원

는 듯이 표변해서 위안부 피해자를 강제동원 사실을 전면 부정하고 위안부 피해자를 매춘부라고 모욕하고 있다. 부왜노들은 이런 부정을 하기 전에 2013년 위안부 피해자 강제동원과 일본군에 의한 위안소 직접관리를 인정한 자신의 글을 해명했어야 한다.

특히 '한국인과 일본인의 평등' 주장과 관련해서 중요한 것은 일제가 한국인 위안부 피해자와 징용자를 징발한 방식, 동원한 뒤 이들을 부린 방식, 그리고 종전 시에 이들을 처리한 방식이다. 왜인 위안부는 '게이샤'나 매춘부 출신이었고, 그들의 매춘은 완전히 자발적이었고, 왜인여성으로서 비교적 좋은 대접을 받았다. 그러나 한국인 위안부 피해자는 대부분 강제·납치·기만·위계僞計로 끌려온 여염집의 미성년 소녀들이었다. 위안소에 끌려온 어린 소녀들은 당연히 저항했고, 일본군은 위안소에서 저항하는 소녀들의 몸을 칼로 베고 찌르며 '강간'을 자행했다. 유엔 보고서의 표현대로, 위안소는 '위안소'가 아니라 매일 매일 "강간소"였다. 그리고 일본군은 종전과 동시에 위안부 피

해갔다면, 그것은 일본군부의 단순한 '관여'가 아니라 징용, 징병 및 정신대와 같은 일본정부의 전시동원으로 이해할 수밖에 없기 때문이다." 그리고 23-24쪽에서는 유괴나 다름없는 사기 및 인신매매 식 전차금에 의한 위안부의 동원을 인정한다. "제4차위안단의 위안부 동원 방법은 헌병이나 경찰이 직접 위안부들을 동원하는 것이 아니고 위안소업자들이 위안부들을 모집하는 방법이었던 것 같다. 그렇기 때문에 그들은 위안부들을 모집할 미끼가 필요했는데, 그 중요한 수단이 전차금과 같이 많은 돈을 벌 수 있다는 감언이설이었다. (…) 위안소업자들이 위안부를 모집할 때 사용한 중요한 수단이 인신매매나 다름없는 전차금의 지불이라고 하더라도, 위안부 모집에 있어서는 이러한 전차금에 의한 인신매매와 더불어 '유괴나 다름없는' 사기의 수법이 동원되었을 가능성이 높다. 그것은 교육을 받지 못하고 가난한 사람들을 위안부로 모집할 때에는 인용문에서 보는 바와 같이 모집의 목적을 얼버무리거나 속였을 것이기 때문이다." 그리고 33쪽에서는 "위안소업자들이 영업을 위해 부대를 따라다닌 것"이 아니라 "실제로는 군의 명령에 따라서 위안소가 이동한 것으로 보인다"고 말하고, 34쪽에서는 "위안소는 여러 가지 면에서 군의 강력한 통제 하에 있었기 때문에 업자의 경영권이 매우 취약했을 것"이라고 인정한다." 41쪽에서는 "그들이 일본의 국가정책에 의하여 계획적으로 동원되었다면 그러한 사실이 가지는 역사적 의미는 결코 가볍다고 할 수 없다"고 실토함으로써 일본정부의 책임을 인정한다.

해자들을 학살해서 매장하거나 이역만리 외지에, 또는 태평양의 절해고도에 식량도 없이 유기하고 왜인매춘부들만 데리고 귀국해버렸다. 수많은 한인 위안부 피해자들은 학살당하거나 아사하거나 돌아오지 못했다. 이에 관한 증언은 모두 이런 학살과 유기로부터 가까스로 살아남은 극소수 생존자들로부터 나온 것이고, 미군포로수용소 문서와 유엔조사단의 조사보고서에 다 기록되어 있다. 따라서 위안부 피해자를 '매춘부'라고 말하는 자는 끌려간 한국 소녀에 대한 '제2차 반인도적 만행' 또는 '제2차 학살'을 자행하는 현행 범죄자일 것이다.

그리고 징용자의 동원이 강제적이었다는 것도 역사적 사실이다. 징용자들 중 생존자들은 모두 징용의 살벌한 강제성과 강제노역, 굶주림을 증언한다. 일본본토와 사할린의 조선인 징용자들은 왜인노동자와 달리 위험한 막장 노동에 투입되는 등 노동과정에서도 차별받았다. 그리고 사할린의 일본군과 경찰은 종전과 동시에 사할린 징용자들을 거의 다 학살했고, 때로는 그 부인과 어린이들까지도 죽였다. 현재 사할린에 살거나 귀국한 잔존 한국인들은 이 학살로부터 가까스로 살아남은 극소수의 징용자나 그 자손들이다. 그리고 징용자는 여기저기에서 자유롭게 일자리를 구할 수 있는 자발적 임금노동자가 아니라 강제노역자들이었다. 일제의 감언이설과 선전에 속아 돈을 벌려고 자발적으로 일본으로 건너간 한국인들도 있었으나 건너가자마자 일제에 의해 강제로 아무 공장이나 탄광에 투입되었고, 한 번 투입되면 현장에서 벗어날 수 없었다. 유엔국제노동기구 ILO는 이렇게 노역장에 묶인 노동자도 강제노역자로 정의한다. 한편, 일본에서 일한 한국인 징용자들은 종전 뒤 귀국길을 보장받지 못했고, 또 번 돈을 털어 가까스로 귀국선을 탄 경우에도 왜인들이 이 귀환선을 폭침시킴으로써 수백 명이 한꺼번에 수장당하는 일도 있었다. 그리고 일본인들 중에는 아동노동자가 없었으나, 한국인들 중에는 다수의 어린이들이 징용되어 노동현장에서 헐벗고 굶주리며 일했다.

한 마디로, 일제는 한국인 위안부 피해자와 노동자를 징발하는 방법, 징발 후의 사역과정, 종전 시 처리 방법에서 한국인을 왜인과 철저히 차별했다. 특히 강제동원의 증거를 없애고 위안부 피해자와 징용자들이 저항할 거라는 두려움에서 미리 징용자들을 제압하려고 했던 왜군과 일본당국의 종전 시 저지른 위안부 피해자·징용자 집단학살과 기아상태의 집단유기는 끔찍한 것이었다. 식민통치시기에 한국인이 겪어야 했던 이런 학살과 각종 만행을 보고도, '내선일체'를 '일본인과 한국인의 평등'의 증거로 내세우는 것은 반인도적(반인권적)·반국가적 언동이다. 따라서 이런 언동을 하는 자들은 제국주의 부활을 획책하는 일본극우파 조직 '일본회의'의 회원, 아니면 그 앞잡이와 괴뢰일 것이다. 따라서 일제시대 '일본인과 한국인의 평등대우'에 관한 저 부왜역적들의 역사부정적·반인도적·반국가적 주장은 사법처리 대상이지, 학술논의의 대상일 수 없는 성질의 것이다.

반국가단체 '일본회의'의 '역사전쟁'과 대한對韓공격

제국주의 부활조직으로서의 일본회의의 정체와 아베신조 정부

앞서 여러 번 등장한 '일본회의'라는 일본의 극우단체는 일본제국주의와 군국주의를 비판하는 전후의 자유민주주의적 역사해석을 전면적으로 부정하고 일제시대의 역사관을 복원하는 '역사전쟁'을 도발하고 일본제국주의의 부활을 획책하며, 일본 내 자유민주세력과 한국·중국·월남 등 주변 국가들의 비판에 온갖 억지논리와 역사변조로 되받아치고 특히 한국에 대해서는 갖은 욕설과 함께 행동으로 경제공세를 가하고 외교적 무시와 문전박대 등을 자행하고 있다. 이영훈·김낙년·이우연 등의 역사부정과 한국폄훼는 일본회의의 일제역사관과 식민사관을 앵무새처럼 반복한다. 일본회의는 제각기 따로 발전되어 오던 극우단체들인 '일본을 지키는 모임'과 '일본을 지키는 국민회의'가 통합해서 1997년 5월 30일 창설되었다.

그리고 같은 해에 4개월 전 '새 역사교과서를 만드는 모임'(새역모)이 극우 교수들에 의해 창립되었다. 새역모는 일본회의와 출발이 달랐으나, 곧 일본회의 등 우익 단체와 우익 정치인의 힘에 의존하며 일본회의 산하로 들어갔다. 그리하여 현재 새역모 임원과 일본회의 간부는 많이 중복된다.[56] 일본 각지에서 새역모 교과서 채택 저지운동이 확산되면서 새역모 회원 수가 2001년 이후 매년 감소하자 새역모는 세력 감소를 보완하기 위해 일본회의 산하로 기어들어간 것이다. 자민당은 2005년 1월 당 대회에서 '편향 교과서의 적정화'를 중점 정책으로 내걸고 새역모 지원 활동에 나섰다.

일본회의에는 매우 가공스런 측면과 아주 우려스런 측면이 결합되어 있다. 우선 '매우 가공스런 측면'은 일본회의가 소위 '원점회귀'를 통해 명치시대를 복원해 제국주의를 부활시키려는 하나의 동일한 목적에서 '극우정치세력'과 신또(神道) 중심의 '극우종교세력'이 결합한 통합체라는 점이다. 이렇게 종교와 하나가 된 극우세력은 아프가니스탄의 탈레반처럼 해체하거나 뿌리 뽑기 어렵고 지극히 폐쇄적이고 반인도적일 뿐만큼 극단적이기 때문에 매우 가공스럽다.

'아주 우려스런 측면'은 일본회의가 지원하고 받드는 정치적 선봉장이자 일본회의의 일원인 아베신조 일본총리가 정치사상적 사유능력이 전무한 자로서 일본회의의 결정과 지시를 그대로 행동으로 옮기는 '행동대장' 수준의 인물이라는 것이다.[57] 아베가 행동대장에 불과한 인물이기 때문에 일본회의의 독단적·독재적·극우적·폐쇄적 결정을 그대로 따라 실천해 왔고, 일본회의의 주장과 요구대로 헌법에서 전쟁포기 조항을 폐기하고 자위대를 국방군으로 격상시키는 개헌을

---

56) 참조: 아오키오사무(이민연 역), 『일본회의의 정체』(일본어 출판, 2016, 국역판, 서울: 율리시스, 2017·2019), 169쪽.
57) 참조: 아오키오사무(이민연 역), 『일본회의의 정체』, 229-231쪽.

추진해 전투가능한 자위대를 만들려고 날뛰며 한국공격과 중국과의 영토분쟁을 자행하고 있다. 아베가 '행동대장'처럼 일본회의의 결정을 한 마디 이의 없이 차근차근 이행하는 점은 실로 아주 우려스럽다. 아베가 정치사상적 사유능력이 전무한 자라는 사실은 그의 은사나 학창시절 동창들에 의해 이구동성으로 증언된다. 1950-60년대 좌우대결이 일본대학가를 휩쓸 때도 아베는 어느 쪽의 동아리에도 들어가지 못했다. 그가 중립적·중도적이라서가 아니라 어느 쪽의 정치사상도 이해할 수 없었기 때문이다.

일본회의의 두 기둥: 신사본청과 메이지신궁

일본회의는 2016년 현재 전국 243곳에 지부를 두고 있고, 아베를 비롯한 일본 내각각료와 총리측근의 대부분, 그리고 국회의원 204명이 참여하고 있다. 일본회의를 후원하는 최대 종교세력은 신사본청과 메이지신궁(明治神宮)이다. 신사본청은 전전에 내무성의 한 기관이었는데, 맥아더 헌법에 의해 정치와 종교가 분리되면서 법인형태로 독립했다. 그러나 여전히 직원의 명함은 그전대로 '신관神官'이라고 한다. 신사본청은 일본 내 야스쿠니신사와 같은 거대 신사를 비롯한 8만여 개의 신사를 관리한다. 신관의 총수는 50만 명이 넘는다. 따라서 신사본청은 일본회의에 조직(인원동원)과 돈을 댄다. 신사본청은 스스로 '신도정치연맹'을 조직해 국회의원들을 관리하는데, 이 연맹에는 2016년 현재 304명의 국회의원(중의원 223명, 참의원 81명)이 가입해 있고, 아베내각의 각료 20명 중 17명이 신도정치연맹 회원이다. 아베정권 자체가 신사본청과 일체一體라고 해도 틀린 말이 아니다.

그러나 신사본청보다 큰 돈을 대는 일본회의의 진짜 자금줄은 메이지신궁이다. 이 신궁은 메이지 일왕 부처를 모신 특별신사다. 그런데 메이지신궁은 하라주쿠(原宿) 역 근처의 도심과 가까운 일등지에 광대한 경내와 부지 등 수십만 평의 땅을 소유하고 있다. 땅은 프로야구, 대학야구 본거지, 각종 구장으로 빌려주고, 수입 많은 메이지 기념관, 신궁이 운영하는 회사들, 테니스클럽, 빙상스케이트장, 골프연습장, 예식장 등으로 쓰인다. 이것들이 다 소득원이고 하루 참배객이 백만이 넘는 신궁참배객의 헌금도 소득원이라서 메이지신궁은 연간 억만금을 벌어들인다. 그리고 1997년 일본회의가 창립되기 전에는 신궁의 후원금 지출이 거의 없었기 때문에 아마 '억억 만금'의 자금이 신궁의 금고에 비축되어 있을 것이다.

'일본회의'의 제국주의 부활기도와 이영훈·김낙년 등의 내응

신사본청과 메이지신궁은 단 한 번도 전쟁범죄에 대해 사죄의 말을 한 적이 없고 전후에 일본패망을 한탄하고 애도하고 전후 일본사회가 종교정신의 부족으로 썩어가고 있다는 입장만을 보여 왔다. 이들의 입장은 일본회의의 입장에 그대로 반영되어 있다. 일본회의의 조직과 활동은 비밀에 싸여 있고 대체로 비공개활동을 한다. 일본회의는 공개적 산하조직을 통해 공개활동을 하는데, 산하조직과의 연결은 비밀이다. 산하조직과 우당파友黨派조직은 '아름다운 일본의 헌법을 만드는 국민모임', '새역모', '21세기의 일본과 헌법' 유식자간담회, '메이지의 날 추진협의회', '다함께 야스쿠니를 참배하는 국민의 모임', '일본의 건국을 축하하는 모임', '국제역사논전연구소', '일본회의 국회의원간담회' 등 셀 수 없이 많다. 일본회의는 2003년 1월 '일본의 교육개혁' 유식자간담회를 설립하고 2006년 12월 아베내각을 통해 개인의 자유와 평등, 민주의식과 평화를 강조하는 기존의 자유민주적 교육기본법을 전면적으로 개정해 애국심과 전통적 가족윤리를 강조하는 군국주의 교육기본법을 만들었다. 지금은 개헌이 당면목표다.

일본회의는 그 실무를 관장하는 사무총장 가바시마의 입을 통해 일본이 세계적으로 드문 전통을 가진 국가이고, 국민주권이나 정교분리 같은 사상이 일본 특성에 맞지 않는 사상이라고 태연하게 공표하고 천황중심주의를 찬미하고 국민주권을 부정하고 제정일치를 동경한다는 입장을 거듭 천명해왔다. 이를 위해 그들은 (1) 천황, 황실, 천황제의 수호와 그 숭배, (2) 현행헌법과 이것으로 상징되는 전후체제(맥아더체제)의 타파, (3) 애국적 교육(군국주의 교육)의 추진, (4) 전통적 가족관의 복원, (5) 자학적 역사관의 폐기, '사죄병'의 치료, 자학적·반일본적 교과서 시정 등의 역사부정을 급선무의 과제로 내걸고 있다.

말하자면, 일본회의는 대내외에 전면적 역사전쟁을 선언한 것이다. 그야말로 '역사왜란'이다. 일본회의는 아베의 집권으로 현실권력이 되었다. 아베의 제1차 내각은 2006년 9월 출범했으나 아베의 건강문제 등으로 인해 2007년 9월 단막극으로 끝났다. 그래서 그런지 그때 아베는 그렇게 반한적反韓的이지 않았다. 그러나 6년 반 뒤인 2012년 12월 제2차 아베내각으로 다시 등장한 아베는 일본회의의 독기어린 노선을 공공하게 표방하며 한국과 중국을 향해 역사전쟁을 개시했다. 이후 아베내각 제3차(2014. 12.~2017. 11.), 4차(2017. 11.)로 이어지면서 오늘에 이르고 있다. 지금은 역사전쟁이 행동으로 변하면서 한국 대법원의 징용판결을 구실로 2019년 7월 한국을 백색국가(A급 무역국가) 리스트에서 제외시키는 대한對韓 무역보복을 자행했다.

안병직·이영훈·김낙년·이우연 등이 지휘체계를 갖추고 운영하는 낙성대경제연구소와 이승만학당은 일본회의와 아베내각의 역사관을 한국에서 대변하며 일본 내 신新제국주의자들과 동일보조를 취하고 있다. 이영훈·김낙년·이우연 등은 심지어 '일본회의 국회의원간담회'에 속한 통상적 일본 국회의원들보다도 훨씬 더 극우적이고 일제종족주의적이다. 가령 이나다 의원은 2016년 3월 한 인터뷰에서 "일본회의와 방향성은 같지만 조금 다른 부분도 있다. 나는 동경전범재판과 관련해 그 재판 자체를 부정하지 않는다"고 말하고, 또 "나는 20만 명에 달하는 젊은 여성을 강제 연행해 '성노예'로 삼은 일은 없었다고 주장하지만 위안부 피해자 제도 자체가 중대한 인권침해라는 사실은 틀림없다"고 인정하고, 또 "남경대학살 주장에 의문을 품지만 다수의 포로를 살해하는 사건은 있었다"고 덧붙인다.[58] 위안부 피해자를 자기 사업을 한 매춘부로 모욕하는 이영훈·김낙년·이우연 등의 역사부정은 동경전범재판을 인정하고 위안부 피해자 제도 자체를 "중대한 인권침해"로 보는 이 일본 극우 국회의원 이나다보다 더 극우적이다. 이영훈 등이 이나다보다 일본회의의 역사관과 좀 더 완전하게 일치한다는 말이다. 이영훈 등의 괴설은 이렇게 보통한국인의 상황인식과 경계태세를 훌쩍 뛰어넘고 있는 것이다.

일본회의의 정체를 최초로 보도한 해외매체는 영국『가디언』이다. 『가디언』은 2014년 10월 13일자 도쿄 발 기사로 "아베 개조내각 각료 19명 중 15명이 속한 일본회의는 애국주의 교육을 추진하는 단체로 전쟁 때 일본이 아시아에서 전개한 군사행동에 관한 자학사관의 폐기를 목표로 1997년 만들어졌다"고 보도했다. 이어서 미국 CNN방송은 2015년 2월 27일 "아베정권에서 자국우월주의적 내셔널리즘이

---

58) 아오키오사무(이민연 역),『일본회의의 정체』, 223-224쪽.

재연再燃해 극우파가 용기를 얻어 자유언론을 공격하고 기자와 연구자들을 위협하며 혐한嫌韓 주장을 쏟아놓고 있다"고 보도했다. 같은 해 6월 6일 영국『이코노미스트』는 "초극단적 국가주의, 역사수정주의를 목표로 내세우는 일본회의는 서양식민주의로부터 동아시아를 해방시킨 일제를 찬양하며, 재군비를 통해 좌익교사들에게 세뇌당한 학생들에게 애국심을 불어넣고, 전전 호시절처럼 천황을 숭배하면서 전후 미국점령이 가져온 민주주의를 불인不認하고 그때 생겨난 자유헌법이 일본을 약화시켰다고 주장한다"고 보도했다. 같은 해 6월 26일『르몽드』도 "아베도 소속된 일본회의는 1930년대 일본제국주의를 옹호하는 강력한 국수주의 단체"라고 보도했다. 같은 해 12월 3일 호주 ABC 텔레비전 방송은 "아베 이하 각료의 80%, 국회의원 반수가 가입해 있는 일본회의는 비밀리에 활동하며 국수주의, 역사수정, 천황 신격의 복원, 여성의 가정 재종속, 재군비를 추구한다"고 보도했다. 이와 같이 세계언론은 일본회의를 위험시하며 2014년 이래 여러 차례 이를 보도해왔다. 그러나 일본언론은 해외언론이 다투어 기사를 내보낸 뒤 어쩔 수 없이 한두 번 일본회의를 보도한 뒤 다시 언급하지 않음으로써 일본회의의 비밀주의를 지켜주고 있다.

여러 가지 점에서 일본회의와 그 산하조직들은 반일독립국가 대한민국의 입장에서 보면 가장 위험한 반국가단체다. 따라서 일본회의와 그 산하단체들에게 정치적·사상적으로 자진 내응하는 국내 단체들도 회합·통신이 없더라도 가장 위험한 반국가단체다. 따라서 한국 지식인들과 국민은 일본회의와 아베가 도발하고 한국 내 부왜노들이 이들에 내응해 국내로 끌어들인 '역사왜란'을 신속히 진압하고 모든 법적 수단을 동원해 일제앞잡이와 부왜노들의 반인도적·반국가적 역적질을 가차 없이 제압해야 할 것이다.

제7절

부왜노들의 반국가활동을 법률로 규제하는 길을 터야

부왜노들에 대한 학술적 비판은 위에서 대강 수행되었다. 그리고 이 책에 같이 실린 여러 다른 논문들이 이 비판을 확대·보강하고 구체화해 줄 것이다. 여기서 이제 문제 삼으려는 것은 그들의 학술연구가 아니라 그들의 비학술적·반학술적·반인도적·반국가적 정치활동이다. 따라서 지금부터 필자는 '학자'로서가 아니라, 일개 '시민'으로서 그들의 반인도·반국가활동을 고발한다.

부왜노들의 반인도·반국가활동과 국기國基의 심각한 동요

안병직·이영훈·김낙년 등이 조직해 운영해온 낙성대경제연구소와 이승만학당은 학술연구의 우산 아래 반국가적 연구 활동을 하는 것에 그치지 않고, 이승만학당의 유튜브 방송, 전거도 없는 허무맹랑한 비학술적·반학술적·반인도적·반국가적 주장을 담은 방송내용의 출판,

유엔 산하기구 활동 등을 통해 반국가적 정치활동을 전개해왔다. 그리고 그들의 이 반인도·반국가활동이 복수의 야당 국회의원들을 비롯한 '태극기모독 성조기집단'에 강력한 영향을 끼쳐 이들에게 아베의 무역공세 속에서도 "친일만이 살길"이라고 악쓰게 할 만큼 겁 없는 망언·망동을 부추기고, 일베 같은 쓰레기들을 오도해 '평화의 소녀상'을 욕되게 하는 등 민족정기를 더럽히고 있다. 그리고 국내 극우보수신문들의 천학淺學기자·필객들에게 부왜附倭논조의 구실을 제공하고, 일본 내의 극우신문·방송에게 역사부정·제국주의부활을 위한 극우논조에 전거典據를 제공하고 있다. 그리하여 이 부왜노들의 거침없는 반인도·반국가활동으로 부왜자멸 징조가 도처로 확산되어 대한민국의 국기國基가 심각하게 무너져 내리고 있다.

따라서 학술의 탈을 쓴 한국 부왜노들의 '연구활동'을 논외로 하더라도 그들의 심히 반인도적·반국가적인 대외적·국제적 '정치활동'에 대해서는 정밀한 법률 검토를 해봐야 할 것이다. 앞서 반복 논증했듯이 이영훈 등 국내 부왜노들의 정치활동은 우리 헌법이념에 따라 정의·인도人道와 저항적 민족주의에 입각해 창건된 반일독립국가 대한민국의 존립과 안전을 위태롭게 할 만큼 지극히 반인도적·반국가적이다. 따라서 낙성대연구소·이승만학당 및 그 방송조직 등 그들의 조직과 단체는 안병직-이영훈-김낙년-이우연 및 기타 연구원과 회원들로 이어지는 위계적 지휘체계가 있는 반국가단체다.

역사부정죄 처벌법을 제정해서
부왜역적을 처벌해야

유럽 18개국에서는 역사부정죄(*crime of historical denialism*)에 대한

처벌 법률이 일반적으로 제정·시행되고 있다. 그리고 한국 국회에서도 이전에 여러 번, 그리고 5·18 민주항쟁 및 4·3사건 또는 일제식민통치 옹호행위와 관련된 여러 가지 역사부정 처벌법의 제정이 시도된 적이 있다. 차제에 우리나라도 일제식민통치 옹호 및 이와 관련된 일제범죄 옹호 행위를 처벌하는 역사부정죄를 신설해야 할 것이다.

지금은 최근 부왜노들의 잇단 공세에 분노한 국민여론의 뒷받침을 받아 이전에 시도된 식민통치 옹호자 처벌 관련 법률안들을 되살려내 손질하면 입법에 성공할 수 있는 때다. 이 법의 제정에 성공한다면 이 법으로 부왜노들을 처벌할 수 있는 사법처리의 길이 열릴 수 있다. 원희룡 전 의원은 한승조와 지만원의 일제식민지배 옹호 망언을[59] 계기로 2005년 8월 12일 '일제강점하 민족차별 옹호행위자 처벌 법안'을 대표 발의했다. 그리고 이종걸 의원은 9년 뒤인 2014년 6월 20일 '일제 식민지배 옹호행위자 처벌 법률안'을 대표 발의했고, 2014년 8월 14일에는 홍익표 의원이 '일본제국주의의 식민통치 및 침략전쟁을 부정하는 개인 또는 단체의 처벌 등에 관한 법률안'을 대표 발의했었다.

차제에 이 부왜노 처벌 법안들을 종합하고 개선해 반드시 "일제 식민통치 옹호 행위 및 일제의 역사부정에 대한 내응 행위 처벌 법"을 '특별법'으로 제정해야 할 것이다. 따라서 "일제 식민통치 옹호 행위 및 일제의 역사부정에 대한 내응 행위 처벌 특별법"(간단히, '부왜노 처벌 특별법안')이 시급히 마련되어야 한다. 민주화운동 부정에 대한 처벌 법안(2013년 김동철 대표발의), 제주4·3사건 부정에 대한 처벌 법안(2017년 오영훈, 2018년 박광온), 5·18민주화운동 부정 처벌 법안(5·18특별법 개

---

59) 당시 한승조(고려대 교수)가 일본 우익잡지에 일제식민지배가 '축복'이라는 요지의 글을 기고했고 지만원이 "(일본에) 먹힐 만하니까 먹혔다"고 발언한 것이 법안발의의 배경이 되었다.

정안, 2013, 2016, 2018, 2019년 7회) 등 유사한 역사부정죄 처벌 법안들도 이 '부왜노 처벌 특별법'을 제정하는 분위기를 조성하는 데 도움이 될 수 있다.

유럽에서 제정되어 시행되어온 '역사부정죄'에 관한 법률은 역사적 진실을 추구하되 이 진실추구에 목적이 있는 법도 아니고, 또 역사적 진리를 국가가 독점해 학문의 자유를 침해할 정도로 '역사 일반'을 대상으로 하는 법도 아니다. 역사부정죄의 대상은 역사적 사실 전체나 추상적 사실의 진실규명이 아니라, 가령 나치스의 홀로코스트, 특정시기·특정지역의 집단학살 사건 및 인종청소(제노사이드) 사건 등 '특정한' 반인도적 범죄 사건들의 역사적 진실 규명에 한정된다. 그리고 유럽 역사부정죄의 가장 중요한 목표는 특정한 역사적 사실에 관한 진실 규명을 바탕으로 현재진행형으로 범해지는 (1) 현존 피해자나 투사들의 명예훼손, (2) 현존자의 인간존엄 침해, (3) 소수자 차별행위로서의 혐오 표현 등을 처벌하는 것이다.[60] 여기서 (1) 현존 피해자나 투사들의 명예훼손을 처벌해 그들의 명예를 보호하는 것은 우리의 경우에 일제탄압과 학살을 뚫고 살아남은 생존자와 독립운동가 및 그 유족과 후손의 명예 보호와 관련 된 것이고, (2) 현존자의 인간존엄을 침해하는 행위에 대한 처벌은 가령 위안부 피해자 및 징병·징용자 생존자와 그 유족의 인권과 존엄의 침해에 대한 처벌과 관련될 것이고, (3) 소수자 차별행위로서의 혐오 표현에 대한 처벌은 우리의 경우에 가령 위안부 피해자를 '매춘부'로 몰거나 징용자를 자유임금노동자로 변조하는 반인도적 인권침해 발언에 대한 처벌과 관련된다.

한국 부왜노들의 역사부정죄를 처벌하는 법안은 우선 일제 식민통

---

60) 자세한 것은 참조: 홍성수, 「역사부정죄의 정당성 근거 - 한국 역사부정죄 법안에 대한 비판적 검토」, 『법학논총』 제39권 제1호 (2019. 2.), 175-181쪽.

치의 역사적 진실규명과 관련된 법적 판단을 기존 법률(각종 독립유공자 관련 법률), 판례(동경전범재판소 판결, 한국 법원 징용자 판결), 각종 UN기구들의 판단을 원용하고, 이런 기존 판결과 유엔조사보고의 원용이 불가능할 경우에는 학계의 역사연구를 참조해야 할 것이다. 국회와 법원이 학계의 연구보다 법원의 기존 판결과 유엔조사보고를 우선시해야 한다는 말이다. 국회와 법원이 학계의 연구를 우선시하면 이것은 특정학설을 선별하는 것으로 귀결되고, 이렇게 되면 자칫 학문의 진리논의가 국회와 법원에 의해 규제될 우려가 있다. 그래서 학계의 연구보다 법원의 기존 판결과 유엔조사보고를 더 중시해야 하는 것이다.

그런데 기존에 발의된 한국의 부왜노 처벌 법안들은 진실규명에 치우쳐져 있는 것으로 보인다. 따라서 이번에는 기존의 부왜노 처벌 법안들을 종합하되 진실규명보다 현행범죄를 처벌하는 것을 더 중시하는 방향으로 수정한 새 법안이 마련되어야 할 것이다. 진실규명보다 현재 관련자들의 명예보호, 인간존엄 수호, 차별 방지 등의 논거를 중시해 더 강화해야 한다는 말이다. 이렇게 기존의 법안들을 종합해 ① 진실규명 기능을 좀 더 후퇴시키고, ② 현재진행형의 명예·존엄침해 및 차별의 방지를 강화하는 방향으로 손보면 새 법안은 국가가 역사에 대한 진리를 독점해 학문의 자유와 표현의 자유를 침해할 위험이 최소화되고 피해구제가 최대화되어 법률안의 정당성이 크게 제고될 것이다.[61]

그런데 앞서 우리의 논의와 관련하여 여기에서 **빼놓아서는** 아니 되는 것은 3·1운동과 임시정부 독립운동의 육탄과 적혈 속에서 끓어오른 저항적 민족주의로 창건된 반일독립국가 대한민국의 국기國基

---

61) 참조: 홍성수, 「역사부정죄의 정당성 근거」, 189-191쪽.

를 부정하는 행동을 규정하는 논거를 제일 먼저, 그리고 최대로 강조해야 한다. 그렇지 않으면 "일제 식민통치 옹호 행위 및 일제의 역사부정에 대한 내응 행위 처벌 특별법"이 반인도 범죄 규제에 초점이 맞춰진 서구제국의 '역사부정죄'를 닮는 방향으로만 흘러가 부왜행각의 반국가성과 위헌성을 놓치게 된다. 이 '반일독립국가 대한민국의 국기國基를 부정하는 행동'에 대한 처벌 논거도 명예보호, 인간존엄 수호, 차별 방지 등을 위한 반인도 범죄 처벌 논거만큼 강조되어야 한다. 그러면 이 특별법의 정당성은 더 커질 것이다.

'부왜노 처벌 법안' 발의자들이 이 두 가지 논거를 강화해 법안을 준비하고, 민주화운동 부정에 대한 처벌 법안, 제주4·3사건 부정에 대한 처벌 법안, 5·18민주화운동부정 처벌 법안 등 다른 각종 역사부정죄 처벌 법안의 발의자들과 국회 안에서 '품앗이'로 연대한다면, 충분히 '부왜노 처벌 특별법'을 제정할 수도 있을 것이다. 그러나 이것은 단순히 의석계산으로 말한 것이고, 실제에서 정종섭·심재철과 같은 국회 내 이영훈 프락치들의 저항이 결사적일 것이므로 입법과정은 만만치 않을 것이다. 하지만 이 입법투쟁에서 승리한다면 그간 악명 높았던 저 국가보안법에 의존하지 않더라도 현행범 부왜노들을 철저히 처벌할 수 있을 것이다.

부왜노들의 반국가활동에 대한 국보법의 적용을 검토할 필요성

그러나 부왜노 특별법의 제정에 실패한다면, 어떻게 해야 하나? 필자는 당장 급한 대로 국가보안법의 법리를 따져 보고 적용이 가능하다면 이 법으로라도 부왜노들을 체포·수사·기소하는 방안을 검토할 것을 제안한다. 국보법의 이 법리 검토의 결과에 따라, 검·경이 부왜노들의 최근 행각에 대한 처벌을 기도하지 않는다면, 그것은 국보법 상 '특수직무유기'의 대죄가 될 수 있다.

부왜역적들의 비학술적 정치활동과 반국가단체는 충분히 국가보안법으로 취체取締할 수 있을지 여부를 검토해볼 대상이라고 생각한다. 국가보안법은 과거의 나쁜 관행대로 북한만을 반국가단체로 보고 북쪽과 연루된 '빨갱이 잡는 법'만이 되는 것이 아니라, 전全방위에서 "국가의 안전을 위태롭게 하는 반국가활동을 규제함으로써 국가의 안전과 국민의 생존 및 자유를 확보함을 목적으로 하는" 법률이다.(제1조 ①항) 이 법은 그간 여섯 차례의 법개정을 통해 인권침해나 오남용 여지를 일소하는 방향으로 크게 개선되었다. 우선 개정 국가보안법은 "이 법의 해석·적용"에서 법적 목적달성에 "필요한 최소한도에 그쳐야한다"고 못 박고(제1조 ②항), 불고지죄는 1991년 5월 31일 전문全文을 개정해 "본범과 친족관계가 있는 때에는 그 형을 감경 또는 면제한다"는 부가조항을 신설함으로 인권침해 요소를 원천적으로 제거했다. 그리고 북한과 관련된 범죄만을 겨냥한 규정들을 모조리 없앴다. 따라서 현재의 국가보안법은 인권침해의 소지가 없는 법률일뿐더러, 북한과 관련된 반국가 활동만이 아니라, 북한 외의 모든 타국과 관련된 반국가 활동, 그리고 타국과 관련이 전혀 없는 자생적 반국가활동도 규제할 수 있는 법률이 되었다.

부왜노들의 반국가활동에 국가보안법을 적용하기 위해서는 '빨갱이'나 좌익 반국가단체만을 처벌하는 법률로 여기던 과거의 고정관념을 타파하는 것이 급선무다. 이 고정관념은 국보법이 여러 차례의 개정을 거쳐 전全방위로 반국가활동과 반국가단체를 규제해야 하는 법률로 발전한 법적 현실에 못 미치는 낡은 법 관념이기 때문이다.

이 고정관념만 타파하면, 국가보안법은 우리나라의 입장에서 종북세력 못지않게 위험한 일본 내 극우제국주의적 반국가단체인 '일본회의'의 활동과 주장에 내응하는 부왜노들의 반국가활동과 그들의 반국가단체를 충분히 벌할 수 있다. '일본회의'의 활동과 주장에 내응하는 부왜노들의 반국가활동은 북미·남북관계가 호전될수록 심지어 종북세력보다 훨씬 더 위험해질 것이다. 국가보안법은 1991년 5월의 개정에 따라 "반국가단체"를 "정부를 참칭하거나 국가를 변란할 것을 목적으로 하는 국내외의 결사 또는 집단으로서 지휘통솔체제를 갖춘 단체"로만 규정하고 있다.(제2조 ①항) 일체의 북한관련 문구나 표현이 삭제된 것이다.

이렇게 보면 부왜노들은 반국가단체의 구성(제3조), 자진지원·금품수수(제5조), 반국가단체나 산하단체·하수인에 대한 찬양·고무·동조 및 국가변란의 선전·선동(제7조 ①항), 회합·통신(제8조) 등의 죄를 범했을 수 있다. 특히 '일본회의'의 예하조직인 '국제역사논전論戰연구소'에서 마련해준 여비를 수령해 2019년 7월 2일 유엔제네바본부에서 개최한 "군함도의 진실"이라는 국제심포지엄에 참석해 군함도 징용자들은 "강제연행 없는" 자발적 노동자라고 증언하고 유엔인권이사회 본회의에서도 국제커리어지원협회(ICSA) 회원 자격으로 참석해 같은 취지의 발언을 하고 '평화의 소녀상'과 징용자상 철거운동을 벌이고 다니는 이우연은 자진지원·금품수수·찬양고무·회합통신의 죄를 동시에 범했을 수 있다. 그리고 이들이 수사를 피해 아베정권이 지배하는 일본으로 도망친다면, 잠입·탈출죄(제6조)가 성립할 수 있다. 그리고 검찰과 경찰, 국가정보원의 공무원("범죄수사 또는 정보의 직무에 종사하는 공무원")이 부왜노들의 반국가활동을 인지하고도 이들에 대한 규제·처벌을 방기하면 이들과 친족관계에 있는 공무원을 제외하고

"특수직무유기죄"로 10년 이하의 징역의 중형을 받는다.(제11조)

이에 관한 전문적 법리검토는 법학교수, 검찰과 경찰, 사법부가 최종 맡아야 할 것이다. 검경은 먼저 인지수사에 착수해야 하고, 이들이 늑장을 부리거나 기피하면 민주정당과 민주시민단체들이 먼저 저 부왜노들의 반국가활동을 고발해야 할 것이다.

또한 별도로 찬양·고무죄를 물어야 할 정치거물들이 있다. 정종섭 한국당 의원은 명색이 대한민국의 장관을 지낸 자이면서도 2019년 7월 17일 이영훈·김낙년·이우연 등의 『반일종족주의』 북콘서트에서 이영훈을 찬양하는 축사를 했으며, 심재철 한국당 의원은 같은 곳에서 "이영훈 교수의 이 『반일종족주의』 책을 읽고 그걸로 무장한 전사가 되어서 열심히 해보도록 하겠다"고 초超아부성 찬양을 했고, 윤창중(박근혜 시절 청와대 대변인)은 같은 곳에서 "이영훈 교수는 대한민국에서 가장 위대한 학자라고 나는 생각한다 (…), 사실은 내가 토착 왜구다"라고 반국가적 너스레로 이영훈을 찬양·고무했다. 그리고 연세대 사회학과 류석춘은 2019년 9월 20일 '발전사회학' 강의 중에 연세대 수강생들에게 "이영훈이 옳다고 생각한다, 위안부 피해자는 일종의 매춘부다"고 발언해 이영훈을 두둔하고 이영훈의 위안부매춘부론을 지지했다. 정종섭·심재철·윤창중·류석춘 등에 대해서는 모두 반국가단체 수괴와 회원들을 찬양·고무한 죄를 물을 수 있고, 또 반드시 물어야 할 것이다.

형법상의 간첩죄로는 일본회의나 일본정부의 지령을 수령하지 않은 채 일본회의와 아베정부에 자진 내응하는 이런 부왜노들의 반국가활동을 처벌할 수 없다. 이들을 대한민국 명예훼손죄로도 처벌하기도 난감하다. 그리고 명예훼손죄로 이들을 처벌할 수 있다고 인정하더라도 이런 식의 법적 처벌은 그들의 반국가활동의 천인공노할 죄악에 비해 그 강도가 너무 미약할 것이다. 오직 국가보안법만이 이들의 반국가활동을 제대로 처벌할 수 있을 것이다.

좌익 반국가단체나 종북세력만을 규제하던 국가보안법을 남쪽 도이島夷의 제국주의 침략과 강탈행위를 옹호·찬양하는 일제종족주의적 부왜노들의 반국가활동에 적용한 것은 전례가 없었다. 새 길을 만들기 위해 첫걸음을 떼는 것은 언제나 쉬운 일이 아니다. 그러나 설원雪原에서 과감하게 첫발을 내디뎌 걸어가면 그 발자국이 길이 되는 법이다. 차제에 부왜노들의 반국가활동을 국가보안법으로 규제하는 첫걸음을 내딛어야 한다. 만약 검·경찰이 이 부왜노들의 반국가활동에 국보법을 적용하는 것을 기피한다면, 경우에 따라 '특수직무유기'의 죄를 범할 수 있다. 그리고 그렇지 않아도 부왜노들의 반국가적 언동에 분노해 있는 국민은 이 직무유기에 대해 더욱 더 분노할 것이다.

그런데 전문적 법리분석 결과, 부왜노들의 반국가행위가 국가보안법의 적용대상이 아니라는 법률가의 일반적 결론이 나오면 어떻게 하나? 그럴 리야 없겠지만 만약 이런 결론이 나올 경우에는 이것을 입법미비로 간주해야 할 것이다. 따라서 일제앞잡이 부왜노들의 반국가활동을 처벌할 수 있는 방향으로 국가보안법 개정을 강구하고, 이 법 개정을 국민운동 차원에서 추진해야 할 것이다.

제8절

글을 맺으며

낙성대落星垈는 고려 때 외적을 물리친 위대한 민족영웅 강감찬 장군의 탄생지의 이름이다. 이 지명은 강 장군이 태어날 때 그곳에 별이 떨어졌다는 일화가 있어 붙여진 것이라고 한다. 그리고 이승만은 비록 삶에 굴곡이 많았고 후세의 평가가 심히 엇갈릴지라도 적어도 대한민국임시정부의 초대 대통령을 지낸 항일투사였고, 대미對美 독립 외교활동과 광복 후 반탁투쟁 과정에서 김구 주석의 든든한 협조자이자 동지였고, 대한민국의 초대 대통령을 지낸 분이다.

그런데 저 일제종족주의적 부왜역적들이 자기들의 반국가단체를 '낙성대연구소'니, '이승만학당'이니 이름 지어 부르면서 '강감찬'·'이승만' 두 분의 이름 석 자를 둘 다 심각하게 더럽히고 있다. 이 때문에도 이번에 부왜노들의 반국가활동을 법률로 규제하는 길을 터야 한다. 이 새길을 터서 두 분을 이 극악한 치욕으로부터 벗어나게 하는 것도 아울러 염두에 두어야 한다는 말이다.

참·고·문·헌

김도형, 『대한국의 문명전환과 개혁론』(파주·서울: 지식산업사, 2014).
김운태, 『日本帝國主義의 韓國統治』(서울: 박영사, 1986·1999).
아오키오사무(이민연 역), 『일본회의의 정체』[일본어 2016] (서울: 율리시스, 2017·2019).
安秉直·李大根·中村哲·梶村秀樹, 『近代朝鮮의 經濟構造』(서울: 비봉출판사, 1989).
윤용출, 『조선후기의 요역제와 고용노동』(서울: 서울대학교출판부, 1998).
李榮薰·張矢遠·宮嶋博史·松本武祝, 『近代朝鮮 水利組合研究』 (서울: 일조각, 1992).
이우연, 「農業賃金의 推移: 1853-1910」, 197쪽. 안병직·이영훈 편, 『맛질의 농민들』(서울: 일조각, 2001).
이윤상, 『1894-1910년 재정제도와 운영의 변화』(1996년 서울대 국사학과 박사학위 논문).
차명수, 「제13장 경제성장·소득분배·구조변화」. 김낙년 편, 『한국의 경제성장 1910-1945』(서울: 서울대학교출판부, 2006).
허수열, 『일제초기 조선의 농업』(파주: 한길사, 2011).
홍성수, 「역사부정죄의 정당성 근거 한국 역사부정죄 법안에 대한 비판적 검토」. 『법학논총』 제39권 제1호 (2019. 2.).
황태연, 「조선시대 국가공공성의 구조변동과 근대화 '조선민국'과 '대한제국'에서 '대한민국'으로」. 황태연·이영재·이나미·미타니히로시·구로즈미마코토, 『조선시대 공공성의 구조변동』(성남: 한국학중앙연구원 출판부, 2016).
황태연, 『갑오왜란과 아관망명』(파주: 청계, 2017).
황태연, 『백성의 나라 대한제국』(파주: 청계, 2017).
황태연, 『갑진왜란과 국민전쟁』(파주: 청계, 2017).
황태연, 『한국근대화의 정치사상』(파주: 청계, 2018).
황태연, 『공자철학과 서구 계몽주의의 기원(상)』(파주: 청계, 2019).

Genthe, Siegfried. Korea: *Reiseschilderungen von Dr. Sigfried Genthe*. Siegfried Genthe, Genthes Reisen, Band I, herausgegeben v. Georg Wegener (Berlin: Allgemeiner Verein für Deutsche Literatur, 1905).

Hesse-Wartegg, Ernst von. Korea: *Eine Sommerreise nach dem Lande der Morgenruhe* 1894 (Dresden & Leibniz: Verlag von Carl Reissner, 1895). 에른스트 폰 헤세-바르텍(정현규 역), 『조선, 1894년 여름』(서울: 책과함께, 2012·2016).

Hulbert, Homer B., *The Passing of Korea* (New York: Double Day, Page & Company, 1906).

Maddison, Angus. *The World Economy - Historical Statistics* (Paris: Development Center of the OECD, 2003).

Maddison, Angus. "Historical Statistics for the World Economy: 1-2008 AD."(2012).(http//www. ggdc.net/maddison/oriindex.htm. 최종검색일: 2012. 10. 19.).

Maddison, Angus. "New Maddison Project Database" - "GDP per capita". (http://www.ggdc.net/maddison. oriindex.htm. 검색: 2017. 2. 20.).

McKenzie, Frederick A.. *Korea's Fight for Freedom* (Old Tappan, New Jersey: Fleming H. Revell Company, 1920).

Publius (Alexander Hamilton), *The Federalist*. no. 6, "Concerning Dangers from War between the States". James Madison, John Jay and Alexander Hamilton, The Federalist [Gideon ed. 1818], ed. by George W. Carey (Indianapolis: Liberty Fund, Inc., 2001).

Lynn, Richard, & Tatu Vahanen. *IQ and the Wealth of Nations* (Westport, Connecticut: Praeger, 2002).

Lynn, Richard, & Tatu Vahanen. *IQ & Global Inequality* (Augusta, Georgia: Washington Summit Publishers, 2006).

Volken, Thomas. "IQ and the Wealth of Nations. A Critique of Richard Lynn and Tatu Vanhanen's Recent Book". *European Sociological Review*, Volume 19, Issue 4 (2003).

Volken, Thomas. "The Impact of National IQ on Income and Growth: A Critique of Richard Lynn and Tatu Vanhanen's Recent Book". http://hsmt.history.ox.ac.uk/hsmt/courses- reading/

undergraduate/authority-of-nature/ (검색일: 2015. 11. 4.)
Washington, George. "Farewell Address" (Original Draft by Hamilton, August, 1796). *The Writings of George Washington*, vol. XIII (1794-1798) in 14 vols., edited by Worthington Chauncey Ford (New York and London: The Knickerbocker Press, 1892).

* 사료

박종효 편역,『러시아國立文書保管所 소장 韓國關聯 文書要約集』
    (서울: 한국국제교류재단, 2002).
안병직 번역·해제,『본군 위안소 관리인의 일기』(서울: 이숲, 2013).
『일본공사관기록』, ——.本省往來信, (3)'韓國에 있어서의 事業에 관한
    卑見具申'(1900년 2월 19일), 林 → 靑木.
Allgemeine Zeitung, 25. Juli 1907 (Nr.341).

일제종족주의

제 2 장

일본군 위안부 피해자 문제의 본질

제1절
분노하는 이유
제2절
일본군 위안부 피해자 문제의 이해
제3절
강제연행의 실상
제4절
위안소의 실태
제5절
**대한민국 입법부의 역할을 기대:
역사부정죄 제정**

이 영 재

한양대학교 제3섹터연구소
학술연구교수

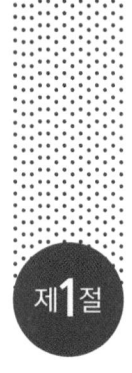

분노하는 이유

■ 방조, 공범, 방관

　가해자와 피해자 사이에서 중립은 가해자 편을 드는 것이다. 그 가해의 죄질이 불량하면 중립에 대해서도 '방조죄幇助罪'의 책임을 묻는다. 지극히 불량한 반인도적 전쟁범죄라면 사태는 심각해진다. 노골적으로 가해자 입장에서 피해사실을 호도할 경우 '방조'가 아니라 '공범'이다. "학문을 직업으로 하는 연구자"를 자처하며 자못 양심적 학자의 외관을 취하고 있지만『반일종족주의』는 일본 제국주의의 반인도적 전쟁범죄를 정당화하는 공범이다. '일제 종족주의자'로 호명하는 것이 마땅한 이 책의 필자들은 전쟁범죄를 일으킨 가해자의 입장에서 일본군 위안부 피해자 문제의 본질을 은폐, 조작하고 있다. 그리고 당신들은 피해자가 아니다. 자발적으로 돈을 벌기 위한 선택이지 않았느냐? 하는 망발을 서슴없이 쏟아내고 있다.

　예전부터 낙성대연구소의 연구관점을 익히 알고 있었기 때문에『

반일종족주의』 출판 소식을 들었지만 기존 주장의 반복 정도로 알고 외면하자고 마음먹었다. 대한민국 발전에 조선총독부도 기여한 부분이 있다고 하는 정도려니, 안 보고 안 들으면 그만이려니 생각했다. 그런데 MBC '스트레이트' 기자를 구타한 사건으로 이영훈 씨가 유명세를 타고, 일본 극우단체의 지원을 받은 이우연 씨가 UN에서 '일제강점기 강제동원은 없었다'고 발언한 것이 전파(SBS '그것이 알고 싶다')를 타면서 사태가 심각한 단계로 가고 있음을 직감했다. 10월 4-6일에 걸쳐 이우연이 연사로 나서 후쿠오카, 오사카, 도쿄 순으로 반일종족주의 순회강연을 계획했다는 소식도 들린다. 이 순회강연을 기획한 '일본역사인식문제연구회'는 일본의 극우 세력의 본산이라고 할 수 있는 '일본회의'와 교분이 깊은 단체다. 11월에는 일본의 문예춘추라는 출판사에서 『반일종족주의』 일본어판이 출간된다.

『반일종족주의』 책은 첫 장부터 다짜고짜 '거짓말하는 국민'으로 포문을 연다. 한국의 위증죄가 일본의 172배, 인구수를 감안한 1인당 위증죄는 일본의 430배가 되고, 무고건수는 500배나 된다는 것이다. 또 보험사기 총액은 4조 5천억 원이 넘어 미국의 100배에 달한다는 것이다. 이 주장은 2018년 12월 이승만 TV 유튜브 동영상에서 했던 궤변을 그대로 프롤로그로 옮긴 것이다.[1] 자칫 '진짜 같은 거짓말'에 깜빡 넘어갈 정도다. 단순수치 상의 비교는 의미가 없고 나라별 사법시스템의 차이, 문화의 차이가 중요하다. 인구 1억 2천만의 일본에서 한 해 위증 사건이 10건도 안 되는 이유도 여기에 있다. 한국법제연구원의 최환용 부원장은 "일본은 문제를 덮고 가고자 하는 경향이 심하다는 것이죠. 굳이 사법부에 가서 서로 귀찮은 일을 하지 않으려는 문화적 차이가 있는 거예요. 특히 민사소송이나 행정소송 이런 게 굉장

---

1) https://youtu.be/sll7slcql20.

히 낮다."고 지적한다.[2] 반면, 일본의 절도 건수는 한국의 3배에 달한다. 실제로 재산범죄와 관련하여 일본은 절도:사기범죄 비율이 7:3인 반면, 우리는 반대로 절도:사기 비율이 3:7이라고 한다. 같은 재산범죄의 경우인데도 일본은 주로 침입, 절도가 주를 이루는 반면, 우리는 사기를 치는 경우가 많다는 것이다. 이러한 차이가 발생하는 이유는 무엇일까? 배상훈 범죄심리분석관은 일본보다 한국 사회가 사람을 잘 믿는 신뢰사회이기 때문에 이러한 차이가 발생한다고 설명한다.[3]

우리 보험사기 총액이 4조 5천억 원이 넘어 미국의 100배에 달한다는 주장은 대한민국을 거짓말 공화국으로 조작하기 위한 거짓말이다. 이영훈이 2014년 기준으로 국내 보험사기 피해액이 4조 5천억 원이라고 주장하고 있는데, 2014년 보험사기 피해액은 정확히 5,997억 원이었다. 자그마치 7.5배를 부풀렸다. 2017년 보험사기 피해액은 7,302억 원이다.[4] 보험사기 총액이 미국의 100배라는 주장도 완전히 틀렸다. FBI는 미국의 보험사기 피해액을 40조 원 이상으로 추산하고, 미국 보험사기 방지협회는 80조 원 이상으로 추산한다.[5] 우리가 미국의 100배에 달하는 것이 아니라 미국이 우리보다 10배 내지 20배 많은 것 아닌가? 2014년 GDP 기준과 인구를 감안해 계산해도 미국의 보험사기 금액이 한국보다 높다.

이 책은 보란듯이 우리 국민을 '종족'으로 비하한다. 프롤로그의 요지를 종합하면 우리 국민은 '거짓말하는 종족'쯤 되겠다. 이런 인식에 심각성을 느끼지 않을 수 없다. 과거 1919년 3·1운동 당시 고종 장

---

2) YTN [팩트와이] '거짓말 문화' 한국인의 국민성일까? (2019. 9. 4). https://www.ytn.co.kr/_ln/0103_201909040447598471.
3) EBS초대석 "범죄를 통해 사회를 진단하다"(2019. 10. 16.)
4) 보험연구원 Kiri 리포트, 「국내 보험사기 현황과 방지 방안」(2019. 1. 21), 8-14쪽.
5) YTN [팩트와이] '거짓말 문화' 한국인의 국민성일까? (2019. 9. 4). https://www.ytn.co.kr/_ln/0103_201909040447598471.

례에 참여한 해외 기자, 통신원, 선교사들이 만세운동 소식을 해외로 실어 나르는 것을 방해하기 위해 조선총독부가 사용한 전략이 기관지인 '서울프레스(The Seoul Press)'를 동원하여 한국인을 거짓말쟁이로 만드는 것이었다. "평균적인 한국인들이 거짓말쟁이라는 것은 악명 높은 사실이다"[6] 조선총독부의 한국인 비하 전략이 100년 후 리바이벌된 것 같다. 실제 이러한 역사적 사실을 배경에 둔 의도적 주장이라면 정말 섬뜩한 일이 아닐 수 없다. 2019년 7월 25일 한국에서 개봉한 '주전장主戰場'[7]이라는 다큐멘터리 영화에 등장하는 일본의 역사수정주의자 후지키 슌이치[8]라는 한 일본 극우 인사가 이영훈과 유사하게 한국인은 거짓말쟁이라고 인터뷰 한 것을 보면 일본 극우세력들의 한국 비하에 일정한 패턴이 읽힌다. 여기서 의구심의 농도는 한층 더 짙어진다.

이 책의 필자들은 타임머신만 있다면 황국신민으로 돌아가 버릴 기세다. '수습불가!'라는 표현이 딱 어울린다. 그런데 문제는 현 제1야당의 국회의원들이, 그것도 헌법전문가 출신인 정종섭 의원, 한때 민주화운동을 했다는 심재철 의원 등이 『반일종족주의』 북콘서트장을 찾아가 이 책의 마니아를 자처했다는 사실이다. 7월 18일 박근혜 정부 첫 대변인 윤창중은 아예 자신을 '토착왜구'라고 자랑스럽게 소

---

[6] 「The Seoul Press」(1919. 3. 20); 최우석, 「3 . 1운동과 조선총독부의 국제언론 대응」, 독립기념관 한국독립운동사연구회 『광복 74주년 및 개관 32주년 기념 국제학술심포지엄』(2019. 8. 13, 한국언론재단 국제회의실) 제5주제 발표문 재인용.
[7] 이 다큐멘터리 영화는 일본계 미국인 미키 데자키가 감독을 맡았다. 일본군 위안부 문제를 다룬 이 영화는 일본에서 상영되자마자 우익들의 협박을 받았다. 개봉 후 현재는 후지키 슌이치, 후지오카 노부카츠 등 일본 우익인사 5명이 데자키 감독을 명예훼손 혐의로 고발한 상태다.
[8] 2019. 7. 2. 스위스 제네바에서 열린 제41차 유엔인권이사회 비정부기구 일반토론에서 『반일종족주의』 공동저자 이우연이 국제경력지원협회(ICSA) 소속 연사로 '강제동원은 없었다'고 발언할 수 있도록 기회를 제공한 사람이 ICSA 임원인 후지키 슌이치藤木俊一다.

개했다. 이게 버젓이 자랑할 일인가? 1910년 「대한매일신보」에 '토왜천지土倭天地'⁹⁾라는 한탄이 실렸는데, 2019년 대한민국에도 토착왜구의 무리가 적지 않은 것 같다. 심각하다. 이대로 방관하면 진짜 같은 거짓말이 진실을 가릴 수도 있겠다는 우려가 든다. 아무리 봐도 『반일종족주의』 필자들은 학자가 아니라 일본의 극우세력을 이끄는 일본회의의 한국지부 활동가로 밖에 보이지 않는다.

실증의 도구화, '진짜보다 더 진짜 같은 가짜'

『반일종족주의』의 방법론적 자세부터 짚고 넘어가야 할 것 같다. 〈이승만 TV〉 강사진, 『반일종족주의』 필자들 다수가 낙성대경제연구소에 속해 있는데, 이들은 공통적으로 식민지 근대화론에 기반해 있다. 이들이 강조하는 연구방법의 핵심은 '실증성'에 있다.¹⁰⁾ 『반일종족주의』의 시작도 이 실증성에 대한 강조로 시작한다. "우리는 그 (오늘날의 한국인이 가지는- 인용자) 통념이 실증적으로 얼마나 취약한 것인지를 논증하고자 하였습니다."¹¹⁾ 그런데 이영훈 자신이 '반일종족주의'의 아성으로 꼽을 만큼 위안부 피해자에 관한 기존 통념을 가장 우선적으로 해체하고 싶은 마음이 너무 앞섰는지 실증적 논증은 고사하고 우격다짐하는 식이다.

실증분석이 가장 경계해야 할 것이 자료의 맥락과 편향성이다. 더 조심해야 할 것은 특정한 결과를 예비하고, 이와 관련한 자료들만 나열하여 미리 예비해 둔 결과를 결론으로 일반화하는 방식이다. 종족

---

9) 「대한매일신보」(1910. 6. 22.일자 2면)
10) 참조: 김낙년, 『일제하 한국경제』(서울: 해냄, 2003), iii-iv쪽.
11) 이영훈 외, 『반일종족주의』(서울: 미래사, 2019), 4쪽.

주의의 아성을 무너뜨리겠다는 마음이 너무 앞선 탓인지 『반일종족주의』에는 자발적 선택, 고수익, 위안소 업주의 개인 경영 등을 주장하기 위한 맞춤형 자료만 등장할 뿐 위안부 피해자 문제와 관련하여 반드시 검토해야 할 주요 논거들은 빠져 있다. 성노예, 강간센터, 사기, 강제연행 등에 관한 자료들은 아예 소개조차 하지 않고 있다. 과거 UN에서 채택한 중요한 보고서들이나 일본 내 주요 자료들, 관련 연구들을 검토하지 않고, 거짓말이나 허구로 몰아세우다 보니 논거가 주장을 만드는 것이 아니라 주장을 위해 논거를 배치하는 상황이 되었고, 정작 실증으로 요란한 책에 실증은 없고 구호만 난무하는 모양새다.

위안부 피해자에 대한 비판적 서술 부분은 주장의 설득력을 높이기 위해 편취한 자료를 새로운 자료의 발굴인양 소개하고 있지만 정작 핵심적으로 활용한 자료는 과거 2013년 발굴, 소개한 일본군 위안소 관리인의 일기다. 실증과 학자적 양심을 앞세운다고 해서 일본 제국주의의 반인도적 전쟁범죄를 옹호하고, 국제사회에서 이미 확인된 사실조차 호도糊塗하는 행태는 학문적 사면赦免 대상이 아니다. 위안부 피해자의 피해가 거짓이라고 반박하려면 먼저 일제의 전쟁범죄와 위안부 피해자의 피해를 적시하고 일본 정부에 사죄와 배상을 권고한 국제사회의 각종 보고서와 결의 등을 비판의 대상으로 삼았어야 옳다. 그리고 최소한 일본이 위안부 피해자 문제와 관련하여 오랜 부인 끝에 결국 자인할 수밖에 없었던 경계선[12] 밑으로는 내려가지 말았어

---

12) 「위안부 관계 조사결과 발표에 대한 고노 관방장관 담화」(1993. 8. 4.)가 그 출발선이다. 맥두걸보고서에는 고노담화와 더불어 공개된 일본 정부의 자체 조사 내용들이 일목요연하게 정리 있다. '(a) 위안소 설립의 이유 (b) 시기 및 장소 (c) 민간업자에 대한 군의 감독 (d) 건강상태에 대한 군의 관리 (e) 이동의 자유의 제한 (f) 징집 (g) 이송' 등이다. 맥두걸 보고관은 이를 기초로 일본정부에 인도에 반한 죄의 책임을 준엄하게 묻고 있다. Gay J. McDougall, "Contemporary forms of slavery: systematic rape, sexual

야 했다. 최소한 이것이 그동안 실증을 강조하고 대학에서 교수로 재직한 분의 학문적 자세가 아닐까 생각한다.

> 우리가 기대하는 것은 우리가 범했을 수 있는 잘못에 대한 엄정한 학술적 비판입니다.[13]

이영훈은 자신들이 범했을 수 있는 잘못에 대한 엄정한 학술적 비판을 기대한다고 했지만, 정작 『반일종족주의』 필진들의 최근 활동을 보면 항일 민족주의 없는 세상을 만들기 위한 혐한嫌韓전사들 같다. 이들이 기왕 사회적 논쟁을 촉발시키고, 논란의 한 복판을 주도하고 있는 마당에 학술적 수사나 격식은 괜히 거추장스럽기만 할 것 같다. 낯 간지러운 수사들은 치우고 바로 본론으로 들어가 보자. 일제 전범을 옹호하는 일본회의의 지지자로 변모하면서 이미 충분히 각오는 하고 있겠지만 '반일종족주의자'('종족'이란 말이 계속 껄끄럽지만!)의 비판이 때로 거칠어지더라도 이해하시라!

---

slavery and slavery-like practices during armed conflict."(1998).
13) 이영훈 외, 『반일종족주의』, 5쪽.

제2절

일본군 위안부 피해자 문제의 이해

▌ 일본군 위안부 피해자 문제를 바라보는 일제종족주의자의 관점

아직 읽지 않은 독자들을 위해 위안부 피해자 문제를 대하는 『반일종족주의』의 관점을 간단히 요약하고 시작하는 것이 좋겠다.

첫째, 일본군 위안부 피해자 문제에 대한 한국의 이해에 문제가 있다.

> 저는 한 사람의 연구자로서 지적하겠습니다. 일본군 위안부 문제에 관한 한 한국 측의 이해에는 많은 문제가 있다고 말입니다. 어떤 문제를 두고 이웃 나라와 다툴 경우 사실 인식에 관한 한 엄밀히 객관적이어야 합니다. [14]

---

14) 이영훈 외, 『반일종족주의』, 255-256쪽.

저는 위안부제를(위안부제가- 인용자) 일본군의 전쟁범죄라는 인식에 동조하지 않습니다 … 그것은 당시의 제도와 문화인 공창제의 일부였습니다. 그것을 일본군의 전쟁범죄로 단순화하고 줄기차게 일본의 책임을 추궁한 것은 한국의 민족주의였습니다.[15]

둘째, 일본이 인정하지 않는 일본군 문제는 사실이 아니다.

어느 일방이 상대방이 인정하지 않은 사실을 실재한 것처럼 주장하면, 토론이나 타협은 어렵습니다. 지난 28년간 양국의 우호관계가 크게 손상된 데에는 문제의 실태를 객관적으로 이해하려 하지 않은 한국 측의 책임이 크다고 생각합니다.[16]

우선 일본군 위안부 피해자 문제에 대한 한국의 이해에 정말 문제가 있는 것인지, 한국의 민족주의가 잘못 책임을 추궁해 온 것인지 여부와 관련하여 일본군 위안부 피해자 문제의 핵심을 객관적으로 살펴볼 필요가 있다. 국제사회가 파악하고 있는 일본군 위안부 피해자 문제의 본질은 다음과 같다.

■ **국제법상 강행규범**(Jus cogens)

일본군 위안부 피해자 문제는 국제법상 강행규범(Jus cogens)에 속하는 문제다. 국제법상 강행규범은 국제공동체 전체의 차원에서 근본적으로 중요한 가치와 이익을 보호하기 위해 존재한다. 강행규범

---

15) 이영훈 외, 『반일종족주의』, 337쪽.
16) 이영훈 외, 『반일종족주의』, 256쪽.

은 개개 국가의 이익이 아닌 국제공동체 전체의 이익 보호를 위해 존재하기 때문에 법규범의 절대적인 타당성과 우위성을 보유하고 있다.[17] 이 강행규범은 국제사회에서 보편적으로 인정되는 일반 국제법상의 상위 절대 규범으로 국제공동체를 구성하고 있는 어떠한 국가도 이를 위반할 수 없고 그것으로부터 벗어날 수 없는 가장 근본적이며 핵심적인 원칙을 의미한다.[18] 이러한 강행규범이 국제사회에서 존재감을 드러내기 시작한 것은 1, 2차 세계대전을 겪으면서다. 특히 제2차 세계대전 이후 보편적 가치와 공공의 이해관계를 추구하는 도덕적 상위 가치 규범에 대한 절대성이 부각되었다. 전쟁범죄에 대한 반성적 성찰 속에서 이러한 강행 규범은 국제사회의 공공질서 유지를 위해 어떤 국가의 일탈도 허용하지 않는 절대 규범으로 자리 잡았다.[19]

강행 규범이 국제법적으로 처음 명시된 것은 1969년의 비엔나 협약(Vienna Convention on the Law of Treaties)에서다. 노예제, 포로학살, 제노사이드 금지와 같은 국제법상의 강행규범과 충돌하는 조약은 무효라는 것이다. 비엔나협약 제53조는,

> 조약은 그 체결 당시에 일반 국제법의 강행규범과 충돌하는 경우에 무효이다. 이 협약의 목적상 일반 국제법의 강행규범은 그 이탈이 허용되지 아니하며 또한 동일한 성질을 가진 일반 국제법의 추후의 규범에 의해서만 변경될 수 있는 규범으로 전체로서의 국제공동사

---

17) 김우성, 「국제법상 강행규범」, 『울산대학교 사회과학논집』 제5권 제2호 (1995), 191쪽.
18) 로마법에 기원을 둔 국제법상 '강행규범(Jus cogens)'의 기본원리는 공공질서를 위해 정해진 규범과 규칙은 특정당사자가 임의로 수정할 수 없는 의무법안에서 파생된 것이다. Thomas Weatherall, *Jus cogens: international law and social contract* (Cambridge University Press, 2015), p. 3.
19) 참조: 강경자, 「12.28 '위안부' 합의의 규범적 재조명: 국제 강행규범(Jus cogens)을 중심으로」, 『일본연구』 제28권 (2017), 262-263쪽.

회가 수락하며 또한 인정하는 규범이다.[20]

국제법상 강행규범의 존재 및 법적효력은 국제법위원회(ILC)의 보고서를 비롯한 다수의 국제재판소 판결 등에서 그 사례를 확인할 수 있다. 국제법위원회(ILC)는 2001년 보고서에서 UN헌장의 원칙에 위반한 노예매매금지, 무력사용금지, 침략행위금지, 해적행위금지, 집단살해(genocide)금지, 국제법상범죄금지, 인권존중, 주권평등, 민족자결권 등을 강행규범으로 들고 있다. 또한 국제형사재판소(ICC)는 집단살해죄, 인도에 반한 죄, 전쟁범죄, 침략범죄를 "국제공동체 전체의 관심사인 가장 중대한 범죄"로 규정하였다. 그리고 구 유고슬라비아 국제형사재판소(ICTY)는 1998년 1심 판결에서 국제재판소로는 처음으로 '고문금지'가 강행규범에 해당한다고 판단하였다. 유럽인권재판소도 2001년 '고문금지'를 강행규범으로 확인하였다. 국제사법재판소 역시 2012년 '고문금지'를 국제법상 강행규범이라고 판단하였다. 이와 같이 국제법상 강행규범에는 '집단살해의 금지', '인도에 반한 죄', '무력사용금지원칙', '고문금지', '노예제 금지' 등이 포함된다. 점차 국제사회에서 강행규범은 인권적·인도적 차원에서 강화되고 있는 추세다. 대다수의 연구자들은 위안부 피해자 문제가 국제법상 강행규범에 저촉된다는 점에 이의를 제기하지 않는다.[21]

위안부 피해자 문제에 대한 유엔과 국제사회의 기준은 중요한 두 개의 보고서를 통해 정립되었다. 첫 번째 보고서가 1996년 유엔인권소위원회에서 채택된 '쿠마라스와미 보고서'다. 유엔 경제사회이사회 인권위원회 여성폭력문제 특별보고관인 라디카 쿠마라스와미

---

20) 외교부 국제법률국, 『국제법기본법규집』(개정판), (외교부, 2016), 221쪽.
21) 참조: 강경자, 「12.28'위안부' 합의의 규범적 재조명」, 265-266쪽.

(Radhika Coomaraswami)[22]가 제출한 「여성에 대한 폭력과 그 원인 및 결과에 관한 보고서」[23]가 그것이다. 이 보고서가 중요한 이유는 일본군 위안부 피해자들을 성노예로 명명한 최초의 보고서이기 때문이다. 보고서에 따르면, 일본군 위안부 피해자들은 자신의 의지에 반해 누군가에 의해 강압적으로 통제 당했다. 아울러 이 보고서는 일본 정부의 일본군 위안부 피해자에 대한 인권침해는 명백히 국제법 위반이라는 점을 확인하고, 일본에 대하여 국가차원의 손해배상, 책임자처벌, 정부보관 중인 모든 자료의 공개, 피해자 개개인에게 서면을 통한 공식사죄, 역사적인 진실을 반영하기 위한 교육과정 개편 등을 권고하였다.[24]

두 번째 보고서가 1998년 8월 12일 유엔 인권소위원회에서 채택된 '맥두걸보고서'다. '맥두걸보고서'는 일본 정부의 법적 배상책임, 책임자 처벌을 골자로 하여 전시 조직적 강간과 성노예 문제를 집중적으로 다루고 있다. 이 보고서는 위안부 피해자[25] 문제의 본질을 '성노예제'라고 분명히 하고 있다. 이 보고서는 위안부 피해자 문제와 관련하여 기존에 많이 사용하던 위안소(*brothel*)라는 명칭을 아예 '강간센터(*rape center, rape camp*)'로 규정했다. 보고서는 위안부 피해자에게

---

22) 라디카 쿠마라스와미 보고관은 스리랑카 법률가 출신으로 94년 유엔 경제사회이사회 산하 인권위원회의 여성폭력 문제 특별보고관으로 임명돼 2003년까지 활동했다. 이후 2006년부터 아동과 무력분쟁에 관한 유엔 사무총장 특별대표로 재임하다 은퇴했다.
23) Radhika, Coomaraswamy, "Report on the mission to the Democratic People's Republic of Korea, the Republic of Korea and Japan on the issue of military sexual slavery in wartime"(1996).
24) 최현실, 「글로벌 거버넌스로서의 유엔과 한국의 일본군위안부 정책변화」, 『동북아연구』제10권 (2005), 147쪽.
25) 맥두걸 보고관은 이 용어는 명백히 모욕적인 뜻을 담고 있으며, 오로지 그 역사적 맥락 속에서 이 특별한 잔학행위에 관련된 용어로서만 사용된다고 지적한다. 여러 가지 의미에서, 그 범죄를 묘사하는 표현으로서 이러한 완곡표현이 선택된 것은 유감스러운 일이며, 그것은 국제사회 전체가 그리고 특히 일본 정부가 이 침해행위의 본질을 최소화하기 위해 얼마나 노력해왔는가를 드러내주는 것이다.

자행된 일본군의 잔혹행위는 인도에 반하는 죄, 노예제, 집단학살, 전쟁범죄, 고문 등과 같은 범죄를 구성한다고 판단하였다. 보고서는 제2차 세계대전 당시 일본의 군위안소 운영은 아시아 전역에서 20만 명의 여성을 노예화한 사건으로 노예제를 금지한 국제관습법 및 강간과 매춘을 금지한 전쟁법 위반인 동시에 궁극적으로는 인도(humanity)에 반하는 범죄라고 지적했다. 또 보고서는 당시 위안소(강간센터)는 ㉠ 군대의 직접 관리 하에 있는 경우, ㉡ 형식적으로는 개인에 의해 운영되나 내용적으로는 군대의 지배하에 있는 경우, ㉢ 군대가 우선권을 준 개인에 의해 운영되는 경우 등 3가지 유형이 있었는데, 이를 통해 확인되는 사실은 일본정부가 군위안소 운영에 직접 관여한 것이 명백하다고 밝혔다.[26]

일본정부가 자인한 위안부 피해자 문제

'맥두걸보고서'에는 그동안 일본군 위안부 피해자 문제와 관련하여 일본 정부가 조사하고 고노담화를 통하여 그 사실을 인정한 내용

---

26) 참조: Gay J. McDougall, "Contemporary forms of slavery: systematic rape, sexual slavery and slavery-like practices during armed conflict"(1998,). 맥두걸 보고관은 일본은 정부와 개인차원에서 피해자에 대한 책임을 져야 한다고 촉구했다. 불법행위를 저지른 일본군 사병 및 장교들은 그들이 발생시킨 피해에 대해 개인적으로 책임을 져야 하며, 일본정부는 생존하고 있는 범죄자를 기소하고, 군대위안부 피해자 개인에 대해서는 사과, 배상 등의 조치를 해야 한다고 지적했다. 특히 보고서는 개인책임의 경우, 지난 46년 네덜란드정부가 임시군사법원에서 매춘 및 강간을 위해 여성을 유인한 9명의 일본인에 대해 개인책임을 부과했던 사례를 상기시켰다. 보고서는 일본이 이같은 구제노력을 게을리 할 것을 우려, 유엔의 인권문제를 총책임지고 있는 인권고등판무관에게 일본정부가 생존 책임자를 확인, 처벌하는 의무를 다하도록 해야 한다고 권고함으로써 사실상 유엔차원의 개입을 요청했다. 또 일본의 아시아여성기금은 법적책임을 충족시키지 못하고 있다고 지적하고 인권고등판무관이 일본정부와 함께 배상기준 및 피해자 확인을 위한 국제패널을 설치할 것도 주문했다. 「연합뉴스」(1998. 08. 13)

이 9. (a)~(g)에 걸쳐 요약 . 정리되어 있다. 이 부분을 발췌, 소개하면 다음과 같다.[27]

> 9. 일본 정부 자신의 보고서에 의해, 다음과 같은 관련 사실이 밝혀져 있다.
>
> (a) 위안소 설립의 이유: 위안소는 당시의 군부의 요구에 응하여 다양한 지역에 설치되었다. 당시의 정부의 내부문서에 따르면, 위안소 설치의 이유로서 점령지역의 주민에 대한 일본군 장병의 강간 기타의 위법행위의 결과 반일감정이 조성되는 것을 막고, 성병 기타의 질병에 의한 사기의 저하를 막고, 스파이활동을 막을 필요성을 들고 있다.
>
> (b) 시기 및 장소: 1932년의 소위 상해사변 당시, 현지에 주둔하는 부대를 위해 위안소가 설치되었다는 사실은, 복수의 문서에서 드러나 있다. 따라서 위안소는 이 무렵부터 제2차 대전 종결 시까지 존재하고 있었던 것으로 보인다. 전쟁의 확대에 수반하여 위안소는 규모와 설치지역이 모두 확대 되어 갔다.
>
> (c) 민간업자에 대한 군의 감독: 다수의 위안소는 민간업자가 운영하고 있었지만, 지역에 따라서는 당시의 군이 직접 운영하는 예도 있었다. 민간업자가 운영하는 경우에도 당시의 일본군은 개업의 허가나 설비의 마련, 혹은 개업시간이나 요금을 정하는 등의 수단으로 위안소의 설치·운영에 직접 관여하고, 설비 이용에 대한 주의나 규제 등을 결정했다.
>
> (d) 건강상태에 대한 군의 관리: 위안부의 관리에 관해 당시의

---

27) Gay J. McDougall, "Contemporary forms of slavery: systematic rape, sexual slavery and slavery-like practices during armed conflict," pp. 40-41.

일본군은, 위안부와 위안소의 위생관리를 위해 피임기구의 사용의무 등을 위안소의 규칙에 포함시키기도 하고 성병 기타의 질병에 대한 군의관에 의한 위안부의 정기검진 등의 조치를 취했다.

(e) 이동의 자유의 제한: 위안소에 따라서는 운영규칙을 정하여, 휴식시간이나 휴식시간에 나갈 수 있는 장소를 한정하는 등 위안부를 관리했다. 어쨌든 전지에서는 여성들이 상시 어쩔 수 없이 군과 함께 이동하여야 했으며 자유를 박탈당하고 비참한 상황을 견디지 않으면 안 되었다는 것은 명백하다.

(f) 징집: 많은 경우, 군부의 요청을 대행하는 위안소 관리자의 의뢰를 받은 민간업자가 위안부를 징집했다. 전쟁의 확대에 수반하여 위안부의 수요도 높아졌기 때문에 이들 업자는 많은 경우, 감언이나 협박의 수단으로 여성을 모집하고, 여성들은 자기의 의사에 반하여 응모하게 되었다. 개중에는 행정관리나 군요원이 징집에 직접 관련된 경우도 있었다.

(g) 이송: 여성들은 군함이나 군용차로 전지까지 옮겨지고 일본군의 패주의 혼란 속에서 그곳에 방치된 경우도 많았다.

맥두걸 보고관은 이러한 사실에 기초해 다음과 같이 보고하고 있다.

10. 일본 정부가 명기한 이러한 수많은 사실을 살펴보면 알 수 있는 것처럼, 소위 "위안부"가 민간업자가 운영하는 매춘숙에서 '일하고 있었다'고 하는, 지금까지 수도 없이 반복되어 온 주장과는 반대로 다수가 당시는 아직 어린이였던 이러한 여성들은 일본군에 의해 직접, 또는 일본군의 충분한 인식과 지원에 의

해 실제로 강간소에서 노예를 강요당하고 있었던 것이다. 이들 "위안소"에 자기의 의지에 반하여 수용된 여성과 어린이들은 그 범죄의 본질이 실로 '인도에 대한 죄'라는 용어로 밖에는 표현할 수 없을 정도로 철저하게 강간과 성폭력을 당한 것이다.

국제사회가 인식하는 일본군 위안부 피해자 문제

일제 종족주의자들의 망언과 잘못된 주장을 바로 잡기 위해서 위안부 피해자 문제와 관련한 국제사회의 주요 판단 근거들을 더 확인하는 것이 효과적일 것 같다. 1990년대부터 최근에 이르기까지 유엔인권이사회(UNHRC), 유엔자유권위원회(UNHRC), 여성차별철폐위원회(CEDAW), 고문금지위원회(CAT), 국제노동기구(ILO), 국제법률가협회(ICJ)를 비롯한 여러 국제인권기구 및 국가의회와 시민사회는 위안부 피해자 문제에 대한 해결을 촉구하면서 수차례 결의와 권고를 해왔다. 국제사회가 인식하는 일본군 위안부 피해자 문제의 핵심은 '위안부 피해자' 문제가 전시성폭력으로 국제법에 위반되는 중대한 인권침해이며 일본 정부에 법적 책임이 있다는 점, 일본 정부가 공식 사죄를 하고, 배상을 해야 한다는 것이었다.[28]

2007년 7월 30일 미국 하원이 채택한 일본군 '위안부 피해자' 결의안에서는 일본군 '위안부 피해자' 제도를 집단강간, 강제낙태, 굴종, 신체절단, 죽음, 성폭력을 포함하여 잔학성과 규모면에서 20세기 최대의 인신매매범죄라고 규정하였다.[29] 연이어 캐나다 연방의회 하원

---

28) 참조: 강경자, 「12. 28 '위안부' 합의의 규범적 재조명」, 『일본연구』, 267-268쪽.
29) 미국 하원이 채택한 일본군 위안부 결의안에 대해서는 참조: 정진성, 「미하원 일본군위안부 관련 결의안 논의과정에서 제기된 '협의의 강제성'과 그 역사적 진실」, 『사회와 역

(2007. 11. 28.), 유럽의회(2007. 12. 13.)가 일본 정부의 공식사과와 역사적·법적책임인정, 피해자들에 대한 보상, '위안부 피해자' 강제동원 사실을 현재와 미래의 세대들에게 교육시킬 것 등을 포함한 결의안을 순차로 채택하였다.[30] 유엔인권이사회에서도 2008년 6월 12일 일본 정부에 대해 일본군 위안부 피해자 문제의 법적책임을 인정하고 피해자 다수가 수용할 수 있는 형태로 사죄할 것을 권고했다. 2008년 10월 30일 UN B규약인권위원회 역시 일본이 '위안부 피해자' 문제에 대한 책임을 수용하지 않음을 지적하면서, 일본 정부에 법적 책임을 인정하고 희생자들이 수용할 수 있는 방법으로 사죄할 것과 이 문제에 대한 역사교육 등을 권고하였다.[31]

일본군 위안부 피해자 문제를 바라보는 『반일종족주의』 관점의 교정

2011년 한국 헌법재판소 판결도 이러한 국제사회의 흐름과 궤를 같이 하여 위안부 피해자가 일본군의 성노예 생활을 강요당한 사실을 명확하게 인정하였다. 헌법재판소는 "일본군 위안부 피해자의 피해를 일본국과 일본군에 의해 강제로 동원되고 그 감시 아래 일본군의 성노예를 강요당한 것에 기인하는 것으로, 달리 그 예를 발견할 수 없는 특수한 피해"라고 판시했다.[32] 이렇듯 '일본군 위안부 피해자' 문

사』 제76권(2007).
30) 참조: 강경자, 「12. 28 '위안부' 합의의 규범적 재조명」, 『일본연구』, 266-269쪽; 헌법재판소 2011.8.30. 선고2006 헌마788 결정.
31) 도시환, 「일본군 '위안부' 문제의 현황과 국제인권법적 재조명」, 『國際法學會論叢』 제53권 제3호 (2015), 61쪽. 참고로 위에서 나열한 대부분의 위안부 관련 국제사회 결의 및 회의 결과는 http://www.hermuseum.go.kr 문헌자료에서 확인 가능하다.
32) 헌법재판소 2011. 8. 30. 선고2006 헌마788 결정.

제의 본질은 일제 종족주의자나 하타 이쿠히코 같은 일본 극우세력이 자의적으로 축소·조작한 주장과 판이하게 다르다. 앞서 제시했던 일본군 위안부 피해자 관련한 이영훈의 문제제기를 다시 상기해보자.

첫째, 일본군 위안부 피해자 문제에 대한 한국의 이해에 문제가 있는 것인가? 한국 민족주의의 잘못인가? 결코 그렇지 않다. 단언컨대 일본군 위안부 피해자 범죄와 관련하여 한국 민족주의는 정확히 국제법상 강행규범을 향해 있었고, 앞서 살펴본 바와 같이 일본군 위안부 피해자 문제에 대한 한국의 이해는 국제사회가 보증하는 객관적 이해에 기초해 있다. 따라서 문제를 객관적으로 이해하려 하지 않고 일제 종족주의에 입각한『반일종족주의』관점을 교정할 필요가 있다. 둘째, 일본이 인정하지 않는 일본군 문제는 사실이 아닌가? 역시 그렇지 않다. 일본군의 만행은 일본이 인정하지 않아서 허위인 것이 아니고, 엄연하게 아직 피해 당사자도 생존해 있는 사실을 직시하고 하루라도 빨리 국제사회를 향해, 대한민국을 향해 사죄하고 관련 책임을 인정하지 않는 일본 정부의 태도가 문제다.

교정대상은 무엇인가? 가장 시급하게 교정이 필요한 것은『반일종족주의』대표 필자 이영훈의 일본군 위안부 피해자에 대한 몰이해다. 오랫동안 위안부 관련 연구에 주력해 온 강성현의 지적에 따르면, 이영훈의 위안부 피해자 관련 주요 논지는 상당부분 일본 극우파의 이론적 스승이라는 하타 이쿠히코의『위안부와 전장의 성』(1999)에 기초해 있다. 하타 이쿠히코가 주장해 온 핵심 요지는 이렇다. 첫째, 당시는 공창제가 존재했고, 매춘은 공인되었으며 합법이었기 때문에 위안소 역시 위법한 것이 아니다. 둘째, 군의 관여는 업자가 위법한 행위를 하지 못하도록 단속하는 것이었고, 전쟁이라는 특수상황에서 시설을 유지하는데 필요한 조치였다. 셋째, 위안부 피해자는 자신의 의사에 따라 취업한 것이고, 고수입을 받았으므로 성노예가 아니다. 넷째, 강제연행을 지시한 공문서가 발견되지 않았다.[33]

국제사회에 뼈아프게 각인되고 축적된 고통의 경험 덕택에 학문적 자유라는 미명으로도 나찌에 대한 옹호를 허용할 수 없듯이 일본군 위안부 피해자 문제를 촉발한 일본의 전쟁범죄에 대한 옹호 또한 결코 용인할 수 없다. 그 이유는 일본군 위안부 피해자 문제가 전시 성폭력, 성노예제로서 일본제국주의가 식민지 및 점령지에서 행한 중대한 인권침해이며 전쟁범죄, 인도에 반한 죄를 구성함과 동시에 현존하는 국제법적 강행규범에 저촉되는 실체 그 자체이기 때문이다.

---

33) 나가이 카즈, 「파탄되면서도 여전히 남아 있는 '일본군 무실론'」, 김부자 외 편, 『'위안부' 문제와 미래에 대한 책임』(서울: 민속원, 2018), 122-123쪽.: 강성현, 「한국 뉴라이트의 역사수정주의 논리와 욕망: 일본군 '위안부' 문제를 중심으로」, 『반일종족주의의 긴급진단: '역사부정'을 논박한다』(민족문제연구소·일본군'위안부'연구회 공동주최 자료집, 2019. 10. 1.), 29쪽. 재인용.

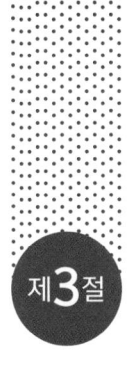

제3절

강제연행의 실상

『반일종족주의』 제3부 '종족주의의 아성, 위안부'는 사실관계를 호도하고 있는 핵심적인 장이다.

첫째, 강제연행은 단 한 건의 사례도 확인되지 않는 새빨간 거짓말이다!

> 제가 보기에 이 나라의 역사학이나 사회학은 거짓말의 온상입니다 … 거짓말의 행진은 일본군 위안부 문제에 이르러 절정에 달했습니다. 헌병과 경찰이 길거리의 처녀를 납치하거나 빨래터의 아낙네를 연행하여 위안소로 끌어갔다는 통념은 단 한건의 사례도 확인되지 않은 새빨간 거짓말이었습니다.[34]

가장 심각한 오해는 위안부들이 관헌에 의해 강제연행 되었다는 겁

---
34) 이영훈 외, 『반일종족주의』, 15쪽.

니다. 예컨대 헌병이 길거리를 걷는 여학생이나 밭에서 일하는 여인을 노예 사냥하듯이 강제로 끌고 갔다는 식입니다.[35]

둘째, 위안부 피해자의 증언 자료는 조작되었다!

(위안부들이 증언을-인용자) 슬슬 듣는 사람이 기대하는 내용으로 바꾸게 됩니다. 그러면 정치적 대우도 크게 달라집니다. 어느 지경에 이르면 원 위안부는 다시는 이런 일이 있어서는 안 된다며 일본을 훈계하는 독립운동의 지사로 변신하게 됩니다. 일본군에게 노예사냥을 당하듯이 끌려갔다는 증언은 대부분 이런 경로로 조작된 것이라고 해도 좋습니다.[36]

정말 이 주장처럼 강제연행을 뒷받침하는 사료는 새빨간 거짓말인 것일까? 위안부 피해자의 증언이 면담자와 사회적 요구에 따라 조작되었고, 사실관계를 확인해주는 사료적 가치가 전무한 것일까?

강제연행에 관한 일제 군·경과 미군의 포로 심문 자료

지난 2007년 7월 30일에 미국 하원에서 군위안부 피해자 관련 결의가 통과되는 과정에서 일본정부와 우파집단은 끊임없이 소위 '협의의 강제성'(구일본군의 직접모집: 관헌에 의한 강제연행이 있었는가 여부)[37]

---

35) 이영훈 외, 『반일종족주의』, 305쪽.
36) 이영훈 외, 『반일종족주의』, 307쪽.
37) 일본관헌에 의한 폭력적 강제연행에 대한 사실관계를 확인할 수 있는 각 나라별 보고서에 대해서는 참조: 정진성, 「미하원 일본군위안부 관련 결의안 논의과정에서 제기된 '협의의 강제성'과 그 역사적 진실」, 406쪽 이하.

은 없었다고 주장했다. 『반일종족주의』는 12년 전 일본 우익이 제기한 주장을 앵무새처럼 반복하고 있다. 일본정부와 군이 일본군 위안부제도를 설립하고 체계적으로 개입한 것은 사실이지만 (일제 종족주의자들은 이 마저도 부정하고 싶어 하는 것처럼 보인다!) 거기에 여성들이 돈을 벌기 위해 자원했거나 사설 중개업자들이 개입하여 사기와 강제를 행했을 뿐 이 사기적, 강제적 동원에 일본정부와 군이 관여한 것은 아니라는 것이다.[38] 『반일종족주의』의 주장과 기가 막히게 일치한다.

기왕의 사료를 '새빨간 거짓말'로 몰아세우는 마당이니 반박자료 선정에 신중을 기할 필요가 있다. 협의의 강제성에 대한 사실관계를 확인해주는 자료로 미국 연방정부 기록보존소에 보관되어 있던 전후 연합군이 작성한 포로 심문 보고서라면 어떤가? 이 자료의 생산주체는 피해 당사자인 한국이 아니다. 미군이 1945년 현장 인근에서 직접 포로 심문을 통해 기록한 자료이니 이 기록은 사료의 객관성을 인정하기에 충분해 보인다. 2002년 미국 정부기록물보존소(NARA)에서 발견된 문서 〈Korean and Japanese prisoners of war in Kunming, 28, 1945〉는 중국 쿤밍지역에서 1945년에 미군에 의해서 작성된 것으로 "생포된 한국인 여성 23명이 모두 위안부 피해자였는데, 이들은 모두 강제(complusion)와 사기(misrepresentation)에 의해 위안부가 되었다"고 기록하고 있다.[39]

다음 자료들은 일본 본토에서 일본 여성을 위안부로 모집하면서 발생한 일들을 확인할 수 있는 자료로, 강제연행이 시행된 사례를 보여준다. 이 자료의 생산자가 일본이니 이 자료 또한 사료적 객관성을

---

38) 정진성, 「미하원 일본군위안부 관련 결의안 논의과정에서 제기된 '협의의 강제성'과 그 역사적 진실」, 400쪽.
39) "… all of the 23 women became 'comfort girls', apparently under compulsion and misrepresentation." 참조: 정진성 「미하원 일본군위안부 관련 결의안 논의과정에서 제기된 '협의의 강제성'과 그 역사적 진실」, 408쪽 이하.

담보한다고 할 수 있다. 「야전 주보 규정개정 설명서」(쇼와 12년 <1937> 9. 15.)〈육군〉은 야전 주보[40]에 군 위안소를 설치할 수 있도록 한 육군 장성의 '야전주보 개정안'을 담고 있다. 이 문서가 중요한 점은 전투 지역 같은 위험한 지역에서도 위안시설을 만들 수 있게 개정한 사실을 보여주는 자료이기 때문이다. 이 개정안에 입각해서 1937년 12월 중순 이후 일본이 침략을 거듭한 중국 내에 다수의 위안소가 신축되고 내지(일본본토), 조선 등으로부터 위안부 피해자 동원이 시작되었다. 위안부 피해자 모집 인원수가 많았기 때문에 결국 동원이 강제성을 띠게 되었고 모집 수법도 감언, 사기, 협박 등 많은 불법이 동원되었다. 일본정부는 이 문서를 아직 위안부 피해자 관련 문서로 인정하지 않고 있다. 인정하면 위안소 설치는 군의 '관여'가 아니라 정확히 군의 '지시'로 시작되었고 위안부 피해자 동원도 군의 지시였음을 인정할 수밖에 없기 때문이다.[41]

일본군 위안부 피해자 강제동원이 시행되는 과정을 살펴보면, 현지 군부대가 독자적으로 결정을 하고 뒤늦게 일본 정부에 통보하는 경우가 많았다. 아마도 당시 일본군대가 일본정부에 버금가는 막강한 권력을 가지고 있어서 위안소 설치 관련 결정을 독자적으로 할 수 있었던 정치적 역관계가 작동했던 것 같다. 아직 군의 위안부 피해자 모집 지시가 경찰에 통보되지 않았던 초기 위안부 피해자 모집 시기에 일본 경찰들은 도처에서 위안부 피해자를 모집하는 모집업자들을 체포하고, 심문했다. 이들의 모집방법이 일본 본토 경찰들의 눈에도 위법하게 보였기 때문이다. 상식적으로 생각해 보자.『반일종족주의』

---

40) 군대의 주둔지(병영), 시설, 함선 내 등에 설치되었고 주로 군인, 군속을 대상으로 일용품, 기호품을 싼 값에 제공하던 매점을 말한다. 호사카유지 편저,『일본의 위안부문제 증거자료집1: 1937년부터 1945년까지의 위안부문제 관련 자료를 번역 분석』(서울 : 황금알, 2018), 30쪽 각주 10).
41) 호사카유지 편저,『일본의 위안부문제 증거자료집1』, 30-31쪽.

에서 주장하듯이 강제성 없는 자발적 참여자 모집 차원이었다면 경찰들이 모집업자들을 체포하고, 심문하는 일은 벌어지지 않았을 것이다.

이런 상황을 기록하고 있는 「북지나 파견군 위안작부 모집에 관한 건[야마가타(山形)현 지사](쇼와13. 1. 25.)」[42]의 내용은 다음과 같다. "관하에 있는 모가미군 신조쵸 사쿠라바바의 예창기 작부 소개업자 도즈카 쿠니고로는 상기 사람으로부터 '이번에 북지나 파견군에서 장교위문을 위해 전국에서 2,500명의 작부를 모집하게 되었다고 하여 500명 모집을 의뢰해 왔다. 작부는 연령 16세부터 30세까지, 가불금은 500엔으로부터 1,000엔까지 가업 연수는 2년, 소개 수수료는 가불금의 1할을 군부가 지급할 것이다 등 운운'했다. (이것을 관할 신조경찰서에서 들었는데) 이런 것이 군부의 방침이라고는 금방 믿을 수 없을 뿐만이 아니라 이런 것들이 공연히 유포되어 있다는 것은 일반의 민심 특히 가정을 지키는 부녀자의 정신상에 미치는 악영향이 적지 않다. 더욱이 일반 부녀자 인신매매 방지 정신에도 위배되는 것으로 관할 경찰서장은 이와 같은 취지를 해당 유곽업자에게 말했다. 그는 이것을 양해했고 모집을 단념했다."[43]

「지나 도항 모집 단속에 관한 건[고치현 지사](쇼와 13년<1938> 1. 25.)」에는 "군의 위신에 관한 언사를 사용하면서 모집하는 자에게는 결단코 도항을 금지시키고 또한 추업醜業(매춘업이나 이에 준하는 직업)에 종사할 목적으로 도항하려는 자에 대해서는 신분증명서를 발급하지 말도록 해주시기 바란다"라는 조치 내용이 나온다. 1938년 2월 7일 와카야마 현에서도 부녀유괴 혐의자가 체포되었다. 나가사키 현이 이

---

42) 아시아역사자료센터: https://www.jacar.archives.go.jp/ (레퍼런스 코드 =A05032040800), 국립공문서관 청구번호=平9警察00285100.
43) 호사카유지 편저, 『일본의 위안부문제 증거자료집1』, 42쪽.

부녀유괴 혐의자를 심문하면서 사실관계 확인을 위해 조회를 하게 되었고, 이 과정에서 위안부 피해자 동원과 위안소 설치에 상하이 현지 일본 영사관, 무관실, 헌병대 등이 역할을 분담하고 있다는 내용이 밝혀졌다. 그 문서가 「시국이용 부녀유괴 피의사건에 관한 건[와카야마(和歌山)현 지사](쇼와13<1938. 2. 7.)」이다. 이 문서는 일본군이 위안부 피해자 동원을 결정하면 현지 외무성 총영사관이나 영사관이 협조하고 일본 국내에서는 경찰들이 업자들에게 편의를 제공했고 영사관과 군이 준비한 군함으로 여성들을 중국 현지에 보냈다는 사실을 증명한다. 항구에는 군 헌병대가 기다리고 있어 여성들이 혹시 마음을 바꿔도 도주를 못하게 했고, 그들을 전선의 위안소로 즉시 보내는 시스템이 만들어져 있었다. 여성들은 군함을 탄 순간부터 되돌아가거나 계약을 취소하기가 불가능한 시스템이었다. 이것이 바로 일본정부와 일본군부가 활용한 위안부 피해자 강제연행 수법이었다.

1992년 1월 요시미 요시아키(吉見義明) 교수가 발견하여 공표함으로써 일본정부가 일본군의 관여를 인정하게 된 계기를 만든 자료가 「군위안소 종업부 등 모집에 관한 건[육군성 부관](쇼13<1938>. 3. 4.)」이다. 육군차관 우메즈 요시지로(梅津美治浪)가 날인한 이 문서는 여성들을 위안부 피해자로 동원하되 사회적 문제가 되지 않도록 은밀하게 진행할 것을 지시한 문서다. 은밀하게 진행할 수밖에 없었던 이유는 무엇이었을까? 이 자료에 그 답이 있다. "모집방법이 유괴와 유사하여 경찰 당국에 검거되어 조사를 받는 자가 있는 등 주의를 요하는 자가 적지 않았기 때문이다." 자료를 통해 짐작할 수 있는 것은 일본 군부 스스로도 위안부 피해자 모집과정이 유괴와 유사한 방식이라고 자인하고 있다는 점이다. 이 문서에는 "모집 등에 대해서는 파견군이 통제하고 이를 맡길 인물의 선정을 주도 적절하게 하여, 그 실시에 임해서는 관계 지방의 헌병 및 경찰 당국과의 연락을 긴밀히 하여, 결국 군위신의 유지상 및 사회문제상 유루(遺漏)가 없도록 배려해 줄 것을 명에 의해 통첩한다"고 쓰여 있다.[44]

일본 본토조차 이런 상황이었으니 다른 식민지나 점령지역은 더 말할 나위가 없다. 일본군부가 전선을 따라 본격적으로 위안소를 확장하는 시점은 중국대륙과 동남아 전체를 점령하기 위해 일으킨 1937년 중일전쟁 도발이 기점이다. 태평양전쟁 도발 이후부터는 남방의 점령지에도 대대적으로 위안소 설치를 감행했다.[45]

■ 위안소는 업주의 개인 경영?

『반일종족주의』가 위안부 피해자 문제와 관련하여 일본 극우세력을 대변하려는 목적은 무엇일까? 아마도 일본군의 책임을 탕감해 주려는 의도가 있는 것으로 보인다. 그렇지 않고서야 다음과 같이 위안부 피해자는 강제가 아닌 자발적 선택이었고, 위안소는 개인이 영리 목적으로 만든 개인영업이었다고 주장할 수는 없다.

> "위안부 생활은 어디까지나 그들의 선택과 의지에 따른 것이었습니다. 직업으로서의 위안부는 위안소라는 장소에 영위된 위안부 개인의 영업이었습니다."[46]

> "군의 세밀한 통제 하에 있었지만 위안소는 어디까지나 업주 개인

---

44) 호사카유지 편저, 『일본의 위안부문제 증거자료집1』, 87-88쪽.
45) 호사카유지 편저, 『일본의 위안부문제 증거자료집1』, 65쪽.
46) 이영훈 외, 『반일종족주의』, 325쪽.

의 경영이었습니다."[47]

일본군부와 위안소 관리의 연관을 최대한 이격시켜 일본 군부의 책임을 면제해주려고 해도 그 작업이 쉽지만은 않아 보인다. 일본군부가 위안소를 직접 관리한 사실을 확인해 주는 사료들의 존재 때문이다. 「모리카와(森川)부대 특종위안 업무에 관한 규정[모리카와 부대장] (쇼14〈1939〉. 11. 14.)」에는 일본군대가 위안소에 필요한 경비를 경영자에게 부담시키고 있지만 동시에 경영자의 자율성을 완벽하게 통제함으로써 직접적인 관리 업무를 주관하고 있는 위안소 관리 구조가 자세히 적시되어 있다. 앞서 살펴본 맥두걸보고서의 위안소 운영 유형에 따라 분류한다면 'ⓒ 형식적으로는 개인에 의해 운영되나 내용적으로는 군대의 지배하에 있는 경우'에 해당한다고 할 수 있다. 일본의 위안소 운영은 ⓒ 사례가 가장 많았다. 이 자료는 일본군이 직접적으로 위안소를 관리, 감독했다는 증거가 될 수 있다. 이 자료는 경비대장이 위안 업무를 감독 지도하고, 경영상의 업무보고를 연대본부에 하고, 위안부의 외출 허가조차 민간업자가 아니라 연대장이 직접 관장하고 있는 상황을 보여준다. 게다가 군 장교들이 위안소의 경영 지도를 담당하도록 하고 있는 점도 중요한 증거다. 이 '모리카와 부대 특정위안 업무에 관한 규정' 중 일부를 소개하면 다음과 같다.[48]

제2 특종 위안업소 개설의 취지는 장병의 살벌한 기풍을 완화 조절하여 군기 진작에 일조하는데 있다. 따라서 이것이 단지 장려 또는 선전에 흐르는 행위는 엄한 단속을 요한다.

---

47) 이영훈 외, 『반일종족주의』, 319쪽.
48) 호사카유지 편저, 『일본의 위안부문제 증거자료집1』, 117-121쪽.

제4 경비대장은 위안업무를 감독 지도하는 것으로 한다.

제5 위안소 및 식당 부근의 경계 및 군기 풍기의 단속은 화용진革容鎭 및 거디엔(葛店) 경비대장이 담임하기로 한다.

제7 특종 위안소에 필요한 경비는 모두 경영자의 부담으로 한다. 그러므로 경영자는 아래의 각 항을 확실히 실시해야 한다. 설치의 취지에 반하거나 규정의 이행이 확실하지 않으면 영업을 정지하거나 퇴거를 명한다.

1.~9. (생략)

10. 경영자는 매일 매상표를 제작하여 매주 월요일 경비대장을 거쳐 연대본부에 보고해야 한다.

11. 위안부의 외출에 관해서는 연대장의 허가를 받을 것.

부표 제1: 모리카와 부대 특종 위안업무 위원

임무	차출부대	관 명
위안에 관한 업무 전반의 통제	연본	무라카와 대위
제1, 제2 위안소 및 식당의 경영 지도		나카지마 소위, 우치다 중위 하라다 준위
제3, 제4 위안소 및 식당의 경영 지도		고가 중위, 후쿠다 중위
위안부의 검사 및 위생시설의 지도		군의 각자

(출처: 방위성 방위연구소, 『진중일기(陣中日記)』, 쇼와14<1939>. 11. 1.~11. 30.)

다른 한편 중지나방면군 소속으로 상하이와 난징 공략에 참가한 독립공성중포병 제2대대의 상황보고서에 따르면, 위안소는 병참이 경영하는 위안소와 군의 직속부대가 경영하는 위안소 두 군데가 있다고 기록하고 있다. 이 자료는 '모리카와 부대 특정위안 업무에 관한 규정'보다 더 명확하게 일본 군부가 위안소를 직접 관리·운영한 사실을 보여준다. 맥두걸보고서의 위안소 운영 유형으로 분류한다면 이는 '㉠ 군대의 직접 관리 하에 있는 경우'에 해당한다.「상호보고[독립 공성중포병 제2대대장]」(쇼13(1938). 1. 20.)에 기록된 내용이다. "위안 설비는 병참이 경영하는 것과 군 직부대가 경영하는 것 두 군데가 있 어서 정해진 날에 간부가 인솔하여 대충 1대에 약 1시간 배당된다." 이는 군이 직접 위안소를 경영했다는 사실을 명백하게 보여주는 자료 다.[49]

■ 건망증인가? 거짓말인가?

2012년 5월 낙성대경제연구소는 경기도 파주시의 사설박물관 타 임캡슐 자료를 조사하면서 일본군 위안소 관리인의 일기를 검토할 수 있는 행운을 얻었다.[50] 안병직 교수 등이 낙성대경제연구소 내에 연 구회를 조직해 이 일기를 독해, 정서하고 현대어로 번역하는 등 상당 기간 이 자료를 분석한 것으로 알고 있다. 그 연구의 성과가 『일본군 위안소 관리인의 일기』다. 이 연구회에 『반일종족주의』 집필자인 이 영훈, 이우연이 참여했다.[51] 여기서 굳이 이 사정을 자세히 밝히는 이 유는 『반일종족주의』에서 서술하고 있는 위안부와 관련한 핵심 주장, 즉 위안부 피해자의 자발적 선택과 위안소의 개인 경영에 관한 사례 가 대부분 이 일기 연구에 기초해 있기 때문이다. 그런데 어떤 연유인 지 몰라도 『반일종족주의』의 주장은 자신들이 수행한 『일본군 위안

---

49) 호사카유지 편저, 『일본의 위안부문제 증거자료집1』, 144-146쪽.
50) 애초에 일기를 발견한 사람은 경기도 파주에서 타임캡슐이라는 사설박물관을 운영하 는 오채현 관장이었다. 그는 약10년 전에 경주의 어느 고서점에서 일기 26책을 발견하 고 개인적으로 소장하고 있었다. 그러다가 한글과 한문, 일본어가 뒤섞인 일기 속에서 일본군대라든가, '위안부', 구락부 등의 '심상치 않은' 단어를 발견했고, 낙성대경제연 구소와 고려대 한국사연구소에 자료 분석을 의뢰했다. 박정애, 「일본군 '위안부' 제도 를 말하는 또 하나의 역사퍼즐」, 『여성과 역사』 제19권(2013), 345쪽.
51) 안병직 번역.해제, 『일본군 위안소 관리인의 일기』(서울: 이숲, 2013), 5쪽.

소 관리인의 일기』의 연구성과와 내용상 완전히 배치된다.

『일본군 위안소 관리인의 일기』를 통해서 확인된 바로는 "구 일본군부가 조직한 위안단의 존재는 위안부 피해자들이 단순히 위안소업자들의 영업수단으로서 개별적으로 모집된 것이 아니라 일본군부에 의하여 계획적으로 동원되었다는 사실을 의미한다." 또한 "구 일본군부가 위안부 피해자 문제에 대하여 '관여關與'했다는 현 일본정부의 인식에는 문제가 있는 것으로 보인다. 만약 구 일본군부가 조선총독부 및 조선군사령부의 협력을 받아서 위안소업자들로 하여금 위안부들을 모집하게 하고 당시의 풍문風聞으로 나돌던 바와 같이 '제1·2·3·4차위안단' 등을 조직하여 순차적으로 동원해갔다면, 그것은 구 일본군부의 단순한 '관여'가 아니라 징용, 징병 및 정신대와 같은 일본정부의 전시동원으로 이해할 수밖에 없기 때문이다"[52)]라고 밝히고 있다. 『일본군 위안소 관리인의 일기』는 일본군부의 계획적 위안부 피해자 동원의 책임을 제기하고, 일본군부에 '협의의 강제성' 책임을 부과하는 것을 연구 성과로 발표한 책이다.

이처럼 『일본군 위안소 관리인의 일기』는 『반일종족주의』가 강조하는 '자발적으로 선택한 직업으로서의 위안부' 주장을 완전히 부정한다. '자발적 선택'은커녕 '유괴나 다름없는 사기 수법'이 동원되었다고 주장한다. "제4차위안단의 위안부 동원 방법은 헌병이나 경찰이 직접 위안부피해자들을 동원하는 것이 아니고 위안소업자들이 위안부들을 모집하는 방법이었던 것 같다. 그렇기 때문에 그들은 위안부들을 모집할 미끼가 필요했는데, 그 중요한 수단이 전차금과 같이 많은 돈을 벌 수 있다는 감언이설甘言利說이 아니었던가 한다. … 위안소업자들이 위안부 피해자를 모집할 때 사용한 중요한 수단이 인신

---

52) 안병직 번역·해제, 『일본군 위안소 관리인의 일기』, 16쪽.

매매나 다름없는 전차금의 지불이라고 하더라도, 위안부 피해자 모집에 있어서는 이러한 전차금에 의한 인신매매와 더불어 '유괴誘拐나 다름없는' 사기詐欺의 수법이 동원되었을 가능성이 높다. 그것은 교육을 받지 못하고 가난한 사람들을 위안부로 모집할 때에는 모집의 목적을 얼버무리거나 속였을 것이기 때문이다."[53]

『일본군 위안소 관리인의 일기』에서 밝히고 있는 위안부 피해자 모집의 실상을 만주지역의 위안부 피해자 실태와 비교해보면 그 사실관계가 보다 잘 드러난다. 만주지역 조선인 위안부 피해자의 특성을 확인한 결과『일본군 위안소 관리인의 일기』에서 지적하고 있는 것과 같이 '유괴나 다름없는 사기'의 수법들이 취업사기의 형태로 가장 많이 사용되었다. 취업사기에 이어 그 다음은 폭력납치, 강제동원, 인신매매 등의 순이었다.[54]

동원유형	폭력납치			소계	인신매매			소계
동원주체	군경	고용주	불명	30	수양부모	본인	부모	6
피해자수	17	1	12		2	3	1	
동원유형	취업사기							소계
동원주체	군경	공장주/감독	소개소	이장/구장	지인	낯선이	불명	46
피해자수	3	2	5	3	13	14	6	
동원유형	강제동원				소계	유괴유인	불명	합계
동원주체	공장주/감독	이장/구장	면직원	경찰	7			
피해자수	1	3	1	4		2	5	98

---

53) 안병직 번역·해제, 『일본군 위안소 관리인의 일기』, 23-24쪽.
54) 박정애, 「만주 지역의 일본군 위안소 설치와 조선인 위안부」, 『아시아여성연구』 제55권 제1호(2016), 23-25쪽.

『일본군 위안소 관리인의 일기』는 위안소 경영은 철저히 개인업자의 경영이기 때문에 군부의 책임이 없다는 주장과도 배치되는 해석을 내놓고 있다. 업자가 형식상 경영을 하더라도 그 경영권은 매우 취약했다는 것이다. "위안소업자들이 영업을 위해 부대를 따라다닌 것처럼 표현되어 있지만, 실제로는 군의 명령에 따라서 위안소가 이동한 것으로 보인다. 위안소는 여러 가지 면에서 군의 강력한 통제 하에 있었기 때문에 업자의 경영권이 매우 취약했던 것으로 보인다."[55]

위안소 관리인의 일기를 통해 이와 같은 사실을 확인한 연구진은 일본 정부에 준엄한 역사적 책임을 부과했다. "중일전쟁 이후 태평양전쟁에 이르기까지 조선인 여성이 일본군 위안부로 얼마나 동원되었는지는 정확히 알 수 없지만, 그들이 일본의 국가정책에 의하여 계획적으로 동원되었다면 그러한 사실이 가지는 역사적 의미는 결코 가볍다고 할 수 없다."[56]

동일한 '위안소 관리인의 일기'를 기초로 한 연구결과가 불과 6년 만에 이 책, 저 책에서 이렇게 상반되는 이유를 어떻게 해석해야 할까? 자료를 추적해보니 위안부 피해자 문제와 관련하여 자신들에게 불리한 증거자료가 나올까 싶어 일본도 『일본군 위안소 관리인의 일기』 출간에 관심이 높았다고 한다. 『반일종족주의』의 주장을 살펴보면 당시 일본군 위안소 관리인의 일기 중 특정 내용을 활용해 위안부 피해자 문제의 본질을 비껴가려고 시도한 흔적이 곳곳에 보인다. 위안소 관리인의 시선에서 본 '위안부 피해자'들의 생활은 담담하고 건조하여 '위안부 피해자'의 경험을 통해 본 '위안부 피해자'들의 생활과는 거리가 있을 수밖에 없기 때문이다. 이 때문에 소모적인 정쟁을

---

55) 안병직 번역.해제, 『일본군 위안소 관리인의 일기』, 33-34쪽.
56) 안병직 번역.해제, 『일본군 위안소 관리인의 일기』, 41쪽.

통해 일본군 '위안부 피해자' 문제의 본질을 비껴가려는 세력들은 악의적으로 이 책의 의미를 굴절시킨다. 일본의 잡지 『주간 포스트(週刊ポスト)』 27호(2013년 9월 20일)는 제목을 "한국인이 절대로 인정하고 싶지 않은 『위안소 종업원 일기』의 신사실新事實"로 뽑고, 일기 내용 중 '위안부 피해자'의 폐업과 귀국 상황을 부각시키고, 해묵은 강제연행 논쟁을 반복하면서 일기를 통해 "세상이 알고 있는 통설에는 조작 정보가 다분히 포함된 것을 알게 되었다"고 보도했다.[57] 우연이라고 하기에는 『반일종족주의』의 주장이 이 일본잡지의 주장과 너무 닮아 있다.

  2004년 위안부 피해자를 매춘부에 빗대었다가 자신의 실수라며 위안부 피해자 할머니들께 고개 숙여 사죄했던 이영훈이 2019년 『반일종족주의』에서 180도 입장을 바꾸고, 자신이 직접 연구회 성원으로 참여했던 2013년의 연구 성과를 완전히 부정하는 결론을 주장하고 있다. 단순한 건망증 정도로 치부하기는 힘들 것 같다. 정치적 이념과 동기에 따라 학술적 진실을 하루아침에 손바닥 뒤집듯 뒤바꾸는 행태를 어떻게 이해해야 할지 도무지 방법을 찾을 길이 없다.

---

57) 박정애, 「일본군 '위안부' 제도를 말하는 또 하나의 역사퍼즐」, 351쪽.

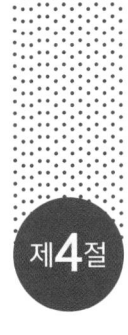

위안소의 실태

■ 청결한 위안소, 자유와 고수익?

 『반일종족주의』에서 소개하고 있는 위안소가 만들어지는 과정은 이렇다. 함북 나남에 1921년에 세워진 덕천루라는 요리옥(주인은 일본인, 창기는 조선인)이 1937년 이후 일본군 전용 위안소로 지정되었다. 그러자 여인의 신분이 창기에서 위안부 피해자로 바뀌었다. 1937년 평안도 의주 출신 박일석이라는 사람이 상하이에서 아세아라는 카페를 차렸는데, 1939년 그 업소가 위안소로 지정되었다. 당초 2,000원으로 시작한 그의 자본금이 1940년에 7만 원으로 불어날 정도로 위안소는 성업이었다. 위안소가 설치되는 경위는 카페가 위안소로 지정될 경우 여인의 신분이 여급에서 위안부 피해자로 바뀌는 정도다.[58] 『반일종족주의』에서 묘사하는 위안소의 실태는 다음과 같다.
 첫째, 시시콜콜한 세부에 이르기까지 업주와 여인의 관계를 포함

---

58) 이영훈 외, 『반일종족주의』, 301쪽.

하여 조선총독부의 공창제와 달라진 것이 없다.

> 유객이 민간에서 군인으로, 감독관이 경찰서장에서 군 부대장으로 달라진 것 외에 업주와 여인의 관계를 포함하여 업소 운영의 시시콜콜한 세부에 이르기까지 큰 차이를 발견할 수 없었습니다.[59]

둘째, 위안부 피해자는 계약이 만료되면 떠날 수 있었고, 고수익을 올렸다.

> 대다수 위안부는 전쟁이 끝난 뒤 무사 귀환했고, 전쟁이 끝나기 이전에도 적지 않은 위안부가 계약기간이 만료됨에 따라 위안소를 떠났습니다.[60]

『반일종족주의』에서 소개하고 있는 이 경우는 위안소의 극히 일부 사례 중 하나에 불과하다는 점에 유의해야 한다. 피해의 정도가 심했던 대부분의 위안소들은 중일전쟁, 태평양전쟁의 와중에 전선을 따라 급조된 형태로 만들어졌고, UN이 채택한 보고서가 전하는 위안소의 상황은 상상 이상으로 심각한 수준이었다. 이렇듯 『반일종족주의』가 묘사하는 위안소 실태는 앞선 「쿠마라스와미 보고서」와 「맥두걸 보고서」가 위안소를 '강간센터'로 특정하고, 위안부 피해자들은 성노예의 상황에 처해 있었다고 보고하는 것과 큰 차이를 보여준다.

---

59) 이영훈 외, 『반일종족주의』, 303쪽.
60) 이영훈 외, 『반일종족주의』, 304쪽.

나이 어린 위안부 피해자가 다수였고, 많은 수가 죽어야 떠날 수 있었다

앞서 살펴본 바와 같이 제2차 세계대전 동안 아시아 전역에서 일본 정부와 일본군이 강간소 설치를 직접 주관했다는 것은 명백한 사실이다. 일본군 위안부 피해자 문제를 다룬 해외 연구 성과들에 따르면 당시 강간소(위안소-인용자)에서 일본군에 의해 노예화된 여성들의 대부분은 11세에서 20세였으며, 일본의 지배를 받은 아시아 전역에 수용되었고, 매일 수차례 강제적으로 강간을 당하였으며 심각한 신체적 학대와 성병에 노출되었다.[61] 필리핀 비사야 제도 파나이(Panay)섬에 있는 일로일로(Iloilo)라는 도시에 설치된 위안소 위안부 피해자들에 대한 성병검사기록(1942년 5월 12일부터 12월 27일까지)에 따르면, 가장 어린 여자는 15세였고, 상당수의 많은 여성들이 21세 미만이었다. 일본이 내무성 통첩으로 규정한 내용, 즉 취업을 하는 여성은 21세 이상이라는 약속을 식민지 여성들이나 점령지 여성들에게는 전혀 지키지 않았던 것이다.[62]

물론 이 약속은 앞서 살펴본 「북지나 파견군 위안작부 모집에 관한 건[야마가타(山形)현 지사](쇼와13. 1. 25.)」 자료에서 확인했듯이 일본본토에서도 지켜지지 않았다. 일본군부는 본토에서 위안부를 모집할 때도 모집대상 연령을 16세 이상으로 지정했다. 1942년 기록이기 때문에 이들이 위안부로 강제동원된 시점에는 더 어렸을 것이다. 이 점을 감안해 보면 위의 파커(Parker)와 츄(Chew)가 위안부 연령대를 11세에

---

61) Karen Parker and Jennifer F. Chew. "Compensation for Japan's World War II war-rape victims", Hastings International and Comparative Law Review, vol. 17(1994), pp.497, 498-499.
62) 호사카유지 편저, 『일본의 위안부문제 증거자료집1』, 295쪽.

서 20세로 고발하고 있는 내용에 신빙성이 있다.[63)]

『반일종족주의』가 전하는 "한 달에 두 번, 휴일이면 여인들이 외출을 하고, 단체로 영화를 보러 갔다"[64)]는 상황 묘사는 기존의 통념과 비교할 때 지극히 평화스럽게 보이는 위안부 피해자의 일상이다. 이런 사례는 극히 소수의 안전한 지역의 위안소 정도에서나 가능했지 대다수의 위안소는 그렇지 못했다. 위안소는 삶과 죽음이 교차하는 장이자 일상적인 학대가 극심하게 자행된 지옥 그 자체였다. 관련 연구에 따르면, 전체 피해자 중에서 오직 25%만이 살아남았다고 한다. 심지어 아라후네 세지주로 자민당 의원은 제2차 세계대전 동안 14만 5천 명의 한국 성노예가 죽었다고 고발한 바 있다.[65)]

■ 목숨을 건 탈주

일일이 다 열거하지 못했지만 일본군 '위안부 피해자'에 대한 범죄는 장기간에 걸친 수많은 행위들을 포함하고 있다. '위안부'(*comfort women*)에 대한 직접적인 강간은 말할 것도 없고, '위안부' 강제동원을 위한 납치나 기망, '위안소'(*comfort station*)를 유지하고 '위안부'의 도주를 막기 위한 감시와 폭력, 통제, 고문, 감금, 살해행위 등이 대표적이다. 일본은 패전이 임박하자 '위안소'를 운영한 사실을 은폐하기

---

63) 위안부 동원 방식과 규모, 위안소 관련 규정과 실제 이용, 일본의 패전 이후의 처리에 이르기까지 만주 사변으로부터 2차 대전까지 일본군 위안소가 형성되고 운영된 구체적 방식들에 대한 국내 연구로는 참조: 정진성, 「군위안부 강제연행에 관한 연구」, 『정신문화연구』제21권 제4호(1998); 「전시 하 여성침해의 보편성과 특수성: 일본군 위안부 문제에 대한 국제사회의 인식」, 『한국여성학』제19권 제2호(2003).
64) 이영훈 외, 『반일종족주의』, 320쪽.
65) 1975campaign speech of Representative Arahune: "142,000 Korean comfort women died. The Japanese soldiers killed them."; Karen Parker and Jennifer F. Chew. "Compensation for Japan's World War II war-rape victims," p. 499. note 6.

위하여 (위안부 피해자들에 대한- 인용자) 유기와 살해 등 잔혹행위들을 저질렀다.[66]

　단체 영화 관람은 고사하고 위안부 피해자들은 목숨을 건 탈출을 감행하기도 했다. 만주지역만 놓고 보면 탈출에 성공하여 위안소를 벗어난 사람은 14명이다. 탈출을 통한 위안소 이탈자가 많다는 것은 '위안부'들의 탈출시도가 계속되었다는 사실을 보여준다. 실패한 경우 그에 대한 대가는 혹독했다. 김군자, 김정덕(가명), 리춘화, 조순덕, 이수산, 장점돌 등은 탈출을 시도하다 실패하여 고문을 당했다 하고, 김화순, 정학수는 도망치다 실패한 '위안부 피해자'들에 대하여 모진 매가 가해지는 것을 목격했다 한다. 감시가 엄하고 탈출에 대한 경고가 살벌해서 도망칠 생각을 하지 못했다는 증언은 이 지역 피해자들이 하는 공통된 구술내용이다.[67] 이 구술도 조작된 새빨간 거짓말이라고 할 것인가? 지금까지 확인한 사실에 비추어보면 위안부 피해자들의 기억은 사람이나 연도 등등 몇몇 구체적 기억에서 혼동하고 있는 경우가 있지만 대부분은 밝혀진 사실관계들에 부합한다.

---

66)　Kelly D. Askin, "Comfort Women-Shifting Shame and Stigma from Victims to Victimizers", International Criminal Law Review 1(2001), p. 29.
67)　박정애, 「만주 지역의 일본군 위안소 설치와 조선인 위안부」, 31쪽.

대한민국 입법부의 역할을 기대: 역사부정죄 제정!

일본군 위안부 피해자 문제는 반인도적 전쟁범죄

일본정부는 국제사회에서 위안부 피해자 문제가 불거질 때마다 일본이나 일본군과는 관계없는 일이고 '민간의 업자'가 한 일일 뿐이라며 그 책임을 전면 부정하는 입장을 한동안 견지했다. 『반일종족주의』의 주장이 위안부 피해자 문제와 관련하여 책임을 전면 부정하고, 모르쇠로 일관하던 일본정부의 입장을 유사하게 반복하고 있다. 문제는 『반일종족주의』가 일본 정부조차 이미 위안부 피해자 문제와 관련하여 인정, 사죄하고 도덕적 책임(법적 책임은 아님!)을 통감한다고 한 수준에도 미치지 못하는 주장을 계속하고 있다는 점이다.

위안부 피해자 문제와 관련하여 일본 정부가 사과와 반성의 마음을 표하기 시작한 것은 1992년부터다. 위안부 피해자 관련 책임을 계속 부인하던 일본 정부가 책임을 인정하게 된 계기는 이렇다. 1992

년 1월 11일 요시미 요시아키(吉見義明) 교수가 일본 방위청 방위연구소 도서관에서 6점의 증거자료[68]를 발견하여 신문에 공개하자, 다음 날인 1월 12일 관방장관이 일본군의 관여를 인정했고, 1월 13일에는 '사과와 반성의 마음'을 표명했다. 일본군 위안부 피해자 문제와 관련해 일본 정부가 일본군의 관여를 인정하고 사죄의 의사를 밝힌 것이 이것이 처음이다. 그 후 일본 정부는 자료조사와 피해자 증언 청취를 실시하고, 그것을 토대로 1993년 8월 4일 고노(河野) 관방장관 담화[69]를 발표하여, 사죄와 반성의 뜻을 표명했다. 일본군이 직간접적으로 관여하여 여성의 명예와 존엄에 깊은 상처를 입혔다는 것을 인정하였다. 또한 고노 담화는 위안부 모집이 본인들의 의사에 반해 감언과 강압에 의해 이루어졌으며, 위안소 생활은 강제적이고 참혹했을 뿐만 아니라 일본을 제외하면 한반도 출신이 가장 큰 비중을 차지했다고도 밝혔다.[70] 앞서 소개한 맥두걸보고서 중 위안부 피해자 관련 실상을 밝힌 내용이 이 일본의 정부보고서 내용들을 기초로 정리한 것이다. 고노담화(1993. 8. 4)의 전문을 소개하면 다음과 같다. 밑줄은 필자가 강조한 것이다.

> 소위 종군위안부 문제에 대해서 정부는 재작년 12월부터 조사를 진행해 왔으나 금번 그 결과가 정리되었기에 발표하기로 하였다.
>
> 금번 조사의 결과, **장기적이고도 광범위한 지역에 걸쳐 위안소가**

---

68) 요시아키 교수가 발굴한 6점의 자료를 포함하여 집필한 책이 2013년 국내에 번역 소개된 바 있다. 吉見義明 저, 남상구 옮김, 『일본군 '위안부' 그 역사의 진실』, (서울: 역사공간, 2013).
69) 慰安婦関係調査結果発表に関する河野内閣官房長官談(1993. 8. 4.).
70) 장혜원, 「2015 위안부합의를 통해 바라본 일본군 위안부문제의 국제법적 의미」, 『이화젠더법학』 제10권 제2호(2018), 49-50쪽.

설치되었으며 많은 위안부가 존재했었다는 것이 확인되었다. 위안소는 당시 군당국의 요청에 의해 설치 운영되었으며, 위안소의 설치, 관리 및 위안부의 이송에 대해서는 구일본군이 직접 또는 간접적으로 이에 관여했다. 위안부 모집에 대해서는 군의 요청을 받은 업자가 주로 담당하였으나 그 경우도 감언, 강압 등에 의한, 본인들의 의사에 반하여 모집된 사례가 많으며 더욱이 관헌官憲 등이 직접 이에 가담한 적도 있었던 사실이 밝혀졌다. 또한 위안소에서의 생활은 강제적인 상황 하에서의 참혹한 것이었다.

또한, 전지戰地로 이송된 위안부의 출신지에 대해서는 일본을 제외하면 한반도가 큰 비중을 차지하고 있었는데 당시의 한반도는 일본국의 통치하에 있었기 때문에 모집, 이송, 관리 등도 감언, 강압 등에 의해, 총체적으로 본인들의 의사에 반하여 이루어졌다.

어쨌든, 본 건은 당시의 군의 관여 하에 수많은 여성의 명예와 존엄에 깊은 상처를 입힌 문제이다. **정부는 이번 기회에 다시금 그 출신지의 여하를 떠나 소위 종군위안부로서 헤아릴 수 없는 고통을 겪고 심신에 치유하기 어려운 상처를 입은 모든 분들에게 진심으로 사죄와 반성의 마음을 올린다.** 또 그와 같은 마음을 일본국이 어떻게 표현하는 가에 대해서는 지식인들의 의견 등도 구해 앞으로 진지하게 검토해야 한다고 생각한다.

우리들은 이와 같은 역사의 진실을 피하는 일 없이 오히려 이것을 역사의 교훈으로서 직시해 나가고자 한다. 우리들은 역사연구, 역사교육을 통해 이와 같은 문제를 영원히 기억해 똑같은 잘못을 결코 되풀이하지 않겠다는 굳은 결의를 다시 한번 표명한다.

또한 본 문제에 대해서는 일본에서 소송이 제기되어 있으며 국제적으로도 주목받고 있어 정부로서도 앞으로 민간연구를 포함해 충분한 관심을 기울여 나가고자 한다.

고노담화 이후 일본정부는 일본군 위안부 피해자 문제와 관련하여 도덕적 책임을 인정하고 후속 조치를 약속해 왔다. 하지만 법적 책임의 인정까지 나가지는 못했다. 고노담화에서 약속한 후속 조치가 원활하게 추진되지도 못했다. 아시아여성기금은 국가 책임을 회피하기 위한 수단이었다는 것이 위안부 피해자 관련 연구자들의 공통적인 지적이다.[71] 후속조치는 고사하고 일본에서 문제 해결의 단초인 고노담화 자체를 부정하려는 움직임이 시작되었다. 2007년 아베 1차 내각이 들어서면서부터 이러한 움직임이 본격화되었다. 일본 내에서 역사수정주의자들의 영향력이 확대되면서 2012년부터는 일본 중학교 교과서에 실려 있던 위안부 피해자 관련 내용이 사라졌다. 2012년 재집권에 성공한 아베는 2013년 야스쿠니 신사를 참배하고, 고노담화를 무력화하기 위한 공세를 한층 강화했다. 위안부 강제동원을 부정하는 아베 정권에 대해 유엔을 비롯한 국제사회의 비판이 이어졌다. 아베 내각은 적반하장격으로 국제사회가 사실관계를 잘못 알고 있다고 역으로 공세를 강화하는 중이다.

2015년 한일합의 이후 자신감을 얻은 아베내각은 고노담화가 인정한 '성노예', '강제연행'을 더욱 강하게 부정했다. 2016년 2월 16일

---

71) 참조: 도시환, 「동아시아의 여성정책: 일본정부의 일본군 '위안부' 정책을 중심으로」, 『저스티스』제158권 제2호(2017).

제네바에서 개최된 여성차별철폐조약 제7회, 제8회 정부보고 심사에서 스기야마 외무심의관이 밝힌 일본 정부의 입장을 보자. 일본군 '위안부 피해자'와 관련하여 ① 일본 정부가 발견한 자료 중에는 군이나 관헌에 의한 '강제연행'을 확인할 수 있는 것은 없었고, ② '강제연행'이 유포된 것은 요시다 세이지 증언에 의한 것인데 이 증언을 사실처럼 보도했던 아사히신문도 사실관계의 잘못을 인정했으며, ③ 피해자 숫자가 '20만 명'이라는 것도 근거가 없고, ④ 2015년 한일합의에서 '성노예'라는 표현이 한곳에도 안 들어갔듯이 '성노예'라는 표현은 사실에 반하는 것이고, ⑤ 개인 청구권 문제는 법적으로 해결이 완료되었음에도 불구하고 아시아여성기금을 설립하여 문제해결을 위해 진지하게 노력해 왔다는 것이다. 이게 공식적인 일본 외무성의 입장이다. 그리고 한일합의에서 말하는 '당시 군의 관여하에'라는 의미는 "위안소는 당시 군 당국의 요청에 따라 설치된 것이라는 점, 위안소의 설치, 관리 및 위안부 피해자의 이송에 일본군의 관여가 있었다는 것, 위안부 피해자 모집은 군의 요청을 받은 업자가 담당하였다는 것"이라고 주장하였다. 2016년 3월 11일 유엔인권이사회 연설에서 자이드 알 후세인(ZEID Ra'ad Al Hussein) 유엔 인권고등법무관이 일본군 '위안부 피해자'를 '성노예'로 표현하고 2015년 한일합의를 비판한 것에 대하여 '국제사회의 인식과 거리가 있으며 매우 유감'이라고 비판하는 등 아베 내각은 국제사회를 상대로 '강제연행'과 '성노예'를 부정하는 주장을 강하게 제기하고 있다.[72]

살펴본 바와 같이 현 아베 내각의 입장과 『반일종족주의』 주장은 거의 일치한다. 『반일종족주의』는 정확히 고노담화를 무력화하고 전

---

[72] 남상구, 「일본 정부의 일본군 '위안부'에 대한 역사인식과 정책 변화」, 『한일관계사연구』제58권(2017), 434-437쪽.

쟁 전 일본으로 돌아가려고 혈안이 된 일본회의 입장을 대변하고 있다. 결과적으로 국제평화에 반하는 전쟁범죄의 책임 회피를 돕는 책이다. 어렵사리 확립된 국제사회의 규범에 반하면서까지 인도에 반한 전쟁범죄의 책임을 면제해주기 위해 시대를 역행해 가는 이 현상을 어떻게 이해해야 할까? 반일투쟁에 나서자는 것이 아니다. 일본이 아닌 다른 나라가 여성을 성노예로 동원한 국가범죄를 자행했다고 하더라도 그 나라의 반성과 사과, 배상 책임을 동일하게 물어야 옳다.

이런 차원에서 보면 일본군 위안부 피해자 문제는 한국과 일본 양 당사국 간에 간단히 종결할 수 있는 문제가 아니다. 문제의 본질은 양보할 수 없는, 양보해서도 안 되는 반인도적 국가범죄를 청산하고 국제사회의 미래 평화 규범을 공고히 하는데 있다. 일본군 위안부 피해자 문제는 국제사회 전체가 풀어야 할 중차대한 과제이기 때문이다. 필자가 문제 삼는 대상은 전쟁전과 같이 일본의 재무장을 촉구하고, 국가의 사과 자체를 거부하는 일본 내 극우전쟁주의자들과 한국에서 마치 일본회의 한국지부처럼 활동 하는 일단의 지식인들이다.

■ 역사부정죄란?

역사부정죄? 이런 게 있었어? 하는 독자들도 계실 줄 안다. 역사부정법은 역사를 비판하거나 부정하는 행위 일반을 처벌대상으로 삼자는 것이 아니다. 반인도범죄, 반인륜범죄 등 국제사회의 중대한 규범을 파괴하는 즉, 국제인권침해사건에 대한 역사적 진실을 부인하거나 왜곡하는 것을 처벌대상으로 한다.[73] 그래서 '역사적인 잔혹행위 부정에 관한 법'(*law against the denial of historical atrocities*)이라고도 불

---

73) 이재승, 「기억과 법: 홀로코스트 부정」, 『법철학연구』제11권 제1호(2008), 224쪽.

리며, 유럽에서는 특별히 '홀로코스트 부정'(holocaust denial) 또는 '제노사이드 부정'(genocide denial)을 처벌하는 것으로 입법화되어 왔다. 여기서 '부정'(denial)이란 반인륜적 범죄를 정당화하거나(justification / billigen), 부인 또는 왜곡하는 것(negation / leugnen) 또는 평가절하하거나 사소한 것으로 취급하는 것(trivialization / verharmlosen) 등을 포함한다. 그렇다고 생각 자체를 처벌하는 것은 아니며, 그러한 생각이 '표현'될 때 규제대상이 된다.[74]

역사부정죄 또는 유사한 효력의 법제도를 가지고 있는 국가는 생각보다 많다. 2007년 유럽이사회(Council of Europe)는 회원국들에 종교적·인종적 혐오 선동의 처벌을 요구하는 결의와 협약을 채택한 바 있다. 오스트리아, 벨기에, 체코, 프랑스, 독일, 리히텐슈타인, 리투아니아, 룩셈부르크, 폴란드, 포르투갈, 루마니아, 슬로바키아, 스위스 등 18개 유럽국가와 이스라엘에 홀로코스트나 제노사이드 부정을 처벌하는 법이 있다.[75]

독일 형법 130조 3항은 홀로코스트를 부정, 축소, 옹호하는 경우를 처벌하는 대표 조항으로 5·18 왜곡에 대한 논란이 있을 때마다 종종 거론되기도 했다. 홀로코스트라는 사건이 있었다는 것을 부정하거나 그 참혹성을 축소하거나 혹은 그것이 정당한 것이었다고 주장하는 사람은 5년 이하의 자유형(징역, 금고, 구류에 해당)이나 벌금형을 선고받을 수 있다. 역사부정죄가 언론의 자유나 학문의 자유와 충돌할 우려를 제기하는 사람들이 있기 때문에 최근 역사부정죄를 집행한 사례를 소개하는 것이 좋겠다. 2018년 8월 3일 독일 헌법재판소 판결이 공개되었는데, 130조 3항에 근거하여 처벌받은 사건을 다룬 판결이

---

74) 홍성수, 「역사부정죄의 정당성 근거」, 『법학논총』 제39권 제1호(2019), 174-175쪽.
75) 홍성수, 「역사부정죄의 정당성 근거」, 175쪽.

다. 일명 "나찌 할머니"로 불리는 독일 극우 아이콘 중 하나인 하퍼벡(Ursula Haverbeck)이 제기한 헌법 소원 판결이다.

1929년생인 하퍼벡은 극우성향의 매체를 통해 유대인 대량 학살은 존재하지 않았으며, 특히 아우슈비츠는 노동수용소였을 뿐 가스 학살이 일어날 수 있는 곳이 아니었다는 글을 발표하고, 여러 행사에 참여하여 홀로코스트를 왜곡하는 발언을 해왔다. 이미 이러한 혐의로 수차례 벌금형과 집행유예를 선고받았던 그녀는 2018년 2월 독일형법 130조에 3항에 근거한 국민선동 혐의로 노르트라인베스트팔렌 주 법원으로부터 결국 징역 2년 형을 선고받고 지난 5월에 체포되어 형을 살고 있다. 그녀가 감옥에 간 것은 이번이 첫 번째다. 하퍼벡은 자신에게 내려진 선고가 독일 기본법(Grundrechte) 5조에서 보장하는 '언론의 자유'에 위배된다며 헌법소원을 냈다. 이에 독일헌법재판소는 명백한 거짓 사실의 확산은 사회적으로 의미 있는 토론에 기여하지 않기 때문에 기본법 5조에서 보장하는 언론의 자유에 해당하지 않을 수 있다며 헌법소원의 근거가 없다고 판결했다. 또한 헌법재판소는 근거를 가지고 홀로코스트를 부정하는 것은 언론의 자유에 해당할 수 있지만 법률에 근거하여 처벌하는 것은 가능하다고 발표했다. 물론 언론의 자유가 높은 가치를 갖기 때문에 국가사회주의의 범죄를 긍정하는 발언들이 그것 자체로 처벌받을 수 있는 것은 아니다. 헌법재판관들은 공적인 평화가 위협된다고 판단될 때만 처벌이 가능하다는 것을 강조했다.[76]

---

76) http://berlinreport.com/bbs/board.php?bo_table=forum&wr_id=102381. 참조.

■ 역사부정죄 신설!

그동안 대한민국 입법부에서 일제식민지배 옹호행위를 처벌하기 위한 법률 제정시도가 2005년부터 2014년에 걸쳐 총 3차례 있었다.

입법 취지	법 안	처벌 대상	비고
일제 식민 지배 옹호 처벌	일제강점하 민족차별 옹호행위자 처벌법안 (의안번호 2382, 2005. 8. 12, 원희룡 의원 대표발의)	■ 일본 전쟁·전쟁범죄를 찬양·정당화 하는 내용으로 역사적 사실을 날조하여 유포하는 행위 ■ 친일반민족행위를 찬양·정당화하는 내용으로 역사적 사실을 날조하여 유포하는 행위 ■ 독립운동과 관련된 행위를 비방하거나 관련 역사적 사실을 날조하여 유포하는 행위 ■ 순국선열, 애국지사 및 강제동원	임기 만료 폐기
	일제 식민지배 옹호행위자 처벌 법률안 (의안번호 10932, 2014. 6. 20, 이종걸 의원 대표발의)	■ 일제의 조선인 학살, 강제징용, 성노예 강요에 대한 사실을 부인하는 행위 ■ 순국선열, 애국지사 및 강제동원 피해자 명예훼손	
	일본제국주의의 식민통치 및 침략전쟁 등을 부정하는 개인 또는 단체의 처벌 등에 관한 법률안 (의안번호 11399, 2014. 8. 14, 홍익표 의원 대표발의)	■ 독립운동을 비방하거나 관련 역사적 사실을 날조하여 유포하는 과거사 왜곡 행위 ■ 친일 찬양·정당화하는 내용으로 역사적 사실을 날조하여 유포하는 행위 – 순국선열 등에 한 명예훼손	

위 발의법안들의 제안이유를 살펴보면, 마치 2019년 『반일종족주의』 출간을 예상한 것처럼 느껴질 정도다. 각각의 제안이유를 살펴보면 다음과 같다. 먼저 「일제강점하 민족차별 옹호행위자 처벌법안(원희룡 의원 대표발의)」의 제안이유다.

일본제국주의는 식민지배 기간 동안 민족차별정책과 한국 여성들의 일본군 성노예화, 한국인의 강제징용 등 온갖 인권유린정책을 자행하였음. 일본은 2차 대전 패전 후 지금까지 자신들의 만행을 진심으로 반성하고 사과하기는커녕 역사교과서를 왜곡하고 야스쿠니 신사참배를 강행하는 등 자신들의 침략행위를 정당화하는 데 급급하고 있음. 이러한 일본의 행태에 편승하여 일제강점 하에서 자행된 민족차별과 침탈행위를 부인하고 이를 정당시하거나 비호 내지 옹호하는 일부 몰지각한 언동이 있음. 따라서 일제강점 하에서 행해진 관동대학살 및 조선인 강제동원 등 민족차별행위를 옹호하거나 순국선열 및 애국지사와 강제동원된 피해자를 모욕하거나 그들의 명예를 훼손하는 행위를 하는 자를 처벌함으로써 3·1운동에 기초한 헌법의 이념을 수호하고 올바른 역사인식과 한민족의 자긍심을 고양하고자 함.

「일제 식민지배 옹호행위자 처벌 법률안(이종걸 의원 대표발의)」의 제안이유다.

일본은 강제 식민지배를 통해 우리 민족을 억압·수탈하며 반인륜적인 범죄행위를 자인했음에도, 현재 일부 극우세력들은 이를 정당화하려는 역사적 논리를 펼치고 있음. 헌법에서 3·1운동과 대한민국 임시정부의 법통을 계승함을 들어 대한민국의 자주독립을 공표하고 있음. 한편, 일부에서 일본의 잘못된 행태와 논리를 받아들여 식민사관을 인정하고 이를 정당화, 미화하는 일이 벌어지고 있음. 이는 헌법과 국가의 정체성을 부정하는 일임. 이 법 제정으로 헌법 체계를 수호하고 국가의 근간을 지켜야 함. 이러한 일로 인해 순국선열·애국지사의 명예가 훼손되고, 그 후손들이 모욕당하고 있으며 사회적인 갈등을 일으키고 있음. 헌법이 보장하는 언론·표현의 자유는 기본권적 자유지만 무제한의 자유는 아님. 우리 헌법은 타인의 명예나 권리, 공중도덕이나 사회윤리를 침해하여서는 안 된다고 규정함. 프랑스의 게소법 등 독일, 프랑스, 오스트리아 등 유럽 국가들 역시 제2차 세계대전 후 나치의 만행을 부인, 옹호하는 행위와 발언에 대해 처벌하고 있음. 역사의 해석과 인식은 과거에 그치지 않고 미래를 위한 지향점이며, 미래 세대가 나아갈 길을 보여주는 것임. 잘못된 역사해석으로 후손들에게 국가와 애국에 대한 잘못된 가치관을 심어주는 것을 방지해 할 필요가 있음.

「일본제국주의의 식민통치 및 침략전쟁 등을 부정하는 개인 또는 단체의 처벌 등에 관한 법률안(홍익표 의원 대표발의)」의 제안이유는 다음과 같다.

최근 일제강점기 하에서 이루어진 일본의 지배 또는 친일반민족행위를 찬양하거나 항일투쟁행위를 비방하는 행위 및 독립운동가와 일본군위안부 피해자의 명예를 훼손하는 표현이 인터넷과 방송 등을 통하여 확산되고 있음. 이는 대한민국임시정부의 법통을 계승하고 있는 헌법 정신에 부합하지 않을 뿐만 아니라 사회적 통합을 저해하고 역사적 사실을 왜곡하는 행위이므로 적절한 처벌을 통하여 이를 바로잡을 필요가 있음. 이에 올바른 역사의식의 제고와 헌법 정신의 수호를 위하여 일제강점기 하의 일제의 지배 및 친일행위를 찬양하거나 항일투쟁을 비방하는 행위 및 독립운동가와 일본군위안부 피해자의 명예를 훼손하는 행위를 처벌하려는 것임."

지난 2019년 2월 18일 CBS 의뢰로 리얼미터가 역사부정죄 처벌법 제정에 대한 국민여론을 조사[77]했는데 '역사부정죄 처벌법을 만들어야 한다'는 응답이 56.6%로 집계됐다. 반면 '따로 법을 만들 필요까지는 없다'는 응답이 33.0%로 조사됐다. 역사부정죄를 제정해야 하는 이유는 일본 제국주의가 야기한 인간존엄을 파괴하고 유린한 반인도적 전쟁범죄의 피해가 1945년 8월 15일 전쟁 종식 후 70여 년 이상이 지난 현재까지도 온전히 회복되지 못한 상황에서 역사부정발언을 통해 일본 제국주의의 전쟁범죄를 옹호하고, 그 피해를 왜곡, 폄훼함으로써 결과적으로 반인도적 전쟁범죄 행위를 이롭게 하고, 정작 피해자들이 최소한으로 누려야 할 우리 사회의 정상적인 구성원으로서의 자유롭고 평등한 삶의 기회를 침해하는 것이기 때문에 불가피하게 제한할 필요가 있기 때문이다.

『반일종족주의』의 마지막 키워드는 '망국예감'이다. 망국의 원인 제공자로 지목한 대상이 몇 사람의 아마추어 사회학자들과 몇 사람의 직업적 운동가들이다. "(이들이- 인용자) 이 나라의 외교를 좌우하였습니다. 전 국민이 그들의 정신적 포로로 잡혔습니다."[78] 필자의 생각은 다르다. 이분들이 아니었다면 아직 일본군 위안부 피해자 문제가 세상에 드러나지 못하고 일본 내 극우세력의 입김 속에서 부정되고, 사라져가고 있었을지도 모른다. 망국예감이라니? 대한민국 국민으로서 감사해야 할 일 아닌가? 대한민국 그렇게 허약하지 않다. 소녀상 때문에 망할 만큼 취약한 국가가 아니다. 이제 타국의 전쟁범죄로 피해받은 국민을 위해 버틸 건 버텨주고, 조사할 건 조사하고, 따질 건 따져주는 나라다운 나라의 본을 보여주어야 할 시점이다. 2019년 광

---

77) 전국 유권자 504명 대상 95% 신뢰수준 표본오차 4.4%.
78) 이영훈 외, 『반일종족주의』, 390쪽.

복절에 정치권이 우리 역사를 왜곡하거나 일본군 위안부 피해자, 강제동원 노동자를 모욕하는 행위에 대해서 처벌하는 법안을 만들겠다고 공언한대로 하루속히 사회적 합의를 모아 일제 식민지배 옹호행위 처벌법이 제정되길 기대한다.

참·고·문·헌

강경자, 「12.28 '위안부' 합의의 규범적 재조명: 국제 강행규범(Jus cogens)을 중심으로」, 『일본연구』 제28권(2017).

강성현, 「한국 뉴라이트의 역사수정주의 논리와 욕망: 일본군 '위안부' 문제를 중심으로」, 민족문제연구소.일본군'위안부'연구회, 『자료집: 반일종족주의 긴급진단: 역사부정을 논박한다』(2019. 10. 1.).

吉見義明 저, 남상구 옮김, 『일본군 '위안부' 그 역사의 진실』, (서울: 역사공간, 2013).

김낙년, 『일제하 한국경제』(서울: 해남, 2003).

김우성, 「국제법상 강행규범」, 『울산대학교 사회과학논집』 제5권 제2호(1995).

도시환, 「일본군 '위안부' 문제의 현황과 국제인권법적 재조명」, 『國際法學會論叢』 53(3), 2015.

도시환, 「동아시아의 여성정책: 일본정부의 '위안부' 정책을 중심으로」, 『저스티스』 제158권 제2호 (2017).

박정애, 「일본군 '위안부' 제도를 말하는 또 하나의 역사퍼즐」, 『여성과 역사』 제19권(2013).

박정애, 「만주 지역의 일본군 위안소 설치와 조선인 위안부」, 『아시아여성연구』 제55권 제1호(2016).

보험연구원 Kiri 리포트, 「국내 보험사기 현황과 방지 방안」(2019. 1. 21.),

안병직 번역.해제, 『일본군 위안소 관리인의 일기』(서울: 이숲, 2013).

외교부 국제법률국, 『국제법기본법규집』(개정판), (외교부, 2016).

이영훈 외, 『반일종족주의』(서울: 미래사, 2019).

이재승, 「기억과 법: 홀로코스트 부정」, 『법철학연구』 제11권 제1호(2008).

장혜원, 「2015 '위안부합의'를 통해 바라본 일본군 '위안부' 문제의 국제법적 의미」, 『이화젠더법학』 제10권 제2호(2018).

정진성, 「군위안부 강제연행에 관한 연구」, 『정신문화연구』 제21권

제4호 (1998).
정진성, 「전시 하 여성침해의 보편성과 역사적 특수성: 일본군 위안부 문제에 대한 국제 사회의 인식」, 『한국여성학』 제19권 제2호 (2003).
정진성, 「미하원 일본군위안부 관련 결의안 논의과정에서 제기된 '협의의 강제성'과 그 역사적 진실」, 『사회와 역사』 제76권 (2007).
최우석, 「3·1운동과 조선총독부의 국제언론 대응」, 독립기념관 한국독립운동사연구회 『광복 74주년 및 개관 32주년 기념 국제학술심포지엄자료집』(2019. 8. 13.).
최현실, 「글로벌 거버넌스로서의 유엔과 한국의 일본군위안부 정책변화」, 『동북아연구』 제10권 (2005).
헌법재판소 2011. 8. 30. 선고 2006 헌마788 결정.
호사카유지 편저, 『일본의 위안부문제 증거자료집1: 1937년부터 1945년까지의 위안부문제 관련 자료를 번역 분석』(서울: 황금알, 2018).
홍성수, 「역사부정죄의 정당성 근거」, 『법학논총』 제39권 제1호 (2019).

Askin, Kelly D. "Comfort Women-Shifting Shame and Stigma from Victims to Victimizers", *International Criminal Law Review* 1 (2001).
Coomaraswamy, Radhika, "Report on the mission to the Democratic People's Republic of Korea, the Republic of Korea and Japan on the issue of military sexual slavery in wartime"(1996).
McDougall, Gay J. "Special Rapporteur Systematic rape, sexual slavery and slavery-like practices during armed conflict"(1998).
Parker, Karen and Jennifer F. Chew. "Compensation for Japan's World War II war-rape victims", *Hastings International and Comparative Law Review*, vol. 17(1994).
Thomas Weatherall, Jus cogens: *International law and social contract* (Cambridge University Press, 2015).

「대한매일신보」(1910. 06. 22.).
「위안부 관계 조사결과 발표에 대한 고노 관방장관 담화」(1993. 8. 4.).

「연합뉴스」(1998. 08. 13.).
    http ://berlinreport.com/bbs/board.php?bo_table=
    forum&wr_id=102381.
    http ://www.hermuseum.go.kr .
[이승만 학당 유투브 동영상] https://youtu.be/sll7slcqI20.
YTN [팩트와이] https://www.ytn.co.kr/_ln/0103_201909040447598471.
EBS초대석 "범죄를 통해 사회를 진단하다"(2019. 10. 16.)

「일제강점하 민족차별 옹호행위자 처벌법안」(의안번호 2382, 2005. 8. 12.,
    원희룡 의원 대표발의).
「일제 식민지배 옹호행위자 처벌 법률안」(의안번호 10932, 2014. 6. 20.,
    이종걸 의원 대표발의)
「일본제국주의의 식민통치 및 침략전쟁 등을 부정하는 개인 또는 단체의
    처벌 등에 관한 법률안」(의안번호 11399, 2014. 8. 14.,
    홍익표 의원 대표발의)

일제종족주의

제3장

육군특별지원병·학도지원병 왜곡 비판

제1절
부왜노의 황국신민화 찬양

제2절
적나라한 출세욕망, 황국신민의 선언

제3절
학도지원병 모집 총력전

제4절
학도병들의 탈주와 투쟁

제5절
식민지 조선청년의
삶과 분투를 기억할 필요

이 영 재

한양대학교 제3섹터연구소
학술연구교수

제1절

부왜노의 황국신민화 찬양

조선총독부도 감탄할 육군특별지원병제 이해

『반일종족주의』제1부에서 정안기는 '08. 육군특별지원병, 이들은 누구인가?'를 썼다. 짧은 글임에도 불구하고 조선총독부 보다 더 조선인의 황민화를 바라는 글을 읽는 것은 고역이었다. 간략히 요지를 정리하면 다음과 같다.

① 1938년 2월 23일 일본 정부가 조선인의 황민화와 병력 자원화를 목적으로 「육군특별지원병령」 공포
② 조선인의 지원병역은 자발적 의지에 따른 병역부담이지 의무병역이 아님
③ 조선인은 일제의 신민이 되었지만 참정권과 병역의무를 결여한 2등 국민에 불과

④ 일본이 거액의 재정지출을 감수하면서까지 육군특별지원병제를 시행한 이유는?
⑤ 육군특별지원병제는 조선인 사회의 동의와 협력 없이는 성립할 수 없는 식민지 군사동원임
⑥ 육군특별지원병제는 향촌사회의 신분차별로부터 탈출이자 입신출세의 지름길
⑦ 육군특별지원병은 일본에 충성하는 '제국의 첨병' → 대한민국 '조국의 간성'[1]

핵심 키워드를 잇대어 보면 자발적 선택에 의해 '육군특별지원병'이 된다는 것은 2등 국민에서 1등 국민이 되는 것이고, 제국의 첨병으로 입신출세하는 것이다. 정안기는 식민지 청년을 전쟁에 동원하는 것도 "일본이 거액의 재정지출을 감수"하는 것으로 이해한다. 어떻게 이런 해석을 할 수 있는지 놀라울 따름이다.

■ 육군특별지원병제 실시 전후의 이해

일제가 육군특별지원병제를 시행한 1938년 전후의 상황을 살펴보자. 일제는 1937년 중일전쟁을 일으켰고, 한반도를 대륙침략의 병참기지화로 만들고자 했다. 동시에 우리 민족을 황국신민으로 동화시키고자 했다. 흔히 이것을 '민족말살정책'이라고 부른다. 일제는 기만적 문화통치에서 전시체제를 빙자해 노골적인 파쇼통치체제로 전환하고, 경찰과 헌병 스파이 등을 대폭 늘리는 한편 '조선중앙정보위원

---

[1] 정안기, 「육군특별지원병, 이들은 누구인가?」, 이영훈 외, 『반일종족주의』(서울: 미래사, 2019), 99-101쪽.

회'(1937년), '조선방공협회'(1938년), '국민정신총동원조선동맹'(1938년) 등을 조직해 한국민의 생활 곳곳을 통제했다. 이 무렵 수많은 우리 애국지사들이 검거, 투옥, 학살당했다.

일제는 이 파쇼통치체제를 한 축으로 하면서 한국민의 민족의식을 말살하여 일본인으로 동화시키기 위한 황국신민화 정책을 추진했다. 1938년부터 모든 한국민에게 "우리들은 대일본제국의 신민臣民이다. 우리들은 마음을 합하여 천황폐하에게 충의忠義를 다한다"는 황국신민서사皇國臣民誓詞를 일어로 외우게 하고, 천황이 거하는 궁성을 향해 절을 하는 동방요배東方遙拜를 강요했다. 1939년부터는 우리 성姓과 이름을 일본식으로 바꾸는 창씨개명創氏改名을 단행했다.[2]

정안기는 묻는다. "일본이 거액의 재정지출을 감수하면서까지 육군특별지원병제를 시행하고자 했던 이유는 무엇이었을까요?" 그가 내 놓는 답은 이렇다. "일본은 육군특별지원병제가 조선인의 황민화를 위한 정신적 기반을 확충하는 동시에 아시아에서 일본의 사명을 이해시키고, 천황제 국가 일본에 대한 충성심을 불러일으키는 데 크게 유용할 것이라 기대했기 때문입니다. 육군특별지원병제를 통해서 동화주의 식민통치 이데올로기의 제도적 완성을 추구했습니다." 그리고 이 제도는 "조선인 사회의 동의와 협력"으로 가능했다고 평한다.[3] 육군특별지원병제에 대한 이러한 이해가 왜 문제인지 하나하나 짚어보자.

---

2) 한영우, 『다시찾는 우리역사』(파주:경세원, 2015), 509-511쪽.
3) 이영훈 외, 『반일종족주의』, 100-101쪽.

부왜노가 보는 것과 보지 못하는 것

정안기가 제시하고 있는 육군특별지원병 연도별 추계를 보면 육군특별지원병제도는 대성공을 거둔 황국신민화 정책으로 보인다. 그리고 조선 청년들은 열화와 같이 호응한 것으로 보인다. 그가 제시한 추계 자료를 보자.[4]

육군특별지원병의 선발 전형과 추계(단위: 명, 배)

연도	모집인원	지원자	적격자	입소자	입영자	지원배율
1938	400	2,946	1,381	406	395	7.4
1939	600	12,348	6,247	613	591	20.6
1940	3,000	84,443	33,392	3,060	3,012	28.1
1941	3,000	144,745	44,884	3,277	3,211	48.2
1942	4,500	254,273	69,761	5,017	4,917	56.5
1943	5,000	304,562	69,227	5,330	5,223	60.9
합계	16,500	803,317	224,892	17,703	17,350	48.7

1938년부터 1943년까지 육군특별지원병의 모집 정원은 1만 6,500명이었다. 그런데 지원자는 자그만치 80만 3,317명으로 약 49대1의 치열한 경쟁률을 기록했다. 정안기는 지원병이 되고 싶다고 아무나 될 수 없는 마치 '하늘의 별따기'처럼 어려운 일이었다는 점을 통계로 보여주고 싶었던 것 같다. 정안기가 보기에 이러한 성공적 결과를 가능하게 한 것은 "조선인의 국민됨을 환기하고 발신發信해서 지원자 동원에 앞장섰던 '조선인 문화엘리트'들의 적극적인 협력 덕분"이었다.[5]

---

4) 이영훈 외, 『반일종족주의』, 102쪽.
5) 이영훈 외, 『반일종족주의』, 102쪽.

필자가 보기에는 이 '조선인 문화엘리트'가 바로 윤창중이 커밍아웃한 '토착왜구'임에 틀림없다. 당시 육군특별지원병에 관한 다른 자료들을 통해 위 통계표의 숫자 뒤에 감추어진 '진짜 같은 가짜'의 실상을 제대로 드러낼 필요가 있다. 육군특별지원병제를 시행한지 3년째 접어든 1940년 2월 10일 조선총독부는 채용인원을 증원하기 위한 명분을 내세워 종래 갑종 합격자 신장 160cm 이상 채용에서 제1을종 150cm 이상도 채용하도록 시행규칙을 바꾸었다. 1940년 모집인원 3,000명은 시행규칙을 변경하지 않더라도 1939년 지원자 수가 1만 2,348명이고, 적격자가 6,247명이었던 점을 감안하면 충분히 채우고 남을 숫자다. 이렇게 49:1을 기록할 만큼 경쟁이 치열하고, 지원병 대기자가 넘쳐 나는 상황이라면 왜 합격자 신체기준을 완화했을까?

정작 시행규칙 개정의 진짜 이유는 다른데 있었다. 조선총독부의 지시로 신문 등에서는 지원병이 쇄도하고 있다고 쓰고 있지만 실제는 경찰 등을 동원하여 강제적으로 어렵게 모집인원을 충당하는 상황이었다. 지원병이 쇄도하고 있는 수치상의 현상과 정반대로 강제 모집의 범위를 확대하기 위해서 지원병의 응모조건을 완화하지 않을 수 없었던 것이다. 1940년 7월 지원자 상황을 보면 '중류층 이상의 가정이나 부유층에서는 전혀 지원자가 나오지 않은' 상황이었다.[6] 1940년 12월 1일 국민정신총동원조선연맹 총재가 각 도 연맹 총재에게 '육군특별지원자 응모에 관한 건'이라는 통첩을 발표하고, '지원병 응모자의 증가를 도모하기' 위해서 '전 조선에 걸쳐 각 부락연맹에서 최소한도 1인 이상의 지원자를 응모하게끔 지도 할 것, 부·읍·면 연맹 이사장은 부락연맹 이사장에게 항상 적응자適應者를 조사시키고 그 연락을

---

6) 蒲勳, 「君国多事の秋に志願兵(志望者)十萬突破, 志願兵母姉に送る書」(삼천리, 1940.7), 34쪽; 김현아, 「총력전체제기 육군특별제원병제의 실상과 군사원호」, 『한일관계사연구』 제62권(2018. 11), 463-463쪽 재인용.

유지할 것, 부·읍·면연맹 이사장은 경찰관서 및 재향군인회, 청년단, 부인회와 연계 연락하여 적응자가 응모하도록 권유할 것' 등을 지시했다.[7]

이제 정리해보자. 지원자가 쇄도하여 지원율이 49대 1이라면 왜 이런 강제 할당 조치가 필요했겠는가?『반일종족주의』필자와 같이 조선총독부의 지휘에 따라 지원병 홍보를 위해 제시한 수치를 실증자료로 믿고 당시 육군특별지원병제가 49:1의 경쟁률을 보일만큼 폭발적 인기를 구가했다고 말해서는 안 된다. 왜 조선총독부가 보도록 유도하는 수치만 보려하고, 이 수치가 진실인양 호도하는 것일까?

일본군이 된 조선인은 1938년 「육군특별지원병령」실시 이래 1만 6,830명이었고, 1944년 4월부터 본격화된 징병제 하에서 20만 9천 명(육군 18만 7천 명, 해군 2만 2천 명)이 동원되었다.[8] 앞서의 질문 "일본이 거액의 재정지출을 감수하면서까지 육군특별지원병제를 시행하고자 했던 이유는 무엇이었을까요?"에 답하고자 한다. 이는 2등 국민의 1등 국민화를 위한 것도 아니요, 조선 청년들을 전쟁터로 몰아넣어 일본 제국을 위해 싸우게 만든 것 이상도 이하도 아니다. 조선군 제20사단 육군특별지원병이 일본군 95%가 전사한 지옥의 전장 뉴기니로 파병되었다. 거액의 재정지출이라니? 목숨을 내건 전쟁터로 내몰리면서, 그것도 식민지 가해국의 대리전에 동원되면서 조선 청년은 자비로 출전했어야 한다는 말인가? 게다가 패전이 확실시 되고 있던 식민지배 말기 당시 일본은 거액은커녕 소액의 재정지출 여력도 없었다.

---

7) 김현아,「총력전체제기 육군특별제원병제의 실상과 군사원호」, 465쪽.
8) 표영수,「일제강점기 육군특별지원병제도와 조선인 강제동원」,『안국민족운동사연구』제79권(2014), 95-138쪽.

제2절

적나라한 출세욕망, 황국신민의 선언

▍육군특별지원병 채용규칙, 감개무량한 황국신민화의 길 열려

『반일종족주의』 09. '학도지원병, 기억과 망각의 정치사'는 조선총독부와 그 나팔수였던 「매일신보」의 눈으로 서슴지 않고 일제강점기 조선 대학생들의 시대적 분투를 매도한다.

> 1920년 전후 출생의 학도지원병은 당시 2,500만 명의 조선인 가운데서도 최고의 고등교육을 받은 행운아들이었습니다 … 당초 그들은 그들의 적나라한 출세욕망을 일본제국에 대한 충성심으로 포장하였습니다. 그들의 국가의 명령에 대한 복종, 충성, 희생 등 국가주의 정신세계로 얼룩진 충량한 황국신민이었습니다.[9]

---

9) 이영훈 외, 『반일종족주의』, 111-113쪽.

정안기는 학도지원이 일제의 기만에 찬 강제동원이 아니었다고 주장한다. 그는 1943년 10월 20일 일본 육군성이 공포한 전문학교와 대학의 법문계에 재학 중인 조선 학생을 학도지원병으로 모집한다는 취지의 「1943년도 육군특별지원병 임시채용규칙」[10]을 적극적으로 환영한다. 그 이유는 첫째, 태어나면서 일본의 신민이었으나 참정권과 병역의무를 결한 2등 국민이 1등 국민이 되는 길이라고 생각하기 때문이다. "1943년 8월 조선인 징병령이 정식으로 공포된 상황에서 학도지원은 일본인의 학도출진과 동일한 국민의무의 이행으로 간주되었다."[11] 둘째, 학도지원병제는 전혀 강제적 조치가 아니었다는 것이다. 그 이유는 조선인을 대상으로 한 징병제 실시 이전이었기 때문에 법제적 강제성을 결여했고, '특별지원' 형식을 빌려야만 가능한 조치였기 때문이라는 것이다.

> 일본 정부의 입장에서 조선인의 학도지원은 동일한 제국신민에 대한 국민의무의 차별 또는 역차별을 해소하기 위한 고육지책이기도 했습니다.[12]

역차별을 해소하고, 동등한 국민의무 이행을 위한 일본 정부의 고육지책이 「육군특별지원병 채용규칙」인가? 당시 일본이 처한 상황을 고려해 볼 때 이런 평가는 조선총독부 관리들이나 조선 대학생들

---

10) 조선인 학도들에 대한 병력 동원은 이전에 시행되고 있던 「육군특별지원병제도」와 사뭇 다르게 추진되었다. 요컨대 「육군특별지원병제도」의 경우 사전에 '조선총독부 육군병지원자훈련소'에 입소하여 군사훈련을 마친 뒤 입영했던 반면 「육군특별 지원병임시채용규칙」, 즉 학도지원병제도의 경우에는 별도의 훈련소 입소 없이 곧 바로 일본군 부대에 입영토록 규정되어 있었던 것이다. 행정안전부 과거사관련업무지원단, 「일제의 조선인 학도지원병 제도 및 동원부대 실태 조사 보고서」, 6쪽.
11) 이영훈 외, 『반일종족주의』, 106-108쪽.
12) 이영훈 외, 『반일종족주의』, 108쪽.

을 전선으로 떠 밀던 부왜노들이나 쓸법한 언설이다. 일본은 중일전쟁이 관내지역에서 교착상태에 빠지고 영국과 미국을 비롯한 연합국과의 태평양전쟁에 돌입하면서 모든 자원을 동원해도 어려운 처지였다. 1943년 9월 21일 도조 히데키(東條英機)는 병력 자원을 추가로 동원하기 위해 법문계 대학과 전문학교 학생들을 대상으로 시행되고 있던 징병유예 조치를 중지시켰다. 같은 해 10월 1일에는 칙령 755호로 공포된 「재학징집연기임시특례」를 통해 "당분간 재학의 사유로 인한 징집 연기는 이를 행하지 않는다"라고 규정함으로써 사실상 학도를 대상으로 한 병력 동원의 예외를 없애고 전면 동원체제를 만들었다. 이어서 2일에는 육군성령 제40호로 「임시징병검사규칙」이 하달되었는데 이것은 징집 연기가 중지된 학도들에게 징병검사를 실시하여 전선 부대에 입대시키는 조치였다.[13]

■ '황민화'와 '내선일체' 이데올로기

학도병지원이 본격화되는 시점에 빼 놓을 수 없는 것이 조선총독부의 요청을 충실히 이행함으로써 조선의 대학생들을 전선으로 나가도록 획책한 부왜노 활동이다. 친일문학[14] 또는 신체제문학은 학도지원병제가 한창일 무렵 황민화와 내선일체를 강조하며 조선의 어른이자 지식인들이 조선의 대학생들을 압박하는 도구로 기능했다. 참고로 친일문학은 1930년부터 1945년 8월 15일까지 부왜노 활동을 했는데, 특히 조선총독부가 부과한 역할을 충실하게 이행한 것은 1931년

---

13) 행정안전부 과거사관련업무지원단, 「일제의 조선인 학도지원병 제도 및 동원부대 실태 조사 보고서」(2018), 5쪽.
14) 친일문학이란 일본제국주의 하에서 식민지 지배이념을 문학으로 실천한 문학작품 및 문학활동을 말한다. 친일문학은 '신체제문학新體制文學' 혹은 '국민문학', '국책문학'으로 불리기도 했다.

만주사변과 1937년 중일전쟁으로 이어지는 일본제국주의의 침략전쟁 시점부터다.[15]

조선총독부는 자신들이 벌여놓은 전쟁에 한국인을 동원하기 위해 각종친일협력 단체들을 결성했고, 친일문학의 활동도 이러한 맥락에서 본격화되었다. 이미 총독부는 1937년 7월, 조선중앙정보위원회(위원장. 정무총감)와 관방정보과(과장. 본국의 정보관)를 설치하여 정보수집과 선전활동의 중추적 기관으로 삼았다. 아울러 민간단체로 국민정신총동원조선연맹(1938. 7.), 조선방공협회(1938. 8.), 전선사상보국연맹(1938. 8.) 등 각종 애국반 형태의 단체를 설립하고 그에 따른 시군별 지부를 만들어서 중앙기관과의 긴밀한 연계를 이루도록 했다. 이를 통해 조선청년의 일본 병정화가 마치 민심의 자발적 발로에 의한 순수 민간인의 애국운동으로 보이도록 기획하여 조선인의 협력을 촉진하는 한편, 대외적으로는 일제의 '대동아'의 이념구현이라는 선전도구로 활용하고자 하였던 것이다.[16] 조선총독부는 이러한 활동들 가운데 단연 친일문학이 지원병제 홍보전선에서 큰 역할을 해줄 것으로 기대했다. 조선의 친일 엘리트 지식인들이 조선 학도들에게 영향을 주길 기대한 것이다.

한국 문학계에서 '신체제운동'의 출발은 1939년 10월 '조선문인협회'(회장 이광수)가 조직되면서부터다. '신체제문학'을 실천한 대표적인 문학잡지는 1941년 11월 최재서崔載瑞에 의해 창간된 『국민문학國民文學』이다. 이 잡지는 창간이전부터 조선총독부와 긴밀히 협의했을 만큼 친일성향이 강했고, 신문에서 「매일신보每日新報」가 조선총독부

---

15) 정석창, 「황민화와 내선일체로 본 친일문학의 양상」, 『일본문화학보』 제51권(2011), 373-374쪽.
16) 전상숙, 「일제의 식민지 조선행정일원화와 조선 총독의 '정치적 자율성'」, 『일본연구논총』(2005), 290쪽; 김영미, 「일제말기(1938-1945) 강원지역 군인동원에 대한 연구: 동원의 사례와 실태를 중심으로」, 『한일관계사연구』 제28권(2007), 137쪽.

의 나팔수 역할을 했다면, 문학에서는 『국민문학』이 어용잡지로 그 역할에 충실했다.

이러한 추세 속에서 1930년대 후반부터 40년대 전반까지 각양각색의 '신체제 문학' 논의가 부침했지만, 그 모든 것의 전제前提가 일본제국주의의 식민지 지배 이념인 소위 '황민화'와 '내선일체內鮮一體'였다.[17] 한국을 통치하는데 있어 일본제국주의의 '대정신大精神', 즉 '황민화'와 '내선일체'는 1910년 8월 29일 일본 천황(당시의 明治)의 조서詔書[18]에 나타나 있다. 조선 청년들을 일본 병정으로 동원한 일본제국주의의 대표적 이데올로기가 바로 '황민화'와 '내선일체'다. 이 황민화와 내선일체의 논리는 이광수의 〈모든 것을 바치리〉에 적나라하게 잘 표현되어 있다.

> 황은지극皇恩至極하옵시니
> 피로써 나라를 지키라고 말하옵신 지 얼마 안되어 이제 또 정치력으로 황철皇澈을 익찬翼贊하여 받들라고 하옵신다. 조선의 아들들이 총을 들고 전선에서 싸우는 것과 같이 충성스런 경륜을 안고 의정단상의政壇上에 나서리. 병역이 엄숙한 의무이며 존귀한 황민皇民의 특권이었듯이 국정 참여는 공민公民의 특권인 동시에 극히 엄숙한 의무이니라.[19]

---

17) 정석창, 「황민화와 내선일체로 본 친일문학의 양상」, 374쪽.
18) 朝鮮總督府, 『倂合の由來と朝鮮の現狀』(朝鮮印刷株式會社, 1924). 1.항
19) 李光洙 '모든 것을 바치리' 『每日新報』(1945. 1. 18); 정석창, 「황민화와 내선일체로 본 친일문학의 양상」, 383-384쪽.

숨은 그림: '황민화'와 '내선일체' 이데올로기

『반일종족주의』가 육군특별지원병제와 학도지원병제를 바라보는 주요 논점을 잘 살펴보면, 조선총독부의 식민지배 원리인 황민화와 내선일체가 마치 숨은 그림 찾기처럼 자리하고 있다. 잘 살펴보면 가령 '동화주의 식민통치 이데올로기의 제도적 완성 추구', '충량한 황국신민'의 길과 같은 표현을 곳곳에서 찾을 수 있다. 필자의 과민한 반응일까? 1940년 병합 30주년에 전하는 이광수의 황민화 이데올로기와 비교해보자.

> 병합 30주년! 조선 이천사백만 민중은 메이지 천황의 고마운 뜻에 의해 **일본의 신민이 된** 것이다. 그리고 오늘날 **천황폐하의 적자가 된 것이 얼마나 고맙고 영광스러운 일인지 마음으로부터 느끼게 된 것이다** … 영광스런 대일본제국을 지키고, 천대 만대 이 나라를 더욱 번창케 할 **신성한 책임과 의무의 부담자**가 된 것이다. 조선의 백성이여. 이때에야말로 낡고 작은 감정을 청산하자. 이제 우리의 고향은 작은 조선 반도가 아닌 것이다. 일장기가 번뜩이는 곳이야말로 모두 우리의 고향인 것이다. … 광대무변한 천황의 인자하심은 우리 이천삼백만 조선 민중을 완전한 일시동인의 뜻에 품을 날이 하루라도 빨리 오기를 기다리신다.[20]

> 나는 일즉 조선인朝鮮人의 동화同化는 일본신민日本臣民이 되기에 넉넉한 정도程度면 고만이라는 생각을 가진 일이 잇섯다. 그러나

---

20) 「國民新報」(1940. 1. 7.)

> 나는 지금只今에 와서는 이러한 신념信念을 가진다. 즉 조선인朝鮮 人은 **전연全然 조선인朝鮮人인 것을 이저야 한다고, 아조 피와 살과 쎠가 일본인日本人이 되어 버려야 한다고,** 이 속에 진정眞正으로 조선인朝鮮人의 영생永生의 유일로唯一路가 잇다고.[21]

이광수는 "천황폐하의 적자가 된 것"이 얼마나 고맙고 영광스러운 일인지, "신성한 책임과 의무의 부담자"가 된 것을 감사해한다고 열변을 토한다. 마치 정안기가 학도지원병제를 식민지 2등 국민이 일본인과 동등한 1등 국민의 반열에 오르는 천황의 우대조치로 이해하는 것과 유사하다. 정안기는 천재일우의 기회를 얻어 지원병에 합격한다는 것이 2등 국민 조선 청년에게 영광 그 자체라고 말한다. 문인답게 이광수는 이 마음을 절절하게 표현한다. 조선인이 영생할 수 있는 유일한 길은 "전연 조선인인 것을 잊고, 아주 피와 살과 뼈가 일본인이 되어" 버리는데 있다.

물론 그 영광은 쉽게 쟁취할 수 있는 것이 아니다. 정안기는 그 증거로 학도지원병합격률 수치를 제시한다. 다음은 1944년 일본 정부 자료를 들어 밝히고 있는 지원자 수와 합격자 수에 관한 수치다.

> 1944년 일본 정부의 자료에 따르면, 학도지원 적격자 6,101명이었습니다. 그 가운데 4,610명이 지원을 하고, 1,491명이 지원을 회피하였습니다. 그리고 지원한 사람 가운데 실제 적성검사를 받은 사람은 4,217명, 91%였습니다. 그리고 적성검사를 받은 사람으로서 합격자는 3,117명이었습니다. 그 가운데 정식 입영자는 질병 및 기

---

21) 「每日新報」(1940. 9. 12). "心的 新體制와 朝鮮文化의 進路"

타 사유 67명을 제외하고 3,050명이었습니다.[22]

이 학도지원 실태가 보여주는 것이 무엇일까? 『반일종족주의』는 적격자인데 지원하지 않은 경우가 24%나 되었고, 지원하고서도 적성검사를 회피하거나 불합격한 사람도 많았고, 이들은 군대에 가든 공장에 가든 자신이 선택할 수 있었기 때문에 종래 알려진 것처럼 무조건 강제된 것이 아니라고 강변한다. "학도지원병제는 단순히 지원을 가장한 동원으로만 단정하기 힘든, 지원자들의 분별력 있는 판단과 욕망이 개재된 복잡한 과정"[23]이었다는 것이다. 정안기는 일제의 학도병 동원과정에서 조선 학생 개개인의 자발적인 판단과 욕망이 투영된 선택적 과정을 발견하고 싶어 한다. 그러나 학도병 동원과정을 살펴보면 학도병 지원 1호인 조문환曺文煥, 夏山正義의 경우도 정안기가 말한대로 천재일우의 출세기회를 맞아 개인의 욕망을 투영한 자발적 지원이라고만 보기는 어렵다.

조선 전체에서 학도병 지원 1호로 알려진 조문환은 당시 경성법학전문학교 1학년으로, 1943년 10월 29일자로 학도병에 지원한 것으로 알려졌다. 당시 신문 등이 그의 지원을 대대적으로 보도했다. 이 가문은 온 가족이 학병 권유에 나선 것으로도 유명한데 그의 부친 조병상은 11월 5일자 「매일신보」에 학도병 지원을 촉구하는 칼럼을 썼고, 그의 모친도 군국어머니의 귀감으로 소개되었다. 해방 후 반민특위에 체포된 조병상이 1949년 4월 경 신태익 재판장과 일문일답을 하면서 조사받은 내용을 「동아일보」가 보도했다. 신 재판장이 둘째 아들 조문환을 전지로 보낸 이유를 묻자 조병상은 경성법전 교장이 징용보

---

22) 이영훈 외, 『반일종족주의』, 109쪽.
23) 이영훈 외, 『반일종족주의』, 109쪽.

다는 학도병 지원이 낫겠다고 권고해서 지원한 것이라고 밝혔다.[24]

학도병 지원 1호로 대대적인 조명을 받은 유명한 친일가문의 둘째 아들 조문환의 경우도 일본인 학교장과 가족의 권유가 주요 지원 동기였을 만큼 학도병 지원과정 대부분에 일제의 강제력이 깊숙이 개입하여 작동했다. 후술하겠지만 학도병지원에 대한 조선 학생들의 저항은 조선총독부의 예상보다 훨씬 격렬했다.

---

24) 「동아일보」(1949. 4. 8.일자) 참고로 1949년 5월 30일 부친 조병상의 공판에 증인으로 출석한 조문환도 당시 경성법학 전문학교 일본인 교장이 유난히 학병 입대에 열렬한 사람이어서 불가피하게 학병에 지원하게 되었다고 밝혔다. 조병상의 증언과 거의 일치한다.

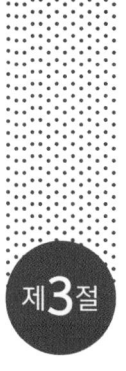

학도지원병 모집 총력전

■ **선택이 아닌 제도적 강제! 목표는 적격자 100% 입영!**

학도지원병제 시행이 개인의 분별력 있는 판단과 욕망이 투영된 선택적 과정이었다는 정안기의 분석이 타당하다면, 당시 학도지원병제는 조선 학도들의 분별력과 욕망을 자극하지 못한 꽤나 매력 없는 선택지였던 것 같다. 조선 학도들의 분별력은 학도병 지원에 전혀 욕망을 투영하지 않았으며, 초기 지원자 수는 목표치에 턱없이 부족했다. 지원은커녕 곳곳에서 지원병제를 거부하는 조선 학도들의 저항이 거셌다. 소위 학병거부운동이 곳곳에서 벌어졌다.

메이지대학明治大學 법대 출신 이광림 등 60여 명의 함경남도 북청지방 학병들은 입대하느니 옥살이를 하겠다며 경찰서를 부수었고, 보성전문대학 서재균, 최이권, 권중혁, 이석구, 배상동, 양현식 등은 순사들을 폭행하고, 재동파출소를 파괴했다. 보성전문대학 이철승을 비롯해 유정담, 손광수, 윤원구, 박석규, 오세정 등과 경성제국대학 이혁기 등은 서울 시내 각 학교 대표들과 한 달 동안 학병거부운동에 대한 투쟁방안을 협의했고, 나중에는 조선총독부 총독 고이소 구니아키小磯國昭와 면담하는 과정에서 학도병 지원제의 부당성에 대해 항의하기도 했다.[25]

조선총독부는 지원병이 예상치에 미치지 못하자 가동 가능한 모든 수단을 동원하는 총력전을 전개했다. 정안기는 학도병지원제를 입대냐? 징용이냐?의 선택지가 제시된 상황으로 보지만 엄밀한 의미에서 학도병지원제는 선택의 문제가 아니었다. 지원에 응하지 않을 경우는 바로 징용이라는 또 다른 제재조치로 이어졌다. 전시의 징용이라 징용 자체도 신변의 안전을 보장할 수 없었지만 문제는 징용이 끝이 아니라 다방면의 제도적 불이익이 병합되어 있었다는 데 있다.

조선총독부는 강제가 아니라고 하면서 조선인 학생 중 적격자 100%동원을 목표로 삼았다. 조선총독 고이소 구니아키는 「매일신보」 1면에 자신의 사진까지 넣어 적격학생 전체의 지원을 확신한다는 취지의 글을 게재하게 했다.

> 지원하지 않는 자가 존재한다는 것은 유능유식해야 할 최고학부의 학도로서 아직도 황국신민화 되지 않은 자가 존재함을 의미하는 것이고, 더욱이 이와 같이 비지원자가 많은 것은 조선과 조선인에 대해 내지와 내지인이 서로 고락을 같이 하지 않는 결과를 초래할 것이다. 최근에 이르러 겨우 조선과 조선인의 유능한 가치와 본질을 일반에게 인식시켜온 종래의 노력 실적이 이 한 가지 일로 인해 아연 화병畵餠으로 돌아가고 말 염려가 있다.[26]

---

25) 참조: 한국학중앙연구원, 『한국민족문화대백과』, '학병거부운동'.
26) 「每日新報」(1943. 11. 11.), '全適格學徒志願確信 似而非觀念斷乎排除 – 小磯總督 半島民衆에게 重大要望'

1943년 확대된 전선에 투입해야 할 병력이 절실했던 일본 제국주의의 입장에서는 다급할 수밖에 없었다. 다급해진 일본제국주의와 조선총독부의 입장을 "일본 정부의 입장에서 조선인의 학도지원은 동일한 제국신민에 대한 국민의무의 차별 또는 역차별을 해소하기 위한 고육지책"[27]으로 해석하는 것은 본말이 전도된 것이다.

괴소문 협박과 제도적 압박

조선청년들은 조선총독의 요구와는 전혀 다른 방식으로 식민지 청년의 기개를 보여주었다. 지원마감을 열흘 앞둔 11월 10일까지 지원자는 200명 정도에 그쳤다. 그 중 일본 유학생이 집중된 도쿄東京에서 지원한 학생이 90명에 지나지 않았다. 조선장학회가 도쿄에 있는 유자격자를 조사한 내용에 따르면, 日本大 472명, 中央大 335명, 明治大·專修大 각 160명, 早稻田大 156명, 法政大 94명, 慶應大 47명, 大正大 34명, 東洋大 33명, 立正大 30명, 駒澤大 29명, 商大 26명, 立敎大 20명, 體育專門 18명, 그 외 89명으로 합계 1,703명이었다. 이외에 아직 조사하지 못한 학교에 약 600명이 더 있을 것으로 보아 합계 2,300명이 대상자의 추정치였다.[28] 지원율이 부진하자 총독부는 당황하였다. 학무국장 오노 겐이치大野謙一는 '지원하지 않으면 중점적 산업공장에 징용 동원하겠다'고 협박했다. 항간에는 '지원하지 않는 사람은 남양 등지로 징용해서 포탄 운반 작업에 종사시켜 출병보다 더 생명이 보장되지 않도록 한다'는 등의 유언비어들이 유포되었다.[29]

---

27) 이영훈 외, 『반일종족주의』, 108쪽.
28) 「每日新報」(1943. 11. 13.), '東京서 90명, 속속 出願氣勢'
29) 이상의, '태평양전쟁기 조선인 전문학생 . 대학생의 학도지원병 동원 거부와 '학도징용'」, 『역사교육』제141권(2017), 122-123쪽.

지원 마감이 임박했는데도 학도병지원제의 목표치를 채우지 못한 총독부의 학무국장 오노 겐이치는 학도지원병 대상 학생 중 1할과 9월 문과 졸업생으로서 뚜렷한 직업이 없는 자가 지원하지 않았다고 밝히고, 이들을 국가총동원법에 의해 단호히 처벌할 것이라고 위협했다. 지원병으로 지원하지 않은 경우 '조속히 황국신민으로서의 엄격한 재연성을 가하여 전시 생산력 증강상 필요한 방면으로 징용한다'고 발표했다. 지원병 지원 마감 직 후인 12월 3일 일본 문부성에서는 각 대학, 전문학교에 '조선인, 대만인 특별지원병 제도에 지원하지 않은 학생 학도의 취급에 관한 건'이라는 통첩을 전달하였다. 여기에서는 ① 지원하지 않은 자에 대해서는 본인이 자발적으로 휴학 또는 퇴학하도록 종용할 것, ② 자발적으로 휴학 및 퇴학을 신청하지 않는 자가 있을 경우 학교 당국에서 학칙에 상관없이 적극적으로 휴학을 명할 것. ③ 지원하지 않은 자에 관해서는 양식에 의해 보고서를 제출할 것. ④ 휴학을 명할 경우는 1년 또는 2년의 기간에 한 해 휴학시키고 기간 만료 후에도 사태가 계속될 때에는 다시 일정 기간 휴학을 명하도록 조치하여 지장 없게 할 것이라는 내용을 전달하였다. 이러한 내용은 조선 총독부에서 내렸던 결정이 문부성에 의해 전 대학과 전문학교로 전달되었다.[30]

■ 친일파를 총동원하여 지원율을 높여라

당시 학도병 지원이 일본 병정으로 변신해서 경제적 안정과 사회적 지위를 보장받는 입신출세의 지름길로 여겨졌을까? 정안기는 학

---

30) 姜德相, 『朝鮮人學徒出陣』(岩波書店, 1997), 정다운 옮김, 『일제강점기 말 조선학도병의 자화상』(서울: 선인, 2016), 359-361쪽; 이상의, 「태평양전쟁기 조선인 전문학생, 대학생의 학도지원병 동원 거부와 '학도징용'」, 128-129쪽. 재인용.

도병제에 대한 세간의 평을 '입신출세의 지름길', '천재일우 기회'로 가늠한다. '입신출세의 지름길', '천재일우의 기회' 등은 당시 조선총독부의 관제신문 「매일신보」가 읊어 대던 선전 문구였다. 학도병 지원을 독려하기 위해 「매일신보」는 1937년 9월 6일부터 1943년 11월 2일까지 학병 동원과 관련한 기사를 총 685회나 게재했다. 기사의 내용들은 사설을 동원하여 「학도의 출진을 축함」(1943. 10. 24.)과 같이 조선인 학도지원병제도 시행을 축하한다거나, 특히 '지원'과 관련하여 선동적으로 치장된 '미담美談' 기사를 지속적으로 신문 지면에 장식하는 방식을 썼다.[31] "영예", "감격과 환희", "불타는 애국의 지성" 등의 화려한 수식어들이 동원되었고, 지원병희망자 개인에 관련된 미담을 기사로 만들었다. 지원병이 되고자 하는 강한 열망을 혈서血書로 표현한 수많은 청년들이 등장하고, 형제가 모두 지원한 가정 등의 이야기가 자주 소개되었다.[32]

이렇듯 학도병 지원에 대한 홍보전을 가열차게 전개했음에도 불구하고 지원율을 맞추기 쉽지 않았다. 따라서 총독부는 학도병 지원율을 높이기 위해 혈안이 되었다. 언론보도와 친일저명인사 강연을 조직하고, 학교에도 직접적인 압력을 가해 학교가 지원을 촉구하도록 했다. 육군성은 아예 11월 12일 임시채용규칙을 개정하여 졸업생까지 지원대상자로 확대하였다. 소위 졸업자 선배단까지 조직하여 11월 8일 김연수金秊洙, 최남선崔南善, 이광수李光秀, 香山光郎[33] 등 12명

---

31) 행정안전부 과거사관련업무지원단, 「일제의 조선인 학도지원병 제도 및 동원부대 실태 조사 보고서」, <학병 동원 관련 신문기사(매일신보)> 23-50쪽.
32) "또한 합격자에 대한 봉고제나 기원제의 거행, 지원병제도의 취지를 설명하기 위한 좌담과 강연회의 개최, 군인원호강화운동으로 실시된 다양한 행사에 대한 보도 역시 선전으로써 중요한 내용이 되었다." 이에 대해서는 참조: 김영미, 「일제말기(1938-1945) 강원지역 군인동원에 대한 연구: 동원의 사례와 실태를 중심으로」, 138-139쪽.
33) 중일전쟁기 황민화와 내선일체를 강하게 주장했던 이광수에 대한 분석은 참조: 최주한, 「중일전쟁기 이광수의 황민화론이 놓인 세 위치」, 『서강인문논총』 제47권(2016),

을 일본에 파견하여 조선인 지식인의 총궐기를 촉구하였고, 10일에는 식산은행 상업금융과장 대리 하리마(張間煥)를 단장으로 하는 24명을 제2진으로 일본에 파견하였다. 이어 11일에는 각 학교 재학생과 동창회에 연락하여 지원 해당자의 부모와 당사자를 대상으로 본적지와 현주소에 격문을 보냈고, 조선에 있는 학생을 독려하고자 각도에 8명의 저명인사를 파견하였다. 13일에는 일본 학교 해당자의 현주소를 파악하여 다시 130명의 중견 '선배'를 각도로 파견하였다. 지원율을 높이기 위해 조선총독부는 마치 저인망식 그물을 펴고 동력을 최대로 높인 고기잡이배처럼 총력전을 전개했다.

언론들은 접수 마감 직전인 11월 18일부터는 1면 전면에 걸쳐 기획기사를 게재해 학도병 지원을 독려하였으며, 20일까지도 아직 늦지 않았다고 하며 마지막까지 지원을 부추겼다. 뿐만 아니라 가족이 대리 신청할 수 있다는 등 편법적인 지원도 대거 유도하였다. 총독부는 일본에서 유학하고 있던 학생들을 대상으로 하여, 아예 부관연락선과 항구 등지에서도 미지원자에 대한 색출작업을 대대적으로 벌였다.[34]

■ 경찰과 행정기관을 동원한 지원 강요 사례

동경제대東京帝大에 재학 중이던 여석기는 누이동생들이 다니던 경북여고의 조선인 담임 교사 등살에 집안에서 어쩔 수 없이 학병지원에 응하기 위해 급히 돌아오라는 전문을 보내와서 귀국하였다. 귀국 후 다시 피신해 있는 동안 형사는 열흘간 매일같이 똑같은 시간에 찾아와 가족들을 힘들게 했다. 군소재지에서 50리 떨어지고 경관주

53-83쪽.
34) 「每日新報」(1943. 11. 13.), '敢然, 戰列에 나서라 - 들으라! 先輩들 眞情의 激勵를 - 半島學徒의 出陣을 激勵함')

재소에서도 20리나 떨어져 있어 관헌들이 찾아 들기에 매우 불편한 곳에 있던 계훈제의 집에도 주재소의 순사가 번거롭게 내왕하였고 도의원과 경찰서장이 몇 번씩 다녀가면서 '군내郡內 학도병 해당자 35명 중 지원 안 한 학생은 단 두 명'이라 하고 '군郡의 영예를 위하여 지원하면 여러 가지로 댁에 도움을 줄 것'이라고 협박을 거듭했다.

총독부의 갖은 노력의 결과 조선의 경성제대와 법학전문, 고등상업, 고등농림, 고등수산, 연희전문, 보성전문, 혜화전문, 명륜전문 등 8개 관·사립 전문학교의 해당자 약 1천 명 중 9할 이상, 일본 유학생 중에는 재적 해당자 약 2,700명 중 귀국자 1,300명의 9할 이상, 일본에 있던 1,400명은 반 이상이 지원하였으며, 11월 12일 법령 개정 이후 1943년 가을 졸업자도 조선 안에서만 600명이 지원하여, 전체 대상자의 70% 가량이 지원을 마쳤다. 총독부는 이들에 대해서 '온전히 자발적인 분위기를 종용하여 왔으므로 사이비 지원자는 없을 것으로 확신한다'고 하여 다시 한번 다짐을 받았다. 그러나 명칭만 지원이었을 뿐 공포분위기를 조성하고 해당 학생 집집마다 행정기관과 경찰이 수시로 찾아가 강제로 지원을 종용한 결과였다.[35]

여석기는 학도병 지원을 피해 숨어 있다가 귀가했는데 한동안 잠잠하다가 경북도청에서 소환장이 왔다. 관계자로부터 '학도 지원이라는 천재일우의 기회는 놓쳤으나 그것을 보상할 길이 하나 남아 있다. 학도징용이라는 것이다'라는 말을 들었고, 더 이상 가타부타할 계제가 아니었으므로 징용에 응하였다. 메이지대 재학생이던 권○호는 징용을 피해 경북 영주로 피신했으나 조부모님을 감금하여 결국 경북도청으로 나갔다. 가족이 공무원이면 공무원을 면직시키거나

---

35) 이상의, 「태평양전쟁기 조선인 전문학생·대학생의 학도지원병 동원 거부와 '학도징용'」, 126-127쪽.

큰 사업을 하면 사업을 방해해서 못하게 하는 등 가정 사정에 따라 행정기관이 모든 강제수단을 써서 할 수 없이 끌려갔다고 한다. 1943년 동경전수학교東京專修學校를 졸업하고 김제 만경읍에서 16만 평에 달하는 농장을 경영하다가 징용된 경우도 있었는데, 학도병에 안 가려고 도망 다니자 가족을 너무 괴롭혀서 증조할아버지가 자수하라고 신문에 광고를 냈고 그것을 보고 귀가했다가 동원된 경우다.[36)]

■ 천재일우의 기회?

 이처럼 학도병지원제가 주는 압박감은 조선총독부의 강압적 총력전이 만들어 놓은 사회분위기상 당사자인 조선학생들에게는 선택이 아닌 강제로 다가왔다. 대다수 학생들은 지원에 응하지 않을 수 있는 방법을 찾느라 골몰했다. 이들 중 많은 수는 징용의 위협, 제도적 협박, 가족들을 동원한 회유 등의 분위기에 떠밀려 지원을 하거나 아니면 이미 지원병으로 자식을 보낸 가족이 쏟아내는 비난을 이기지 못해 지원하기도 했다.
 그러나 적지 않은 학생들이 산간벽지로 숨거나 먼 친척집으로 도피하면서까지 지원병 동원을 거부한 사례가 많다. 조선총독부는 학도지원병 모집이 끝나자마자 지원하지 않은 학생들을 곧바로 징용하였다. 당시의 전황에서 사회적 영향력이 있는 청년 지식인들이 학도지원병 모집에 응하지 않는 사례가 많아지면 파장이 적지 않았기 때문에 조선총독부는 최대한 신속하게 징용절차를 진행했다. 총독부는 그 파장을 차단하고자 이들을 심각한 사상범으로 취급하고, 곧바로

---

36) 이상의, 「태평양전쟁기 조선인 전문학생 · 대학생의 학도지원병 동원 거부와 '학도징용'」, 129-130쪽.

응징 조치를 취하였다. 1943년 11월 20일을 기한으로 학도병 지원서 제출이 마감되자, 총독부는 바로 비지원자에 대한 징용을 단행했다. 이미 일제는 '육군특별지원병 임시채용규칙'과 함께 재학생의 징집 연기를 불허하는 규정을 공포한 터였다.

2012년 12월 대일항쟁기 강제동원 피해조사 및 국외 강제동원 희생자 등 지원위원회의 조사결과에 따르면 당시 일본의 학도병 지원 요구를 거부하고 노무자로 끌려간 학생은 최소 125명이다. 이들은 1943년 11월부터 구인돼 국내 여러 사업장으로 끌려갔다. 1944년 일본 제국의회 자료에 언급된 징용학도 규모는 125명이다. 그러나 징용학도 1개 차수 인원이 150-200명이고, 최소 2개 차수가 있었다는 복수의 피해자 진술에 따라 위원회는 적어도 400명 이상이 동원된 것으로 추산했다.[37]

징용학도徵用學徒 혹은 응징학도應徵學徒라고 불린 이들은 지정된 작업장에 배치되어 고된 노역을 하다가 해방을 맞았다. 이 징용학도는 학도병에서 도주해 광복군에 합류한 사람들, 지원과 징용을 모두 거부하고 민족해방운동을 도모한 사람들에 비해 우리 사회가 거의 기억하지 못하고 있다. 이들은 조선인 중 최고 수준의 지식인으로서 학도지원병이라고 하는 일제의 엄혹한 주문을 거부했던 사람들이라는 점에서 재평가가 필요해 보인다. 일제는 이들을 사상범으로 취급하면서 이들의 행동이 사회에 미칠 파장을 고려하여 징용의 형식으로 사회에서 격리하였고, 노동현장에서는 이들에 대한 처우를 가혹하게 하면서 저항의식을 말살시키고자 특별관리를 했다.[38]

---

37) 「연합뉴스」(2012. 8. 13.) 알려진 인물들로는 국사학자 한우근 전 서울대 교수, 영문학자 여석기 고려대 명예교수, 계훈제 전 민주통일국민회의 부의장, 서명원 전 문교부 차관 등이 학도병 지원을 거부했다가 강제동원된 피해자다.
38) 이상의, 「태평양전쟁기 조선인 전문학생·대학생의 학도지원병 동원 거부와 '학도징용'」, 120-121쪽.

제4절

학도병들의 탈주와 투쟁

> 실증적 사료편취의 헛발질:
> 적나라한 생존본능을 표출한 부대 부적응자?

일제강점기 '학도지원병제도'에 의해 강제동원 된 한인들은 약 4천여 명에 달한다. 『반일종족주의』는 인정하지 않지만, 이들 학도병들은 대부분 강압에 의해 '지원'했기 때문에 입대 이후 '훈련거부'나 '탈출' 등의 방법을 통해 적극적으로 일제의 강제동원과 식민지배에 저항했다. 학병들의 항일투쟁은 징집거부, 훈련거부, 부대탈출, 그리고 부대 내 투쟁 등의 네 가지 형태로 전개되었다. 징집거부는 학병에 지원하지 않거나 지원한 이후라도 부대 입영을 회피한 경우를 가리킨다. 훈련거부는 일단 입영은 했으나 이후 시행된 군대 훈련을 어떠한 형태로든 거부한 사례를 말한다. 부대탈출은 일본군 부대 입영 이후 탈출을 도모하거나 탈출에 성공한 경우이다. 부대 내 투쟁은 훈련을 거부하거나 부대를 탈출하지는 않았지만, 부대 내에서 일본의 침

략전쟁에 맞서 저항한 행위를 일컫는다.³⁹⁾

학병을 출세를 위한 천재일우의 기회로 보는『반일종족주의』의 관점에 따르면 '탈출'이 아니라 '탈영'이 되는데 이들은 그 원인을 개인적 방종과 의지박약에서 찾는다. 일제종족주의자들이 꼽는 '탈영' 원인은 "가혹한 사적 제재가 횡행하는 병영생활의 부적응, 간부후보생 탈락의 비관, 참전에 따른 죽음의 공포"다. 학도지원병 탈영자의 정신세계는 "충만한 민족의식이 아니라 적나라한 생존본능으로 채워져 있다"는 것이다.⁴⁰⁾『반일종족주의』의 이러한 논거의 근거를 추적해 가면 일본군이 한인 학병들의 탈출원인을 적시해 둔 자료와 상당히 유사한 점을 발견하게 된다.

일본군이 작성한 문건 중 1944년 1월 20일부터 9월경까지 한인 학병들의 탈출과 관련한 통계가「臨時特別志願兵의 離隊·逃亡 주요 원인별 인원수, 지역, 離隊時의 상황 및 그에 따른 所見」이라는 제목의 문건에 실려 있다.⁴¹⁾ 이 문건에서 일본군이 한인 학병들의 탈출원인으로 꼽은 것은, 첫째, 간부후보생 미채용에 대한 불만. 둘째, 방종한 생활태도와 의지박약. 셋째, 병약으로 군무를 수행치 못한데서 오는 비관. 넷째, 반군사상에 근거한 외부로부터의 책동. 다섯째, 상관의 질책에 대한 두려움. 여섯째, 조모의 병환에 대한 걱정 등이었다. 이 중 일본군이 가장 많은 탈출 원인으로 기재한 이유가 두 번째 방종한 생활태도와 의지박약으로 인한 부대 이탈이다.⁴²⁾

당시 일본군의 입장에서 이 한인 학도병의 탈출 상황을 접했다고

---

39) 조건,「일제말기 한인 학병들의 중국지역 일본군 부대 탈출과 항일 투쟁」,『한국독립운동사연구』제56권(2016), 77-78쪽.
40) 이영훈 외,『반일종족주의』, 111쪽.
41)「軍紀風紀上等要注意事例集(昭和19年 9月 陸軍省 印刷)」, アジア歷史資料センター C12120749200.
42) 조건,「일제말기 한인 학병들의 중국지역 일본군 부대 탈출과 항일 투쟁」, 102쪽.

가정해보자. 일본군이 조선 학병들의 부대 탈출을 기술할 때 가장 곤혹스러웠을 대목은 식민지 청년들이 독립투쟁을 위해 부대를 탈출했을 경우다. 탈출 후에 실제 독립투쟁을 할 것인지 여부가 불확실하다고 핑계 삼을 수 있겠지만, 탈영의 이유를 한인들의 불만과 의지박약, 그리고 병약함 등으로 몰아 조선 학병들 스스로를 취약한 존재로 만드는 것이 자신들의 책임을 면하는 최선이었을 것이다. 이렇게 본다면 일본군이 가장 피하고 싶었던 상황은 학병들의 탈출이 일본제국주의의 침략전쟁에 대해 불만을 표출하는 식민지 청년들의 저항으로 비추어 지는 것 아니었겠나?

놀랍게도 『반일종족주의』에서 정안기가 서술한 탈영 원인은 일본군이 학병들의 탈출 원인으로 우리 학병들 본연의 결함을 지적한 것과 동일하다. 여기서 이런 의문이 든다. 방종하고 의지가 박약한 자가 전시에 전장에서 탈출을 시도할 수 있었을까? 어찌 어찌해서 부대 이탈에 성공한 경우도 있겠지만 독립군 진영까지 찾아간다는 것은 또 다른 목숨을 건 투쟁이다. 이는 방종하고, 의지박약한 경우와 연결 짓기 힘든 귀결 아닌가?

『반일종족주의』가 큰 사회적 논란의 대상이 되면서 인터넷상에 네티즌들의 독후감이 많이 올라와 있다. 그중 필자와 유사한 의구심을 표출한 글이 있어 소개한다.

> 한 가지만 지적하자면 정안기는 학도지원병에 대해 분석하면서 일본군 내무반 생활에서 크나큰 폭력을 겪은 이들이 임시정부로 탈출한 것에 대해 마치 부적응자가 도망친 뒤에 정치적 선전을 통해 자신의 위치를 높인 것처럼 묘사하는데 나로서는 황당할 뿐이다. 일본군의 내무반 생활의 가혹함을 인정하더라도 임시정부가 있는 곳

까지 단신으로 가는 것과 내무반 생활을 비교한다면 대부분 후자를 선택할 가능성이 더 높다고 생각된다. 미쳤냐. 거기가 어딘 줄 알고 거기까지 가니 대체. 엄마가 등짝 때리는 소리가 벌써 들린다. 임시정부는 적진이라 할 수 있는 중국 대륙 내부에 있었다. 거기까지 단신으로 탈영을 해서 찾아가는 게 내무반 생활에서 느낄 폭력의 위험보다 위험도가 낮다고 생각하는 정안기의 인식체계에서 나는 크나큰 가치체계의 착란 외에 달리 읽어낼 게 없다.

탈출과 투쟁

학병들을 강제동원의 측면에서 조명한 연구로는 강덕상의 『일제강점기말 조선학도병의 자화상』 연구가 중요하다.[43] 이 책은 한인들이 「육군특별지원병임시채용규칙陸軍特別志願兵臨時採用規則」에 의해 학병으로 동원되던 당시 사회의 다양한 움직임을 중점적으로 다루었다. 특히 황민화에 나선 다수의 친일·어용단체들의 동향과 언론·지식인들의 관계를 면밀하게 규명했다는 점에서 의의가 있다. 학도병 문제에서 놓치지 말아야 할 중요한 사실은 '천재일우의 기회'가 아니라, 조선의 학병들은 일제가 학도지원병제도를 시행하는 순간부터 강제동원의 굴레를 벗어날 수 없는 식민지 시대의 피해자였다는 사실이다.[44]

지금까지 일제 말기 학병들의 전쟁 동원과 저항, 탈출에 대해서는

---

43) 姜德相, 1997, 『朝鮮人學兵出陣-もう一つのわだつみのこえ-』, 岩波書店, 1997. 정다운이 이 책을 번역하여 2016년 『일제강점기말 조선학도병의 자화상』(서울: 선인)으로 국역 출간했다.
44) 조건, 「일제말기 한인 학병들의 중국지역 일본군 부대 탈출과 항일 투쟁」, 78-82쪽.

체계적인 정리가 이루어지지 못하고 지역별 연구들이 이루어진 정도다.[45] 탈출사건은 대부분 일본군 내부의 기밀사항이기 때문에 외부에 알려지지 않은 측면이 크다. 또한 탈출사건이 대부분 군내부에서 형식적 군사재판을 거쳐 처리되는 것이 일반적이었기 때문에 자료가 거의 남아 있지 않다.[46] 조건의 「일제말기 한인 학병들의 중국지역 일본군 부대 탈출과 항일 투쟁」 연구는 학병들이 일본군에 강제로 편입되고 전선에 배치되는 과정과 구체적인 탈출 과정을 일본군 측 자료를 통해 밝히고 있다는 점에서 중요하다. 이 논문에는 중국지역으로 동원되었던 학병들 중 널리 알려져 있는 한국광복군에 투신하여 활약한 학병들의 사례가 있다. 장준하·김준엽 등이 속했던 '한광반韓光班' 출신들의 광복군 투신과 이후 활약상이 대표적이다. 학병들의 탈출은 일본군이 작성한 명부[47]에서도 다수 확인된다. 이들 명부 속에는 학병들의 개인정보와 소속·주둔지 등이 상세하게 기록되어 있으며, 특히 탈출한 경우 그 경위와 수색 과정을 소상하게 밝히고 있다.[48] 국내에서 탈출을 행한 대표적 사례로 대구 24부대사건이 있다. 1944년 8월 8일 대구24부대에서 6명이 집단 탈출을 감행해 2명이 탈출에 성공하고, 4명은 체포된 사건[49]이다. 당시 이들은 탈출 전에 일본군 집

---

45) 1944년 6월 함흥 43보병부대 탈출사건, 1944년 8월 대구24부대 탈출사건, 1944년 11월 평양사단 탈출사건 등에 대해서는 참조: 鄭世鉉, 『獨立運動史』 제9권 (독립운동사편찬위원회, 1981).
46) 김도형, 「일제말기 대구24부대 학병 탈출의거」, 『군사』 제65권(2007), 204-205쪽.
47) 대표적으로 『留守名簿』를 비롯하여 『兵籍戰時名簿』·『臨時軍人軍屬屆』가 있다. 현재 이들 명부는 1990년대 초 일본 측으로부터 인계받은 이래 국가기록원에서 그 사본을 보관하고 있다.
48) 조건, 「일제말기 한인 학병들의 중국지역 일본군 부대 탈출과 항일 투쟁」, 81-82쪽.
49) 이들은 군형무소 중 가장 혹독한 고쿠라육군형무소에 수감되었는데 1945년 8월 15일 일제의 항복선언 당시 이 교도소에는 학도병 출신이 8명, 징병출신이 70여명 수감되어 있었다. 이들은 학병과 징병을 거부하거나 탈출한 사람들이었다. 김도형, 「일제말기 대구24부대 학병 탈출의거」, 222-223쪽.

단폭살계획을 추진하기도 했다.[50]

일본군의 입장에서 볼 때, 한인 학병들의 전선 부대 탈출은 전투인원의 상실로 인한 전투력 저하뿐만 아니라 군 전체의 사기에도 큰 영향을 미쳤다. 아울러 이들이 지속적으로 국민당 중앙군이나 중공 팔로군 또는 신사군으로 흘러들어가 선전공작을 수행하게 되면서 부대 내 한인들의 동요는 갈수록 심화되었다. 일본군의 입장에서 한인 학병들의 탈출은 더 이상 방치할 수 없는 일이었을 것이다. 일본군이 밝힌 1944년 1월부터 9월까지 9개월 동안 탈출한 학병 현황은 다음과 같다.[51]

	일본	중국		조선	만주	계
		화북	화중			
탈출인원	2	5	36	21	2	66

일본이 밝힌 숫자이니 이 숫자는 최소치라고 보는 것이 옳을 것이다. 전체적으로는 이보다 훨씬 많은 숫자의 학병들이 탈출하여 독립운동에 참여하였다. 『반일종족주의』 입장에서는 아마도 이들의 탈출 원인에 대한 실증자료 운운하면서 일본군이 작성한 원인별 구분을 들이밀고 싶을 것이다. 「일제의 조선인 학도지원병 제도 및 동원부대 실태조사보고서」에 따르면, 현재까지 공식적으로 확인된 것으로 광복군에 입대했거나 독립운동에 참가한 학병들의 숫자는 89명으로 확인된다.[52]

---

50) 김도형, 「일제말기 대구24부대 학병 탈출의거」, 212-215쪽.
51) 「軍紀風紀上等要注意事例集(昭和19年 9月 陸軍省 印刷)」, アジア歴史資料センター C12120749200; 조건, 「일제말기 한인 학병들의 중국지역 일본군 부대 탈출과 항일 투쟁」, 101쪽.
52) 행정안전부 과거사관련업무지원단, 「일제의 조선인 학도지원병 제도 및 동원부대 실

제국주의 일본이 대학과 전문대학에 재학 중인 한인들을 '학도지원병'으로 강제 동원할 것을 결정한 명목은 한인 대학생들에게도 일왕을 위해 전쟁에 참여할 수 있는 기회를 부여한다는 것이었다.『반일종족주의』의 정안기는 이를 곧이곧대로 해석하여 2등 국민이 일본 국민과 동등한 권리와 의무의 반열에 올라서는 것으로 평가한다. 그러나 당시의 시대적 정황을 염두에 두고 살펴볼 필요가 있다. 실상은 확장하는 전선의 수요를 충당하기 힘들어진 일본이 조선의 청년 지식인들을 침략전쟁에 총알받이로 끌고 가려는 조치로 이해하는 것이 상식에 부합하는 것 아닌가? 이는 일본측 자료에서도 확인되는 사실이다. 일본 군부도 강제동원된 학도병의 존재에 주의를 기울이고 있었고, 부대배치에서도 이러한 상황을 고려한 흔적이 확인된다. "군에서는 동지원병의 부대 배당을 실시하는데 있어 소질 우수한 자는 선외鮮外 부대에 충당하고 조금이라도 강제 지원이라고 보여지는 명랑성明朗性이 결여된 자는 선내鮮內부대에 충당시켰다."[53]

태 조사 보고서」, 51쪽.
53) 「第6章 朝鮮臨時特別志願兵の採用」,『朝鮮軍關係史料 2/2』, アジア歴史資料センター C13070003100.

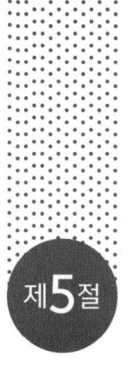

제5절

식민지 조선청년의 삶과 분투를 기억할 필요

일본의 전황이 불리해져 참전이 곧 죽음임을 각오하지 않을 수 없었던 1943년 말 시행된 것이 학병동원이다. 목숨을 담보로 한 대가는 더 이상 일신상의 이익이나 입신출세라는 말로 설명할 수 없다. 학병동원이 이루어진 1943년 말은 중일전쟁 초창기 일제가 대륙을 향해 승승장구 뻗어가던 상황에서의 자원입대와는 분위기가 판이했다. 일본은 무리하게 확장한 동남아 및 남태평양 전선에서 물자와 전력 부족으로 고전을 면치 못했고, 해외 사정에 밝은 지식층에서는 일본의 패전이 멀지 않았으리라는 예측도 나오고 있었다.[54]

'식민지 조선'과 일본에서 재학 중이던 한인 청년들은 일제의 강압에 의해 '지원'하지 않을 수 없었고, 결국 1944년 1월 20일 약 4천 명의 사람들이 일본군에 입대했다. 학병으로 동원된 한인 청년들의 규모를 전하는 자료들은 조금씩 상이한 통계를 제시하고 있다. 첫째는 일본군이 직접 작성한 것으로 여기에는 학병 동원자가 총 3,893명으

---

54) 윤영실, 「네이션, 죽음, 애도(2)」, 『한국현대문학연구』 제55권(2018), 161-162쪽.

로 기재되어 있다.[55] 두 번째는 조선총독부가 제국의회에 제출하기 위해 제작한 『第84回帝國議會說明資料』(1944년 8월)로 4,385명의 학병들이 동원되었다고 명시되어 있다. 세 번째는 1·20 학병동지회의 것으로 두 번째와 마찬가지로 4,385명이라고 기술하였다. 참고로 『반일종족주의』는 4,610명의 지원자 가운데 1,419명이 지원을 하였고, 적성검사를 받은 사람 중 합격자는 3,117명, 질병 및 기타 사유자 67명을 제외한 3,050명이 입대한 것으로 기술하고 있다.[56] 이른 시일 내에 정확한 명부 정리가 이루어질 필요가 있다.[57]

■ 함부로 재단하지 말라!

해방 이후 이들 학병 대상자들의 경험을 담은 글들이 쏟아져 나왔다.[58] 대부분 이 글들은 학병지원이 강제에 의한 어쩔 수 없는 선택이었다고 쓰고 있다. 물론 이 고백은 진실일 수도 있고 당위성을 염두에 둔 일종의 시대적 변론일 수도 있다. 수기와 더불어 1960년대에는 학

---

55) 일본군 측의 수치는 학병 동원 당시 조선 주둔 일본군 징병주임참모였던 요시다 도시쿠마(吉田俊隈)가 기록한 것이다. 이에 따르면 1944년 학병으로 동원된 한인 청년은 현역병 3,457명, 제1보충병 436명을 합한 3,893명이었다. 「朝鮮人志願兵·徵兵の梗概 表1 徵集人員一覽表」, 『朝鮮軍關係史料 2/2』, 일본 아시아역사자료센터 C13090003800.
56) 이영훈 외, 『반일종족주의』, 109쪽.
57) 2018년 1월 22일 발간된 「일제의 조선인 학도지원병 제도 및 동원부대 실태 조사 보고서」(행정안전부 과거사관련업무지원단)는 그동안 제대로 규명하지 못했던 일제에 의한 학병동원제도, 절차, 동원자수, 동원부대 등과 관련하여 체계적 규명을 위한 일보 진전을 이룬 것으로 평가된다. 이 보고서에는 각각의 자료를 통해 확인한 학병들의 명단이 소개되어 있다.
58) 귀환 학생 진상보고 좌담회를 수록한 『신천지』(1946.2) 창간호, 학병동맹의 기관지였던 『학병』 1, 2집(1946), 1944년 8월 8일 대구 24부대를 탈출한 6인의 행적을 담은 『학병탈출기』(1949), 1.20 동지회의 주도로 형성된 『청춘만장』(1973), 『1.20학병사기』(1~4권: 1987, 1988, 1990, 1998) 등의 집단 서사와 신상초의 『탈출』(1966), 장준하의 『돌베개』(1971), 김준엽의 『장정』(1987) 등이 있다.

병 체험을 바탕으로 한 소설도 지면을 통해 연재되거나 출판되었다. 한운사의 '아로운 3부작'과 이병주의 『관부연락선』, 이가형의 『분노의 강』이 대표적인 학병 소설로 꼽힌다. 이 소설들에는 식민지 청년이 전쟁의 와중에 겪은 다양한 경험이 담겨 있다. 전선에서 만난 일본인 병사들이 인간 대 인간으로 조선 병사들과 더불어 '우리'라는 공동체를 형성한 일화가 등장하기도 하고, 조선 학병보다 더 일본을 비판하는 일본 병사가 등장하기도 한다. 식민지 학병으로서의 굴욕감을 넘어서 생존의 기로에 섰던 학병들의 기억과 고통이 기록되어 있고, 강제를 당했거나 어쨌거나 원치 않는 지원절차를 밟아 일본의 병정 노릇을 하게 되었다는 마음의 상처와 자괴감이 고스란히 드러나 있다. 식민시기 청년들의 불안함도 곳곳에 스며있다.[59]

1930년대 후반부터 1940년대 중반까지 우리 식민지 조선의 청년 대다수는 시대적 불행에 등 떠밀려 조선을 강점한 일본국의 병정으로 전쟁에 참여하지 않을 수 없었다. 이 가운데는 적나라한 출세욕망을 좇아 충량한 황국신민화의 길로 불나방처럼 달려간 경우도 있을 것이다.[60] 학병으로 전선에 참전하였다가 목숨을 건 탈출을 감행하여 광복군에 결합한 경우도 있고, 탈출한 지역에 따라 중공군에 결합한 경우도 있고, 학병지원을 거부하다가 징용에 끌려가 생을 마감한 경우도 있고 이러한 와중에 생을 마감한 경우도 부지기수다. 식민시대에 태어났으나 그들은 한국인이었고, 전선의 확대로 일본의 동원령

---

59) 손혜숙, 「학병의 글쓰기에 나타난 내면의식 연구」, 『어문론집』, 제75권, 228-258쪽.
60) 1939년 6월 육군특별지원병 이인석상등병은 조선군 제20사단 제79연대 소속으로 중일전쟁에 참전해서 '천황폐하 만세'를 외치며 전사한 조선인 최초의 황군 병사로 알려져 있다. 장렬무비의 명예전사로도 알려진 이인석상등병은 3차례의 고별식, 금치훈장 수상, 야스쿠니신사 합사 등 파격적인 서훈·현창과 함께 조선인 호국영령으로 추모되었다. 정안기, 「이인석상등병의 전사와 '죽음의 정치성'」, 『일본문화학보』 제76권 (2018), 159-160쪽.

에 응해야 하는 상황에 직면했다. 응당 1940년대 조선인 청년의 삶과 운명의 편린片鱗들은 한반도가 품어야 할 가장 고통스러운 시대적 아픔이기도 하다. 어떤 세대보다 시대와 조국의 미래를 고민의 우선순위에 두었던 분들이다. 이분들의 미래 선택지를 제한한 것은 엄연히 일본 제국주의의 전쟁범죄였다. 일신상의 이익을 위해 황국신민의 지름길을 택했느니, 천재일우의 기회였느니 하는 조선총독부의 선전 문구들로 당시 조선 청년들을 함부로 일반화해서는 안 된다. 이는 조상들이 피로 쓴 한반도의 역사를 황민화와 내선일체內鮮一體라는 조선총독부의 논리로 참담히 유린하는 일이기 때문이다.

참·고·문·헌

「每日新報」,
「國民新報」

姜德相,『朝鮮人學兵出陣-もう一つのわだつみのこえ-』(岩波書店), 정다운 번역, 2016,『일제강점기말 조선학도병의 자화상』(서울: 선인, 1997).
김도형,「일제말기 대구24부대 학병 탈출의거」,『군사』제65권(2007).
김영미,「일제말기(1938-1945) 강원지역 군인동원에 대한 연구: 동원의 사례와 실태를 중심으로」,『한일관계사연구』제28권(2007).
김현아,「총력전체제기 육군특별제원병제의 실상과 군사원호」,『한일관계사연구』제62권(2018).
손혜숙,「학병의 글쓰기에 나타난 내면의식 연구」,『어문론집』제75권(2018).
윤영실,「네이션, 죽음, 애도(2)」,『한국현대문학연구』제55권(2018).
이상의,「태평양전쟁기 조선인 전문학생·대학생의 학도지원병 동원 거부와 '학도징용'」,『역사교육』제141권(2017).
전상숙,「일제의 식민지 조선행정일원화와 조선 총독의 '정치적 자율성'」,『일본연구논총』(2005).
정석창,「황민화와 내선일체로 본 친일문학의 양상」,『일본문화학보』제51권(2011).
鄭世鉉,『獨立運動史』제9권, 독립운동사편찬위원회(1981).
정안기,「이인석상등병의 전사와 '죽음의 정치성'」,『일본문화학보』제76권(2018).
조 건,「일제말기 한인 학병들의 중국지역 일본군 부대 탈출과 항일 투쟁」,『한국독립운동사연구』제56권(2016).
최주한,「중일전쟁기 이광수의 황민화론이 놓인 세 위치」,『서강인문논총』제47권(2016).

표영수, 「일제강점기 육군특별지원병제도와 조선인 강제동원」, 『안국민족운동사연구』제79권(2014).
한영우, 『다시찾는 우리역사』(파주: 경세원, 2015).
행안부 과거사관련업무지원단, 「일제의 조선인 학도지원병 제도 및 동원부대 실태 조사 보고서」(2018).

「연합뉴스」
http://cafe.daum.net/chiwoo

일제종족주의

제4장

위계와 위력에 의한 강제징용

제1절
일제종족주의자는 누구인가?
제2절
위계와 위력에 의한 동화: 민족말살
제3절
위계와 위력에 의한 노동동원: 강제징용
제4절
위계와 위력에 의한 강제성 확인: 대법원판결
제5절
착한 일본 만들기
제6절
글을 맺으며

서 창 훈

상명대학교 교양교육원
외래교수

일제종족주의자는 누구인가?

 2018년 10월 30일 대법원 전원합의체는 일제강점기 강제동원 피해자들에게 해당 일본 기업인 ㈜신일철주금이 배상해야 한다는 최종 확정판결을 내렸다. 판결은 일제의 한반도 식민지배와 강제동원의 불법성을 대전제로 삼는다. 이어지는 전제는 청구권협정의 협상과정에서 일본 정부가 이 불법성을 인정하지 않았기 때문에 강제동원 위자료청구권은 애초에 청구권협정의 적용대상이 아니었다는 것이다. 일본 정부와 일제종족주의자들은 이 두 전제를 모두 부정하며 대법원의 판결을 무효화하는 발언들을 쏟아낸다. 일제종족주의의 확산을 저지하기 위해 이 글에서는 일제가 한반도에서 자행한 위계와 위력의 역사에 관해 기술한다.

■ 절대 객관의 관찰자

 『반일종족주의』를 주장하는 자들은 '객관'을 매우 중시한다. 그래서 일제 관리가 기록한 숫자, 조선총독부가 발표한 통계, 일제 언론과 관청이 생산한 문서를 논거로 삼고, 자신들은 국적을 초월한 '불편부당한 관찰자'가 된다. 이 관찰자들은 착하고 합리적인 일본인과 "거짓말하는 국민" 한국인을 끊임없이 대비시킨다. 일제종족주의자들의 눈에 비친 이 거짓말을 즐기는 한국인들은 매우 특이하여 반일종족주의를 드러낼 때는 '단일'하지만 그 외에는 상호 약탈하는 '적대'적인 관계에서 산다.

"이웃 나라에 대해 그토록 무관심한 것, 그런 가운데 얼토당토 않은 무지가 횡행하는 것, 그 무관심과 무지가 때때로 강렬한 적대 감정으로 표출되는 것은 우리 한국인이 아주 오래전부터 이어온 장기 지속의 심성"이라면서도 이 "불변의 적대 감정"과 "소원한 관계"의 원인 제공자에 관해서는 한마디도 하지 않는 그들.[1] 병탄과 식민지배는 조선왕이 어리석고 약해서요, 강제징용노동자와 위안부 피해자는 돈 벌러 간 것이요, 학도지원병제는 천재일우의 기회요, 일본은 조선인들의 로망이었다는 그들. 그들의 대표 이영훈은 '위안부 = 성매매 종사자'로 인식되도록 실제 성매매 종사자를 "민간 위안부"라 불러가며, 그리고 일본군뿐만 아니라 한국인도 폭력적이었다는 것을 강조해가며 자신의 옛이야기 하나를 털어놓는다.

> 민간 위안부에 대한 정부의 관리와 감독은 무척이나 허술하였습니다. 악덕 포주의 위안부에 대한 노예적 지배는 일선 경찰과 뇌물로 이어진 결탁 하에서 공공연히 자행되었습니다. 노예적 속박에 저항하는 여인들에게는 폭력이 행사되었습니다. 저는 그 같은 장면을 여러 차례 목도하였습니다. 1976년경이었습니다. 서울 동대문

---

1) 이영훈 외, 『반일종족주의』 (서울: 미래사, 2019), 239쪽.

밖 창신동 어느 집에서 가정교사를 할 때의 일입니다. 동대문 근처에는 사창가가 발달하였습니다. 어느 날 저녁 8시경 어둑한 골목길이었습니다. 어느 남자가 몽둥이로 젊은 여인을 사납게 때리고 있었습니다. 벽에 기대 쪼그려 앉아 매를 맞는 여인은 비명을 지르며 두 손을 싹싹 빌고 있었습니다. 시골에서 무작정 상경하여 친구의 꾐에 빠지거나 인신매매를 당하여 사창가로 떨어진 20세 전후의 소녀였을 겁니다. 저는 물끄러미 그 장면을 쳐다보고만 있었습니다. 지금도 그 장면이 생생합니다.[2]

"물끄러미 그 장면을 쳐다보고만" 있는, 너무나 '객관적인 관찰자'인 일제종족주의자는 과거사 모두를, "그 같은 장면을 여러 차례 목도"할 때마다 이런 시각으로 바라본다. 그래서 그는 무자비한 폭력에 무방비로 당하는 저 여성에게 전혀 측은지심을 느끼지 못하고 폭행 가해자가 두려워 신고조차 못하는 자, 내 부모, 자녀, 형제자매와 타인의 부모, 자녀, 형제자매를 구별하지 못하는 자, 일본군 위안부 피해자와 성매매 여성을 구별하지 못하는 자, 위안부 피해자의 고통과 일본군 병사의 고통을 구별하지 못하는 자이다.

동일한 처지에 있다면 혈족적으로, 사회적으로, 공간적으로 가까울수록, 그리고 직접적일수록 공감이 강하게 일지만 일제종족주의자의 감정작용은 일제에 더 강하게 작용하는 것 같다. 제국주의 일본을 극찬하고 동포와 조국을 끊임없이 끌어내리는 일제종족주의자에게 일말의 공감능력이 있다면 위안부 피해자를, 강제징용 노동자를 그토록 부인하고 폄하하지 못할 것이다.

---

2) 이영훈 외, 『반일종족주의』, 265쪽.

피해자 책임전가, 성향주의, 가해자의 피해의식, 피장파장

　식민지 근대화론자, 뉴라이트, 일제종족주의자 - 뒤로 갈수록 공감능력이 떨어진다 - 들은 자신들의 사익추구와 유사학문의 정당화를 위해 몇 가지 전술을 사용한다.

　첫째, 피해자 책임전가(victim blaming)전술을 사용한다. 어떤 사회현상에 의해 피해를 입은 사람을 공범으로 간주하는 전술이다. 성폭력을 당한 여성이 오히려 가해자를 유혹했다는 비난을 받고, 빈곤한 사람에게 다짜고짜 게을러서 그렇다고 비난하는 경우가 대표적이다. 일제종족주의자들은 이 논리를 일제강점기 피해자들에게 고스란히 적용한다. 원래 몸을 팔던 여성들이나 헤픈 작부들이 위안부 피해자가 됐고, 꿈에 그리던 로망이라 일본으로 징용을 갔다는 식이다. 마치 홀로코스트의 책임을 면하려는 자들이 "유태인이 도살장으로 끌려가는 어린 양처럼, 털 깎는 자 앞에서 잠잠한 양처럼"(구약성경 이사야 53장) 굴었기 때문에 피해를 입은 것이라고 억설臆說하는 것과 마찬가지다.

　둘째, '성향주의' 전술로, 개인의 성향을 책임전가의 타겟으로 활용한다. 중일전쟁 발발 이후 1944년 8월까지 약 25만 명의 조선인이 일본에 간 것은 본인이 좋아서 간 것이고 개인의 선택이었다는 것이다. 식민기의 구조적 강권이 횡행하는 상황은 고려조차 하지 않는다. 역사와 경제 전문가라는 그들은 인간 행동의 가장 원초적인 작동방식조차 모르고 있거나, 알면서도 왜곡하고 있는 것이 틀림없다. 인간의 생각과 태도, 행동이 사회 환경에 따라 어떻게 바뀌는지 과학적으로 탐구하는 사회심리학자들은 '성격보다 상황이 인간의 행동에 커다란

영향을 미친다'는 사실을 다양한 경로로 증명해왔다.[3]

셋째, '가해자의 피해의식' 전술이다. '맞은 너만 아픈 게 아니라 때린 나도 아프다'는 식이다. 원폭으로 인한 2차대전 패망 후 일본이 가장 애호하는 전술 중 하나다. 또 '우리 덕에 근대화된 너희가 반일을 외칠 수 있어?', '조선인 일본인 똑같이 대했는데 차별이라 주장하는 것은 어불성설'이라고 주장한다. 심지어는 피해자의 '죄의식'을 조장하기도 한다. '일본군 위안부 피해자 문제는 원래 존재하지 않아서 1980년대까지 조용했던 것인데, 왜 이제 와서 들쑤셔 어지럽게 하냐'며 오히려 큰소리를 친다.

넷째, '피장파장' 전술이다. 주장 제시자의 비일관성이나 도덕성의 문제 등을 이유로, 제시된 주장이 잘못이라고 판단하는 논리오류의 일종이다. 일제종족주의자는 이를 의도적으로 악용한다. "진정 위안부 피해자들이 겪은 고통과 슬픔에 공감하고 그들을 위로할 생각이었다면, 먼저 일본을 공격할 게 아니라, 1990년까지 우리의 45년을, 아니 그 이후까지 포함해서 해방 70여 년을 반성해야 했습니다. 딸을 팔아먹은 것도, 가난한 집 딸을 꾀어 위안부 피해자로 넘긴 것도, 또 그 딸이 이 땅에 돌아오지 못하게 한 것도, 설령 돌아왔더라도 사회적 천시 속에서 숨죽여 살도록 한 게 우리 한국인 아니었습니까?"[4] 귀결은 항상 '우리도 잘못했으니 일본에 묻지도 따지지도 맙시다'이다.

이외에도 일제종족주의자들의 전술은 다양하다. 수천수만 장의 사진 또는 자료 중에 잘못된 것 하나를 찾아 '봐, 너희들 다 틀렸지'라거나, '모든 국제법이 다 그랬다'고 우기는 '일반화' 전술, 또는 "지금 반일을 외치면 하등 좋을 것이 없다"거나 "반일종족주의는 이 나라를

---

3) 참조: 리처드 니스벳·리 로스, 『사람일까 상황일까-태도와 행동을 결정짓는 숨은 힘』 (파주: 심심, 2019).
4) 이영훈 외, 『반일종족주의』, 374쪽.

다시 한번 망국의 길로 이끌어 갈지 모른다"며 '위기 조성' 전술을 펼치기도 한다. 이러한 전술들을 구사하여 일본극우의 주장을 유포하고 일제강점기 피해자들을 폄훼하는 자들이 일본인이 아니라 한국인이라는 사실이 놀랍고 서글프다.

위계와 위력에 의한 동화: 민족말살

『반일종족주의』는 일본 극우세력과 전범 기업들을 대변한다. 일제 종족주의자들이 식민지 조선에 대한 일본의 관대와 불편부당을 칭송하기 위해 자주 꺼내드는 '동화(assimilation)'는 결코 내세울 만한 표현이 아니다. 나라와 나라, 민족과 민족 사이의 '동화'는 곧 폭력이다. 모든 식민모국이 발전, 발달, 진보, 성장, 번영, 융성, 신장, 향상, 효율, 개화, 계몽, 신식, 현대 등 온갖 수식을 달아 식민지에서 실시했던 동화정책은 본래 '강제동화'일 수밖에 없고, 일제가 정치적·문화적 조치들을 통해 조선인을 사회적으로 동화시키는 과정에서 드러낸 폭력성은 그 어떤 제국주의 국가보다 무자비했다. 우리말 사용을 전면금지하고, 일본어를 관용어로 지정했으며, 지명도 모두 일본식으로 바꿨다. 신사참배神社參拜와 황국신민서사皇國臣民誓詞 암송을 강요했고, 일본식 이름을 사용하도록 '창씨개명'을 강제했다.

창씨개명 하나만 보더라도 일본의 동화정책이 얼마나 기만적이고 일제 본위인지 알 수 있다. 한국 병탄 직후 일제는 조선인과 일본인을 명확하게 구별해 조선인을 차별하거나 일본인을 우대했다. 그래서 몇몇 조선인이 자신의 이익을 위해 이름을 왜식으로 고치자 조선총독부는 1911년 11월 1일 「조선인의 성명 개칭에 관한 건」(총독부령 제124호)을 시행해 조선인이 일본식 이름을 사용하지 못하게 하고 이미 왜식 이름을 가진 사람도 본래의 성명으로 바꾸게 했다. 일본의 중국 침략으로 전쟁 수행에 필요한 인적·물적 자원이 부족해지자 성명개칭 금지가 뒤집혔다. 그러나 구별과 차별의 기조는 유지되었다. 조선총독부는 1939년 11월 10일 「조선민사령朝鮮民事令」을 개정(제령 제19호) 발표하여 조선인이 일본식 씨명제氏名制를 따르도록 창씨개명創氏改名을 강제했다. 주목해야 할 동강이는 '창씨'다. 창씨는 일본식 '씨氏'를 만드는 것인데, 여기서도 일본'식'에 무게중심이 있다. 창씨로 일본식의 성씨를 만들되 실제 일본인들의 성씨와는 구별되는 이름이어야 했다.

조선과 타이완의 부계 친족체계를 약화시키기 위해 창씨개명을 단행했다는 요나하준의 견해도 구별 가능한 성씨를 강조한다.

> "조선이나 타이완의 친족체계는 근세 중국과 동일한 부계 혈연의 네트워크 방식이기 때문에 동일한 집안에서도 '부부 별성'이며, 멀리 떨어져 있을지라도 성姓과 본본이 같은 이들 사이의 유대를 유지하고 있었습니다. … '이에 / 집안'을 단위로 하여 동원했던 근세 일본 이래의 정치권력이 지배하기 쉽도록 강제로 새로운 성을 만들어서 부계 혈연집단을 분할·약체화하고 일가의 내부에서 모두 동일한 성으로 만드는 것이 정책자의 주안점이었다고 보입니다."[5]

---

5) 요나하준, 『중국화하는 일본』(서울: 페이퍼로드, 2013), 183쪽.

■ '대한'의 말살

병탄으로 인해 잃은 가장 크고 귀한 이름은 '대한'이다. 우리의 국명 '대한민국'은 '대한제국'에서 나온 것이고, 이미 대한제국기에도 일간신문과 잡지가 대중적으로 사용했던 비공식 국호였다.[6] 1897년 10월 11일 조선의 사대주의를 혁파하고 앞으로 일본 제국에 대항할 새로운 자주독립 '민족국가'의 국호를 제정하기 위한 확대어전회의에서 확인한 국호 '대한大韓'은 다음과 같은 의미를 갖는다.

> 우리나라는 곧 삼한三韓의 땅인데, 국초國初에 천명을 받고 통합하여 하나가 되었으니, 지금 천하의 이름을 '대한大韓'이라고 정하는 것은 불가한 것이 아니다. 또한, 일찍이 각국의 문자를 볼 때마다 '조선'이라고 하지 않고 '한韓'이라고 했으니, 이는 아마 미리 징험을 보이고 오늘날을 기다린 것이다. 천하에 성명하기를 기다릴 것도 없이 천하는 모두 다 '대한'이라는 칭호를 알고 있다.[7]

일본마저 조선을 종종 '한'이라 불렀다. 일본인들은 사이고 다카모리(西鄕隆盛)를 중심으로 추진한 조선정벌론을 정한론이라 불렀고, 당시의 일본 신문들도 조선, 조선조정, 조선인을 '한韓', '한정韓庭', '한인韓人'으로 부르기도 했다. 그러나 병탄을 기점으로 국호 '대한'에 대한 말살정책이 시행됐다. 1910년 5월 30일 제3대 통감으로 임명된 데라우치 마사타케(寺內正毅)는 곧바로 '병합준비위원회'를 꾸려 7월 7일 21개조의 '병합실행세목'을 수립했는데, 제1조(國稱件)가 "한국을

---

6) 대한민국 국호의 유래에 관해서는 다음의 글을 참조: 황태연,『대한민국 국호의 유래와 민국의 의미』(파주: 청계, 2016).
7) 『고종실록』고종34(1897, 광무1) 10월 11조.

개칭해 조선으로 할 것"이었다. 1910년 8월 18일 일본 가쓰라 타로(桂太郞) 총리의 승인을 거쳐, 1910년 9월 2일 메이지 일왕이 국호개칭에 관한 칙령을 발포하자 한반도 전역, 전 분야, 전 공간에서 국호 '대한'에 대한 말살이 개시됐다. 일제는 공문서, 언론, 단체명은 물론 일상생활에서도 '대한'의 사용을 금지했고, 거부하면 모두 폐기하거나 판매 금지하거나 처벌했다. 그래서 '대한매일신보'와 '대한민보'는 '대한'을 떼고 '매일신보'와 '민보'가 되었으며, '대한신문'은 '한양신문'으로 제호를 변경했다. 국호 '대한'의 말살 역시 '동화同化'의 이름으로 자행된 것이다.

■ 문화재 파괴

1905년 11월 17일 대한제국 외부대신 박제순과 일본 제국 주한 공사 하야시 곤스케(林權助)가 체결한 '을사늑약乙巳勒約'에 따라 1906년 2월 통감부가 설치되었다. 통감부는 "오로지 외교에 관한 사항"만 관리할 수 있었지만, 초대 통감으로 부임한 이토 히로부미(伊藤博文)의 권한과 위세는 막강했다. 우선 대한과 조선의 대표적인 상징인 숭례문崇禮門의 담장이 헐려 나갔다. 1907년 서울을 방문하는 일본 황태자 요시히토의 이동 편의를 위해서는 제대로 된 도로가 필요하고, 이 길을 닦으려면 성곽을 부숴야 한다는 게 일제의 표면적인 이유였다. 하지만 더 내밀하게는 "대일본의 왕세자가 머리를 숙이고 문루 밑을 지날 수 없다."는 망심 때문이었고, 차제에 '대한'과 한성의 상징을 파괴하려는 의도도 숨어 있었다. 그렇게 성곽이 헐린 자리에는 도로와 전찻길이 났고, 숭례문은 화강암으로 된 일본식 석축에 둘러싸였다.

조선총독부가 들어선 후 일제의 만행은 더해갔다. 1915년 총독부는 도시계획에 따른 도로확장을 핑계로 서대문인 돈의문敦義門을 헐어버렸다. 매일신보는 "西大門서대문의 落札낙찰 二百五圓이백오원 – 6일에 경매한 새문 목재만 이백오 원에"란 제하의 기사로 이 사건을 건조하게 보도했다. "시구의 개정으로 인하여 경성 서대문西大門을 헐기로 결정하고 총독부 토목국 조리과에서는 6일 오전에 경매 입찰을 행하야 입찰자 10여 명 중에서 결국 205원 50전으로 경성 염덕기廉德基에게 낙찰되었는데 본래 경매한 것은 거의 목재뿐이오 석재는 이것을 도로의 개수에 사용하고 또 고고학考古學상에 참고할 자료될 부속물은 총독부에서 영구히 보존한다더리."[8]

더 극악한 사건은 같은 해 9월 11일부터 10월 31일까지 일제가 개최한 조선물산공진회朝鮮物産共進會에서 일어났다. '공진共進'에서 읽을 수 있듯이 한국 병탄 5주년을 기념하고 조선과 일본의 공동 발전을 날조하기 위해 기획된 이 박람회의 개최 장소는 경복궁이었다. 이 행사를 준비하고 진행하는 동안 일제가 경복궁 내 전각 4천여 칸을 해체해 실어내는 바람에 근정전, 경회루, 교태전 등 극히 일부를 제외한 대부분 전각은 본래의 형태를 찾을 수 없을 만큼 훼손되었다. 조선시대 세자 내외가 생활했던 공간인 자선당資善堂도 통째로 뜯겨 일본으로 무단 반출되어 귀족 부호였던 오쿠라 키히치로의 집에 세워졌다.[9] 식민지 근대화론자들이 공동번영의 단골 사례로 언급했던 조선물산공진회는 이렇게 조선 궁궐, 조선 문화, 조선 자주성 파괴의 현장이었을 따름이다.

한국의 문화, 역사, 자주성, 민족의식을 말살하기 위한 한 방책으로 경복궁 파괴는 이미 자행되고 있었다. 조선총독부는 1912년 새로

---

8) 『매일신보』1915. 3. 7., 3면 3단.
9) 자선당은 관동대지진으로 붕괴하여 주춧돌만 남았으며, 1995년 반환되어 경복궁의 원래 자리에 복원되었다.

운 청사 건립을 추진하면서 한국적인 것을 가장 크게 훼손할 수 있는 장소를 물색하여 경복궁의 정문인 광화문과 근정전의 정문인 근정문 사이에 있는 흥례문興禮門 일대를 선택했다. 착공과 더불어 흥례문, 주변의 행각, 영제교 등이 철거되었고, 그 자리에 1926년 10월 조선총독부 청사가 들어섰다. 경복궁 건춘문建春門을 신청사의 정문으로 삼은 조선총독부는 1927년 총독부 건물의 정면을 가린다는 이유로 광화문을 해체해 건춘문의 북쪽으로 옮기고, 그 터에 '총독부 광장'이라는 이름을 붙여 옥외행사에 활용했다.

창경궁을 창경원昌慶苑으로 바꾼 일제의 행태와 핑계는 더욱 충격적이다. 일제는 1909년 창경궁 보루각과 일대의 전각들을 철거하고 그 자리에 일본식 정원과 건물을 세우고 동물들을 들여왔다. "을사늑약과 정미7조약 등으로 우울함과 근심에 싸인 순종을 위로"한다는 명목이었지만 결과는 궁과 왕실의 손상으로 나타났다. 순종의 우울과 근심을 자아낸 을사늑약과 정미7조약을 위력과 위계로 취한 가해자가 조선의 궁을 다시 훼손해 위안거리로 제공하였으니 병 주고 약을 주겠다며 다시 병을 주는 형국이 되었다.

조선의 5대 궁궐 중 경희궁은 일제에 의해 가장 처참하게 파괴되었다. 경희궁은 인조 이후 철종에 이르기까지 10대에 걸쳐 임금들이 이궁離宮으로 사용하였고, 영조는 치세의 절반을 이곳에서 보낸 만큼 조선의 역사가 깊이 스며있는 궁궐이다. 일제는 병탄 전인 1907년 이미 경희궁 안에 자신들의 자녀가 다닐 통감부중학교를 세우면서 기존 건물들을 대부분 철거하였을 뿐만 아니라 높은 곳을 깎아 낮은 곳을 메우는 등 지형도 크게 변형시켰다. 경희궁은 병탄 이후 소유가 조선총독부로 넘어가면서 급속히 모습을 잃어갔다. 조선총독부는 숭정전, 회상전, 흥정당, 흥화문, 황학정 등 경희궁의 정전과 교전, 부속

건물들을 매각하거나 이전했고, 경희궁 부지 2만 5천여 평을 떼어내 그 자리에 조선총독부 전매국 관사를 지었다. 이 중에서 흥화문은 남산자락 '춘무산春畝山'에 지은 '박문사博文寺'로 옮겨 정문으로 사용했다. 한국 병탄의 주범인 이토 히로부미를 기리기 위한 절을 짓고, 그 절터 주변에는 이토의 호를 붙여주더니 경희궁 정전인 숭정전의 입구 흥화문을 그곳에 갖다 놓은 것이다.

도성과 궁궐의 파괴 외에도 일제의 문화재 파괴와 약탈은 부지기수였다. 병탄 직전 경천사 10층 석탑(고려 1348년 제작, 국보 86호)이 일본 궁내대신 다나카 미스아키(田中光顯)에 의해 일본으로 반출되었고, 불국사 다보탑 기단부의 네 귀퉁이에 있던 4개의 돌사자 중 3개는 다른 일본인들이 훔쳐갔다. 이토는 이완용과 결탁해 개성 일대의 고려 고분을 도굴하고 수많은 고려청자를 빼돌렸고, 가루베 지온(輕部慈恩)은 공주의 송산리 고분군을 도굴하는 등 전국적으로 일본인들의 불법 도굴이 자행되었다. 강점기 말인 1943년 일제는 「유림의 숙정 및 반反시국적 고비古碑의 철거」 명령을 내려 대한의 정신과 얼이 담긴 비석들을 파괴하거나 매장했다. 이때 소실한 석비로는 전남 해남의 이순신 명량대첩비, 충남 아산의 이순신 신도비神道碑, 전북 남원의 이성계 황산대첩비, 경기 고양의 행주전승비 등이 있다.

■ 수탈을 위한 경제 동화

식민지 근대화론자들은 일제가 자본과 기술을 투자해 조선을 개발하고 근대화시켰으며 일본의 이 도움이 있었기에 지금의 대한민국이 존재한다고 믿는다.

일제종족주의의 태두로 당대를 살았던 윤치호의 평을 빌어 이 식민지 근대화 주장의 타당성을 살펴보자. 일제에 대한 윤치호의 부왜노附倭奴적 태도는 강점기가 길어질수록 더욱 극명해졌지만, 이런 윤치호가 보기에도 1920년대 일제의 동화주의와 식민정책은 일본만을 위한 것이었다. 그는 자신의 일기 곳곳에서 일제가 강력强力으로 한국을 병탄하고 천황과 일본인들의 이익을 위해 각종 동화정책을 시행했다고 비판했다. 윤치호는 "조선에 충만한 것은 천황의 은혜가 아니라, 천황의 악의"라고 단언하면서, 일본인들이 철도와 도로의 확장, 관개사업과 조림사업의 진전 등을 자랑삼아 자기들이 조선에 은혜를 베풀고 있다고 선전하는 것에 대해 "당장 그 모든 시설이 제거되면 일본인들이 조선인들에 비해 적어도 100배 이상의 손해를 볼 것"이라고 반박했다.[10]

일제는 식민지 지배에 필요한 재정을 마련하고 토지 수탈을 원활하게 하려고 1912년부터 시행된 토지조사사업을 진행했다. 기한부 신고제였던지라 글을 모르거나 사업 내용을 숙지하지 못한 농민들은 토지를 빼앗겼고, 소유권이 불분명한 마을이나 문중의 토지, 정부와 왕실의 토지도 침탈해 동양척식주식회사에 넘겨졌다가 다시 조선의 일본 동화를 촉진하도록 한반도에 이식된 일본인 이민자들에게 헐값에 매각되었다. 조선총독부는 민족 자본의 성장을 억제하고 일본기업이 주요산업을 독과점하도록 회사 설립을 허가제로 강제한 회사령을 공포했다. 조선총독부는 또한 산림령, 임야조사령, 어업령, 광업령 등도 발령해 일본인들에게 자원 개발과 회사 설립이 유리한 환경을 조성해 주었으며, 이를 통해 한국을 일본의 원료 공급지와 상품 시장으로 전락시켰다. 한국의 식량과 자원을 일본으로 반출하고, 일본 상품을 한국에 판매하기 위해 신작로, 철도, 항만을 건설하거나 정비하

---

10) 윤치호, 『윤치호 일기: 1916~1943』(서울: 역사비평사, 2001), 34-35쪽.

였으니, 일제의 경제 동화주의에 의한 한국의 발전이란 윤치호의 생각대로 "일본의, 일본에 의한, 일본을 위한 발전"이었을 뿐이다.[11]

---

11) 윤치호, 『윤치호 일기: 1916~1943』, 35쪽.

위계와 위력에 의한 노동동원: 강제징용

■ 강제동원 피해 현황

"신성한 황군을 더럽힌다"며 조선인의 입영을 거부했던 일제는 1937년 중국대륙을 침략해 중일전쟁을 일으키고 병력이 부족하자 「조선인 특별지원병제」(1937년 12월)와 「육군특별지원병령」(1938년 2월)을 공포했다. 1943년에는 「해군특별지원병제」(8월)와 「학도지원병제」(10월)를 실시하였고, 이어 1944년 4월부터는 본격적으로 「징병제」를 실시하여 1945년 8월까지 20만 9천 명(육군 18만 7천 명, 해군 2만 2천 명)을 동원했다. 군인과 함께 군속(군무원)도 동원했다. 일본 육해군에 소속된 민간 인력인 군속은 국민징용령을 비롯한 각종 규칙에 의해 동원되었고, 중부·서부 태평양 지역에서는 현지에서 직접 채용하기도 했다. 한반도, 일본, 중국, 동남아시아, 중부·서부 태평양 제도의 군 기지와 전선에 약 15만 명이 강제 동원되었다. 동원된 조선인 군인

과 군무원 중 2만 1,699명이 전사하였다.[12]

압도적인 규모의 강제동원 형태는 노무동원이다.[13] 일제는 법령을 만들고 공권력을 동원하여 한반도는 물론 일본, 사할린, 중국, 타이완, 동남아시아, 중부·서부 태평양 일대의 산업현장에 755만 4,764명(중복 동원 포함) 이상의 조선인을 동원했다. 한국을 불법 점령한 일제가 정책적, 계획적, 조직적, 집단적, 폭력적으로 집행한 노무동원으로 인해 조선인은 군수공장, 군공사장, 토건공사장, 석탄광산, 금속광산, 항운운수작업장, 집단농장 등 1만 1,523개소 이상의 다양한 작업장에서 강제 노동을 해야 하였다. 업종별로는 단굉과 굉신으로 동원된 경우가 가장 많았고, 지역별로는 한반도와 일본의 작업장이 다수를 차지하였다. 조선인 노무자는 열악한 노동환경, 노동재해, 계약위반, 인신구속, 과도한 폭력, 집단 학살, 임금 미지급 등의 부조리한 처우에 내몰렸으며, 여성과 미성년자도 강제동원을 피하지 못했다.[14] 일제는 국민학생까지 '근로보국'이나 '근로동원'의 명목으로 날마다 군사시설공사에 강제로 동원하였으며, 1944년 「여자정신대근무령女子挺身隊勤務令」을 제정·공포함으로써 12세부터 20세까지의 한국인 여성 수십만 명을 강제 징집하여 일본과 한국내의 군수공장에서 사역시켰다. 비행기 부품을 생산하고 조립하는 구 미쓰비시 항공기제작소는 정신대 인력이 배치된 대표적인 일본 내 군수물자공장이었다.[15]

12) 강제동원에 관한 연도별 사건별 상세 내용은 다음을 참조: 정혜경, 『일제강점기 조선인 강제동원 연표』(서울: 선인, 2018).
13) 한국인 강제연행, 강제노동에서 나타나는 '강제'의 성격에 관해서는 다음을 참조: 전기호, 『일제시대 재일 한국인 노동자계급의 상태와 투쟁』(서울: 지식산업사, 2003), 149-180쪽.
14) 참조: 대일항쟁기강제동원피해조사및국외강제동원희생자등지원위원회, 『위원회 활동 결과보고서』(서울: 대일항쟁기강제동원피해조사및국외강제동원희생자등지원위원회, 2016)
15) 이승우, 「일제강점기 근로정신대여성의 손해배상청구」, 『한국동북아논총』 제20집 제3호 (2015. 9.), 182쪽.

강제동원 피해 현황 *(단위: 명)

유 형	구 분		동원자 수	소 계
군인 동원**	한반도 내		51,948	209,279
	한반도 외		157,331	
군무원 동원***	한반도 내		12,468	60,668
	한반도 외		48,200	
노무자 동원	한반도 내	도내 동원	5,782,581	6,488,467
		관 알선	402,062	
		국민징용	303,824	
	한반도 외	국민징용	222,217	1,045,962
		할당 모집, 관 알선	823,745	
계				7,804,376

1) 1인당 중복 동원 포함, 위안부 피해자 동원수 제외
2) 군인 동원: 국외 157,331명, 국내 51,948명(1945년 8월 기준 한반도 주둔군 숫자)
3) 군무원 총수는 국민징용에 의한 동원자 수를 제외한 수
* 출처: 대일항쟁기강제동원피해조사및국외강제동원희생자등지원위원회, 『위원회 활동 결과보고서』 135쪽.

■ 제국주의의 고도 인력동원 전략: 모집

『반일종족주의』에서 강제동원을 '신화'로 규정한 이우연은 징용을 거부하면 1년 이하의 징역이나 1백 엔 이하의 벌금에 처해졌기 때문에 국민징용의 강제성은 마지못해 인정하면서도 모집과 관 알선은 철저한 "자발적 선택"이라고 주장한다. 이 많은 피해자들의 경험을 '저 좋아서 한 일'로 치부한 것이다. 과연 그러한가?

노무동원은 세 가지 경로를 통해 이루어졌다. 첫째, 일제가 「국민징용령」 및 「국민직업능력신고령」에 의거하여 등록한 자 중에서 선정하여 징용영장을 발령·교부하는 국민징용이다. 일제는 조선인 노

동력을 파악하고 등록해서 언제든지 동원할 수 있도록 준비하고 있었고, 동원에 응하지 않으면 국민징용령 위반으로 검거해 실형을 언도했다. 여기에는 일제종족주의자들도 이의를 제기하지 않는다. 둘째, 조선인을 고용하고자 하는 고용주(일본인)가 모집 신청을 내면, 조선통독부가 노무자의 모집 지역과 인원을 결정하여 허가한 후 해당 지역에서 노무자를 공출하는 모집이다. 지역 할당 기준은 천재지변으로 피해를 입어 경제적인 어려움을 겪는 곳을 우선으로 했다. 이는 조선총독부의 지침으로 피해 복구에 대한 책임 회피와 이재민들의 어려운 심황을 두루 이용하기 위해서였다. 셋째, 조선총독부가 작성하여 결정한 「조선인내지이입알선요강朝鮮人內地移入斡旋要綱」에 따라 관 알선을 실시했다. 조선인을 고용하고자 하는 사업자나 대행단체가 신청을 하면, 조선총독부가 모집지역 및 인원을 허가·결정하고, 조선총독부 및 지방행정기관과 경찰관헌, 조선노무협회, 직업소개소 등이 협력하여 노무자를 선정하고 이들을 동원하였다.[16]

'자기 발로 걸어가 일하고 임금도 받았으니 강제성은 없다'는 주장의 근거로 자주 제시되는 모집과 관 알선을 보자. 우선 모집은 '공출'임을 상기해야 한다. 일제강점기에 일본이 조선에 요구한 공출에는 농업생산물이나 쇠붙이 따위의 기물만이 아니라 사람도 포함되었다. 실제로 일본의 노무동원 공문에는 '공출'이나 '조선인을 공출한다'는 표현이 자주 사용되었다. "물자와 노동력이 뒷받침되어야 병사들은 움직일 수 있고 전쟁을 수행할 수 있다. 그러므로 전쟁을 수행하는 당국의 입장에서 물자와 노동력은 분리되지 않은 한 덩어리이다. '공출'이라는 용어를 사람(조선인)과 물자에 함께 적용한 배경"이다.[17]

---

16) 대일항쟁기강제동원피해조사및국외강제동원희생자등지원위원회, 『위원회 활동 결과 보고서』, 127-128쪽.
17) 정혜경, 『징용 공출 강제연행 강제동원』(서울: 선인, 2013), 9쪽.

징용은 말할 나위 없거니와 모집과 공출 역시 모집인원과 지역 안배부터 모든 과정을 조선총독부가 관할했고 공권력에 의해 집행되었다. 노동자와 자본가가 합의와 계약을 통해 임금 및 노동조건을 정하는 것이 정상인데 단결권, 단체교섭권, 단체행동권은커녕 작업장 선택과 이동의 자유마저 없는 노동이 강제성이 없다고 할 수 있는가.[18] 심지어 강압적인 방법으로 모집정원을 채웠고, 현장에 배치되면 자신의 의사와 무관하게 강제노동에 시달렸다.

    사례 중 일부다. 돌이 갓 지난 딸이 있는 한 젊은이(가영봉, 1911년 충청남도 서산군 원북면 청산리 출생)는 동네에서 '누군가는 징용을 가야 된다'며 떠밀린 심지뽑기에 걸려 사할린의 화태樺太로 징용을 갔고, 노무계에 연행된 18세 청년(김경래, 1925년 충청북도 진천군 백곡면 석현리 출생)은 진천경찰서 뒷마당에 집결된 50명과 함께 군복을 입고 각반까지 찬 채 화태 소재 닛테쓰日鐵(일본제철)광업 주식회사 도마리케시(泊岸) 탄광으로 이송됐다.[19] 유사한 경로로 강제동원 되어 탄광에 배치된 피해자들은 이삼일 간 아무것도 먹지 못하고 도망하거나, 도망하던 중 굶주림으로 사망하기도 했고, 가혹한 중노동에 병이 나 하루를 쉰 스무나믄 살의 한국인 노무자는 휴근을 이유로 구타와 고문으로 학살당하고도 '병사' 처리되기도 했다.[20] 모집이나 관 알선 방식으로 강제동원되어 일정 기간 노동을 한 뒤 귀국하려던 사람들 중 일부는

---

18) 국제노동기구(ILO)의 1999년 보고서는 ILO 제29호 '강제노동에 관한 협약'(1930년)을 기준으로 일제가 한국과 중국의 노동자를 동원해 일을 시킨 것이 강제노동(forced labor)에 해당한다고 판단했다. ILO 제29호 제2조 1항: "이 협약상 목적을 위하여, '강제근로'라는 용어는 어떤 사람이 처벌의 위협하에서 강요받거나 자발적으로 제공하는 것이 아닌 모든 노동이나 서비스를 의미한다."
19) 일제강점하강제동원피해진상규명위원회,『지독한 이별』(서울: 국무총리실 소속 일제강점하강제동원피해진상규명위원회, 2007), 171-197쪽.
20) 강제징용 조선인 노무자에 대한 학대와 잔혹행위에 관해서는 다음을 참조: 박경식,『조선인강제연행의 기록』(서울: 고즈윈, 2008).

'현원징용現員徵用'을 당하기도 했다. 일제가 일반 징용의 준비단계로 노동이동 제한을 조치한 것이다.

　노무자들이 강제로 동원되었다는 사실을 깨닫지 못하게 하는 것은 제국주의국가에게 중요했다. 기업이나 조선노무협회, 직업소개소 등을 전면에 내세우면 노동자의 처우를 국가가 직접 책임질 필요가 없었고, 강제성이 밝혀지더라도 민간에 책임을 떠넘길 수 있기 때문이다. 독일도 일본과 유사한 동원전략을 사용했다. 이제까지 나치 치하 제국노동부(Reichsarbeitsministerium)는 점령국의 노무동원에 별다른 영향을 미치지 않은 것으로 알려졌으나, 제국노동부 공무원들의 개별 이력을 조사한 최근의 연구는 제국노동부가 '모집위원회(Werbekommission)'를 꾸려 '모집(Werben)'의 이름으로 점령지 주민들의 강제동원과 강제노동, 차별에 조직적으로 깊숙이 개입했음을 밝혀냈다. 일례로 점령지 우크라이나의 모집위원회 책임자였던 슈프레티(Cajetan Graf von Spreti, 1905-1989)는 1942년 12월 "노동력을 모집한다고 말할만한 시간은 진작 지났다. … 사람들의 불만이 커지고 있어서 목표치를 달성하려면 더 강력한 조처가 필요할 것으로 보인다."고 보고했다.[21] 이 보고 이후에도 강제동원은 여전히 '모집'의 이름으로 실시됐다.

　국제노동기구(ILO)는 이미 1998년 한국의 일본군 위안부(Wartime "comfort women")와 전시산업강제노동(wartime industrial forced labour) 문제를 다루면서 일제의 위력과 위계에 의한 대규모 강제징용은 명백한 강제노동에 해당한다고 판단하고, 일본 정부에게 피해자에 대한

---

21)　이 연구는 연방하원 결의로 독일연방 노동사회부 후원을 받아 진행되었으며, 연구결과는 2019년 4월 3일부터 10월 8일까지 베를린에서 열린 전시회 "제국노동부 1933-1945. 국가사회주의의 공무원"(Das Reichsarbeitsministerium 1933- 1945. Beamte im Dienst des Nationalsozialismus)을 통해 대중에 공개되었다.

신속한 구제 조치를 권고했다.

> 본 위원회는 제출된 정보와 일본 정부의 답변을 검토했다. 본 위원회는 일본 정부가 '외무성보고서'의 전반적 내용에 대해 반론하지 않고 그 대신 각각의 정부에게 금액을 지불해 왔다고 지적하였음에 주목한다. 본 위원회는 이렇게 비참한 조건에서 일본 민간기업을 위해 대규모 노동자 징용이 이루어진 것은 강제노동조약 위반이라고 판단한다. 본 위원회는 현재 법정에서 소송이 진행 중이지만 피해자 개인에 대한 배상을 위해 어떠한 조치도 이루어진 바가 없다는 점에 주목한다. 본 위원회는 정부 간의 금전 지불이 피해자에 대한 적절한 구제조치로서 충분하다고는 생각하지 않는다. '위안부' 사건과 마찬가지로 본 위원회는 구제를 명령할 권한이 없다는 것을 언급하며, 일본정부가 스스로의 행위에 대해 책임을 받아들이고 피해자의 기대에 부합하는 조치를 마련할 것이라고 확신한다. 본 위원회는 일본정부에게 소송의 진행상황과 검토 조치에 대한 정보를 제공할 것을 요청한다.[22]

■ 노동현장의 민족차별

한국을 병탄하고 강제점령한 일제가 한반도에서 실시한 노무동원은 어떤 방식이든 불법일 수밖에 없으며, 그 방식 하나하나를 분석해도 불법 이외의 결론에 도달할 수 없다. 그런데도 이우연은 일본 기업

---

22) ILO, "Observation (CEACR) - adopted 1998, published 87th ILC session" (1999). (http://www.ilo.org/dyn/normlex/en/f?p=1000:13100:0::NO:13100:P13100_COMMENT_ID:2172187. 최종검색일: 2019. 10. 1.).

(신일철주금 주식회사)에게 일제강점기 강제동원 피해자들에게 1억 원씩의 위자료 지급할 것을 결정한 2018년 10월 30일 대법원 판결을 "명백한 역사왜곡에 의해 근거한 황당한 판결"이라 중상모략한다.[23] 강제동원피해조사자료들과 피해자들의 구술은 오히려 이우연의 주장이 '명백한 역사왜곡에 의해 근거한 황당한 판단'임을 입증해 주었다. 조선총독부가 기획, 감독하고 공권력으로 집행한 모집과 관 알선에 "조선인이 응하지 않으면 그만"이라거나 "당시 조선인 청년들에게 일본은 하나의 로망"이어서 브로커에게 고액을 주고 작은 배에 목숨을 의지한 채 일본으로 밀항을 시도했다는 언설들은 강제징용으로 청춘을 잃고 목숨까지 잃거나 위협받았던 대다수 조선인들에 관한 올바른 묘사일 수 없다. 로망이었던 일본에서 조선인 노동자들의 탈출은 왜 끊임없이 늘었을까? 식민지 근대화론자들이 그토록 신봉하는 일본 내무성 자료가 명백히 존재해 변명이 궁했던 이우연이 내놓은 답은 "근로 여건이 더 좋은 곳으로 도망했다"는 것이다.[24] 하지만 발각되면 목숨을 내놓고라도 탈출을 시도할 만큼 근무여건이 훌륭한 곳이 일본 내에 있었던가. 일본 내무성 조사에 의하면, 1939년부터 1942년까지 일본에 강제로 끌려간 조선인 가운데 25만 7,907명이 탈주를 시도했다. 연도별 탈출 비율은 1939년의 2.2%에서 1940년에는 18.7%, 1941년 34.1%, 1942년 38.3%, 1943년 39.9%로 급증한다. 당국이 송출과정에서 통제를 강화할수록 탈출 비율은 오히려 더 높아졌다. 그 이유는 강제노동 현장에서 발생하는 사망과 부상, 가혹한 노동 등의 문제점이 계속 늘어났고, 강제노동의 실태가 조선 사회에 널리 알려졌기 때문이다.[25]

---

23) 이영훈 외, 『반일종족주의』, 69쪽.
24) 이영훈 외, 『반일종족주의』, 69쪽.
25) 정혜경, 『징용 공출 강제연행 강제동원』, 23쪽.

작업장, 특히 탄광에서 "조선인의 재해율이 높은 것은 인위적인 '민족차별'이 아니라, 탄광의 노동수요와 조선의 노동공급이 맞아떨어진 불가피한 결과"라는 주장은 일본제국주의의 당시 행태를 볼 때 설득력을 얻기 어렵다.[26] 이제까지 한반도와 일본, 대만, 태평양, 동남아시아, 중국 관내, 만주, 해남도 등 식민지와 점령지 곳곳에서 차별을 일삼아 왔던 일본이 탄광에서만 차별을 철폐했다는 말인가?[27]

저 일제 변호론으로는 중일전쟁 전 탄광의 분업 상황도 설명할 수 없다. 본격적인 일본인 징집이 시작되지 않아 젊은 일본인 탄광 노동자들이 다수 있었을 때도 갱내부 노동자의 비율은 조선인이 일본인보다 훨씬 높았다. "회사는 민족을 막론하고 각 근로자가 일한 만큼, 작업한 만큼 임금을 지불했고, 조선인은 받아야 할 만큼을 받았다"는 이우연의 주장은 일제강점하강제동원피해진상규명위원회의 『강제동원구술기록집』, 『일제강제동원보도자료모음집』, 『강제동원군속수기집』 등을 읽거나, 방대한 분량이 부담스러우면 신일철주금에 대해 대법원 배상판결문이 적시한 '기본적 사실관계'만을 확인해보더라도 허위임을 확인할 수 있다.

---

26) 이영훈 외, 『반일종족주의』, 86쪽.
27) '이주 조선인 노동자의 분쟁의 발생 원인 및 요구사항(1939-1941)' 분석에 따르면 분쟁의 원인은 언어감정의 상위相違에 따른 투쟁(30.4%), 대우불만(28.9%), 계약사항에 대한 불만(12.8%) 등이었다. 전기호, 『일제시대 재일 한국인 노동자계급의 상태와 투쟁』, 297쪽.

위계와 위력에 의한 강제성 확인: 대법원 판결

또 다른 일제종족주의자 주익종은 3·1운동 때 제암리교회 방화 사건, 조선어학회사건, 쌀 강제 공출, 징용령과 징병령 등을 나열하며 일제강점기 때 입은 부당한 피해는 한두 가지가 아니라고 고백한다.[28] 그러나 피해가 막대한데도 "한국인은 1965년 청구권 협정으로 일본과의 과거사가 매듭지어졌음을, 과거사가 청산되었음을 인정"해야 하고, 이것이 "글로벌 스탠더드"라고 주장한다.[29] 대한민국의 대법원이 신일철주금 상대 강제징용피해자 손해배상소송판결에서 과거사의 매듭을 풀어 1억 원씩 배상할 것을 판결하자 일제종족주의의 주장을 되풀이하던 일본 정부는 한국을 화이트 리스트에서 제외하는 수출무역관리령 개정안을 통과시켜 경제적인 보복을 하고, 다른 한편으로는 삼권분립의 대원칙을 망각한 채 한국 정부가 대법원에 대해 '대처'할 것을 요구했다. 일본정부, 일본극우, 일제종족주의자가 대법

---

28) 이영훈 외, 『반일종족주의』, 115쪽.
29) 이영훈 외, 『반일종족주의』, 127쪽.

원 판결에 민감하게 반응하는 이유는 강제노동피해자들에게 '도덕적으로' 보상했던 독일과 달리 '법적으로' 배상해야만 하는 상황에 처했기 때문이다.

강제동원 피해자들이 최초 소를 제기하고 대법원 판결을 받기까지 20여 년이 걸렸다. 일제강점기에 일본제철 오사카(大阪) 공장에 끌려가 강제노동을 당한 여운택, 신천수 두 피해자가 1997년 12월 24일 오사카지방재판소에 일본제철을 상대로 소송을 제기했지만 일본 최고재판소는 2003년 10월 9일 원고의 청구를 기각했다. 같은 일본제철 강제동원 피해자 이춘식, 김규수가 추가로 참여하여 2005년 2월 28일 서울중앙지법에 신일철주금을 상대로 손해배상소송을 다시 제기했고, 원고 패소, 항소기각, 서울고법의 손해배상 판결, 신일철주금 불복상고, 사법농단으로 인한 상고심 부재라는 긴 시간과 단계를 거쳐 2018년에야 원고들의 최종 승소 판결에 이르게 됐다.

대법원 전원합의체(재판장 대법원장 김명수, 주심 대법관 김소영)는 2018년 10월 30일 '일제 강제동원 피해자의 일본기업을 상대로 한 손해배상청구 사건'[30]에 관한 판결을 내리기 위해 일본의 한반도 침탈과 강제동원, 샌프란시스코 조약과 국제법, 청구권협정 체결 경위와 내용을 비롯하여 「일제강점하 강제동원피해 진상규명 등에 관한 특별법」(2004. 3. 5.), '한일회담 문서공개 후속대책 관련 민관공동위원회'(2005. 8. 26.)의 의견, 「태평양전쟁 전후 국외 강제동원희생자 등 지원에 관한 법률」(2007. 12. 10.), 「대일항쟁기 강제동원 피해조사 및 국외강제동원 희생자 등 지원에 관한 특별법」(2010. 3. 22.) 등 대한민국이 취한 추가 조치를 다각적으로 검토했다.

이 사건에서 대법원이 주로 살폈던 것은 일제 강제동원 피해자의

---

30) 대법원 2018. 10. 30. 선고 2013다61381 전원합의체 판결.

일본기업에 대한 손해배상청구권이 ① 한일 청구권협정의 적용대상에 포함되어 ② 그에 따라 포기 또는 소멸되었거나 ③ 행사할 수 없게 된 것인지 여부였으나, 이 모든 고려의 대전제는 '일제 식민지배 및 침략전쟁의 불법성'과 이 '식민지배 및 침략전쟁의 수행과 직결된 일본기업의 반인도적인 불법행위'였다.

판결문에 따르면, 조약은 전문·부속서를 포함하는 조약문의 문맥 및 조약의 대상과 목적에 비추어 그 조약의 문언에 부여되는 통상적인 의미에 따라 성실하게 해석되어야 한다. 여기서 문맥은 조약문(전문 및 부속서를 포함한다) 외에 조약의 체결과 관련하여 당사국 사이에 이루어진 그 조약에 관한 합의 등을 포함하며, 조약 문언의 의미가 모호하거나 애매한 경우 등에는 조약의 교섭 기록 및 체결 시의 사정 등을 보충적으로 고려하여 그 의미를 밝혀야 한다.

이상의 조약 해석원칙에 입각하여 재판부는 원고들이 주장하는 피고에 대한 손해배상청구권은 청구권협정의 적용대상에 포함된다고 볼 수 없다고 결론지었다. 그 이유를 요약하면 다음과 같다.

첫째, 우선 이 사건에서 문제되는 원고들의 손해배상청구권은, 일본 정부의 한반도에 대한 불법적인 식민지배 및 침략전쟁의 수행과 직결된 일본 기업의 반인도적인 불법행위를 전제로 하는 강제동원 피해자의 일본 기업에 대한 위자료청구권(이하 '강제동원 위자료청구권'이라 한다)이라는 점을 분명히 했다.[31] 즉, 원고들이 피고를 상대로 청구한

---

31) 주진열은 '일본 기업의 반인도적 불법행위'라는 표현을 문제삼는다. 국제법에서 '반인도적(against humanity)'이라는 용어는 나치의 유대인 학살과 같은 국가범죄(Crime against humanity)에 국한되어 쓰이기 때문에 민간기업인 구 일본제철은 당시 국제법상 반인도적 범죄의 주체가 될 수 없다는 것이다. 그러나 이는 '인도에 반한 죄(Crimes against humanity)'를 지나치게 협소하게 해석한 것이다. 강제동원에 연루된 일본 기업들은 단순히 반사적인 이익을 얻은 것이 아니라 담당자를 한반도에 파견하여 직접 모집하고, 가혹한 노동조건에서 혹사시켰으며, 이를 통해 막대한 이득을 취했기 때문에 반인도적 가해자로 분류해야 한다. 참조: 주진열, 「1965년 한일 청구권협정과 개인

것은 미지급 임금이나 보상금이 아니라 '위자료'이다.

둘째, 청구권협정의 체결 경과와 그 전후 사정 등에 의하면, 청구권협정은 일본의 불법적 식민지배에 대한 배상을 청구하기 위한 협상이 아니라 기본적으로 샌프란시스코 조약 제4조에 근거하여 한일 양국 간의 재정적·민사적 채권·채무관계를 정치적 합의에 의하여 해결하기 위한 것이었다. 설령 청구권협정의 성격이 불명확하더라도 해석은 반드시 피해자 입장에서 이루어져야 한다. "국가는 국민의 인권을 보호해야 하는 주체로서 반인도적 불법행위의 피해자가 효과적인 사법적 구제를 통해 그 권리를 행사할 수 있도록 할 의무를 지닌다는 것이 현재의 국제법질서에서 통용되는 원칙이고, 당사국 정부 사이의 모호한 협정에 의해 피해자 개인의 손해배상청구권이 소멸하였다는 주장은 오히려 국제법질서에 어긋나는 것"이기 때문이다.[32]

셋째, 청구권협정 제1조에 따라 일본 정부가 대한민국 정부에 지급한 경제협력자금이 제2조에 의한 권리문제의 해결과 법적인 대가관계가 있다고 볼 수 있는지 분명하지 않다. 그래서 대법원은 2012년 5월 24일 "청구권협정으로 개인청구권이 소멸하지 아니하였음"을 밝혔던 것이다.[33]

넷째, 청구권협정의 협상과정에서 일본 정부는 식민지배의 불법성을 인정하지 않은 채, 강제동원 피해의 법적 배상을 원천적으로 부인하였고, 이에 따라 한일 양국의 정부는 일제의 한반도 지배의 성격에 관하여 합의에 이르지 못하였다. 이러한 상황에서 강제동원 위자료

청구권 사건의 국제법 쟁점에 대한 고찰」, 『서울국제법연구』 제25권 제2호 (2018. 12.), 196쪽.
32) 공두현, 「강제동원 손해배상 판결: 역사적 부정의와 시정적 정의」, 『법철학연구』제22권 제1호 (2019. 4.), 329-330쪽.
33) 대법원 2012. 5. 24. 선고 2009다68620 판결.

청구권이 청구권협정의 적용대상에 포함되었다고 보기는 어렵다.[34] 따라서 일본 정부와 일제종족주의자가 강변하는 "청구권협정에 의해 매듭지어지고 청산된 과거사"에는 식민지지배 책임 문제가 포함되어 있지 않은 것이다.

이상의 이유로 재판부는 일제강점기 강제동원 피해자들이 일본 기업(신일철주금 주식회사)을 상대로 손해배상을 청구한 사안에서, 원고들에게 1억 원씩의 위자료 지급을 명한 원심판결에 대한 피고의 상고를 기각했다.[35]

요컨대 이 판결은 ① 일제의 한반도 불법 식민지배, ② 침략전쟁 수행이라는 반인도적 불법행위를 전제로 한 강제동원, ③ 청구권협정에서 보인 일본의 식민지배 불법성 부정, ④ 강제동원 피해 배상 부인 등을 복합적으로 고려했다.

---

34) 대법원 2018. 10. 30. 선고 전원합의체 판결 요지.
(https://www.scourt.go.kr/supreme/news/NewsViewAction2.work?pageIndex=1&searchWord=&searchOption=&seqnum=6391&gubun=4&type=5. 최종검색일: 2019. 10. 1.)

35) 다수의견에 대하여, '이미 환송판결에서 대법원은 원고들의 손해배상청구권이 청구권협정의 적용대상에 포함되지 아니한다고 판단하였으므로, 그 환송판결의 기속력에 의하여 재상고심인 이 사건에서도 같은 판단을 할 수밖에 없다'는 취지의 대법관 이기택의 별개의견1과 '원고들의 손해배상청구권도 청구권협정의 적용대상에는 포함되지만, 대한민국의 외교적 보호권이 포기된 것에 불과하므로 원고들은 피고를 상대로 우리나라에서 손해배상청구권을 행사할 수 있다'는 취지의 대법관 김소영, 대법관 이동원, 대법관 노정희의 별개의견2가 있고, '원고들의 손해배상청구권이 청구권협정의 적용대상에 포함되고, 대한민국의 외교적 보호권만이 포기된 것이 아니라 청구권협정의 효력에 따라 원고들의 권리행사가 제한되는 것이다'는 취지의 대법관 권순일, 대법관 조재연의 반대의견이 있으며, 다수의견에 대한 대법관 김재형, 대법관 김선수의 보충의견이 있었다.

제5절

착한 일본 만들기

■ **일본의 이중성**

 한국 대법원의 위자료 지급 판결에도 불구하고 일본의 전범기업 미쓰비시가 판결 이행을 거부하자 근로정신대 강제동원 피해자 손해배상소송 대리인단 등은 미쓰비시의 압류 재산을 현금화하는 절차에 들어갔다. 한국 사법부의 판단에 대해 고노 다로(河野太郎) 일본 외무상은 "만에 하나 일본 기업에 피해가 미치는 일이 생기면 필요한 조치를 강구할 것"이라고 으름장을 놓더니, 실제로 한국을 화이트리스트에서 제외하며 경제압박을 가했다. 그러나 일본 정부와 미쓰비시는 미국과 중국에는 완전히 다른 모습을 보였다. 2015년 7월 미국 로스앤젤레스에서 미쓰비시 머티리얼(Mitsubishi Materials Corporation)의 오카모토 유키오(岡本行夫) 사외이사와 기무라 히카루(木村光) 상무는 태평양 전쟁 당시 필리핀에서 일본군에 붙잡힌 뒤 일본으로 끌려가 미쓰비시 탄광 등에서 강제노역을 당한 제임스 머피(James Murphy)를

제4장. 위계와 위력에 의한 강제징용 ■ 219

만나 1만 2천여 명에 달하는 미군 포로 강제노역 피해자를 대표해 사과했다. 또 미쓰비시는 2014년 중국인 강제노역 피해자들이 중국 법원에 소송을 내자 2016년 6월 중국 베이징을 찾아 3,765명에 달하는 중국인 강제징용 피해자와 그 가족들에게 사과하고, 1인당 10만 위안(약 1,700만 원)을 보상하겠다고 약속했다. 이 보상액은 총 660억 원에 달한다. 기금을 조성해 기념비를 만들고, 추도행사를 진행한다는 보상안까지 제시한 미쓰비시는 중국인 강제노역 피해자 대표 세 명과 합의서에 서명했다.[36]

전쟁 피해자들의 개인 청구권을 철저하게 부정했던 일본은 자국민 시베리아 억류 피해자를 대상으로 전후 보상을 실시하기도 했다. 일본 패망 후 시베리아에 포로를 포함하여 일본인 60만 9,448명과 조선인 1만 206명이 억류되었다.[37] 포로를 자국의 경제부흥을 도모할 전후 보상으로 취급한 소련은 일본의 동의하에 강제노역을 시켰고, 시베리아의 혹한으로 억류 일본인 6만 1,855명과 조선인 71명이 동사했다. 1956년 일소日蘇공동선언을 통해 강제억류 피해와 관련한 청구권을 포기했던 일본은 민주당이 집권한 2010년 6월 생환한 일본인 시베리아 억류 피해자 7만여 명에게 보상금 성격의 특별급부금 25만-150만 엔을 지급하는 「전후 강제억류자 특별조치법」을 제정했다. 이에 따라 보상금을 일시지급하고 강제억류 실태조사와 유해 송환, 자료 수집을 실시했다. 하지만 일제와 소련에 의해 두 번이나 강제동원되어 혹사당한 한국인은 이때도 배제됐다.

미국과 중국, 자국민에게도 고개를 숙였던 미쓰비시를 비롯한 일본 전범기업과 일본 정부가 유독 한국만 오만불손하게 대하는 이유

---

36) "미·중 징용피해자엔 사과한 미쓰비시, 왜 한국에만 강경한가".『중앙일보』2019. 7. 17.
37) 민족문제연구소가 1956년 소련 내무성의 보고서에서 확인.

는 크게 두 가지다. 하나는 과거 일본이 조선을 합법적으로 병합했으므로 조선인과 일본인은 하나의 국민이고, 제국법에 따라 일본인들이 강제 징용되었듯이 조선인의 강제징용도 불법이 아니라는 일본의 '의도된 오판'이다. 다른 하나는 일본의 오판과 오만불손을 너무 점잖게 대해 준 한국의 태도이다. 과거사 문제가 언급될 때마다 수많은 언론, 학자, 시민들이 "독일은 일본처럼 하지 않았다"며 독일을 보라고 한다. 그러나 정확한 표현은 '독일은 일본처럼 하지 않았다'가 아니라 '하고 있지 않다'이다. 독일도 처음에는 일본과 비슷한 변명과 핑계를 늘어놓거나 부인을 일삼았기 때문이다. 독일의 변화는 자기반성과 성찰의 결실이기도 하지만 오히려 피해 당사국들의 지속적인 보상 및 배상요구와 국제사회의 압박에서 기인한다. 이 자극에 적극적으로 반응하지 않았다면 통일 독일도, 유럽연합의 최강국 독일도 없었을 것이다.

■ 불매운동과 집단 소송

독일은 1953년 전후 처리의 방향을 결정한 런던채무협정에 따라 국가배상(보상) 문제를 유보해서 한동안 '침묵의 공동체'라는 오명을 입기도 했다. 1950년대에는 나치 피해자 연방 보상법을 제정했지만 자국 거주자 위주의 속지주의에 근거해 개인 보상을 하거나 이스라엘로 이주하는 유대인을 지원하는 선에 그쳤다. 1959-1964년에는 룩셈부르크, 노르웨이, 덴마크, 그리스, 네덜란드, 프랑스, 벨기에, 이탈리아, 스위스, 오스트리아, 영국, 스웨덴 등 서구 피해국과 개별 협정을 맺어 보상하고, 1990년 통일 이후에는 폴란드 등 동유럽 나치 피해자 대상의 화해기금을 만들어 보상을 이어갔다. 강제노동피해자에 대한 개별 보상이 대규모로 이루어진 것은 2000년 '기억, 책임, 미래 재단 (Stiftung Erinnerung, Verantwortung und Zukunft)' 설립 이후이다.[38] 이 재단은 사민당 정부와 나치 당시 강제노동 관련 기업들이 공동으로 100억 마르크(6조 원)를 출연해 재원을 마련했고, 2018년 현재 4,999개 프로젝트에 총 13억 3,900만 유로를 지원해 일본이 본받아야 할 사례로 자주 거론된다.

하지만 이 재단은 결코 독일의 자발적인 의사로 설립되지 않았다. 메르세데스 벤츠, BMW, 폭스바겐, 지멘스, 크룹, AEG 등의 세계적인 대기업들은 2차 세계대전 당시 나치독일이 점령했던 벨라루스, 에스토니아, 폴란드, 우크라이나 등지에서 1,200만 명을 강제동원했고, 강제노동과 군수품 생산에 힘입어 급성장했다. 이 기업들이 "강제노동은 범죄가 아니라 전쟁의 불행한 결과이다. 우리는 나치의 지시를 따랐을 뿐"이라고 되풀이해 책임을 회피하자, 1998년 피해자들은 미국 법원에 집단 소송을 제기했다. 전범 기업들의 강제노동이 주목 받으면서, 소비자들의 불매운동 움직임이 일자 독일 정부와 기업들은 소송에서 질 가능성, 이미지 훼손, 미국 정부의 권고 등을 고려해 재단 설립을 결정했다. 일부 기업들은 여전히 강하게 반발하며 출연금 지출을 거부했지만 "기업의 배상 거부는 강제노동과 똑같은 범죄행위"라는 여론이 들끓고 독일 정부도 압박을 가하자 참여로 돌아섰다.[39]

---

38) 재단의 보상프로그램은 2007년 종료되었다. 자세한 사업보고는 다음을 참조. Stiftung Erinnerung, Verantwortung und Zukunft, 10 Jahre Stiftung EVZ (Stiftung Erinnerung, Verantwortung und Zukunft: Berlin, 2010).
39) 자세한 재단 설립 과정은 다음의 글을 참조: Lutz Niethammer, "From Forced Labor in Nazi Germany to the Foundation 'Remembrance, Responsibility and Future'". Michael Jansen and Günter Saathoff (eds.), A Mutual Responsibility and a Moral Obligation: The Final Report on Germany's Compensation Programs for Forced Labor and other Personal Injuries (Hampshire·New York: Palgrave Macmillan:

프랑스 기업도 배상을 거부했다가 국제사회의 공조에 꼬리를 내리기도 했다. 전범기업 프랑스 국영철도회사 SNCF(Société Nationale des Chemins de fer Français)는 유대인 7만 7천여 명을 기차에 태워 아우슈비츠 등 수용소로 강제이송한 것에 대한 책임을 지고 홀로코스트 피해자에 대해 공식 사과했다. 하지만 정부 차원에서 배상이 이뤄졌기 때문에 프랑스법에 따라 개별기업은 배상 책임이 없다며 프랑스 정부가 개별기업의 배상을 막았다. 이에 미국 메릴랜드 주의회는 SNCF의 자회사가 매릴랜드주 전철공사 입찰에 참여하자 'SNCF가 홀로코스트 피해자들에게 배상하기 전까지 입찰자격을 배제한다'는 내용의 법안을 발의했다. 그제서야 SNCF는 서둘러 배상기금 조성에 합의하고, 수용소 강제이송 피해자와 그 가족을 위해 6천만 달러(약 670억 원)의 기금을 조성했다.

여러 사례가 가리키는 방향은 하나다. 일본이 오만방자한 태도를 꺾어 경제보복을 중단하고 과거사에 대해 사과, 배상하게 하려면 연대의 폭을 넓혀야 한다. 일본에서 제기한 소송은 극소수의 1심 부분 승소 외에 늘 패소로 막을 내렸고, 한국에서 제기한 소송은 피해배상을 이끌어냈지만 이행을 강제하기 어렵고 수혜 인원도 소수에 불과해 상징성 확보에 머물고 있다. 답보상태를 벗어나 일본의 실질적인 사과와 배상을 끌어내려면 일본 제국주의의 피해를 입은 전 세계의 모든 강제동원 생존자들이 미국에서 공동으로 제소하여 국제사회에 과거 일본의 만행을 알리고 일본제품 불매운동으로 압박을 가할 필요가 있다.

나치 독일의 강제노동에 대한 집단소송이 성공함에 따라 미국 내 한인사회도 1999년부터 일본 정부 및 기업을 상대로 소송을 제기하

2009).

고 있다. 아직 획기적인 성과를 얻지는 못했지만 미국은 여전히 집단소송과 국제적인 여론환기를 위한 최적의 장소이다. 정연진 정의회복위원회(Committee for Historical Justice for World War II War Crimes, Inc.) 전 위원장은 미국 법정이 일본에 실질적인 압력을 행사할 수 있는 이유를 세 가지로 요약한다. 첫째, 미국법정에서 독일·오스트리아·스위스 등의 유태인 박해에 동참한 기업들을 상대로 한 홀로코스트집단소송이 성공적으로 해결된 선례가 있다. 둘째, 1990년대 후반기부터 미국의 연방의회 및 주의회 차원에서 나치 및 일본의 전쟁범죄 공개 및 처단, 피해자 보상을 목적으로 한 일련의 법들이 통과되어 소송을 뒷받침하는 법적 근거가 마련되었다. 셋째, 소송을 제소할 만한 경제적 여력이나 여건이 안되는 다수의 피해자들이 힘을 발휘할 수 있는 집단소송(class action)과 응징적 손해배상(punitive damages) 제도가 있다.[40]

---

40) 정연진, 「일제 강제동원 피해자 미국 소송 보고서」, 『여성과 사회』제16권 (2002. 5.), 93-95쪽.

제6절

글을 맺으며

　독일에는 2차세계대전 및 나치체제와 관련한 크고 작은 기념관이 전국적으로 3천여 개 있다.[41] 독일에서 유독 번창한 '기억의 문화(Erinnerungskultur)'가 낳은 결실이다. 독일의 기억은 과거사에 대한 끊임없는 반성과 사죄다. 2015년 1월 26일 아우슈비츠 해방 70주년 기념식에서 다시 한번 뼈저린 뉘우침과 책임을 촉구한 독일 메르켈(Angela Merkel) 총리의 '기억' 연설은 가해국과 피해국 모두 경청할만한 가치가 있다. "인류에 대한 범죄는 소멸시효가 없다. 우리는 당시의 만행에 관해 전달하고, 그 기억을 고스란히 간직할 항구적인 책임이 있다."[42]

　일본에도 제국주의시기 및 제2차 세계대전 관련 기념관들이 많이 있다. 하지만 기억과 반성으로 가득 채워진 독일과 달리 일본은 전쟁

---

41) 베르너 페니히, 「유럽의 역사화해와 평화공동체의 교훈」. 도시환 편, 『한일협정 50년사의 재조명 V』(서울: 역사공간, 2016), 354쪽.

42) Rede von Bundeskanzlerin Merkel anlässlich der Gedenkveranstaltung des Internationalen Auschwitz-Komitees zum 70. Jahrestag der Befreiung des Konzentrationslagers Auschwitz-Birkenau am 26. Januar 2015.

기념관과 평화기념관으로 나뉜다. 전쟁기념관은 야스쿠니신사처럼 국가신도의 기관인 호국신사護國神社가 대부분이어서 공포스러울 따름이고, 평화기념관 역시 전쟁의 비참함, 대공습의 기억, 나가사키·히로시마의 원폭 참상, 전몰군인과 전쟁 희생자 추모에 그쳐 침략전쟁과 식민지배에 관한 기억들은 쉽게 찾을 수 없다.

제국주의는 '동화'라는 말살정책으로 시작해 '기억'의 말살정책으로 끝을 맺는다. 식민지배 동안 말과 글, 문서, 역사, 문화, 교육, 그리고 일상생활 전반에서 지배한 흔적과 지배당한 기억을 지우고, 식민지배가 끝난 후에는 왜곡과 변조로 희미해진 기억을 달리 윤색해낸다. 한국에도 이런 일들을 일삼는 자들이 있으니, 일제의 식민지배를 미화 또는 찬양하고, 그들의 만행을 부인하거나 별 것 아닌 것으로 치부하는 자들을 처벌할 '역사부정처벌법'의 제정이 시급하다. 독일 형법 130조, '홀로코스트 부정 처벌법'은 좋은 참고자료이다.[43]

'역사부정처벌법'이 보다 효율적으로 작동하기 위해서는 일본제국주의 침략의 상징과 식민지배 정당성을 홍보하는 유형·무형의 대상을 생산, 소지, 사용, 유포하는 자를 처벌하는 조항도 담아야 한다.[44]

---

43) Strafgesetzbuch (StGB) § 130 Volksverhetzung. 독일 형법 130조 국민선동: (3) 국제형법전(Völkerstrafgesetzbuch) 제6조 제1항이 적시한 유형의, 나치 지배하에 저지른 행위를, 공연히 또는 집회에서 공공의 안녕을 해할 정도로, 승인하거나 부정하거나 경시하는 자는 5년 이하의 징역 또는 벌금형에 처한다. (4) 공연히 또는 집회에서 나치의 압정과 독재를 승인, 찬양, 정당화하고 이로 인해 희생자의 인격을 손상함으로써 공공의 안녕을 해하는 자는 3년 이하의 징역 또는 벌금형에 처한다.

44) 독일은 형법 제86조와 제86a조, 일명 '반나치법'을 통해 유사한 제재를 가하고 있다. (Strafgesetzbuch (StGB) § 86 Verbreiten von Propagandamitteln verfassungswidriger Organisationen) 제86조는 '헌법에 위배되는 단체의 선전수단 유포'를, 제86a조는 '헌법에 위배되는 단체의 상징 사용'에 대한 처벌을 각각 규정한다. 나치와 같이 독일연방헌법재판소가 위헌단체로 공포한 정당, 단체, 조직의 "선전수단을 국내에 유포한 자, 유포를 위해 국내 또는 해외에서 생산, 소지, 유입, 유출하는 자, 또는 데이터저장장치를 만들어 대중에게 공개한 자는 3년 이하의 징역 또는 벌금형에 처한다." 또한 "헌법에 위배된 단체의 상징을 국내에 유포한 자, 집회나 유포한 글을 통해 상징물을 공공연히 사용한 자, 이와 같은 상징을 표현하거나 담고 있는 물건들을 국

욱일기를 한반도에서 축출하고, 일제의 침략을 미화하거나 사소하게 치부하는 유튜버들, '태극기집회'의 연사들, 제국주의의 부활을 꿈꾸는 일본극우와 전범기업의 지원을 받은 이승만학당의 일제종족주의자들을 처벌하는 것은 "3·1운동으로 건립된 대한민국임시정부의 법통"을 이어받은 대한민국 헌법이 명하는 바이며, 아직 살아계신 강제징용, 종군위안부피해자, 징병 희생자들이 또 다른 피해를 겪지 않도록 반드시 취해야만 하는 조처이기 때문이다.

법과 역사의 처벌이 두렵다면, 일제종족주의자들은 지금 자신들이 걷고 있는 길을 앞서 걸었던 친일반민족행위자의 거두 윤치호가 마지막 순간 일말의 양심으로 남긴 유언을 명심해야 할 것이다.

　　모든 친일파와 민족반역자는 삼가라![45)

내 또는 해외에서 유포 또는 사용하기 위해 생산, 소지, 유입, 유출하는 자는 3년 이하의 징역 또는 벌금형에 처한다." 깃발, 휘장, 제복, 구호, 경례방식 등이 처벌대상에 속하며, 이것들과 혼동할 만큼 유사한 것들도 마찬가지로 처벌받는다.
45) 윤치호 부고 기사 "윤치호 노인", 『대중일보』 1945. 12. 9., 제2면.

참·고·문·헌

공두현, 「강제동원 손해배상 판결: 역사적 부정의와 시정적 정의」,
　　『법철학연구』제22권 제1호 (2019. 4.).
니스벳, 리처드·리 로스, 『사람일까 상황일까 - 태도와 행동을 결정짓는 숨은 힘』
　　(파주: 심심, 2019).
대일항쟁기강제동원피해조사및국외강제동원희생자등지원위원회,
　　『위원회 활동 결과보고서』(서울: 대일항쟁기강제동원피해조사및국외
　　강제동원희생자등지원위원회, 2016).
박경식, 『조선인강제연행의 기록』(서울: 고즈윈, 2008).
요나하준, 『중국화하는 일본』(서울: 페이퍼로드, 2013).
윤치호, 『윤치호 일기: 1916~1943』(서울: 역사비평사, 2001).
이승우, 「일제강점기 근로정신대여성의 손해배상청구」, 『한국동북아논총』
　　제20집 제3호 (2015. 9.).
이영훈 외, 『반일종족주의』(서울: 미래사, 2019).
일제강점하강제동원피해진상규명위원회, 『지독한 이별』(서울: 국무총리실
　　소속 일제강점하강제동원피해진상규명위원회, 2007).
전기호, 『일제시대 재일 한국인 노동자계급의 상태와 투쟁』
　　(서울: 지식산업사, 2003).
정연진, 「일제 강제동원 피해자 미국 소송 보고서」, 『여성과 사회』
　　제16권 (2002. 5.).
정혜경, 『일제강점기 조선인 강제동원 연표』(서울: 선인, 2018).
정혜경, 『징용 공출 강제연행 강제동원』(서울: 선인, 2013).
주진열, 「1965년 한일 청구권협정과 개인청구권 사건의 국제법 쟁점에 대한
　　고찰」, 『서울국제법연구』제25권 제2호 (2018. 12.).
페니히, 베르너, 「유럽의 역사화해와 평화공동체의 교훈」, 도시환 편,
　　『한일협정 50년시의 재조명 V』(시울: 역사공간, 2016).

황태연, 『대한민국 국호의 유래와 민국의 의미』(파주: 청계, 2016).
황태연, 『한국근대화의 정치사상』(파주: 청계, 2018).

ILO, "Observation (CEACR) - adopted 1998, published 87th ILC session" (1999).
    (http://www.ilo.org/dyn/normlex/en/f?p=1000:13100:0::NO:13100
    :P13100_COMMENT_ID:2172187. 최종검색일: 2019. 10. 1.).
Niethammer, Lutz, "From Forced Labor in Nazi Germany to the Foundation
    'Remembrance, Responsibility and Future'". Michael Jansen and
    Günter Saathoff (eds.), *A Mutual Responsibility and a Moral
    Obligation: The Final Report on Germany's Compensation
    Programs for Forced Labor and other Personal Injuries*
    (Hampshire·New York: Palgrave Macmillan: 2009)
Stiftung Erinnerung, Verantwortung und Zukunft, *10 Jahre Stiftung
    EVZ* (Stiftung Erinnerung, Verantwortung und Zukunft: Berlin,
    2010).

사료 및 신문

『고종실록』 고종34(1897, 광무1) 10월 11조.
『대중일보』 1945. 12. 9.
『매일신보』 1915. 3. 7.
『중앙일보』 2019. 7. 17.

판결

대법원 2012. 5. 24. 선고 2009다68620 판결.
대법원 2018. 10. 30. 선고 2013다61381 전원합의체 판결.

일제 종주의

제5장

식민지 근대화론 비판

제1절
식민지 근대화론, 왜 문제인가?

제2절
토지조사사업과 산미증식계획의 진실

제3절
식민지 근대화론자들의 가면을 벗긴다

제4절
**일제와 식민지 조선의 경제 관계가
EU와 동일한 효과?**

제5절
맺음말

유 용 화

한국외국어대학교 교양대학
초빙교수

식민지 근대화론, 왜 문제인가?

▌ 식민지배가 지역통합이고,
그 효과는 EU와 동일하다니?

1990년대부터 횡행하기 시작했던 식민지 근대화론. 스멀스멀 아메바처럼 살아 움직이더니, 이제는 거대 공룡으로 비화될 조짐까지 보이고 있다. 급기야 최근에는 항일 저항민족주의를 폄훼하고 비하시키더니, 반일종족주의로까지 스스로 진화(?)하는 양상이다.『반일종족주의』출간 이후 식민지 근대화론에 대한 관심이 한층 높아지고 있다. 구한말 친일개화파들이 일본 우선의 개방을 주장했는데, 최근 이들 역시 경제전쟁을 걸어 온 일본과의 협력, 개방을 주장하고 있다. 구한말 친일파들이 주장했던 '일본 화해론'의 재판再版을 보는 것 같아 씁쓸하다.

『반일종족주의』에서 대표적 식민지 근대화론자인 낙성대경제연구소장 김낙년은 "일제히 조선의 쌀은 수탈된 것이 아니라 통상적인 무역 거래를 통해 일본에 수출되었고 조선의 농업은 수출산업이 되었다"고 주장한다. 또한 "쌀 수출은 조선 농민의 소득증가에 기여했으며, 조선 농민이 빈곤하게 산 이유는 지주·소작 관계에서 기인하는 것이지, 쌀 수탈 때문이 아니라[1]"고 주장한다. 대량의 쌀 수출로 오히려 피해를 입은 것은 일본 농민이라는 것이다. 토지조사사업과 산미증식계획으로 하루아침에 농지를 빼앗겨 소작농으로 전락하고, 일본으로의 과도한 쌀 공출로 인해 쌀 대신 만주조와 초근목피로 끼니를 때워야 했던 우리 선조들의 고통과 피 울음이 다시 살아날 판이다.[2]

김낙년의 쌀 수출론은 여기서 그치지 않는다. 일제 식민지하의 조선과 일본의 관계를 EU와 유사한 것으로 비유한다. 무력 병탄과 강권 지배체제로 점철된 식민지배 관계를 21세기 유럽연합에 비유하는 것은 의도적이다. 일제의 식민지배가 꼭 강권적인 것만은 아니고 최소한 경제 차원에서는 시장통합이었다는 말이 된다. 낙성대경제연구소장이 바라보는 식민지배는 '지역통합'이고, 그 효과는 EU와 동일하다는 것인가?[3]

---

1) 김낙년, 「식량을 수탈했다고?」, 이영훈 외 『반일종족주의』(서울: 미래, 2019), 44-54쪽.
2) "1인당 조선인의 미곡소비량은 1938년에는 0.769석, 1944년에는 0.557석으로 감소했으며 잡곡소비량도 1938년에는 0.886석에서 1944년에는 0.501석으로 감소했다. 일제의 가혹한 수탈로 대부분의 한국인은 식량 소비수준이 해마다 떨어지고 춘궁기에는 절량 사태에 빠져 초근목피로 연명했다." 신용하 외, 『식민지 근대화론에 대한 비판적 성찰』(서울: 나남, 2009), 116쪽.
3) "조선은 일제의 법·제도가 그대로 이식되어 화폐 통합과 시장통합 등이 이루어진 지역통합의 실례이며, 경제적으로 역내의 각 지역이 완전히 개방되어 상품 과 자본과 노동이 보다 자유롭게 이동할 수 있게 되었으며, 그 결과 역내의 경제 변화가 급속히 촉진된다는 점에서 EU와 동일한 효과를 갖게 되었다" 김낙년, 「일본의 식민지 지배방식」, 『반일종족주의』, 56-58쪽.

식민지 근대화론에 드리운
후쿠자와 유키치와 스즈키 다케오의 그림자

일제 침략의 수순은 무조건적인 무력 병탄 과정만을 밟은 것이 아니다. 한국 내에 강력한 친일파를 형성시키고 이들이 정치적으로 득세할 수 있도록 지원하고, 결국은 항일민족 자주 독립세력을 고립시켜, 종국적으로 대한국민들이 일제 치하에서 굴종하도록 만들고자 했다는 사실을 기억할 필요가 있다.

구한말 친일 급진개화파들은 후쿠자와 유키치를 스승으로 모셨다. 김옥균, 유길준, 박영효, 윤치호 등은 1882년 후쿠자와 유키치를 만나 그의 「문명개화론」을 '근대화론'으로 받아들였다. 문명 개화론은 조선을 미개국, 반개半開국으로 비하시키고 서양과 일본을 상국上國으로 받드는 논지이다.

후쿠자와 유키치는 일본이 서구와 같은 침략적 제국주의 길로 가도록 종용했던 인물이다. 그는 문명개화론에서 '미개한 조선과 청나라를 개화시키기 위해서는 일본이 직접 근대화되도록 나서야 한다'고 주장했다. 또한 그는 '대동아론大東亞論'과 '탈아론脫亞論'을 전개하면서 '일본은 문명적으로 뒤떨어진 동아시아 국가를 식민지화해서 세력확대를 꾀해야 한다'고 주장했다.

1945년 이후, 식민지 근대화론의 원조로 스즈키 다케오를 지목할 수 있다. 그는 1935년부터 경성제대 교수로 재직하면서 총독부의 경제정책에 깊숙이 간여했던 인물이다. 해방 후 1946년에는 일본 대장성의 비밀 프로젝트에 참여해 "일본의 식민지 한국지배 정책을 미화하고 일본의 지배에 의해 한국은 비로소 근대화될 수 있었다"는 논지를 주창한 사람이다. "일제의 식민통치는 착취와 수탈이 아닌 일시동인一視同仁 , 동화주의同化主義였으며, 일본의 한국 통치에는 문제가 많았지만 한국의 근대화가 이루어진 것은 일본의 통치에 의한 것"이라고 주장하고 있다.[4] 일본 덕택에 근대화되었다는 식민지 근대화론자들의 논의에 후쿠자와 유키치와 스즈키 다케오의 그림자가 짙게 투영되어 있다.

■ 독립투사들의 영혼을 더럽히는 일

1894년 일본군이 경복궁을 점령했던 갑오왜란부터 대한국민은 1945년까지 일제의 필요에 따라, 시의에 따라 군사적·경제적 침략의 먹이감으로 전락했다.

1906년부터 실시된 토지 조사 사업, 1920년의 산미증식계획, 1930년 세계 대공황 이후 조선에 펼쳐졌던 농공병행정책, 1931년 만주침략과 1937년 중일전쟁, 1941년 태평양전쟁 등 각 시기마다 일제는 대한반도 식민정책을 변화시켰다. 한반도는 식민초기에는 식량공급지, 중기에는 독점자본의 진출과 공업원료기지, 식민 말기에는 전쟁 수행을 위한 병참기지가 되었다.

식민지 경제정책을 통해 일본인들은 한국의 토지를 유린했고 동양척식주식회사(이하 '동척')는 강력한 식민지주로 군림했다. 50%가 넘는 고율의 소작료 징수를 통해 조선 농민의 고혈을 짜낸 식민지주가 '동척'이다. 조선인 노동자의 임금은 기아선상에서 지급되었으며, 일본독점자본의 침략은 국내 민족자본의 퇴행을 가져왔다. 대한제국시

---

4) 박찬승, 「스즈키 다케오의 식민지조선 근대화론」, 『한국사학사 학보』 30(2014. 12.), 210-211쪽. 박찬승은 "스즈키 다케오의 『조선통치의 성격과 실적』 글을 살펴보면 1990년대 이후 한국에서 나온 식민지 근대화론과 상당한 유사성을 가지고 있음을 알게 된다"고 밝히고 있다.

대에 마련되었던 2,236개 관·공·사립의 근대적인 교육제도는 파괴되었고 민족차별의 왜인 우선 교육정책이 강행되었다. 조선인의 교육기관 불 취학률은 86%나 되었다.

일제가 패주하고 떠난 한반도는 그야말로 뒤틀어진 왜곡만이 남았을 뿐이었다. 북측은 군수공업을 받쳐주었던 중화학공업이, 남측은 가내공업과 경공업 일부만 남겨졌다. 국내 산업의 상호 연관성은 찾기 힘들었다. 일본이 필요한 본토와의 종속적 관련하에서만 추진된 산업정책 덕분이었다. 해방 직후 광공업의 조업률은 50% 수준. 대부분의 공장 가동률은 60% 이하였다. 1945년 조선은 인구의 70%가 농민인 전 근대적 농업 국가로 남겨졌다. 식민지 시대에 근대화가 이루어졌다고? '개뿔'이다. 대한민국 공동체의 정체성이 철저하게 일제에 의해 유린당했고 파괴되었을 뿐이다.

일제 식민시기 근대화되었다면 조선총독부에 충성한 부왜노들과 친일파들이 대한민국 근대화의 주역이라는 말이 된다. 강제징용과 강제징병, 성노예 위안부피해자 제도는 식민시기 근대화를 추동한 황국신민화의 동력이라는 말인가! 식민지 근대화론은 경제적 차원에 한정한 연구라고 하지만 결과적으로 대한민국의 정통성을 부정하는 정치적 효과를 수반한다. 식민지 근대화론은 일제의 침략에 목숨을 걸고 투쟁했던 우리의 독립투사들과 3·1운동으로 '대한독립만세'를 외쳤던 우리 선조들의 역사와 식민시기 온갖 고통을 감내한 국민들의 아픔을 아랑곳하지 않는다. 일제강점기에 한국근대화의 토대가 만들어졌다면 대한민국 임시정부는 그 근대화에 역행한 것인가? 대한독립군과 한국광복군이 처절하게 일제와 싸울 이유가 있었던가.

일제 식민지 강점기는 왜인들에게는 문명의 시대요, 팽창의 시대요, 영화의 시대였을지 몰라도 대한의 민족에게는 야만의 시대요, 굴욕과 치욕의 시대였다. 전쟁을 일으킨 일제를 위해 강제노동에 시달려야 했고, 강제 징용당해 이름도 모르는 남양군도에서 죽어가야 했으며, 소녀의 꿈을 키워가야 했던 어린 시절, 일본군에게 끌려가 무참히 강간당해야 했던 야만의 시대였다. 그러나 민족적 차별과 극한 대립을 애써 지워버리고 섣부른 경제 논리와 교설로 일제 덕택에 '근대적 경제성장'이 이루어지고 해방 이후 한국의 고도성장에까지 영향을 미쳤다고 하는 식민지 근대화론 주창자들의 정치적 의도는 무엇인가?

식민시기 연구는
가려진 수탈의 실체를 밝혀야

식민지 근대화론은 '실증'연구를 강조한다. 종래 우리나라의 연구 중에는 통계자료에 대한 충분한 음미도 하지 않은 채 곧바로 민족주의적인 결론으로 빠져버리는 경우가 많다. 논쟁을 하는 경우에도 구체적인 근거를 제시하기보다는 추상적인 논리를 앞세워 마치 공중전과 같은 양상으로 전개되는 경우가 적지 않다."[5] 그러나 식민시기 연구에서는 실증만으로 해결되지 않는 문제가 부지기수다. 오히려 '실증' 만능에 빠진 방법론적 편향이 더 큰 오판을 초래할 수 있다.

식민지 근대화론자들은 실증이라는 이름으로 그들 자신들이 추계하여 '생산한' 수량적 증거 뒤에 자신의 주관적 판단을 감추고 있다.[6] 식민지 근대화론의 수량적 증거들을 살펴보면, 대체로 '통계의 원자료 수치를 근대로 채용한 것', '1차 자료를 활용하여 추계한 집계

---

5) 김낙년, 『일제하 한국경제』 (서울: 해남, 2003), iii-iv쪽.
6) 이기홍, 「양적 방법의 지배와 그 결과: 식민지 근대화론의 방법론적 검토」, 『한국사회학』 제50권 제2호(2016), 130쪽.

통계', 그리고 누락된 것을 보완하는 '추정치'의 세 가지 형태다. 식민지 근대화론자들은 이 자료들을 국민계정체계(System of National Accounts) 틀에 근거해서 '포괄적이고 체계적인 증거'라고 주장한다. 그런데 문제는 국민계정체계 자체가 정치적이고 경제적인 구조에서 벗어난 중립적이고 보편적 기준들이라고 할 수 없다는 데 있다. 이 틀은 국민계정체계에 적합한 특정의 '직접관측' 통계숫자와 집계통계에 특권을 부여하고, 식민시대의 중요한 1차 자료들을 참고하지 않고, 다른 증거들을 배제함으로써 경험의 범위를 계량화 가능한 선택적이고 인위적 차원으로 한정했다.

식민지 근대화론자들의 연구가 식민시기를 주 대상으로 하는 것이기에 더 근본적인 문제가 발생한다. 이들이 의존하는 수량적 증거들은 식민시기의 자료 비대칭성 문제를 전혀 고려하지 않고 있기 때문이다. 식민지 시대의 통계가 풍부하다고 하더라도 조선총독부와 같은 식민통치 권력은 자신들의 통치에 필요하지 않은 숫자, 불리한 숫자는 아예 자료로 만들지 않거나 있더라도 폐기했다. 반대로 식민지 시기 조선 민중이 겪은 압박과 차별, 수탈과 고통을 보여주는 숫자 자료는 거의 존재하지 않는다. 통계 숫자는 여러 가지 해석의 기본 자료이지만, 특히 식민시기 자료는 그 자체가 이미 편향을 내포하고 있다는 점을 중시해야 한다. 따라서 식민지 근대화론자들이 내세우는 '통계적으로 실증 가능한 방식'은 그들의 관점, 이론적 가정 안에서만 '실증'일 뿐이다. 그것조차도 식민통치기구가 특정의 의도와 목적으로 생산한 통계 숫자에 갇힌 또 다른 추정이라고 보아야 한다.[7]

수탈을 수출로 뒤바꾼 『반일종족주의』에서 식민지 근대화론의 실

---

7) 참조: 이기훈, 「양적 방법이 지배와 그 결과: 식민지 근대화론의 방법론적 검토」, 132-134쪽.

증 우위 연구가 갖는 한계가 여실히 드러난다. 김낙년은 식민지 시대 쌀의 수출(이출)을 – 수탈이 아니라 – 시장경제체제에서 이루어진 '자발적 거래의 결과'라고 주장한다. 시장경제가 성립된 곳에서는 정치체제와는 무관하게 거래 당사자의 자발성과 거래를 통한 상호의존이 존재한다는 것이다. 식민지 지배와 저항이라는 정치적 차원의 민족 문제를 경제 영역에도 그대로 투영하여 설정하면, 경제변화를 실증적으로 설명하기 어렵다는 것이 식민지 근대화론의 기본적인 입장이다.[8] 이런 발상에 근거해서 『반일종족주의』의 궤변, 식민지 한국과 일본의 관계가 EU와 유사하다는 주장이 나온 것이다.

식민시기 연구에서 간과하지 말아야 할 것은 "식민지 수탈을 수량화하는 것, 수탈제도들이라는 블랙박스를 여는 것, 그리고 식민지 시대에 그것들의 역할을 파악하는 것에 대해서는 아직 제대로 작업이 이루어지지 않았다"[9]는 점이다. 아마도 이것은 식민통치자들이 식민지 수탈의 증거를 통계적으로 생산하지 않았고, 또한 연구들이 수탈의 기제를 밝혀내지 못했기 때문일 것이다. 따라서 공식적으로 남아있는 자료들이 수탈의 사실을 은폐하고 있다는 의심에서 출발할 필요가 있다. 그러나 식민지 근대화론자들의 주장과 같이 경제가 성장했다고 치더라도 그것이 곧 수탈이 없었다는 주장을 확증하는 근거는 되지 못한다. 후술하겠지만 생산이 증가한 만큼 임금을 지불하지 않은 경우에도 충분히 수탈이 가능하다. 그러나 어떤 이유에서인지 식민지 근대화론은 수탈이라는 선험적인 민족주의적 논리에 따른 역사 서술과 경험적 증거는 배치된다고 단언한다. 식민통치기구가 특정한

---

8) 이기훈, 「양적 방법의 지배와 그 결과: 식민지 근대화론의 방법론적 검토」, 137쪽 참조.
9) Federico Tadei, 2014, "Extractive institutions in colonial Africa" Ph. D. Thesis. California Institute of Technology. pp. 3-4; 여기서는 이기훈, 「양적 방법의 지배와 그 결과: 식민지 근대화론의 방법론적 검토」, 137쪽에서 재인용.

의도를 가지고 생산한 수량적 증거는 식민지 경제의 실상을 왜곡하여 보여줄 뿐이다. 식민시기의 실상을 파악하기 위해서는 식민지 통치 기구가 남긴 공식적인 수량적 증거를 해체하여 재구성하고 재해석하는 것이 필요하다.

제2절

토지조사사업과 산미증식계획의 진실

■ 광무개혁을 통한 근대적 토지소유권 확립

　식민지 근대화론자들은 일제가 시작한 토지조사사업을 통해 근대적 토지소유권이 확립되었다고 주장한다. 그러나 이미 대한제국 시대에 근대적 토지소유권은 정립되어 있었다. 우리나라의 근대적인 토지소유권 및 지세 제도의 시작은 일제강점기 실시되었던 토지조사사업부터가 아니라, 근대국가로의 전환점에 서 있었던 대한제국기에 시행된 광무양전과 지계관계 발급사업을 통해 근대적인 토지소유권 및 지세제도가 자리잡기 시작했다.[10]

　한국의 토지조사는 대한제국시대에 과학적인 측량기술을 활용하여 3분의 2나 완비되었다. 대한제국의 토지조사사업인 양전量田사업은 대한제국의 개혁사업 중 매우 중요한 일이었다. 조선 후기부터 토

---

[10] 박성천·김감래·황보상원, 「광무양전과 토지조사사업에 대한 비교」, 『2008년 한국지적학회추계학술대회』, 33쪽.

지 소유에 대한 불균등과 문란은 백성들의 불만을 증폭시켜 민란 발생의 주요 요인이었다. 그래서 토지에 대한 정확한 측량을 통해 자작농과 소농민들의 토지소유권을 보장해 주는 일은 기득권층들의 반발을 무릅쓰고 실행해야 할 근대적 개혁사업 중 하나였다. 더불어 정확한 양전을 통해 증대될 세수 역시 근대적인 지세제도와 함께 국가의 재정을 튼튼하게 하는 주요한 사업이었다.

1898년 7월 양지아문量地衙門이라는 토지조사 전담기구가 설치되었다. 1901년에는 지계아문地契衙門을 설치해 토지의 소유권을 확정시켰다. 양지아문에서 전국토지의 측량을 통해 실 소유지를 가려내고 토지 현황을 조사하면, 지계아문에서 소유권 증서를 발행해 근대적인 소유권을 확정시키는 사업이었다. 근대적인 의미의 사적 소유권과 함께 토지개혁제도가 추진된 것이다.[11] 그 결과 자작농 및 소농들의 토지 소유와 권리를 확정시키는 반면에, 권문세족과 세도가들의 토지 겸병 및 왜곡된 지주·소작 관계가 현저하게 약화 되었다. 특히 경영형, 자영형 부농들의 제도적 소유권을 국가가 인정함에 따라 농업의 생산성이 증대되었다. 자작농들의 경제적 권리 신장은 생산성 증가뿐만 아니라, 정치·사회적 평등성도 강화시켜 주었다. 또한 대한제국은 외국인의 토지소유와 점유를 금지하는 임시법령을 1893년 제정해 왜인 등 외국인의 토지 소유는 금지시켰다. 외국자본으로부터 농민과 농업경제를 보호하기 위한 조치였다. 이들의 매점과 과도한 토지투자를 막아야 민족경제를 추구하는 근대국가로 나아갈 수 있었다.

---

11) "대한제국의 토지조사사업은 토지소유권의 확립, 토지와 가옥. 인구에 대한 전반적인 조사, 지세수입의 증가 등을 모색하여 국가경영의 기반을 마련하기 위해 모든 부동산을 대상으로 삼으며, 토지측량 이후 소유권에 대한 국가의 공인 작업으로 양안에 기재된 소유자가 실제 소유자와 일치하는 지 확인하는 작업을 통해 지계를 발급했다." 정태헌, 「일제가 조선토지조사시업을 시행한 이유」, 『내일을 여는 역사』4, (2001. 1.), 106-107쪽

대한제국의 혁신적 토지조사사업은 1899년 6월부터 1904년 1월까지 4년 7개월여에 걸쳐서 진행되었고, 전국 토지의 3분의 2에 달하는 지역에서 완료되었다. 미국인 기사 R. E. L. 크럼을 초빙 고용하여 서구의 측량기술을 이용했다. 그러나 1904년 갑진왜란을 일으킨 일제에 의해 중단되었다. 일제는 왜인들의 토지 소유 금지정책을 추진한 대한제국의 양전지계사업을 바로 중지시켰다.[12] 그리고 일제는 1910년대에 왜인들의 토지 소유가 용이하도록 길을 터준 식민 지배 토지조사사업을 실시했다.

신용하는 일제의 토지조사사업에 대해 다음과 같이 평한다. "1897년부터 실시한 양전지계사업은 토지 측량을 시행하고 소유권 증명 등기와 발급을 실시해서 전국적으로 실시하다가 일제가 1904년 2월 러일전쟁을 도발하고 일본군이 사실상 한반도 각 곳으로 군사 점령한 상태에 들어가 중단되었다. 일제의 토지조사사업은 독립된 대한제국의 양전지계사업을 중단시키고 가로채어 식민지 토지 약탈성을 선행시킨 토지조사사업이었다."[13]

대한제국의 양전지계제도는 자생적으로 발전해 나온 차지농으로서의 자본제적 부농인 시전時田 부농의 성장과 반봉건적인 소작제도의 약화추세를 반영한 것이며, 제국주의적 자본침투를 방지한다는 민족경제 수호의 성격을 갖고 있었다.[14]

대한제국의 고종은 황제 즉위식 다음 날인 1897년 10월 13일 반조문에서 '황무지의 개관' 정책을 반포한다. 부정부패의 방지와 빈민구휼, 그리고 도로망 수리 등이 주요 골자 내용이다. 적극적으로 저수지

---

12) 자세한 설명은 참조: 대한제국시대의 양전·지계 사업에 관해서는 왕현종의 「대한제국의 양전·지계사업의 추진과정과 성격」, 『대한제국의 토지조사사업』, (서울: 민음사, 1995)
13) 신용하, 「식민지 근대화론 재정립 시도에 대한 비판」, 『창작과 비평』25(4), 35쪽.
14) 황태연, 『백성의 나라 대한제국』, (파주:청계,2017), 1008-1009쪽.

제방을 쌓아나갔다. 1897년 7월 함경남도 함흥에 대규모 저수지를 조성했으며 1899년에는 함흥군 오대천의 제언, 1901년에는 충북 괴산군에 저수지를 만들었다. 대한제국 정부는 양잠업에도 많은 노력을 기울였는데, 인공양잠 방법을 전파했고 새로운 품종 도입에도 힘썼으며, 새로운 양잠기계를 외국으로부터 구입해 전파했다. 1899년에는 대한제국 인공양잠 합자회사가 설립되었다.

근대적 기틀을 갖춘 회사들도 설립되었다. 1896년에는 한성전기 회사가, 1898년에는 특립제일은행이, 협상회사는 1900년에, 광리사는 1903년에 만들어졌다. 금융업과 농립업, 제조업, 상업, 운수업, 수산업, 인쇄출판 등 1896년부터 1904년까지 9년 동안 약 205개의 회사가 설립되었다. 이 모든 것이 자연 발생적 현상이 아니라 근대화와 식산흥업을 위한 대한제국 정부의 정책적 노력의 결과였다. 대한제국의 관료들과 민간인들이 대한제국의 적극적인 상공업 장려 정책 영향으로 기업 창업에 뛰어들었던 것이다.

이렇게 대한제국이 농업과 상공업분야에서 펼친 광무개혁은 국민의 삶을 증진시켜 1인당 GDP의 성장과 함께 경제 대국, 고도성장 지표의 대한제국 국가로 구현되었다. 그런데 일제가 조선을 근대화시켰다고 한다. 일제가 병탄 이후 가장 먼저 시작한 작업은 대한제국은 망할 국가였다는 역사 조작이었다. 일제의 강권지배는 대한제국으로 자리 잡힌 근대성을 철저히 왜곡시키고 일제에 종속화시켜 식민지배의 전형 그 이상도 그 이하도 아니었다.

■ 토지조사사업은 일제의 식민지 생산수단 장악조치

대한제국의 토지조시사업은 근대회의 일환인 광무개혁으로 추진되었다. 그러나 1912년부터 본격적으로 시작된 일제의 토지조사사업은 완전히 달랐다. 산미증식계획 역시 토지조사사업과 함께 일제 식민지 지배의 경제정책을 효과적으로 안착시켰다.

이것은 세 가지 특징으로 나타났다. 첫 번째로 일제의 토지조사사업 실시는 대한제국 시대에 시행되었던 광무양전의 외국인 토지 소유 금지 조항을 없애고 왜인들의 토지 소유를 합법화시켜 주는 일이었다. 일제는 대한제국 황실의 소유지인 궁장토와 관유지인 역둔토를 조선총독부 소유의 국유지로 둔갑시켰다. 그 결과 조선총독부는 전 국토의 40%에 해당하는 전·답과 임야를 차지하는 대지주가 되었으며, 조선총독부는 이들 토지를 동양척식주식회사와 후지흥업(不二興業), 가타쿠라(片倉) 등 일본 토지회사와 일본의 이민移民자들에게 무상으로 혹은 싼값으로 나누어주어 일본인 대지주가 출현하게 되었다.[15] 왜인 농민들의 조선 침투 기지가 마련된 것이다.

두 번째로는 강탈이었다. 보이는 토지는 모두 조사와 측량을 빙자하며 강탈해 갔다. 읍면과 마을의 앞·뒷동산은 물론이고 동네 초지와 둔덕·동네의 마당·장터 등 유구한 역사를 가진 농민 공동지도 가져갔다. 그나마 남아 있었던 미개간 황무지와, 주인이 없는 땅, 조상 대대로 지역농민들이 자유롭게 경작하던 역 둔토, 심지어 산림까지 마구잡이로 국유지화 시켰다. '국유지화 시킨다는 것'은 사실상 일제 조선총독부의 소유로 전환시키는 것이었다. 그러나 산림 자원까지 국유지로 강제 편입시키는 작업은 조선 농민들의 거센 저항을 불러일으킬 수밖에 없었다. 졸지에 삶의 터전을 빼앗긴 농민들이 가만히 있을 리가 없었다. 1913년 4월 임원리에서 왜인들의 산림측량에 농민들이

---

15) 박성천·김감래·황보상원, 「광무양전과 토지조사사업에 대한 비교」, 『2008년 한국지적학회추계학술대회』, 38쪽.

집단적으로 항의하여 일제 헌병이 출동하여 무차별적으로 발포한 사건. 1914년 11월 지역의 공동 점유 상태였던 산림을 국유림으로 분류하자, 삼척군 농민 1천여 명이 집단으로 항의한 사건 등이 대표적인 사례이다. 1912년에서 1918년 강권적인 토지조사사업 기간 중 발생한 소유권 분쟁 중 65%가 국유지로 편입된 곳에서 발생했다.[16] 이 외에도 한국인의 소유권을 빼앗기 위해 갖은 수단이 다 동원되었다. "한국인 명의로 차용하는 방법, 관리 청탁을 빙자해서 자기 명의로 등록하는 방식, 반영구적인 토지 사용 수익권을 획득하는 수법, 문서위조(買土名義없는 문서위조), 저당증서와 방매문서의 이중제작 등"[17] 파렴치한 수단 등이 자행되었다.

1907년 12월부터 활동한 '동양척식주식회사'는 그 주인공이었다. 박은식은 동양척식회사의 활동에 대해 "이들은 회사였지만 실제는 저들의 척식정부"였다고 비유했는데, 일제의 식민지 지배 정책을 대행하거나 보조하는 역할을 했기 때문이다. 동양척식주식회사는 합법적 토지 수탈과 함께 식민지 지배의 물적·인적 기반을 확고히 하려 했다. 강력한 식민권력을 활용해서 한국 농민들의 토지를 매수했고, 왜인들의 지주이민 정책의 첨병으로 기능했다.

동양척식주식회사는 국책회사로서 막대한 자금을 바탕으로 한국의 토지를 매수해 갔다. 동양척식주식회사는 애초에 일본인 농업이민자 24만 명을 10년에 걸쳐 한국에 진출시키고, 거대자본을 동원하여 24만 정보의 농토를 확보하는 것이 목표였다.

동양척식주식회사는 1909년부터 1913년의 짧은 기간 동안 한국 전역에 걸쳐 약 4만 6천 정보의 땅을 갈취했다. 마치 한국의 기름진

---

16) 전영길·이성익, 「토지조사사업을 통한 일제의 토지수탈 사례 연구」, 『한국지적 정보학회지』, 제19권 제3호,(2017. 12), 7 8쪽.
17) 김운태 , 『日本帝國主義의 韓國統治』, (서울: 박영사, 1998), 129쪽.

농토를 집어삼키는 거대 공룡 같았다. 동척의 총재는 전 육군성 군무국장이었던 우가다와 가즈마사였으며, 부총재는 전 내무차관이었던 노다우타로였다. 물론 한국농민들의 치열한 저항으로 인해 동척이 계획대로 많은 왜인 농업이민자를 정착시키지는 못했다. 그러나 동양척식주식회사는 소작료 50%를 받는 14만 명의 소작농과 7만 정보의 땅을 거느리는 식민지 거대 지주가 되었다. 이후에도 동양척식주식회사는 지속적인 척식사업을 통해 농토를 기하급수적으로 넓혀나가 1930년에는 12만 3천 정보를 차지했다. 한국에서의 기반을 토대로 동척은 동아시아와 만주대륙으로 척식사업을 넓혀나간다.[18]

일제는 산미증식계획을 추진하면서도 조선 농민의 토지를 약탈해 갔다. 이번에는 수리조합이 앞장섰다. 일제는 산미증식계획 기간 동안 전국적으로 수리조합을 설치해 나가면서 관개·개간 등 토지개량사업을 추진했는데, 1917년 14개에 불과했던 수리조합은 1934년에는 187개로 대폭 증가했다. 그러나 수리조합은 수리시설 이용을 토지 소유자에 한정시켰다. 지주들만 이용할 수 있었다. 따라서 한국 소작농들은 배제되고 왜인 지주들과 한국인 지주들만이 수리시설을 독점하게 되는 상황이 발생했다. 수리조합은 총독부 - 도청 - 군청 - 수리조합으로 이어지는 행정체계로서의 반관半官 반민半民 단체였다. 사실상 일제 조선총독부의 감독과 통제를 철저히 받는 조직이었다.

조선시대부터 전통적으로 내려왔던 지주와 소작농 그리고 지역 자작농들이 수리시설을 공동으로 이용하던 관행은 완전히 파기되었다. 따라서 공동체적 협력과 기능은 사라지고 계급과 계층 간의 갈등은 심화되었으며, 과중한 조합비 부담으로 인한 소작쟁의도 증가했다.

---

18) 이규수, 「식민지 지배의 첨병, 동양척식주식회사」, 『내일을 여는 역사』, 34, (2008. 12), 211-217쪽.

조합비는 현금으로 지불해야 했기 때문에 조세의 성격까지 갖고 있었다. 특히 수리조합의 개량사업비는 대부분 금융기관인 대장성을 통해 대부받았는데, 고금리 이자에 대한 부담이 고스란히 조합원들인 중소토지소유자들과 소농민에게 돌아갈 수밖에 없었다. 결국 부담을 이기지 못한 중소토지 소유자들은 헐값으로 농토를 팔 수 밖에 없었고, 기다렸다는 듯이 왜인지주들은 토지를 사들여 대지주로 등극하게 되었다. 조합비가 밀리면 강제체납 당했으며, 그 토지 역시 왜인 대지주 소유로 낙착되었다. 수리조합에 대한 대출이자 부담과 조합비 부담은 종국적으로는 소작농들에게 돌아갔다. 수작료가 50%에서 60%로 오르는 지역도 나타났고, 비료대 등 기타 제 비용 지불도 소작농들에게 강제시켰다. 1930년대에 들어가서 쌀값마저 폭락하자 과중한 부담을 이기지 못하는 소작농들은 몰래 도주하는 경우도 비일비재했다.[19]

한국인은 그나마 남아 있었던 소작지까지 빼앗겼다. 물론 일제의 돈으로 개량된 농지는 왜인들의 소유로 귀결되었다. 일제 강점기에 한국 농민에게 가장 큰 원성과 저항을 받은 기구는 수리조합과 동양척식주식회사였다.

> 그나마 수리조합 관내의 조선인 토지는… 점점 일본인 소유로 귀속되어 갔다. 수세의 과중한 부담과 조합측의 계획적 압박, 간계에 의하여 빈약한 조선인 소지주는 생활이 어려워서 염가로 투매하게 되었다.[20]

---

19) 박수현, 「1920-34년 산미증식계획기간을 중심으로」, 『중앙사론』 15 (중앙대학교 중앙사학연구소2001. 12), 86쪽, 88-102쪽.
20) 東亞日報 , 1923년 2월 1일 논설 / 김운태『日本帝國主義의 韓國統治』, 336쪽에서 재인용.

수리조합을 통해 시행된 토지개량 사업은 일본 청부업자들의 막대한 이윤을 보장해 주는 도구로 활용되었다. 일인학자인 도리우미 유타카는 "식민지 조선에서 농업용수를 확보하기 위한 토목공사는 조선에 거주하고 있는 일본인에게 건축 사업을 통해 이익을 주는 것이었으며, 조선총독부가 발주하는 공사는 오로지 일본인 청부업자에게만 수주시켰다."[21]고 밝히고 있다. 도리유미 유타카는 일제의 토지개량사업이 실제로 노린 것은 조선총독부와 깊은 유착관계를 갖고 있었던 왜인 청부업자의 이익 증진이었다는 것이다. 물론 그 기저에는 한국인 중소농민들과 소작인들을 처참하게 만드는 강탈이 바탕이 되었다.

　토지조사사업이 종료된 1918년 일본인에 의한 토지 약탈면적은 23만 7천 정보였으나 그 후 산미증식계획 실시 중인 1931년까지 30만여 정보의 토지를 더 약탈했다. 이로써 일본인 토지약탈면적은 69만 7천여 정보에 달했다. 이것은 1931년 현재 조선 농촌의 경지면적 152만 8천 정보의 46%에 해당하며 그것도 대부분이 호남평야의 기름진 토지이며 전북의 옥구평야의 경우에는 일본인 농장주가 완전히 독점했다.[22]

　세 번째로는 토지소유 관계의 강제 이전을 통해 식민지 지주제가 정립되었다. 농민들의 생산수단으로부터의 강제적인 분리가 진행된 것이다. 대한제국시대의 농업 생산 중심으로 성장해 가던 자작농과 자영형 부농층은 몰락되었고, 강력한 왜인 지주층과 일부 한인 지주들이 득세하는 반봉건적 지주제가 강화되었다.

　토지조사가 종료된 1918년 현재 답지畓地의 64.6%, 전지田地의

---

21)　도리우미 유타카, 『일본학자가 본 식민지 근대화론』, (서울: 지식산업사, 2019), 115쪽.
22)　김운태, 『日本帝國主義의 韓國統治』, 337쪽.

42.6%가 소작지가 되었다. 반면에 자작농은 19.7%, 자작겸 소작농은 합계 77.2%로 올라섰다. 지주와 소작농의 대 역전형상이 발생한 것이다. 농가의 불과 3.1% 밖에 안 되는 지주계층이 전 경작지의 50.3%를 소유하게 되었고, 77.2%의 자 소작농을 지배하게 되었다. 아울러 총독부가 방대한 국공유지를 몰수하는 기형적인 토지 소유관계가 형성되었다.[23]

표1. 농민의 계급분화상태 (단위%)

	지주	자작농	자소작농	소작농	순화전민	피용자
1920	3.4	19.4	37.4	39.8		
1939	3.7	18.0	31.5	45.6	1.2	-
1932	3.6	16.2	25.3	52.8	2.1	-
1935	-	17.9	24.1	51.9	2.5	3.6
1939	-	17.9	23.8	52.4	2.3	3.6
1941	-	17.9	23.5	53.7	1.9	3.0
1942	-	17.3	23.9	53.8	1.9	3.1

* 출처: 『조선총독부통계연보』[24]

위 표에서 확인할 수 있듯이 1920년대부터 자소작농의 감소세와 소작농의 증가추세가 뚜렷하다. 토지조사사업, 산미증식계획의 부작용이 나타난 결과다. 1930년대 말에는 더 이상 농촌에서 농사를 짓고 살 수 없어서 쫓겨난 화전민이 나타나기 시작했다. 이미 1920년대부터 지주경영이 강화되었고 소작농민에 대한 착취가 심해졌다. 소작기간도 1-3년으로 단축되어 소작민들은 언제 농토에서 쫓겨날지 모

---

23) 김준보, 『농업경제학서설』, (서울: 고대출판부, 1980), 197쪽.
24) 이영학, 「1920년대 조선총독부의 농업정책」, 『한국민족문화』 69,(2018. 11), 329쪽에서 재인용.

르는 신세로 전락했다. 소작료율도 이전에 비해 10-20% 올랐으며, 기타 조세는 여전히 소작 농민이 부담했다.

반면 식민지 지주제는 이전보다 강화되었다. 1919년에는 217만 정보였던 소작지가 1930년에는 244만 정보로 늘어났다. 경지 총면적에서 소작지가 차지하는 비율도 55.6% 증가했다. 식민시기 조선 농민들은 평균 6, 7할의 소작료를 지불하는 반봉건적 영세 소작농으로 전락했다. 1926년에서 1931년까지 5년 동안 걸인이 1만 명에서 자그마치 16배가 넘는 16만 3천 명으로 급증했다. 춘궁기에는 식량이 떨어져 초근목피로 굶주림을 견뎌야 했던 이른바 궁민窮民은 1백만 명에 달했다. 극빈 영세민도 420만 명으로 증가했다.[25]

이처럼 고율의 소작료와 고리대에 견디지 못하는 농민들은 도시빈민, 화전민, 유랑 농민 등으로 전락했고, 당시 조선인구의 10%가 넘는 2백여만 명의 농민이 고향을 등지고 만주나 연해주로 정처 없이 떠나야 했다. 반면에 강탈적인 토지조사사업을 통해 일제는 지세 세수를 증대시켰다. 일제의 지세 수입은 1910년 6백여만 원에서 1918년 1,156만 9천여 원으로 2배나 증가했다. 토지조사사업과 산미증식계획을 통해 우리 농지는 더 세분화되었고, 반봉건소작관계가 강화되면서 농촌경제를 파괴하고 왜곡시켜 놓았다.

그러나 김낙년은 왜, 어떻게 지주·소작관계가 심화 되었는지, 그 폐해는 어떤 것인지에 대해서는 한마디도 언급하지 않고 있다. 단지 지주·소작의 심화 때문에 조선 농민이 곤궁하게 살았다고 주장한다. 일제의 약탈과 민족적 차별·억압은 식민지 근대화론자들에게 보여도 보이지 않는, 보지 말아야 할 실상인 듯하다.

---

25) 이영학, 「1920년대 조선총독부의 농업정책」, 330쪽.

제3절

식민지 근대화론자들의 가면을 벗긴다

■ 쌀을 '수출'했다고?
  - 수출이 아니라 공출

　토지조사사업을 통해 식민지적 지주체제와 토지장악이 완수되자 일제는 산미증식계획을 실시했다. 1910년대가 농업부문에서 조선의 식민지배를 위한 토대를 구축한 시기라고 한다면, 1920년대는 그를 바탕으로 일본 본국을 위한 식량 원료의 공급기지로 재편한 시기였다.[26)]

　일제가 토지개량사업 등을 통해 한국에서 광범위하게 산미증식운동을 벌인 이유는 이렇다. 1910년대 1년에 70만 명 이상의 인구가 급증했으며 쌀 부족 상태에 처했다. 1918년 후지야마현에서 시작된 쌀 소동은 일본 전역으로 파급되어 약 70만 명이 참가할 정도로 국가적으로 매우 심각한 상황을 맞이했다. 당시 일본은 극심한 식량부족으

---

26)　이영학, 「1920년대 조선총독부의 농업정책」, 『한국민족문화』, 304쪽.

로 매년 3백만 석 내지 5백만 석의 외국미를 수입했다. 그래서 조선 식민지에서 쌀 재배면적과 쌀 생산량을 늘리는 산미증식계획을 통해 쌀 부족 현상을 해결하고, 왜인들의 이민정책으로 과잉인구 문제도 해결하려 했다. 실제 일제는 2-3백만 명의 이주계획과 8백만 석의 쌀 공출을 목표로 삼았다.

덕분에(?) 한국은 일제의 식량 공급지로서의 쌀 중심의 미단작체제 米單作體制로 고착화되었다. 일제는 본국의 식량부족을 해결하기 위해, 생산된 쌀을 최대한 일본으로 공출해가고, 증산 작업을 통해 쌀 생산 배가 작업에 박차를 가했다. 더불어 미곡통제와 쌀 값 인하정책도 시행했다. 좀 더 많은 양의 쌀을 일본으로 가져가기 위한 정책이었다. 산미증식계획 실시로 쌀 생산량은 늘어났다. 보이는 모든 곳마다 쌀농사를 짓도록 강제했으니 당연한 귀결이었다. 그래서 조선은 쌀만 오로지 생산하는 쌀 중심 생산체제로 변화되었다. 농촌에서의 왜곡된 산업구조를 갖게 된 것이다.

무리한 쌀 공출[27]은 한국 농민의 삶을 피폐하게 만들었으며, 한국 농민들의 곤궁을 가중 시켰다. '조선 미곡요람'에 나타난 통계를 보면 [28] 1921년 쌀 생산량은 1,488만 석이었는데, 1928년에는 1,729만 석으로 늘어났다. 총 16%가 증가한 것이다. 그런데 일본으로의 쌀 공출은 2.4배 증가했다. 1921년 308만 석에서 1928년에는 740만 석으로 증대되었다. 쌀 생산량은 240만 석 증가했지만 일본으로의 공출량은 430만 석 늘어났다. 어떻게 2.4배로 늘어난 것일까. 결국 조선농민의 쌀 소비를 격감시키고 일제는 쌀 공출의 목표를 강제한 것이다.

---

27) 공출供出은 일제가 식량·물자 등을 민간에게 강제로 바치게 한 것을 뜻한다. 〈민중국어사전〉
28) 김운태, 『日本帝國主義의 韓國統治』, 339쪽.

표2. 미곡생산과 공출·소비량

	생산고 (천석千石)	일본에 공출 (천석千石)	조선인 1인당 소비량(두斗)	일본인 1인당 소비량(두斗)	조 수입량 (천석千石)
1912	11,568	2,910	0.7724	1.0688	16
1915	14,130	2,058	0.7376	1.111	107
1917	13,933	1,296	0.7200	1.126	118
1919	15,294	2,874	0.7249	1.124	833
1920	12,708	1,750	0.6301	1.118	863
1921	14,882	3,080	0.6749	1.153	63
1922	14,324	3,316	0.6340	1.100	694
1923	15,014	3,624	0.6473	1.153	1,076
1924	15,174	4,722	0.6032	1.122	1,270
1925	13,219	4,619	0.5186	1.128	1,653
1926	14,773	5,429	0.5325	1.131	2,167
1927	15,300	6,136	0.5245	1.095	2,643
1928	17,298	7,405	0.5402	1.129	1,935
1929	13,511	5,609	0.4462	1.110	–
1930	13,511	5,426	0.4508	1.077	–

* 자료: 「조선 미곡요람」, 「수자조선 연구」(제1집). 43-44쪽 [29]

　쌀 생산에 비해서 과도하게 쌀이 일본으로 공출되자 결국 조선 농민의 식생활에 직접적인 영향을 주게 되었다. 조선인의 쌀 소비량은 해가 갈수록 줄어들었다.

　생산에 비해 일본으로 가져가는 양이 갈수록 늘어났기 때문에 한국 농민들의 1인당 소비량이 급격하게 줄어들 수밖에 없었다.

　반면에 일본인의 1인당 소비량은 변함이 없었다. 오히려 조선인 1

---

29)　김운태, 『日本帝國主義의 韓國統治』, 339쪽./ 재인용

인당 쌀 소비량과의 격차가 해가 가면 갈수록 벌어진다. 또한 절대 생산량이 줄어들고 있는데도 불구하고 일본인들의 쌀 소비량은 일정 수준을 유지한다. 먹을만큼 잘 먹었다는 것이다. 반면에 조선인들은 식생활 구조에 변화가 생겼다. 모자라는 쌀 대신 만주조를 수입해서 허기를 채웠다. 그러나 1930년대 후반 전시체제로 가면서 잡곡 소비량도 줄어든다. 일제가 전시물자로서 조선의 남아 있는 모든 것을 공출해갔기 때문이다. 초근목피로 연명했다는 말이 실감이 간다. 그런데 김낙년은 '쌀이 수출되었다니, 조선은 쌀 수출국이었고 조선 농민들이 쌀을 수출해 이득을 보았다'는 주장을 한다. 그의 주장대로 수출이었다면, 수출한 조선 농민의 쌀 소비량은 왜 해마다 줄어들고 만주조와 잡곡으로, 1930년대 이후에 가서는 춘궁기에 홍배 등 풀뿌리와, 나무껍질로 연명한 농민들이 전체 농가호수의 절반에 이르렀을까.[30] 수출을 통해 벌어들인 이익은 다 어디로 갔다는 것인지 알 수가 없다.

　김낙년이 주장하는 수출은 일본인 대지주와 동양척식주식회사의 농토에서 뼈 빠지게 노예노동을 바친 한국 소작농들의 고혈을 공출한 것이다. 더욱이 이영훈은 '쌀이 수출된 것은 일본에서 쌀이 30퍼센트 정도 더 비쌌기 때문이므로 수탈이 아니라 수출'이라고 주장하고 있다. 그러나 《척무성 척무통계拓務省拓務統計》에는 1924년에서 1939년 기간 동안 조선과 일본의 쌀가격은 평균 9.38퍼센트 차이밖에 나지 않는다.[31] 식민지 근대화론자의 대표 격인 이영훈의 통계수치가 일본인 학자인 도라우미 유타카가 일본에서 수집한 공식적인 자료에 의해 허위임이 밝혀진 것이다.

---

30) "1930년에는 궁민상황이 더욱 심화되었다. 조선 농민 소작농의 68.1%, 자소작농의 37.3%, 자작농의 18.4%가 궁민으로 나타났다." 이영학, 「1920년대 조선총독부의 농업정책」, 330쪽.
31) 도리우미 유타카, 『일본학자가 본 식민지 근대화론』, 274쪽.

일제의 한국산업 장악은 농업에만 국한되지 않았다. 1910년 12월 29일 공포된 회사령은 한국 내 모든 회사가 총독부 허가를 받아야 설립될 수 있었고, 운영 역시 총독부의 엄격한 관리·감독을 받게 했다. 왜인들의 한국 진출을 수월하게 해주는 조치였으며, 대한제국에서 식산흥업정책으로 만개했던 한국의 기업은 쇠락의 길로 접어들 수밖에 없었다. 일제는 1920년 왜인들의 진출이 자리 잡았다고 판단되자 회사령을 폐지한다.[32]

1911년에는 조선 어업령을 공포하여 새로 면허와 허가를 얻지 못하면 한국 이민들은 어업을 할 수 없게 했다. 광산업도 마산가시었다. 1917년경부터 왜인 소유의 광산이 급증하게 되는데, 광업권 등록 제도를 설정해서 한국인의 진출은 제약하고 왜인들이 광산업 독점을 길을 열어주게 된다. 그것이 1915년 12월부터 시행된 조선광업령이다.[33]

■ 지대량이 어떻게 변화했는지

식민지 근대화론자들의 역사부정 중 핵심은 '조선은 망할 나라였다'는 것이다. 조선은 생산성이 낮았기 때문에 일제의 통치 기간 중 이루어진 '근대적 경제성장' 덕분으로 경제가 살아났다는 것이다. 그들은 조선총독부의 일제초기 농업개발 정책에 그 은공을 돌린다.

이영훈은 '토지생산성, 즉 두락당 생산량이 19세기 말 참담한 수준으로 추락했고, 이 추락이 1905년까지 계속되다가 1910년 조선총독부가 토지·농법개량 정책을 시행하자마자 저점을 통과해 생산량이

---

32) 당시 한국의 회사설립 및 탄압 실태 참조: 전우용, 『한국회사의 탄생』, (서울대학교 출판화원, 2011).
33) 김운태, 『日本帝國主義의 韓國統治』, 218-219 쪽.

급상승했다.'[34]고 주장한다. 그러나 이영훈은 농지에서 지주들이 거두어들이는 지대계산법이 조선말기와 일제강점기에 달라졌다는 점을 생각하지 못하고 지대량의 증감에 따라 토지생산성이 변했다는 오류를 범하고 있다.

19세기 후반, 지주와 소작인 간에는 소작인이 수확량의 3분의 2를 차지하고 지주는 나머지 3분의 1만 차지하는 제도가 확산됐다. 소작인이 지주보다 많은 3분의 2의 수확량을 갖는 이유는 지세地稅와 종자를 소작인이 부담했기 때문이다. 그래서 지주의 지대량이 기존의 2분의 1에서 3분의 1로 줄어든 것처럼 나타났지만, 실제 지세와 종자비 등을 제외하면 이전의 2분의 1지대와 별반 차이가 없었다. 즉 토지생산성과는 전혀 상관없이 소작인이 지주에게 지대를 납부했던 것이다.

그러나 일제 병탄이 되자 총독부는 세금 납부자를 분명히 해서 토지소유자인 지주들이 세금을 내도록 했다. 따라서 지주들은 지세를 대납하고 종자비를 내는 조건으로 지대를 3분의 1에서 2분의 1로 올렸다. 당연히 지대량은 급상승하게 되었다. 이러한 지대량 증가 현상을 보고 이영훈은 일제 덕분에 생산성이 올랐다고 주장했으니, 역사에 대한 무지함을 스스로 드러내는 꼴이 되었다. 이영훈은 두락당 지대량 데이터까지 사용할 정도였다.

조선중기까지는 타작법이라고 해서, 추수한 수확물을 지주와 소작인이 반반씩 나눠 갖는 방법이 일반적이었다. 물론 지세와 종자는 지주가 부담했다. 그러나 조선시대 후기가 되면 전라도와 경상도 지방에서 집조법執照法이라는 소작방법이 널리 보급된다. 집조법은 지세와 종자를 소작인이 부담하면서 수취량의 3분의 2를 소작인이, 3분

---

34) 이영훈, 「17세기 후반~20세기 전반 수도작 토지생산성의 장기추세」, 『경제논집』 제51권 제2호, (2012. 12) 411-416쪽.

의 1을 지주가 가져가는 제도이다. 일제는 병탄 직후 지세를 지주에게 부과했기 때문에 지주와 소작인 간의 수취방식이 바뀐 것이고 토지 생산성이 아닌, 지대량만 변화한 것이다.[35] 일제 초기 농업 생산성의 급상승은 없었다.

■ 벽골제에 대한 역사 조작

조정래의 대하 소설 『아리랑』에서는 김제·만경평야를 '풍요로운 평야지대'로 묘사하고 있다. 아리랑에서는 일제이 토지조사사업으로 땅을 빼앗기고 수탈당한 역사가 다루어졌는데, 그 지리적 배경이 바로 전북 김제이다. 그러나 이영훈은 조정래씨의 소설이 마음에 들지 않았는지, 김제·만경평야를 불모지로 규정했다. 이영훈은 이 불모지를 풍요로운 평화지대로 변화시킨 주체는 조선이 아니라, 일제였다는 것이다. 일본인 지주들과 조선총독부의 개발 정책 때문에 황무지가 옥토로 바뀌었으며, 그 혜택을 조선인들이 입었다는 것이다. 이영훈은 벽골제가 바닷물을 막는 단순한 방조제였으며, 그 일대는 갯벌과 갯논으로 가득 차 있었다는 것이다. 그런 불모지를 일제가 개발하여 옥토로 바꾸어 놓았다는 주장이다.

그러나 벽골제는 오래전부터 저수지였다. 『삼국사기』나 『삼국유사』의 기록에서 저수지로 보아야 하는 근거가 여러 가지 등장한다. 삼국사기에는 저수지임을 뜻하는 '벽골지碧骨池'로 기록되어 있으며, 태종조와 세종조의 『조선왕조실록』에는 벽골제의 증수에 관한 많은 기사가 수록되어 있다. 즉 저수지로서 증수된 것이다.

한국 최대의 평야인 김제·만경 평야는 고대 이래 수원 개발을 위해

---

35) 허수열, 『일제초기의 조선농업』, (서울: 한길사, 2011), 365-367쪽.

서 역대 왕조들이 저수지·보·제방건축과 수리 사업에 온 힘을 쏟아왔던 곳이다. 지속적인 치수治水 결과 김제·만경평야는 인공관개 시설이 한국에서 가장 밀집된 지역이 되었다. 그래서 일제 총독부는 기존의 저수지와 제방 등을 주기적으로 보수, 관리하기만 하면 되었지, 추가적으로 관개시설을 설치할 필요는 없었다.[36] 그런데 이영훈은 벽골제 아래의 땅을 일제가 간척했다고 하니, 그의 역사 조작이 가상할 따름이다.

1911-1915년 간의 근대적 경제성장 본격화의 비밀

식민지 근대화론자들의 가장 핵심적인 주장 중 하나는 근대적인 경제성장은 식민지시기에 개시되었다는 것이다. 즉 일제 병탄 초기부터 일제의 개발이 이루어졌고 그 결과가 식민지 경제에 반영되었다는 것이다.

OECD 통계학자였던 앵거슨 메디슨의 자료를 보면, 1911년부터 성장률이 가파르게 진행되고 있음을 알 수 있다. 1911년 한국은 1인당 국민소득이 815달러였고, 1915년에는 1,048달러에 도달했다. 일제 초기에 고도성장의 지표가 나타난 것이다. 하지만 일본 자본이 본격적으로 한반도에 상륙하는 시점은 제1차 세계대전이 끝나는 1916년경부터다. 1910년 일제 병탄 이후 일제 총독부가 한 일은 토지조사사업과 동양척식주식회사 활동을 통해 식민지 경제체제의 토대를 잡는 일이었다. 왜인들은 한국 토지 장악을 도와주는 식민지 왜곡구조

---

36) 황태연, 『백성의 나라 대한제국』, 1072-1073쪽. 허수열, 『일제초기의 조선농업』, 375-378쪽.

정립에 온통 신경을 썼을 뿐이다. 실제 경제개발 정책이나 통상, 식산흥업 정책은 전혀 가동되지 않았다.

더욱이 1910년 병탄 이전 통감부 시기에도[37] 대한 국민군과의 치열한 전투에 주력하면서 합방 노력에 경주했을 뿐이었다. 즉 1906년 통감부 시기부터 1915년까지 10년 동안은 일제와 왜인들이 한국에 전혀 개발 투자하지 않았다. 한국인들의 경제활동에 대한 억압과 강탈 및 경제적 수탈, 그리고 척식과 본국으로의 송금에만 혈안이 되었던 시기이다. 국부유출의 시기인 것이다.

그렇디면 1911년부터 1915년의 고도성장은 어떻게 발생한 것인가. 당시 아시아 2위의 경제대국의 수치였다. 결국 그것은 대한제국 시대의 식산흥업정책 등 광무개혁의 결과라고 봐야 한다.[38]

표3, 일본과 식민지 조선의 1인당 GDP[39]

	1700	1820	1850	1870	1911	1912	1913	1914	1915	1916	1917
조선		600		604	815	843	869	902	1,048	1,018	1,118
일본	570	669	679	737	1,356	1,384	1,387	1,327	1,430	1,630	1,665

	1918	1919	1920	1921	1922	1923	1924	1925	1926	1927	1928
조선	1,196	1,265	1,092	1,169	1,065	1,131	1,129	1,119	1,152	1,191	1,190
일본	1,668	1,827	1,696	1,860	1,831	1,809	1,836	1,885	1,872	1,870	1,992

---

37) "1906년부터 4년동안 일제 통감부는 대한시설강령에 따라 한국의 정부재정과 황실재정을 장악, 약탈하고 전국의 토지를 강취하고, 한국경제를 일본산업의 재료 공급지로 전락시키고, 일본인을 한국 땅에 이주시키고 한국인의 토지를 침탈하는 이주·척식작업에 몰두해 국부를 대거 일본으로 유출시키고 있었다." 김운태, 『日本帝國主義의 韓國統治』, 119-130쪽.
38) 황태연, 『백성의 나라 대한제국』, 1065쪽.
39) Angus Maddisoon, The World Economy- Historical Statistics (Paris: Development Center of the OECD, 2003), p180.

	1929	1930	1931	1932	1933	1934	1935	1936	1937	1938	1939
조선	1,118	1,049	1,046	1,039	1,247	1,236	1,337	1,437	1,561	1,619	1,439
일본	2,026	1,850	1,837	1,962	2,122	2,098	2,120	2,244	2,315	2,449	2,816
	1940	1941	1942	1943	1944	1945					
조선	1,600	1,598	1,566	1,566	1,476	683					
일본	2,874	2,873	2,816	2,822	2,659	1,346					

(1900년 국제 Gray-Khamis 달러)

대한제국 정부는 황무지 개간은 물론이고 제언과 저수지 축조, 그리고 관개 개선과 양잠업, 농림회사 등을 진흥시키면서 상공업과 농업을 활성화 시키는데 온 노력을 다했다. 금융업과 농립업, 제조업, 광업, 상업, 운수업, 수산업뿐만 아니라 인쇄와 출판업, 제약업까지 활성화되었다. 그 결과 대한제국의 세출예산은 1891년 4,190,427원에서 1905년에는 4.6배나 증가한 19,113,650원으로 증가했다. 대한제국 정부의 식산흥업정책을 통한 결과는 무역에서도 놀랄만한 호조세를 띠고 나타났다. 소와 쌀, 콩, 광석, 보리, 밀 등이 주로 수출되었는데, 1901년 무역총량은 1,800만 엔이었고, 1904년에는 두 배로 신장되었으며, 1910년에는 6,000만 엔에 도달했다.

메디슨의 통계에 따르면 조선은 1820년 1인당 국민소득 600달러로 중국과 공동으로 동아시아 국가 3위였지만, 1869년 이전에 저점을 통과하여 1870년 604달러로 반등하기 시작했다. 이후 40년 동안 연평균 약 5.3달러씩 성장하여 1911년 815달러에 도달한 것이다. 1911년 통계는 1910년을 반영한 것이기 때문에 대한제국의 성과로 보아야 한다. 결국 일제가 별다른 경제 진작책을 쓰지 않았던 1911년에서 1915년의 고도성장의 비밀은 대한제국시대의 식산흥업정책의 결과로 나타난 테이크 오프(비약적 성장단계인 이륙기)로 보아야 한다는

것이다.[40]

일제강점기의 1인당 GDP는 1916년부터 소폭의 등락과 정체를 거듭한다. 성장률의 상승곡선을 보기 어렵다. 결국 대한제국의 후광효과인 1911년부터 1915년까지의 고도성장이 없었다면, 일제강점기의 성장률은 보장되기 어려웠을 것이다. 물론 만주침략과 중일전쟁, 그리고 태평양전쟁이 발생한 1933년부터 1944년까지는 1인당 GDP가 상승한다. 대륙 병참기지로서의 중화학공업과 군수산업에 일제가 투자한 전시경제 효과라고 볼 수 있다.

그러니 일제가 패망하는 1945년에는 683달러로 급격히 떨어진다. 왜곡된 일제식민지 경제의 단면을 여실히 보여주는 대목이다. 왜인들이 철수하자 1인당 GDP가 793달러나 떨어진다. 정상적인 국민국가에서는 발생할 수 없는 현상이다. 즉 일제식민지 경제체제는 한국의 국민경제와는 전혀 연관이 없었고, 오직 일제의 경제적 이해에 예속되어 있었다는 사실을 보여주는 것이다. 결국 식민지 근대화론자들이 주장하는 근대적 경제성장은 식민지 지배 기간에 이루어지지 않았다. 대한민국의 근대적 경제성장은 대한제국의 후광효과가 급속도로 나타난 1911년에서 1915년 사이부터 본격화된 것이다. 더욱이 이 시기의 고도성장 지표는 일제의 개발정책이 아닌, 대한제국 광무개혁의 성과였다. 따라서 일제의 식민지배가 없었다면 대한제국의 근대적 경제성장은 만개했을 것이며, 아시아 1위의 경제 대국 상승도 어려운 일이 아니었다. 일제가 개발이라는 탈을 쓰고 추진한 식민지 경제정책은 대한제국의 경제적 성과를 왜곡하고 파괴시켜, 대한인들의 삶을 피폐하게 만들었을 뿐이었다.

---

40) 황태연 외, 『조선시대 공공성의 구조변동』, (한국중앙학 연구원 출판부, 2016), 144-150쪽.

제4절

일제와 식민지 조선의 경제 관계가 EU와 동일한 효과?

EU는
독립된 주권 국가들 간의 지역통합

　EU유럽연합은 1993년 11월 1일부터 발효된 유럽의 정치와 경제의 통합을 실현시키기 위한 유럽 공동체이다. EU는 소속국 국민들이 민주적으로 선출해서 구성된 유럽의회와 각국 장관들의 회의체인 각료이사회, 유럽사법재판소, 유럽 경제사회위원회, 그리고 유로권 통화정책을 관리하는 유럽 중앙은행 등의 기구를 두고 있다. EU는 입법과 사법 행정부를 모두 갖춘 국가형태를 갖추고 있다.

　김낙년은 1910부터 1945년까지 일본의 식민지 지배가 EU와 동일한 효과를 가져왔다고 한다. "일본의 법 제도가 조선에 이식되었기 때문에, 화폐와 시장이 통합되었기 때문에, 지역통합이 이루어졌기 때문에, 역내의 각 지역이 완전히 개방되어 상품과 자본과 노동이 보다 자유롭게 이동될 수 있었기 때문에 EU와 동일한 효과를 갖게 되었다"⁴¹⁾라는 것이다.

　괴설의 극치를 보여주는 대목이다. 정치적 억압, 통제 관계를 배제시키고 경제적 관계로만 지역통합을 이루었다고 한다. 식민지 강권 지배체제가 지역통합으로 둔갑했다. 착취와 수탈의 식민지배체제가 정치적으로 독립한 주권 국가 간의 지역통합과 동일한 경제적 효과를 보았다고 한다. EU의 지역통합 경제는 그 결과가 각 EU 소속국의 국민들에게 혜택이 가고, 소속국의 국민경제 발전에 긍정적인 영향을 미친다. 반면 식민지 지배 관계의 경제적 이해는 식민모국의 이득으로 강제된다. 결국 식민지배의 정당성을 확보하려고 하는 억지 주장일 뿐이다.

　김낙년은 지역통합에 앞서서 일제의 동화주의의 경제적 측면에 대해서도 언급하고 있다. 동화주의의 경제면에서 보면 지역통합이 이루어졌고, 결과적으로 일본과 조선의 경제적 관계가 EU와 같은 효과를 가져 왔다고 하는데, 도대체 동화주의로 인해 한국 민족에게 폐해가 있었다고 하는 것인지, 아니면 동화주의 정책이 실시되어 경제적으로는 도움이 되었다는 것인지 불투명하다. 김낙년이 주장하고 싶은 바는 동화주의가 결국은 한국 민족에게 도움이 되었다는 생각일 것이다.

　식민지 근대화론의 원조격인 스즈키 다케오는 동화정책을 강조했다. 동화정책은 일시동인一視同仁, 내선일체內鮮一體, 내지 연장주의內地延長主義, 동조동근론同祖同根論으로 달리 표방되는데, 스즈키 다케오는 "일본의 조선통치는 서구의 식민통치와는 달리 식민지 지배를 지향한 것이 아니었으며, 조선인을 노예적으로 착취하고 수탈하였던

---

41)　이영훈 외, 『반일종족주의』, 58쪽.

것도 결코 아니라고 주장하면서 동화정책을 설명하고"[42] 있다.

일본 천황은 1919년 3·1운동 발발 이후 '조선을 짐의 신민'이라고 밝혔다. 당시 하라사토시 수상도 "조선은 일본의 판도로서 속방이 아니며, 또 식민지가 아니다. 일본의 연장"이라고 말했다. 1937년 미나미 지로총독은 '내선 일체론'을 주장했다. 그들은 한국과 일본의 조상이 같다고 하는 동조동근론同祖同根論까지 펼쳤다. 동조동근론은 일본 신이 조선의 건국을 일으켜 조선 신이 되어 고대 일본이 조선을 지배했다는 것이다. 역사 왜곡을 넘어 역겨운 일제의 발상이 아닐 수 없다. 역겹다 못해 토하고 싶은 심정이다.

일제는 대륙침략 전쟁을 벌이면서 황민화皇民化 정책으로 나아갔다. 그리고 강제징용, 강제징병 정책을 감행했다. '조선은 일본과 동일하니 일본 천황에게 충성해야 한다. 그러니 일본의 전쟁에 목숨을 바쳐야 한다'는 논리였다. 일제의 동화주의, 동화정책은 경제적 통합만을 이루려는 것이 전혀 아니었다. 완전체로서의 식민지배를 달성하기 위하여, 한민족을 말살하고 일제의 노예로 만들려고 하는 획책이었다. 일제는 1937년 10월 황국신민선서를 제정하고 한국인 전체에게 낭독케 했다. 동방요배東方遙拜는 일본 천황이 있는 동쪽 궁성을 향해 매일 경례를 하도록 강제하는 의식이었다. 일제는 1938년 3월 조선교육령을 개정하여 한국어를 학교뿐만 아니라, 집회에서 사용하는 것도 금지시켰다. 동화정책의 골자는 우월한 일본인이 열등한 한국인을 일본화시켜 은혜를 베푸는 것이다. 동화정책의 경제면으로만 지역통합이 이루어지고, 경제적 측면에서 EU와 동일한 효과가 보여졌다고 하니, 응당 일제의 은혜에 고마워해야 할 일이다.

---

42) 박찬승, 「스즈키 다케오의 식민지조선 근대화론」, 216쪽.

전시경제체제, 대륙침략기지도 EU와 동일한가

　연간 최대 7백만 석까지 가져갔던 일본의 대 조선 중농정책은 1929년 세계 대공황 여파로 일본에서 농업 공황이 발생하자 변화하게 된다. 1930년에는 농공병진정책으로 바뀌게 되고 1931년 만주침략이 발생하자 준전시체제로 돌변한다. 일제의 대륙침략추진은 중국, 만주와 교량적 위치에 처해있던 한국에 대륙병참기지로서의 역할을 부여한다. 따라서 군수산업과 중화학 건설을 중심으로 하는 공업체제가 추진되어 한국은 일본의 독점자본 예속상태로 전락하게 되었다.

　일제의 공업화 정책은 한국의 독자적인 공업화를 추구한 것이 아니었다. 따라서 일본 독점자본의 예속화가 가중되었다. 일본인들의 중화학공업 점유율은 1930년에는 20.7%였지만, 1939년에 46.1%로 급증하고 1943년에는 49.5%로 늘어난다.[43]

　이러한 단기적인 수치 증가는 결국 일제가 전쟁 수행을 위해 한국에서 중화학공업을 이식시켰음을 보여주는 명백한 증거라고 볼 수 있다. 또한 일본 독점자본이 투자, 설립한 공장 대부분은 자기 완결적이었다. 한국 국내 공업과의 연관성이 매우 떨어졌다는 것이다.

　허수열은 "생산과정은 대체로 자기 완결적이었고, 따라서 일부 원료 조달부문과 일부 제품 가공업 등을 제외하면 조선 내의 다른 자본, 특히 조선인 자본과는 전혀 연관 관계도 없었다. 1930년대에는 바로 이들 업종의 생산이 비약적으로 증대함으로써 조선공업생산이 급증

---

43) "1930년대 조선 공업은 급격한 군수공업의 성장을 수행하면서 무역상 대일의존도를 높이고 후진적 노동력 및 자금의 수탈을 목적으로 하는 성격을 더욱 심화시켜 식민지적 파행성을 노정 시켰다." 김운태, 『日本帝國主義의 韓國統治』, 482쪽.

하고 공업구조가 고도화 되는 것 같은 현상을 보여주고 있지만, 이들 일본인 대공업과 조선인 공업사이에는 직접적 연관 관계가 별로 없기 때문에 … "[44]라고 밝히고 있다.

또한 1930년대 말부터는 「국가총동원법」을 매개로 강제적인 노동정책으로 전환되었다. 임금이 고정되고, 직업선택과 이동의 자유가 제한되었다. 강제 동원정책을 통해 역시 노동자들은 생존의 임금을 벗어나기 어려웠다.[45] 즉 대륙병참기지로서의 전쟁을 위한 한국산업 육성책이었을 뿐이다.

EU에서도 민족적차별과 수탈이 존재하는가

조선통계 연보의 1928년 왜인과 조선인의 인구와 우편잔고자금을 비교해보면 왜인의 우편저금잔고는 2,641만 8,546엔이다. 반면 조선인의 우편잔고자금은 430만 5,957엔이다. 왜인이 전체 잔고의 86.01%를 차지하고 있는 반면에 조선인은 13.99%만 갖고 있다.

이것을 1인당 저금액으로 환산하면 왜인이 조선인보다 약 245배 많은 자산을 소유하고 있는 것으로 나타난다. 왜인의 1인당 저금액은 56.46엔이고 조선인은 1인당 0.23엔의 저금액이다. 당시 조선에 거주하고 있는 왜인은 전체인구의 2.45% 였다.[46]

---

44) 허수열, 『개발 없는 개발』, 190쪽.
45) 허수열, 『개발 없는 개발』, 165쪽.
46) 도리우미 유타카, 『일본학자가 본 식민지 근대화론』, 270쪽.

표4. 1928년 재조선 일본인과 조선인의 인구와 우편저금 잔고

	일본인	조선인	합계
인구	469,043명 (2.45%)	18,667,334명 (97.55%)	19,136,377명
우편저금액	26,481,546엔 (86.01%)	4,305,957엔 (13.99%)	30,787,503엔
1인당 저금액	56.46엔	0.23엔	
조선인 기준저금액 비율	244.76	1	
1인당 추정 은행 예금 잔고	442.87엔	1.80엔	

* 출처: 朝鮮總督府《朝鮮總督府 統計年報》昭和三年, 1930에서 산출[47]

    일제 식민지 경제는 소수의 왜인들에게 토지와 공장 등 생산수단이 집중되었다. 광공업부문이 가장 심각했는데, 왜인 소유의 자산 비율은 95%에 달했다.

    왜인들은 비옥도가 높은 평야 지대의 땅을 독점했다. 따라서 토지 가치로 비교해 보면 왜인 소유 논의 비중은 1931년에 44%였고, 1941년에는 54%였다. 당시의 조선은행과 경성상공회의소 추계에 따른 수치이다.

    1941년 왜인들의 농가 호당 경지 면적은 조선인들에 비해 54배나 차이가 났다. 1942년 1인당 농업 수입의 격차는 왜인이 조선인에 비해 96배에 달한다. 편차는 공업에서도 예외가 아니었다. 근대적 형태의 대공장은 일본인 소유였고, 조선인은 가내 공업 및 영세공장 공업에서 강세를 보였다. 공업생산액의 80%는 공장공업에서 생산되었고 20%만 가내공업에서 생산되었다.[48]

    식민지 조선의 왜인으로 집중된 생산수단, 소득의 극한적인 차이,

---

47) 도리우미 유타카, 『일본학자가 본 식민지 근대화론』, 269쪽./ 재인용.
48) 허수열, 『개발 없는 개발』, 338-340쪽.

삶의 극단적인 대비 등이 과연 지역통합의 결과인가. EU가 추구한 지역통합이 아니라, 일제가 추구한 동화주의 결과이다. 조선을 영구지배하기 위한 목적으로 이념화된 동화주의적 지역 지배였던 것이다. 그러나 혹시 일본 본국과 조선에 거주했던 왜인들 사이에서는 EU식의 지역 통합적 경제 관계가 이루어졌는지는 모르겠지만, 식민지 피지배 민족인 조선인들에게는 착취와 수탈의 경제였다. 더욱이 정치적 권력을 빼앗긴 상황에서는 경제적 이득은 당연히 왜인들의 차지였다. 식민지 근대화론자들은 민족적 차별과 억압이 존재하는 가운데 경제적인 지역통합으로 피억압 민족에게 이득이 돌아간 사례가 과연 존재했는지 밝혀주었으면 한다.

해방 후 경제 성장에는 일제가 없었다

김낙년은 경로의존성(*path independence*)을 주장한다. 식민지시대의 근대적경제성장이 이어져서 해방 후 한국 경제의 뒷받침이 되었다는 것이다. 해방이 되고 남북 분단이 가시화되자, 일제가 대륙침략을 위해 병참기지화 했던 식민지의 왜곡된 산업구조는 그대로 드러났다. 특히 남쪽의 경우에는 불균등 산업구조의 폐해가 막심했다. 1948년 분단의 고착화로 북측에서 공급되던 송전 전력이 차단되자, 급히 미군정의 발전함이 동원되어 부족한 전력을 보충하기에 이른다. 1944년 현재 조선의 발전력은 1,848,040kw였는데 발전소가 거의 북한에 위치하고 있었기 때문에 남한의 자체 발전력은 전체의 10.7%인 197,462kw에 불과했다.[49] 장진강, 압록강, 두만강, 부전강의 대규모

---

49) 허수열,「1945년 해방과 대한민국의 경제발전」,『한국독립운동사 연구 43』, (2012.12),

발전소는 모두 북한에 위치한 군수산업과 중화학 산업 때문에 건설되었다. 따라서 북측에서 전력을 차단하자 남측은 공황상태에 빠져 버린 것이다.

해방 후 일제가 남기고 간 대공장 등 물적인 유산은 대부분 북한지역에 소재했고, 남한지역은 태반이 가내수공업 형태의 공장이었다. 일본인 공업 4분의 3이 북한지역에 편중되었고 나머지 4분의 1만 남한지역에 남겨졌었다. 더구나 해방 후에는 원료나 기술자, 에너지, 부품 등의 부족과 관리체계의 부재로 상당수는 파괴되거나 가동되지 못했다. 더욱이 한국전쟁으로 인해 남겨진 생산시설의 2분의 1마저 파괴되었다. 일제 강점기의 개발의 유산 중 잔존했던 것은 일제 말기의 10분의 1정도에 불과했다.[50]

해방 후 식품 생산은 93%가 급락했으며 1948년 기계생산은 1941년에 비해 84%나 떨어졌다. 그나마 남한지역에 배치되었던 방직산업은 74%로 하락했다. 제조업 기업 숫자는 50%나 하락했으며, 고용은 60%로 뚝 떨어졌다.[51]

결국 해방 후 한국경제는 무에서 유를 창조해야 하는 과정으로 접어든 것이다. 기술 인력도 마찬가지였다. 교육에서의 민족적 차별정책으로 인해 한국인 기술자들은 양성되지 못했고, 대부분 해방 후 미국 유학 등의 과정을 통해서 산업기술자들이 한국경제의 기술 부문을 맡게 되었다. 경제부흥은 미국의 원조와 차관이 절대적으로 중요했다.

해방 후 대한민국 초대 정부는 경제개발 계획을 수립했으나, 1950년 6·25전쟁으로 실시하지 못했으며, 1951년부터 UN과 미국에 의한

495쪽.
50) 허수열, 『개발없는 개발』, 344쪽.
51) 임혁백, 『비동성의 동시성』, (서울, 고려대학교 출판부, 2014. 12), 146쪽.

경제개발 계획이 제시되었다. 최초의 장기종합 개발계획이었다. 그러나 본격적으로 경제개발이 가동되기 시작한 시기는 4·19혁명 후 장면 정권의 등장, 그리고 5·16군사쿠테타 이후 실행된 제1차 경제개발 5개년 계획 시기였다.

농업도 마찬가지이다. 1950년 실시된 농지개혁을 통해 소작료가 사실상 폐지되자, 농업혁명이라고 말할 수 있는 농업 생산력의 대폭적 증대를 볼 수 있었다. 한국은 20년 뒤인 1970년대에 가서 보릿고개가 없어지게 된다. 농업혁명, 교육혁명, 그리고 공업혁명으로 이어지는 한국의 현대적 의미의 산업혁명이 이루어지는 것이다.

해방 후 1인당 한국의 국민소득은 1946년 686달러에서 출발했다. 1951년 787달러를 찍고 휴전협정이 체결되었던 1953년에는 1,072달러, 5·16 군사쿠데타가 일어나기 직전인 1,247달러로 상승한다. 그 이후부터 지속적이고 급속한 성장 추세를 이어갔다. 1971년 2,332달러, 1980년 4,114달러 그리고 민주화 이후인 1993년 1만 달러를 돌파하여 2008년 1만 9,614달러(일본 2만 2,950달러), 2019년 현재 3만 달러를 넘어서 세계 경제 11위의 경제 대국 지위에 올라서게 되었다.

주권을 되찾은 한국인들은 해방된 지 60여 년 만에 일본인 소득에 근접하게 되었다. 국권과 국민주권이 얼마나 중요한지를 실감 나게 하는 대목이다. 억압적이고 작위적인 정치체제가 아닌 민주적이고 자유로운 국민국가하에서 국민적 경제 성장이 진행되었다는 소중한 경험을 보여주고 있다.

제5절

맺음말

　우리는 대한제국시대에 근대국가를 만들어 냈다. 신분제가 완전히 폐지되었고, 누구나 대한제국의 관료에 등용될 수 있었다. 근대적 교육체계를 통해 대한세대가 육성되었고, 식산흥업 정책으로 아시아의 경제 대국으로 성장했다. 토지의 근대적 소유권을 확립하여 전근대적인 지주·소작관계를 현저하게 약화시켰다. 3만의 신식 군대를 양성하여 부국강병의 기치를 높이 올렸다. 그러나 근대국가의 정치적 주요 요소인 자주적이고 독립적인 민족국가로서의 국권을 일제의 무력 침략에 빼앗겼다.

　일제는 한국을 병탄하기 위해 무참히 한국 국민을 살해하고 한국을 식민지 지배 치하에 두었다. 그리고 일제는 대한제국이 이룩했던 근대적 성과들을 왜곡시키고 부정하고, 변질시켜 식민지 강권 지배에 활용했다. 근대적 소유 관계를 파괴하여 식민지 지주제를 완성했고, 한반도를 식량 공급기지로, 만주침략 이후에는 대륙침략의 병참기지로 전락시켰다. 나라를 빼앗긴 고통과 울분 속에서 대한인들은 종속과 치욕 속에서 삶을 영위해야 했다. 김구의 백범일지에서 다음과 같은 대목이 나온다.

> 나라가 망하는 데는 거룩하게 망하는 길이 있고, 더럽게 망하는 길이 있다. 일반 백성들이 의義를 붙들고 끝까지 싸우다가 복몰覆沒하는 것은 거룩하게 망하는 것이요, 일반 백성과 신하가 적에게 아부하다 꾐에 빠져서 항복하는 것은 더럽게 망하는 것이다.

대한인들은 비록 1910년 국권을 일제에게 빼앗겼지만 50년 국민전쟁을 줄기차게 벌였다. 1894년 척왜를 들고 일어났던 동학농민혁명을 시작으로, 1895년 명성황후의 시해에 반발해 분기한 을미의병으로, 1896년 고종의 아관망명을 통한 비상망명정부 수립과 투쟁을 통해서, 1897년 자주 독립 국가를 선포한 비상계엄국가 대한제국의 수립으로, 그리고 고종의 밀지를 받고 봉기한 의병과 국민군의 결집을 통해서, 독립의군이 독립군으로 발전하고 광복군으로 점화되면서 끊임없이 일제와 싸웠다.

'대한독립만세'를 외쳤던 3·1운동 이후 1919년 4월 우리는 대한민국 임시정부를 수립했다. 그리고 1943년 한국의 자유와 독립을 보장한 카이로 선언을 획득했으며 1948년 결국 대한민국 정부를 수립했다. 자주적이고 독립적인 민족국가로서의 근대적 요소를 일제와의 끊임없는 전쟁을 통해 다시 찾은 것이다.

대한민국은 미국과 영국과 프랑스와 그리고 중국 등 세계 강국과 전쟁을 벌인 일본 제국주의를 상대로 1894년부터 50년 전쟁을 벌였다. 그리고 자주적이고 독립적인 근대국가의 국권을 회복했다. 그래서 대외적으로 자주와 독립의 대한민국이 표방되었고, 이제는 아무도 대한민국을 침략하지도 종속화, 예속화시키지도 못한다. 일본 제국주의하에서 피를 흘려 다시 얻어낸 국권이기 때문이다.

　해방 이후 대한민국 국민은 정말 성실하게 열심히 일했다. 또 어떤 독재자도 범접하지 못할 민주주의 국가를 만들어 냈다. 4·19혁명과 광주민주화운동, 부마항쟁, 1987년 6월항쟁, 그리고 2016-17년 촛불 국민혁명까지 언제든지 민주주의의 새로운 역사를 쓰면서 세계를 놀라게 하고 있다. 그런데 괴설과 반동론으로 가득 찬 식민지 근대화론이 횡행하고 있다. 이 역시 국민의 힘으로 잠재워야 하지 않을까.

참·고·문·헌

김낙년, 『일제하 한국경제』 (서울, 해냄, 2003).
김준보, 『농업경제학서설』 (서울, 고대출판부, 1980).
김운태, 『日本帝國主義의 韓國統治』 (서울, 박영사, 1998).
도리우미 유타카, 『일본학자가 본 식민지 근대화론』
  (서울, 지식산업사, 2019).
박성천·김감래·황보상원, 「광무양전과 토지조사사업에 대한 비교」
  『2008년 한국지적학회추계학술대회』 33-50.
박수현, 「1920-34년 산미증식계획기간을 중심으로」, 『중앙사론』 15
  (중앙대학교 중앙사학연구소 2001. 12.).
박찬승, 「스즈키 다케오의 식민지조선 근대화론」 『한국사학사 학보』 30
  (2014. 12.).
신용하, 「식민지 근대화론 재정립 시도에 대한 비판」 『창작과 비평』 25(4)
  (1997. 12.).
신용하 외, 『식민지 근대화론에 대한 비판적 성찰』 (서울, 나남. 2009).
왕현종, 「대한제국의 양전·지계사업의 추진과정과 성격」
  『대한제국의 토지조사사업』 (서울, 민음사, 1995).
이규수, 「식민지 지배의 첨병, 동양척식주식회사」 『내일을 여는 역사』 34
  (2008. 12),
이기홍, 「양적 방법의 지배와 그 결과: 식민지 근대화론의 방법론적
  검토」 『한국사회학』 50(2) (2016).
이영학, 「1920년대 조선총독부의 농업정책」 『한국민족문화』 69
  (부산대학교 한국민족문화연구소, 2018. 11.).
이영훈 외, 『반일종족주의』 (서울, 미래, 2019).
이영훈, 「17세기 후반-20세기 전반 수도작 토지생산성의 장기추세」,
  『경제논집』 제51권 제2호 (2012. 12).

임혁백,『비동성의 동시성 』(서울, 고려대학교 출판부, 2014. 12).
전영길·이성익,「토지조사사업업을 통한 일제의 토지수탈 사례 연구」,『한국 지적 정보학회지 제19권 제3호』(2017. 12).
전우용,『한국회사의 탄생』(서울,서울대학교 출판문화원, 2011).
정태헌,「일제가 조선토지조사사업을 시행한 이유」,『내일을 여는 역사』 (2001. 1).
황태연 외,『조선시대 공공성의 구조변동 』(서울,한국중앙학 연구원 출판부, 2016).
황태연,『백성의 나라 대한제국』(파주, 청계, 2017).
황태연,『한국근대화의 정치사상』(파주, 청계, 2018).
허수열,「1945년 해방과 대한민국의 경제발전」,『한국독립운동사 연구 』43 (2012. 12.).
허수열,『일제초기의 조선농업』(파주, 한길사, 2011).
허수열,『개발없는 개발』(서울, 은행나무,2005),
허수열 ,「식민지 유산과 대한민국」『시민과 세계 8』(2006. 2.).

Angus Maddisoon, The World Economy- Historical Statistics (Paris: Development Center of the OECD, 2003).

일제종족주의

제6장

고종의 항일투쟁사 그리고 수난사

제1절
식민사관과 '고종 죽이기'
제2절
녹두장군에게 전달된 고종의 밀지
제3절
'아관망명'으로 임시정부를 수립한 고종
제4절
일제의 고종 분시焚弒·납치 시도
제5절
고종의 거의밀지와 국민전쟁
제6절
연해주망명정부 수립을 계획한 고종
제7절
고종과 '대한독립의군' 그리고 「관견管見」
제8절
고종의 독시毒弒와 3·1대한독립만세운동
제9절
고종의 죽음을 불사한 독립투쟁
보론
시대의 여걸이었던 명성황후

김 종 욱

경희대학교 후마니타스칼리지
외래교수

식민사관과 '고종 죽이기'

우리 역사학계는 진보와 보수로 나뉘어 격렬한 '역사전쟁'을 진행하고 있다. 여기서 '역사전쟁'이란 "이분법적 진영논리에 갇혀 역사를 도구화한다는 의미"[1]인데, 쉽게 말하면 자신의 이념을 위해 역사적 사실을 수단으로 활용한다는 것이다. 역사학자들 스스로 역사를 왜곡하는 것이다. 그야말로 누구를 위한 전쟁일지 모를 전쟁이 이념의 이름으로 진행되고 있는 것이다. 그런데 유독 '역사전쟁'이 중단되고 진보와 보수 모두가 합의하는 지점이 있다. 그것은 고종은 사리에 어둡고 어리석은 임금이며, 무능하여 나라를 망하게 한 군주라는 해석이다. 진보와 보수의 평가는 이 지점에서 '역사전쟁'을 멈추고 '종전終戰'상태로 돌아간다.

특히, '식민지 근대화론'자들은 고종에게 모든 책임을 뒤집어씌우면서 일제의 만행을 숨기는 우산으로 고종을 활용하고 있다. 사료를

---

[1] 이영재, 「3·1운동 100주년, 역사전쟁과 고종 독시(毒弑)」, 『담론201』 Vol.22 No.2(2019), 174쪽.

들춰보면 확인할 수 있는 고종의 항일투쟁 내용도 무시하고, 일제가 눈에 가시로 여겨 고종에 대한 몇 차례의 살해 시도도 전혀 사실이 아니라고 부인하기 급급하다.

그런가? 고종은 암약暗弱군주였나? 사리에 어둡고 어리석은 군주라는 고종에 대한 해석을 믿어야 할까? 아니다. 우리는 식민지 근대화론자들의 식민사관과 '고종 죽이기'에 대해 반론을 제기한다. 고종은 일제에 의해 독살당할 때까지 끝까지 맞서 싸웠던 군주였다. 일제의 감시 하에 비밀스럽지만 맹렬히 우리의 독립을 위해 싸웠던 '항일抗日군주'였단 말이다.

『반일종족주의』의 프롤로그에 이영훈이 기술한 '조선왕조를 망친 주범을 꼽자면 누가 뭐래도 고종'이라는 주장, 그 고종은 '어리석고 탐욕스러운 임금'이었고 일본에 왕조를 팔아넘기고 호의호식한 임금이라고 주장한다. 그래서 "서울시장이란 자는 고종이 아관파천俄館播遷을 한 그 길을 '고종의 길'로 기념하는 쇼"[2]를 벌이고 있다고 분노를 터뜨린다. 그야말로 기가 찰 노릇이다. 일제와 끝까지 싸우다 일제에 의해 독살당한 왕이 무슨 호의호식을 했겠는가! 죽음의 공포와 항일전쟁의 선두에서 싸웠던 고종이 어리석고 탐욕스러웠다면, 백성들이 그의 밀지密旨를 받고 의병을 일으켰겠는가! 러시아공사관으로 목숨을 걸고 망명의 길을 떠났던 그 길을 기념하는 것이 '쇼'란 말인가! 식민지 근대화론자들은 일제의 만행을 숨기기 위해 자행하고 있는 식민사관의 유포와 '고종 죽이기'를 이제 중단해야 할 것이다.

---

2) 이영훈 외, 『반일종족주의』(서울: 미래사, 2019), 15쪽.

불멸의 충의忠義를 보여준 고종

고종황제의 국권회복에 적극 협력했던 헐버트(Homer Bezaleel Hulbert)가 1942년 워싱턴에서 열린 한인자유대회에서 행한 연설은 우리에게 많은 생각을 던져준다.

> 역사에 기록될 가장 중요한 일을 증언하겠다. 고종 황제는 일본에 항복한 일이 결코 없다. 굴종하여 신성한 국체를 더럽힌 일도 없다. 휜 적은 있으니 끝내 굴복하지 않았다. 생명의 위협을 무릅쓰고 미국의 협조를 구하였으나 성과가 없었다. 생명의 위협을 무릅쓰고 만국평화회의에 호소했으나 성과가 없었다. 생명의 위협을 무릅쓰고 유럽 열강에 호소문을 보냈으나 강제 퇴위 당하여 전달되지 못했다. 그는 고립무원의 군주였다. 한민족 모두에게 고한다. 황제가 보이신 불멸의 충의를 간직하라.[3]

헐버트의 연설에 의하면 고종은 생명의 위협에도 불구하고 나라의 독립을 위해 그 길을 걸었던 군주였다. 고종은 일제에 항복한 적도, 굴종한 적도 없었고, 휜 적은 있었으나 절대 굴복하지 않은 군주였다. 파란 눈의 헐버트가 평가한 고종과 검은 눈의 한국인 식민지 근대화론자들이 평가한 고종 중 어느 것이 진실인가? 여전히 우리는 고종을 망국으로 이끈 무능한 군주로 볼 것인가? 아니면 파란 눈의 헐버트가 연설한 '불멸의 충의'를 가진 군주로 볼 것인가?

지근거리에서 고종을 지켜봤던 헐버트의 이야기 이전에 고종은 항상 목숨을 걸고 항일투쟁을 전개했다. 최근에 발굴되어 세상에 공개

---

3) 김동진, 『파란 눈의 한국 혼 헐버트』(서울: 참좋은 친구, 2010), 330~331쪽.

된 헤이그 특사인 이위종과 이상설의 인터뷰 내용이 이를 명확하게 보여준다. 1907년 7월 25일 로이터 통신이 이위종, 이상설과 인터뷰한 기사가 「Allgemeine Zeitung(알게마이네 차이퉁)」에 실린 것을 2019년에 발굴하여 공개한 것이다. 그 내용은 다음과 같다.

> 황제의 마지막 말은 다음과 같다: 설령 내가 살해당할지라도 나에 대해서는 괘념치 마오. 그대들의 과업을 계속하여 이 땅의 독립을 되찾으시게. 대표단의 임무는 네덜란드가 그러하듯 중립국으로서 대한(Korea)의 독립 보장을 열강에 요청하는 것일 터요. 끝으로 대표단은 황제의 퇴위는 일본의 돈과 한국의 반역자들 탓이라고 설명했다.[4]

기사 내용 그대로 고종은 헤이그에 특사를 파견하며, 특사 파견이 자신의 최후가 될 수 있다고 생각했다. 그래서 '마지막 말'이라 한 것이고, 자신이 살해를 당하더라도 특사들은 괘념치 말고 고종이 지시한 임무를 끝까지 수행할 것을 주문했다. 그것은 바로 대한의 독립을 열강에게 요청하는 것이었다.

세상 물정에 어둡고 유약한 암약 군주가 죽음을 불사한 항일 투쟁을 전개했겠는가! 살해당할 위험을 알면서도 헤이그에 특사를 파견했겠는가! 한국이 일제에 병탄당한 것은 헤이그 특사 대표단이 밝힌 일제와 한국의 반역자들 탓이다. 고종을 퇴위시킨 일제, 그리고 한국을 일제에 팔아넘긴 친일파들에게 모든 책임이 있는 것이다. 그런데 어찌된 일인지 목숨을 걸고 싸웠던 군주가 나라를 망하게 한 주범이

---

[4] "고종 '내가 살해돼도 특명 다하라'…112년 전 헤이그특사 인터뷰," 『연합뉴스』 2019년 3월 14일. 고혜련 교수 제공. 원문의 번역은 상명대 서창훈 박사가 담당했다.

되어 버렸다.

역사왜곡의 '시녀', 식민지 근대화론자들

고종과 명성황후에 대한 역사적 편견을 만들어 낸 것은 일제다. 일제는 1910년 '한국강점' 시점부터 1912년까지 4권의 한국사 서적을 통해 역사를 왜곡했다. 이케다(池田常太郎, 秋旻)의 『日韓合邦小史일한합방소사』(1910. 9. 20.), 일본역사지리학회가 편찬한 『韓國の倂合と國史한국의 병합과 국사』(1910. 10.), 그리고 2년 후 하야시(林泰輔)의 『朝鮮通史조선통사』(1912), 아오야기(青柳綱太郎)의 『李朝五百年史이조오백년사』(1912) 등 네 권이다. 일제에 의해 기술된 역사에 의하면, 한국의 패망은 '세상 물정에 어둡고 유약한 군주(暗弱君主)' 고종과 시아버지와 집안싸움으로 나라를 망하게 한 '망국의 여인' 명성황후 때문이다. 즉, 일제에 의해 왜곡된 역사가 사실로 둔갑되어 지금까지 우리의 시야를 가리고 있는 것이다.

한국을 강제로 병합한 일제의 잘못을 고종과 명성황후에게 뒤집어 씌우는 역사기술을 그대로 답습하고 있는 것은 식민지 근대화론자들이다. 최근 식민지 근대화론자들이 주축이 되어 논란을 일으킨 『반일종족주의』라는 책은 비상식과 반역사의 극단을 보여주고 있다. 한국이 망한 이유는 일본제국주의의 야욕, 그것이 핵심이다. 가해자의 악행에는 침묵하고 피해자에게 책임을 물어 가해자에게 면죄부를 주는 것은 일제에 부역하는 것에 다름 아니다. 그것도 나라가 해방되고 근 75년이 지났는데도 불구하고, 식민지 근대화론과 친일 역사관의 악령이 한반도를 떠날 생각을 하지 않고 있으니 말이다.

고종의 항일투쟁사와 수난사라는 주제로 이 글을 쓰는 이유는 일제에 의해 한국이 병탄되었지만, 백성과 고종은 일제에 맞서 목숨을 걸고 51년의 항일전쟁을 쉬지 않고 전개했음을 밝히려는 것이다. 1894년 7월 일제의 경복궁 침탈로 시작된 일제와의 전쟁이 1945년 8월에 종지부를 찍을 때까지 백성은 끝까지 일제에 맞서 싸웠다. 1894년 7월 일제의 경복궁 침탈로부터 1919년 1월 일제에 의해 독살당할 때까지 고종은 백성과 함께 일제에 맞서 25년을 싸웠다.

우리는 여기서 김구 선생님에게 일제와 끝까지 싸워야 하는 절실한 이유를 알려준 고능선(高能善, 1842~1922) 노선비의 말씀을 귀담아 들어야 한다. "예로부터 천하에, 흥하여 보지 아니한 나라도 없고 망해보지 아니한 나라도 없다. 그런데 나라가 망하는데도 거룩하게 망하는 것이 있고, 더럽게 망하는 것이 있다. 어느 나라 국민이 의로써 싸우다가 힘이 다하여 망하는 것은 거룩하게 망하는 것이요, 그와는 반대로 여러 패로 갈라져 한편은 이 나라에 붙고 한편은 저 나라에 붙어서 외국에는 아첨하고 제 동포와는 싸워서 망하는 것이 더럽게 망하는 것이다(『백범일지』 중에서)."

백성과 고종이 전개한
항일투쟁의 진실을 밝히는 길

이 글은 백성과 고종이 의로써 싸웠던 역사를 밝히려는 것이고, 백성과 의로써 싸우고 있을 때 일제에 빌붙어 친일로 나라를 팔아먹고 백성과 고종의 항일항전에 재를 뿌렸던 자들의 망국적 행위에 대해 비판하려는 것이다. 현재의 상황도 유사한 것 같다. 제국주의 정책으로 다른 국가를 식민화하거나 전쟁으로 무고한 학살을 벌였던 일본이 사죄와 반성은커녕 한국의 사법적 판결에 반대하며 무역보복을 행하고 있는 상황에서, 이에 맞서 싸우기는커녕 친일역사서를 통해 과거 일제의 만행에 면죄부를 주고 국민의 반일행위를 매국으로 몰아가는 것이야말로 구한말 친일파들의 행동을 연상케 한다.

이들의 책에 적시된 고종과 명성황후에 관한 내용도 왜곡 그 자체다. 역사학자라 칭하기 어려울 만큼 사료적 근거도 희박한, 그야말로 친일 이데올로그라고 부를 수밖에 없는 글을 전개하고 있다. 고종과 명성황후가 외교에 실패한 것이 조선 멸망의 원인이라며, 실패한 외교 사례로 패권세력(주류세력, 즉 영국)이 아닌 패권에 도전하는 세력(비주류세력, 즉 러시아)과 집요하게 동맹을 맺으려 했다는 것이다.[5] 일단 조선은 1894년 7월 일제에 의해 강제 침탈당했지만 패망하지 않았으며, 1897년 10월 '대한국'을 수립하여 근대화를 추진했다.

후술하겠지만, 일제가 청일전쟁을 벌인 것은 조선을 보호국화 하려는 음모였다. 고종은 이를 사전 인지하고 러시아와 영국·미국의 개입을 요청하는 외교에 주력했으며, 일제의 침탈이 시작되자 우선 미국 국무성에 조미수호조약 제1조에 근거해서 '거중조정(good offices)'을 요청했고, 구미 각국에도 조약에 근거 거중조정을 요청했다. 그러나 미국은 '불편부당한 중립'을 운운하며 다른 열강들과 공동으로 간섭할 수 없다는 거부 의사를 밝혔고[6] 영국도 유사한 입장이었다. 따라서 고종은 러시아와의 긴밀한 정보공유를 전개하면서 대응했다. 이것이 후일 독일, 프랑스, 러시아의 삼국간섭을 통해 일본이 제국주의적 야욕을 얼마간 유보할 수 있도록 했으며, 이것이 바로 고종의

---

5) 이영훈 외, 『반일종족주의』, 194~196쪽.
6) Gresham to Bayard, London, July 20, 1894, For. Rel., 1894, Appdx. I, 28쪽 이하. Yur-bok Lee, "American Policy toward Korea during the Sino-Japanese War", The Journal of Social Science and Humanities 43 (June 1976), 86쪽.

'인아거일引俄拒日' 외교 전략이었다.

『반일종족주의』 저자들이 스스로 밝히고 있듯, 일본 수상 이토 히로부미(伊藤博文)가 1895년 "조선의 독립은 현실성이 없으며, 조선은 주변의 가장 강력한 국가에 병합하든가 보호 아래 두어야 할 것"이라고 주일 영국 공사 어니스트 샤토우(Ernest M. Satow)와의 대담에서 밝혔다고 기술하고 있다.[7] 이 뜻은 일본이 조선을 병합하거나 보호국화 하겠다는 입장을 영국에게 이야기한 것이다. 그런데 『반일종족주의』 저자들은 고종이 영국과 동맹을 맺지 않아서 나라가 망했다고 주장한다. 이 무슨 해괴한 논리란 말인가! 『반일종족주의』 저자들의 한계는 국제정치에 대한 몰이해도 한 몫 한다. 그러니 고종과 명성황후의 외교 전략을 패망의 원인으로 거론하는 '헛다리' 짚는 해석을 하게 되는 것이다.

또한 『반일종족주의』 저자들은 명성황후의 시해를 러시아와 전면전을 방지하려는 일본의 조치라고 주장한다. 일제가 명성황후를 일본군 소위에게 지시하여 시해한 것은 조선을 보호국화 하려는 일제의 정책을 명성황후가 끝까지 막았기 때문이다. 러시아가 고종을 러시아 공사관으로 탈출시킨 것이 아니라, 고종이 러시아에 망명을 요청하여 국내망명정부를 수립하고 친일내각과 친일내각의 정책을 전면적으로 분쇄한 것이다. 고종은 『반일종족주의』 저자들의 주장처럼 "조선을 러시아의 보호령으로 삼아 달라"고 요청한 적도 없으며, 러시아가 "조선에서 러·일 양국의 세력 범위를 확정하자"고 제안한 적도 없다.[8]

이 저자들은 최근의 고종을 '개명군주로 둔갑'시키는 저서와 논문

---

7) 이영훈 외, 『반일종족주의』, 202쪽.
8) 이영훈 외, 『반일종족주의』, 197~201쪽.

이 나오고 있는 것에 대해 '손바닥으로 하늘 가리기'라고 주장한다. 고종에 대한 새로운 역사적 해석은 오랜 기간 동안 손바닥으로 하늘을 가려왔던 그 손바닥을 내리는 작업이다. 역사적 사실을 왜곡할 수 있다는 발상, 그리고 그 왜곡이 끝까지 갈 것이라는 그 발상부터 버려야 한다. 이제 하늘을 가릴 수 있다고 믿었던 그 손바닥을 과감하게 내리는 작업을 시작한다.

지금부터 고종의 항일투쟁사, 고종의 수난사, 그 이야기를 시작한다. 1894년 일제의 침략에 맞서 싸웠던 동학농민군과 고종의 이야기, 1896년 러시아공사관으로 망명하여 임시정부를 만들고, 친일내각을 분쇄한 이야기, 1904년 일제의 제2차 침략과 고종에 대한 분시·납치시도 이야기, 1906년부터 시작된 고종의 거의 밀지와 국민전쟁을 준비한 이야기, 1907년부터 3년간 전개된 군대해산과 국민전쟁에 대한 이야기, 1908년부터 착수된 연해주망명정부 추진 이야기, 한일병탄 이후 식민지 독립운동을 준비한 '대한독립의군' 이야기, 1919년 망명정부 수립과 파리강화회의 특사 파견을 통해 독립 쟁취를 염원했던 고종을 독살한 일제의 만행과 이에 격분한 백성들의 3·1만세운동 이야기, 그리고 보론으로 고종의 동지이자 일제에 의해 시해된 명성황후에 대한 짧은 해석까지, 1894년 일제의 제1차 경복궁 침탈부터 한국이 일제에 병탄된 1910년, 그리고 1919년 고종의 서거와 3·1운동까지 약 25년간 펼쳐진 고종의 항일투쟁사와 수난사를 살펴볼 것이다.

녹두장군에게 전달된 고종의 밀지

1894년 6월 9일~15일 사이에 일제는 8천여 명의 혼성여단을 조선에 파병·상륙시켰고, 7월 23일 경복궁을 침공하여 고종을 생포했다. 일제가 서울을 점령하고 경복궁을 침공한 이유는 조선을 보호국으로 만들기 위함이었다. 그 내용은 일본공사 오오토리 케이스케(大鳥圭介)가 본국에 보고한 기록에서 확인된다. 그의 보고에 따르면, "일청日淸 전쟁이 시작되기 전에 조선정부를 개혁파의 손에 넘겨 우리의 움직임에 이익을 도모하려는 계획"[9]이었다. 그래서 고종을 생포하고 일본의 이익에 따라 움직일 수 있는 김홍집 친일내각을 내세운 것이다.

당시 우치다사다스치(內田定槌) 서울총영사의 보고도 이런 목적을 명확히 밝히고 있다. "장래 조선이 우리 일본 제국의 보호를 받게 하는 조약을 체결하여 내정개혁에 관해서도 역시 제국 정부의 보호를 받게 하는 조약을 체결"하려는 것이다. 그래서 일본이 일으킨 청일전

---

9) 『駐韓日本公使館記錄』1권, 十.諸方機密公信往 二, (10) '7월 23일 사변전후에 취한 방침의 개략과 장래에 대한 鄙見내신'(機密 第146號 本 86, 1894년 8월 4일), 大鳥圭介→陸奧宗光.

쟁은 "조선을 우리 보호국으로 만드는 조약을 체결하기" 위하여 "그 방해를 제거하기 위하여 가장 필요한 일"이었다.[10] 즉, 일본이 일으킨 청일전쟁은 그들의 해명과 달리 실제로는 조선을 보호국화 하려는 것이었다.

녹두장군에게 전달된 고종의 밀지

고종은 이러한 일본의 의도를 정확히 간파했고, 동학농민군도 마찬가지였다. 따라서 일제의 침략에 맞서 싸운 동학농민군과 고종은 불법적 침략에 맞서 싸운 것이다. 이것은 고종이 동학농민군 진영에 보낸 밀지에서 확인된다. 그 내용은 서울로 올라와 일제와 싸우라는 것이었다. 1894년 음력 8월 초10일 보낸 밀지의 내용은 다음과 같다.

> 너희들은 선대 왕조로부터 교화하여 내려온 백성들로서 선왕의 은덕을 잊지 않고 지금까지 보존하고 있다. 그러나 조정에 있는 자들은 모두 저들에게 붙어서 안으로 의논할 자가 한 사람도 없으니, 외로이 홀로 앉아 하늘을 향하여 통곡할 따름이다. 방금 왜구들이 대궐을 침범하여 화가 국가에 미쳐 운명이 조석朝夕에 달렸다. 사태가 이에 이르렀으니 만약 너희들이 오지 않으면 박두하는 화와 근심을 어떻게 하랴. 이에 교시敎示하노라. 8월 초10일.[11]

---

10) 『駐韓日本公使館記錄』 2권, 二. 京城·釜山·仁川·元山機密來信, (3)'對韓政策에 관한 意見 上申의 건'(機密第26號, 1894년 6월 26일), 內田定槌 → 陸奧宗光.
11) 『東學文書』, 「義兵召集密諭」, 『동학농민혁명사료총서(5)』, 국사편찬위원회 한국사데이터베이스.

전봉준은 동도東徒의 지도자들과 고종의 밀지를 회람했고, 회람 과정에서 고종의 밀지가 일본에 누설되지 않도록 할 것을 신신당부했다. 이처럼 고종은 일제에 생포된 상황에서도 '별입시別入侍' 등을 통해 밀지를 보내면서 반일의병투쟁을 독려했다. 특히, 대규모 항일거병은 대부분 고종의 밀지를 받으면서 시작되었다.

의병에게 전달된 밀지, 백성과 고종의 연합항전

그 밀지를 전달하는 역할은 대체로 별입시들이 담당했는데, 고종 당시에 이 별입시들은 "국왕과의 긴밀한 면의面議를 통해 기밀정무의 논의·수립을 하는 사람으로 출발했지만 시간이 가면서 국왕의 신경망과 수족 같은 존재로 발전"했다. 1894년 이후 일어난 대부분의 대규모 의병투쟁은 별입시들이 고종의 밀지를 전달하면, 이를 계기로 준비·착수되었다. 고위 별입시들로 이루어진 고종의 근왕 세력은 지방 차원의 재야세력과 연대하여 거병을 모의·추진했으며, 항일투쟁의 중요한 중심 축으로 활동했다. 즉, 별입시 밀사들은 "① 고종의 밀지나 직접 구두당부·권고 등을 재야에 전달하여 그들의 거병에 공식적 정당성을 부여하고, ② 전국 각지를 유력遊歷하며 거병진작 활동을 펴고, ③ 직접 초모하여 의병장 직위에 올라 항일전투를 치르기도 하고, ④ 대규모 연합의진義陣의 전략전술과 재정조달을 책임지는 총독장·모사장·참모장·중군장·참모·종사의 직책을 맡아 항일전"을 전개했으며, "후기 의병전쟁의 기라성 같은 의병장들도 거의 예외 없이 고종의 밀지나 혹은 밀지에 준하는 당부와 격려를 받은 다음에 비로소 거의했다."¹²⁾ 따라서 1894년 이후의 의병 운동은 고종과 별입시의 관련성을 떠나서 설명하기 어렵다. 그런 차원에서 고종이 동학농민군에게 보낸 밀지는 고종과 의병의 연합 항전의 양상을 보여주는 초기의 사례로서 상당한 의미를 갖는다.

거병을 촉구한 고종의 밀지를 통해 고종은 일제의 침략 목적을 명확히 알고 있었음을 확인할 수 있고, 전봉준 또한 일제의 의도를 정확히 파악하고 있었다. 그것은 바로 조선을 병탄하려는 것이었다. 따라서 '국망國亡'의 상황을 막으려고 동학농민군과 고종은 연합하여 항일전쟁을 수행한 것이다. 고종은 일제의 경복궁 침략을 "국가에 미쳐 운명이 조석"에 달린 상황으로 판단하고, 동학농민군이 서울로 빨리 올라와야 한다고 요청했다. 일제에 체포된 전봉준 역시 일제가 조선을 침공한 이유를 "반드시 우리나라를 병탄하고자 하는 것"이라 판단했고, "인민들이 국가가 멸망하면 생민이 어찌 하루라도 편할 수 있을까 하고 의구심을 갖고서 나를 추대하여 수령으로 삼고 국가와 멸망을 함께 할 결심을 갖고 이 거사를 도모"했다고 밝혔다.¹³⁾

그러나 일제의 이런 의도에도 불구하고 김홍집 친일내각이 일제의 침공 이유를 알면서 일제에 협조했다면 그야말로 반역자이며, 침공의 이유를 모르고 부역했다면 그야말로 그럴 능력도 없는 자들이 일신의 영달을 위해 조국을 팔아먹는데 앞장선 것이다. 이들이 추진한 소위 '갑오경장'이 개혁은커녕 백성을 탄압하는 방식으로 나아갔던 것은 당연한 수순이었다. 백성과 고종은 일제에 맞서 연합항전을 추진하고 있고, 일제에 부역하는 친일내각은 조선의 군대로 조선의 백성인 동학농민군을 소탕하라는 명령을 내렸다. 이 얼마나 아이러니

---

12) 황태연, 『갑오왜란과 아관망명』(파주: 청계, 2017), 119~122쪽.
13) 『東京朝日新聞』, 명치28(1895)년 3월 5일.

한 상황인가!

　동학농민군과 고종, 그리고 수많은 이름 없는 백성들은 자신의 목숨을 받쳐 나라를 구하기 위해 일어섰다. 그들의 피어린 항쟁이 성공하지 못했지만, 1894년 조국 산하에 흩뿌려진 척왜斥倭 농민군과 백성들의 피와 땀은 이후 항일투쟁의 거대한 저수지 노릇을 했으며, 마르지 않는 샘물이 되었다.

'아관망명'으로 임시정부를 수립한 고종

고종은 아픈 역사인 '을미왜변'으로 자신의 동지였던 명성황후를 잃고 다시 일제에 생포되는 상황에 처했다. 1894년 7월 일제의 경복궁 침공 이후 다시 유사한 상황에 처하게 된 것이다. 이런 상황을 벗어나려는 방책이 '아관망명'이었다. 많은 사람들이 '아관파천'으로 알고 있는 러시아공사관으로의 국왕의 이동에 대해서, 고종은 스스로 이런 행위를 망명으로 생각했고, 망명을 통해 국내망명정부를 수립하려는 계획이었다.

지금까지 고종이 1896년 결행한 러시아공사관으로의 이동을 '파천'으로 해석했다. '파천'의 우리말 뜻은 "임금이 도성을 떠나 난리를 피하다"이다. 즉, 임금이 도성의 백성을 버리고 난리를 피해 도망갔다는 뜻으로 읽힌다. 그러나 고종은 도성을 떠난 적도 없으며, 난리를 피하지도 않았다. 러시아공사관은 도성에 있었으며, 러시아공사관에 도착하여 시작한 첫 번째 명령이 친일내각의 해산이었기 때문이다. 고종은 지방이 아닌 도성의 국제법상 '치외법권 지역(extraterritorial area)'인 러시아공사관으로 이어(移御, 거처하는 곳을 옮기다)했으며, 피란해서 숨어있었던 것이 아니라 망명 이후 곧바로 '김홍집 내각' 체포령(아관망명 당일)을 내렸다. 김홍집·유길준·정병하만 체포되고 나머지 내각 성원들은 모두 도망갔다. 오히려 이들이 '파천播遷'한 것이다.

체포된 3인 중 유길준은 광화문 광장을 지나오다가 왜군 병영에 이르자 병영 속으로 도망쳐 들어갔다. 왜 이들이 친일파였는지를 극명하게 보여주는 행동이라 하겠다. 나머지 김홍집과 정병하는 붙들려 오는 도중에 백성들에게 탈취당해 죽음을 맞았다.『고종실록』은 다음과 같이 설명하고 있다.

> 전 내각총리대신前內閣總理大臣 김홍집金弘集, 전 농상공부대신前農商工部大臣 정병하鄭秉夏가 백성들에게 살해되었다.[14]

> 김홍집과 정병하는 모두 내각대신內閣大臣이므로 잡아온 뒤에 공평한 재판을 하려고 하였는데 분격한 백성들이 그 범인들에게 손을 대어 살해하기까지 한 것은 탈옥할까 걱정한 것이고 또 쌓이고 쌓인 울분을 풀려는 것이었으니, 이것은 법에만 어긋나는 것이 아니라 짐의 신민臣民들이 공명정대한 재판을 받게 하려던 본의와도 어긋난다. 이 사건은 조사하여 바로잡아야 할 것이다.[15]

1894년 7월 일제의 경복궁 침공 이후 수립된 내각은 친일내각이었고, 백성은 이들에게 분노했다는 것을 알 수 있다. '분격한 백성'들이 살해한 이유는 '쌓이고 쌓인 울분'을 풀어내려는 것이었다.

---

14) 『高宗實錄』, 고종 33(1896년) 2월 11일.
15) 『高宗實錄』, 고종 33(1896년) 2월 15일.

고종은
러시아공사관으로 도망간 것이 아니라 망명한 것

 앞서도 언급했지만, 고종은 러시아공사관으로의 이동을 '외국에서 이미 행해지는 관례'로서의 '망명'으로 이해했다. 아관으로의 망명 이틀 뒤인 1896년 2월 13일 『고종실록』에 의하면, "역괴난당들의 흉모궤계凶謀詭計가 그 정황이 감춰질 수 없게 됨에 가로막고 누르는데, 그 방도가 혹시 잘못될까 우려해서 외국에 이미 행해지는 관례대로 임시방편을 써 짐이 왕태자를 이끌고 대정동에 있는 아라사공사관에 잠시 이어移御했다"고 밝혔다.[16] 고종은 자신의 행동을 "외국에서 이미 행해지는 관례"로 이해하고 있는데 이 관례는 망명을 뜻한다.

 일제와 친일파를 제외하고 고종의 러시아공사관으로의 이어移御, 즉 왕의 거처를 옮기는 행위를 망명으로 생각했으며, 백성들은 기뻐했다. 고종의 자문역할을 했던 헐버트는 "왕은 러시아공관에서 망명(asylum)을 얻기로 결심"[17]한 것으로, 조선 왕실의 의사 겸 고종의 정치고문이었던 알렌(Horace N. Allen)도 "러시아는 조선국왕에게 망명처를 제공했다"로 판단했다.[18] 또한 러시아황제 니콜라이 2세의 망명 재가 없이 고종이 러시아공관으로 이동한다는 것은 상상하기 어렵다.

 그러나 친일파들과 용일春日분자들은 한결같이 국왕이 도망갔다고 표현했다. 유길준은 "국왕이 러시아공사관으로 도망쳤다"로, 정교도 "러시아공사관으로 달아났다"로, 윤효정尹孝定은 '노관파천'으로

---

16) 『高宗實錄』, 고종33(1896)년 2월 13일.
17) Homer B. Hulbert, The History of Korea, vol. 2 (Seoul: The Methodist Publishing House, 1905; 2013 reprinted by Nabu Press), 302쪽.
18) Horace N. Allen, God, Mammon, and the Japanese(Madison: The University of Wisconsin Press, 1944·1961·1966), 168, 289, 171쪽.

표현했다. 이 모두가 일본의 신문이 주장한 '아관파천', '노관파천'을 그대로 따른 것이다.

조선교구 제8대 교구장으로 임명된 뮈텔(Gustave Charles Marie Mutel) 신부는 "이것(아관망명)이야말로 혁명이다. 백성들은 이를 기쁘게 받아들이고 또 그것을 그들의 해방으로 보고 있다고 말할 수 있다"[19]고 했으며, 러시아공사 악셀 슈페예르(Аксел Н. Шпейер)가 본국에 보고한 조선의 민심은 "기쁨과 환호로 가득 찬 민중들은 충성심과 존경심을 전하기 위해 국왕을 만나게 해달라고 요구하고 있습니다"[20]라고 적시했다. 그래서 아관망명 직후부터 백성들은 고종을 아버지처럼 존경했다는 것이다.[21]

명성황후를 시해한 '을미왜변' 이후 명성황후 시해에 대한 백성의 분노와 함께 친일내각의 단발령에 맞선 의병들의 거의擧義가 벌어졌다. 고종은 1895년 12월 춘천 유생 이소응李紹膺(1861-1928)과 유인석 柳麟錫(1842-1915)에게 의병을 일으키라는 밀지를 전달하는 등 전국적 차원의 항일의병 활동을 촉구하는 밀지를 내렸다. 이런 와중에 고종은 늘 죽음의 공포와 싸워야 했다. 카르네예프(В. П. Карнеев) 러시아 육군 대령은 당시 상황에 대해 "자신의 거처인 궁궐에서조차 포로가 된 국왕은 더 이상 안전을 보장받을 수 없는 처지가 되었다"[22]고 설명했다. 고종도 스스로 암살 위험을 직감했던 것으로 보인다. 헐버트에 의하면, "그는(고종) 심지어 자신의 생명을 염려했고, 몇 주 동안 궁궐 밖의 벗들이 자물쇠로 잠긴 상자에 담아 그에게 가져다주는 음식 외

---

19) 『뮈텔일기』, 1896년 2월 11일.
20) 김종헌 편역, 『러시아문서번역집(II)』(서울: 선인, 2011), 222쪽(64. 슈페예르의 1896년 1월 30일[2월 11일] 보고서).
21) 카르네프 외 지음, A. 이르게바예브·김정화 옮김, 『내가 본 조선, 조선인: 러시아장교 조선여행기』(서울: 가야넷, 2003), 104쪽.
22) 카르네프 외 지음, 『내가 본 조선, 조선인』, 83쪽.

에는 어떤 음식도 먹지 않았다"[23]고 전한다.

죽음의 공포 속에서 진행된 고종의 독립투쟁

이런 죽음의 공포 속에서도 의병의 거의를 촉구하는 밀지를 별입시를 통해 전국에 전달했고, 일제의 포로 상태를 벗어나기 위해 러시아공사관으로 망명을 준비했다. 고종은 일제의 암살(독살) 위협을 벗어나는 방책으로 아관망명을 결행했고, 이를 통해 국내망명정부를 수립하여 나라의 독립을 지키려고 했던 것이다. 앞서 밝혔듯, 고종이 망명을 결행한 직후, "을미년 8월 22일과 10월 10일의 명령은 역적무리들이 위조한 것이므로 취소한다"[24]는 조칙을 내려 김홍집 내각을 무너뜨렸다. 고종은 내각제를 폐지하고 신新의정부제를 창설했으며, 친일파를 축출하고 왜군을 몰아내는 작업도 동시에 진행했다. 이런 노력은 백성의 칭제상소운동과 고종의 자주독립된 새로운 근대화 국가를 만들겠다는 열망이 합쳐져 '대한국'의 탄생으로 이어졌다.

'대한국'(1897~1910)은 1894년 일제의 경복궁 침공 이후 자주독립된 근대국가를 만들려는 백성과 고종의 연합국가라고 규정할 수 있다. 고종은 백성들이 모두 잘 사는 부강한 나라, 외침으로부터 스스로 나라를 지킬 수 있는 강력한 나라를 만들고 싶었다. 그래서 대한국의 연호가 광무光武, 빛나는 무력인 것이다. '대한국'은 '백성의 탈脫신분제적 국민화'를 통해 자유롭고 평등한 국민의 시대를 열었다. '대한국'은 1901년 초반 약 3만 명의 신식군대를 양성하여 아시아지역에

---

23) Homer B. Hulbert, The Passing of Korea (New York: Double Day, Page & Company, 1906), 144쪽.
24) 『高宗實錄』, 고종 33(1896)년 2월 11일(양력).

서 일본 다음으로 강력한 군사력을 만들었다. 이러한 국방력을 증진함과 동시에 경제도 빠르게 성장했다. 1896년부터 1904년까지 국가예산이 연평균 32.8%씩 증가했고, 1910년 수출액은 1901년 수출액의 5.4배 이상이었으며, 일본공사의 비밀보고에 따르면 '대한국'은 해마다 발달의 추세가 현저한 상황이었다.

'대한국'의 근대화 과정은 짧게만 언급했다. 우리 스스로 한국의 과거를 폄하하는 '냉소주의'가 여전하기 때문에, 그렇지 않았음을 밝히려는 것이다. 어느 나라보다 어려운 상황에서도 두려움을 불사르는 용기와 지칠 줄 모르는 인내로 최선을 다했기에 독립을 이루었고, 가장 짧은 기간 산업화와 민주화를 달성할 수 있었던 것이다.

일제의
고종 분시焚弒·납치 시도

1904년 러일전쟁이 발발했다. 전쟁을 일으킨 일제의 실질적 목적은 '대한국'을 점령하려는 것이었다. 그래서 동경대 와다하루키(和田春樹) 교수는 러일전쟁이 '조선전쟁'에서 시작된 것으로 정의한다.[25] 또한 일본 군사사軍事史 전문가 후지와라아키라(藤原彰)는 러일전쟁을 통해 일제가 얻은 최대전리품은 대한을 식민화한 것이고, 러일전쟁은 따라서 '식민화를 위한 전쟁'이라고 규정했다.[26]

고종은 이미 일본의 이러한 의도를 간파하고, 일본이 전쟁을 개시하면 러시아 편에 서겠다는 전략적 판단을 했다. 1903년 12월 현상건 玄尙健(1875~1926)이 빼쩨르부르그(상트페테르부르크(Saint Petersburg))에서 니콜라이 2세를 만났을 때, 러시아 황제에게 고종 황제의 친서를 전달하며, "대한제국은 일본과 러시아 간에 군사적 충돌이 발생할 경우에 전적으로 러시아를 신뢰할 것이며, 러시아의 육군과 해군에게

---

25) 와다하루키(和田春樹), 『러일전쟁과 대한제국』(서울: 제이앤씨, 2011), 59쪽.
26) 후지와라아키라 저, 서영식 역, 『일본군사사』(서울: 제이앤씨, 2013), 163쪽.

가능한 모든 협력을 다 할 것"이라고 언급했다.[27] 그러나 이런 계획을 공개적으로 밝힐 수 없었던 고종은 1904년 1월 21일 한국 외부대신 명의로 각국에 러일전쟁 시 전시중립을 지키겠다고 통보했다. 이러한 중립선언에도 불구하고 만약 일본이 이를 위반할 경우 고종은 공개적으로 러시아와 동맹국임을 선언할 생각이었다. 중립을 선언하면서도 러시아와의 관계를 통해 '대한국'의 독립을 유지하려는 전략이었다.

일제의 무도함은 1894년 제1차 조선침공 이후 1904년 2월 6일에도 벌어졌다. 일제는 우리 정부에 아무런 통고도 없이 영토를 침공했다. 중립을 선언한 '대한국' 영토를 침략한 것이다. 이것은 러시아의 정보보고에서도 확인되는데, 1904년 1월 5일 극동총독 알렉세예프는 "일본의 대한제국을 점령해 보호국화 하려는 의도는 더 이상 의심할 수 없다"고 러시아황제에게 보고했다. 일제는 1904년 2월 6일 아침 마산포에 1만 5천 명의 육전대가 상륙해서 이 지역을 강점하고 마산전신국을 강취했다. 2월 20일까지 4만 5천여 명의 일본군이 한국에 침투했고, 일본군을 10만 명까지 증강시킬 계획이었다.[28] 2월 9일 왜병은 서울로 밀고 들어갔고, 고종은 비밀리에 주한 러시아공사 빠블로프에게 심복을 보내 "일본인의 사실상의 포로가 되었으며 권력을 행사할 모든 기회를 박탈당했다"고 알렸고, 러시아의 승리를 기원하면서 러시아 군대에 협조하겠다고 전했다.[29]

---

27) 박종효 저, 『激變期의 한·러 關係史』(서울: 선인, 2015), 544쪽.
28) 박종효 저, 『激變期의 한·러 關係史』, 568쪽.
29) 박종효 저, 『激變期의 한·러 關係史』, 564쪽.

친일 개화파의 일본에 대한 '짝사랑'

이런 와중에도 서울의 개화지식인들의 일본에 대한 '짝사랑'은 대단했다. 이들은 '대동아주의적 동양평화론'에 젖어서 러일전쟁에서 일본의 승리를 간절히 원했다. 그래서 러일전쟁이 발발했을 당시, 개전에 환호했던 것이다. 그들이 환호했던 그 전쟁 이후에 나라가 망했는데도 말이다. 황인종이 단합해 백인종을 몰아내야 하는데, 그것은 가장 발전한 일본을 중심으로 해야 한다는 일본 맹주의 인종주의가 바로 '동양평화론'이다. 그러나 동양의 평화를 위해 일본에게 맹종한 결과는 '국망國亡'이었던 것이다. 당시 상황에 대한 설명을 들으면 서울 개화지식인들의 무식한 정세인식과 일본에 대한 못 말릴 '짝사랑' 본심을 알 수 있다. "개전 초에 민족주의적·애국적 신문들은 일본을 러시아의 침략에 맞선 황인종의 지도자요 방어자로서 환영"했으나, "일본의 보호국 설치 후에야 황색민족들의 연대에 대한 동경의 배신으로 말미암아 깊은 좌절을 표출"해야만 했다. 이런 정황에도 나라 망한 책임을 고종에게 덮어씌우고 그들은 살길을 찾아 다시 친일로 아니면 침묵으로 일관했다.

언제나 나라를 구한 것은 민초였다. 1904년부터 각지에서 의병을 일으켜 일본군의 통신시설과 군수수송에 공격을 가하기 시작했다. 또한 지방의 백성들은 일제의 전시 토지수탈과 부역동원에도 맞서 싸웠다. 그럼에도 불구하고 일본이 러일전쟁을 개전한 이후 취한 조치가 바로 한일의정서(1904. 2. 23.)로 한국이 사실상 일본의 보호국이 되었다. 이 의정서 1조는 내정개입과 사실상의 보호국화의 법적 근거를 만든 것이며, 제5조는 사실상의 외교권의 박탈을 의도한 것이었다.

고종은 겉으로는 일본의 의도를 따르는 것처럼 위장했지만, 사실상의 보호국화 상황을 타개하려는 다양한 노력을 전개했다. 한국의 독립 보존을 위해 러시아와 계속 접촉을 이어나갔으며, 러일전쟁에서 일본이 승리한다면, 그 이후의 대일항전을 준비했다. 이런 고종의 행보를 그냥 놔둘 수 없었던 일제는 고종을 제거하기로 결정한 것으로 보인다.

보호국화의 반대 중심 고종을 불태워 죽이려 한 일제

그 사건은 바로 경운궁 방화사건이다. 경운궁 방화사건은 1904년 4월 14일 밤 경운궁慶運宮의 함녕전咸寧殿(고종의 침전), 중화전中和殿, 즉조당卽阼堂, 석어당昔御堂과 각 전각殿閣이 모두 불탔다라고 『고종실록』에 간단하게 적혀 있다.[30] 고종은 그 다음날 의정부 참장 조병식에게 "역시 불이 난 까닭이야 어찌 없겠는가? 기어이 알아내어 정죄하라"고 지시했다.[31] 그러나 고종은 이 소행이 일제에 의한 것임을 알고 있었다. 왜냐하면 고종이 7월에 프랑스대리공사 퐁트네(Vicomte de Fonteney)를 통해 방화사건의 전말을 설명하고 이 내용을 러시아황제에게 알렸기 때문이다. 퐁트네는 고종황제의 친필서신(1904. 7. 1.)을 러시아 황제에게 전달했다. 그 내용은 "러·일 선전포고 이후 5개월 동안에 대한제국은 일본으로부터 헤아릴 수 없는 수모를 겪고" 있으며, "왜인이 과인(고종)의 행보 하나하나를 감시하고 있다"는 내용이다.[32] 이 친서에 딸린 보고서가 있었는데, 그것은 퐁트네가 전달한 내용을

---

30) 『高宗實錄』, 고종 41(1904)년 4월 14일(양력).
31) 『高宗實錄』, 고종 41(1904)년 4월 15일(양력).
32) 박종효, 『激動期의 한러關係史』, 570-571쪽에서 재인용.

정보국 직원 괴예르(Гойер)가 정리한 「퐁트네보고서」다.

그 보고서에 경운궁 화재에 대한 내용이 담겨 있다. "화재는 왜측이 내 생명을 노린 음모 이상도 이하도 아니다. 내가 머물고 있던 건물들이 불에 탔다. 나는 무장한 왜인들이 궁궐수비병들을 죽이고 나의 거처로 몰려오는 소리를 들었다. 나는 간신히 피했지만, 내방에 남아 있던 세 명의 호위장교들은 왜인들에 의해 살해당했다."[33] 경운궁 화재는 일제가 고종을 살해하려는 의도적 방화였다는 것이다. 일제가 '암약군주'인 고종을 살해해야 할 이유가 무엇이란 말인가. 어리석고 유약한 고종이 군주의 자리를 지키고 있는 것이 일제에게 훨씬 유리한 상황 아닌가. 그렇다면 일제가 그토록 고종을 제거해야 할 이유가 있었을 것 아닌가?

그 내용이 「퐁트네보고서」에 담겨 있다. 보고서에 의하면 고종은 러시아와의 협력을 통해 한국의 독립을 보존하는 전략을 선택했다. 그래서 고종은 한·러조약 폐지의 칙령에 비준하지 않았다는 것을 알리는 동시에, 러시아의 승전을 확신한다는 입장을 전달했다. 그러면서 일제가 한국에게 너무나 부당한 요구와 제2차 한일의정서를 강요해서, 왜인에 대한 한국민의 분노는 매일 격앙되고 있다고 밝혔다. 이런 근거 속에 고종이 최종적으로 알리려 했던 것은 비밀리에 전 국민적 항일봉기를 준비하고 있다는 내용이다.[34]

고종은 일관된 자세로 항일투쟁을 전개했다. 목숨의 위협이라는 공포 속에서도 항일 근거지의 마련과 백성과의 연합항전의 구상을 은밀하게 준비하고 실행했다. 그렇게 식민지 근대화론자들이 비난했던 암약군주가 말이다. 세상 어느 암약군주가 목숨을 걸고 항전을 준비

---

33) 최덕규, 「고종황제의 독립운동과 러시아 상하이정보국(1904-1909)」, 『한국민족운동사연구』 81 (2014), 51쪽.
34) 박종효, 『激動期의 한러關係史』, 571-572쪽.

하는가.

「퐁트네보고서」를 비롯하여 고종의 반일투쟁의 사료는 도처에서 발견된다. 그런 사료들이 있음에도 식민지 근대화론자들은 고종 폄하하는 입장에서 여전히 벗어나지 않고 있다. 역사는 당대의 국민적 공감대라는 측면을 고려하면서 사료에 객관적으로 접근해야 한다. 그래야 당대의 실체적 사실이 시야에 들어올 수 있다.

우리를 더욱 분노케 하는 일제의 만행은 1905년 5월 초 고종을 납치해 '모코(Мокко)'라는 일본의 이름 없는 지방으로 유형에 처하려는 음모를 꾸몄다는 것이다. 러시아 정부는 당해 5월 10일 러시아의 해외공관에 전문을 발송했는데, 그 내용은 "러시아 외무성은 믿을 만한 소식통으로부터 일본 제국 정부가 대한제국 황제를 일본으로 납치해 미리 준비된 가옥이 있는 모코에 연금시키려고 한다는 정보를 입수"했으며, "러시아제국 정부는 천인공노할 일본의 이런 계획에 대해 항의"한다는 내용이다.[35] 이 얼마나 분노할 일인가! 그 와중에도 고종은 전 국민적 차원의 봉기를 준비했다.

---

35) "러일전쟁 당시에 일. 고종 납치기도," 『경향신문』, 2010년 7월 13일.

제5절

고종의 거의밀지와 국민전쟁

1905년 11월 17일 한국의 외교권을 박탈한 '을사늑약' 체결과정에서 고종은 목숨을 걸고 이를 막기 위해 싸웠다. 빠블로프 러시아공사의 보고서에 의하면 고종은 죽는 편이 차라리 낫다면서 국새의 날인과 서명을 거부했다. 그래서 을사늑약은 "일본 스스로 준비한 보호조약문에 외부대신 관인을 약탈하여 날인하고 고종에게 서명을 강요하였는데 고종은 끝까지 서명을 거부하였으므로 무효"다.[36] 고종은 을사늑약을 승인하는 것이 '대한국'의 멸망을 의미했기 때문에, 자신이 죽더라도 끝까지 거부했던 것이다. 그래서 이토는 약탈해온 국새로 자신이 늑약에 날인했던 것이다. 이런 내용이 퍼져나가면서 국민들은 을사늑약이 "참정(총리)의 승인도, 황제의 비준도 다 받지 못하였기 때문에 무효"라고 생각했다.[37] 또한 '강박에 의한 계약은 무효'라는 원칙은 사법과 국제공법의 공통된 원칙이다. 따라서 을사늑약은 원

---

36) 박종효, 『激變期의 한·러 關係史』, 616쪽.
37) 박종효, 『激變期의 한·러 關係史』, 626~627쪽.

천 무효이고, 을사늑약 이후 벌어진 모든 것들은 무효인 것이다.

여하간 고종은 을사늑약 이후 일제에 대한 반격으로서 거의밀지를 통한 거병을 촉구했다. 앞에서 언급했듯, 고종은 러일전쟁 과정에서 러시아가 한국으로 진공할 경우, 전국적 차원의 봉기를 통해 일제를 몰아내고 독립을 지키려 했다. 고종에게는 '대한국'에서 육성된 국군과 거의擧義로 단련된 의병이 있었다. 일제는 그래서 '대한국' 군대의 힘을 최대한 약화시키는 작업을 계속 추진했다. '대한국'의 군인은 대략 3만여 명이었는데, 일제가 1904년 5월 31일 한국군의 병력총수를 1만 6천 명으로 보고했으니, 1904년 2월 6일 일제의 제2차 경복궁 침략 이후 약 1만 4천여 명의 병력이 사라진 것이다.[38] 1906년경에는 전체 병력이 절반 가까이 줄어 약 8천여 명 남짓이었고, 국방예산은 1905년에 비해 1907년 절반가량으로 줄어들었다. 예산 배분도 주로 일제에 충성하는 헌병 예산이 전체 예산(1909년 기준)의 74%를 차지했다.[39]

이런 조치로 '대한국' 국군이 해산당한 1907년 8월 전국의 실제 병력은 7,475명에 지나지 않았으니, 3만 국군이 2년 반 만에 4분의 1로 줄어든 것이다.[40] 그러나 역으로 '갑진왜란' 이후 줄어든 약 2만 명의 '대한국' 국군이 항일전쟁의 중심으로 등장하게 된 계기이기도 했다. '대한국'의 해산된 군인들과 의병들은 1907년 군 해산 이후 일제에 맞서 국민전쟁을 이끈 주역들이었다.

---

38) 日本外務省 편,「對韓方針幷=對韓施設綱領決定ノ件」,『日本外交文書』37권 제1책 (東京: 日本國際聯合協會, 1953), 문서번호 390, 명치37[1904]년 5월 31일.
39) 와넌 유리 바실리예비치 외 엮음, 이영준 옮김,『러시아 시선에 비친 근대 한국: 을미사변에서 광복까지』(성남, 한국학중앙연구원출판부, 2016), 286~293쪽.
40) 황태연,『갑진왜란과 국민전쟁』(파주: 청계, 2017), 156~157쪽.

을사늑약에 맞선
고종의 국민전쟁 준비

고종은 을사늑약 이전부터 국민전쟁을 준비했던 것으로 보인다. 그래서 주한 일본공사 하야시곤스케(林權助)는 고종에 대한 '궁금숙청宮禁肅淸(궁궐 안에 잡인의 출입을 금함)'을 강력하게 요청했다. 하야시는 지방의 의병, 청년회의 정치운동의 배후가 궁중이며, 따라서 '적폐 화근의 근원인 궁중'을 숙청하고 황제를 에워싼 잡배들을 쫓아내고 궁중의 질서를 엄숙하게 할 것을 요청한 것이다.[41] 이는 고종과 별입시의 만남을 원천적으로 막으려는 것이었다.

이런 사실은 이 당시 일본공사관 보고자료에서 확인할 수 있다. 즉, "하층 인민을 선동해서 소위 의병이라는 것을 각처에서 봉기시키려는 책략을 은밀히 궁중과 일본 반대 측에서 획책하고 있는 상황"이라는 보고[42], "지방 의병 같은 것도 궁중의 지도에 나섰다는 풍설"이 자자하다는 보고[43], 신순택과 조병세 등의 상소가 "궁중의 사주에서 시작된 것은 아닌가 라는 의심"이 든다는 보고[44] 등에서 알 수 있다. 또한 고종의 주도하에 의병이 봉기하고 있다는 보고도 계속 올라갔다. 충청남도에서 일어난 의병은 황제의 신임이 두텁다고 소문난 민형식閔炯植 등의 사주에 의한 것이라는 보고[45], 충청남도 '폭도'들은

---

41) 『駐韓日本公使館記錄』25권, 九. 本省往機密 一·二, (52) 궁중 내용 및 그 정리에 관한 의견 上申(1905년 09월 25일) 林 公使 → 桂 外務大臣.
42) 『駐韓日本公使館記錄』26권, 一. 本省往電 一~四, (250) 일본의 한국보호조치에 대한 반대운동 건(1905년 10월 11일), 萩原 → 桂 外務大臣.
43) 『駐韓日本公使館記錄』26권, 一. 本省往電 一~四, (259) 內閣員의 內政肅正 奏請 件(1905년 10월 17일) 萩原 → 桂 外務大臣.
44) 『駐韓日本公使館記錄』24권, 一一. 保護條約 一~三, (155) 韓日協約 파기 상소 운동자에 관한 件(1905년 12월 02일), 林 公使 → 北京 小村 大臣, 桂 外務大臣.
45) 『統監府文書』3권, 二. 往來電合綴, (45) 忠淸南道 폭도 궁중잡배 首領 閔炯植의 使嗾說 사실 탐색 중(1906년 05월 22일), 長官 → 統監.

민형식의 재종 아우인 민종식閔宗植이 '수괴'라는 보고[46] 등이다. 그래도 해결이 안 되었는지 근 10개월 후에도 궁궐단속의 중요성을 강조하고 있다.[47]

고종은 일제의 '궁금숙청' 와중에도 다양한 방법으로 거의를 촉구했다. 1905년 8월 고종은 궁내부 주사 김현준金顯峻에게 밀지와 3만 냥의 군자금을 주고 경남 거창으로 내려 보내 거의를 도모토록 했다.[48] 또한 민경식·강석호·이봉래·민형식 등 최측근 별입시들을 밀지 전달과 거의독려의 연락책으로 투입했으며, 호남의 연합의병장 최익현, 충청우도 연합의병장 민종식, 영남좌도 연합의병장 정환직 등에게 전달되었다.

1905년 11월 22일(양력 12월 18일) 고종이 최익현崔益鉉(1833~1907)에게 의병을 일으키라는 「애통밀조哀痛密詔」를 내렸다. 을사늑약이 체결된 지 한 달 만에 내린 것이다. 이것은 일제에 맞선 국민전쟁의 서막을 알리는 밀지였다. 이 밀지에서도 고종은 "나의 실낱같은 목숨은 아까울 것이 없지만 오직 종묘사직과 만백성을 생각해" 밀지를 보낸다고 적혀 있다. 즉, 고종은 사직을 위해 순사하겠다는 각오로 밀지를 보낸 것이다. 밀지 하나하나가 고종에게는 목숨을 건 지시였음을 알 수 있다.

고종은 계속 밀지를 통해 거의를 촉구했다. 내관 강석호를 통해 민종식에게 밀지와 10만 냥의 군자금을 내려 보냈고, 정환직鄭煥直에게 대궐에서 직접 거의밀지를 주었으며, 김도현金道鉉도 1906년 5월 별입시 강창희姜昌熙를 통해 고종의 밀지를 받고 1907년에 거의했다.

---

46) 『統監府文書』3권, 二. 往來電合綴, (54) 洪州城 폭도 진압작전에 관한 보고(1906년 05월 26일), 鶴原 長官 → 東京 伊藤 統監
47) 『統監府文書』3권, 二. 往來電合綴, (143) 宮闕 外門 단속과 宮內 질서유지 조처 件(1906년 07월 03일), 統監 → 西園寺 總理大臣 親展.
48) 오영섭, 『고종황제와 한말의병』(서울: 선인, 2007), 189~190쪽.

1907년 4월 고종은 별입시를 통해 내려준 의복과 허리띠에 '거의擧義' 두 자를 쓴 의대조衣帶詔(옷 속에 넣어서 내려 보내는 임금의 밀조)를 허위에게 보냈고, 이를 받은 허위許蔿(1855~1908)는 9월 경기북부에서 거의했다.

유인석柳麟錫(1842~1915)도 1907년 3월 박노천朴魯天과 한남수韓南洙를 통해 고종황제의 밀부密符(전시에 군사를 동원할 수 있는 비밀병부)와 마패를 받고 거의했다.[49] 이후 국내의진을 동생인 유태석에게 맡기고 블라디보스토크로 이동해서 의군소모에 나섰다. 또한 이범윤李範允(1856~1940)은 1907년 2월 이전에 고종의 밀지를 받고 연해주 일대에서 의병을 규합했다. 그는 밀지 등의 권위를 활용해서 의병모집과 군비 마련을 통해 3,000~4,000명의 의군을 편성했다. 아마도 고종은 1907년 이후 약 10만 명의 한인이 사는 간도와 20만 명 한인 동포가 사는 연해주를 항일투쟁의 거점으로 중시했을 것이고, 차후에 유인석과 이범윤에게 연해주망명정부 계획을 알렸다. 이런 흐름 때문에 1908년 조선 전역에 거국적 봉기가 일어날 것이라는 예상의 러시아 내부의 보고가 작성되기도 했다.

고종의 거의밀지와 외교적 노력

1906년 서울주재 총영사 플란손의 보고서를 통해 '국망'의 상황을 타개하려는 고종황제의 절치부심의 노력이 나타난다.

---

[49] 이정규, 「종의록(從義錄)」, 독립운동사편찬위원회 엮음, 『獨立運動史資料集(第1輯)』(서울: 고려서림, 1971·1984), 69쪽.

현재 황제는 피에 굶주리고 파렴치하며 호전적인 적들과 맞서 조선의 독립을 지켜야만 하는 힘겨운 임무를 맡고 있습니다. 예전의 친구들이 관계를 끊어 홀로 싸움을 계속해야만 했음에도 불구하고 황제는 전 세계 사회의 공감을 얻는데 성공하고 있습니다. 이 싸움이 어떻게 끝나든 이 훌륭한 군주는 훗날 역사에서 공정하게 평가될 것이라 봅니다. 그는 흔치 않은 용기의 모범을 보여 주었고, 견고한 결의와 그 무엇으로도 깨트릴 수 없는 의무감, 그리고 백성을 향한 책임감을 지니고 있었습니다. … 이 나라에서는 수천 명의 권력자들과 보잘 것 없는 수만 명의 협잡꾼들이 들끓게 되었습니다. 이들은 황제와 황제에 충성하는 사람들을 무시하고 약탈했는데 때로는 매수하기도 하고 때로는 협박하기도 하고, 추방하기까지 했습니다.…이런 모든 고난에도 불구하고 우리 황제는 흔들리지 않았으며 계속해서 싸워 나갔고 이 세상에 정의가 존재함을 믿었습니다.[50]

고종은 나라의 독립을 지키기 위해 일제에 맞서 싸우는 '힘겨운 임무'를 맡고 있으며, 고종의 '홀로 싸움'이 전 세계적으로 공감을 얻어가고 있으며, 이처럼 싸워나가는 고종의 행동은 훗날 역사에서 공정하게 평가될 것이라고 단언했다. 그러나 고종의 행동은 공정하게 평가받지 못하고 있다. 고종의 '흔치 않은 용기', '견고한 결의와 그 무엇으로도 깨트릴 수 없는 의무감', '백성을 향한 책임감'에도 불구하고, 식민사관과 의도적 '고종 죽이기'의 여진은 지금도 계속되고 있다. 우리가 더 정확히 밝히고 해부해야 할 것은 '수천 명의 권력자들과 보잘 것 없는 수만 명의 협잡꾼'들이다. 나라를 망하도록 만든 이 '적폐'에 대한 공격의 칼날은 무디고, 고종에 대한 공격의 칼날은 매

---

50) 와닌 유리 바실리예비치 외, 『러시아 시선에 비친 근대 한국』, 260~261쪽.

섭기만 하다. 러시아 총영사가 바라본 고종은 이 세상에 정의가 존재한다는 것을 일깨운 인물이었다.

3년간 전개한 항일 국민전쟁, 그리고 그 중심인 고종

을사늑약 이후 새로운 침로를 모색하던 고종은 1907년 개최된 헤이그 제2차 만국평화회의에 황제의 특사단을 파견하여 '을사조약'이 늑약임을 폭로하는 외교전을 추진했다. '헤이그특사단'은 국제 언론을 상대로 여론전에서 성공을 거둠으로써 국제사회에서 일본을 궁지로 몰아넣었다. 그러나 특사단 파견은 고종의 폐위와 군대해산으로 이어졌다. 이토는 헤이그사건 이후 고종의 퇴위를 작정하고 군대를 파견하여 궁성을 포위하고 이완용 등을 불러 압박했다. 압박은 고종황제가 일왕 앞에 나가 사죄하게 하고, 황제의 직에서 퇴위시키라는 것이었다. 또한 서울에 체류하던 이토와 외상 하야시는 1907년 7월 19일 고종황제가 퇴위하지 않을 경우 한국과 전쟁을 시작하겠다고 협박했다.[51] 더 이상 황제의 자리를 버티기 어려웠던 고종은 순종에게 양위할 수밖에 없었다.

고종의 강제 퇴위와 3년 전쟁의 개시

헤이그특사사건 이후 고종의 퇴위와 정미7조약에 의한 우리 국군의 해산은 우리 국민들의 분노로 연결되었다. 드디어 일본과의 국민

---

[51] 박종효 저, 『激變期의 한·러 關係史』, 647쪽.

전쟁(국군과 민군을 합친 전 전투역량을 총동원하는 국군·민군 일체의 전면항쟁)이 개시된 것이다. 이 치열한 국민전쟁 때문에 일제는 1907년부터 3년 동안 그들의 숙원이었던 '한일합방'을 미룰 수밖에 없었다. 외국신문도 3년간 진행된 이 과정을 '한국전쟁'으로 보도했다.[52]

1907년 8월 1일 군대해산에 맞서 1연대 1대대장 참령 박승환朴昇煥이 자결했다. 그의 유서에는 "군인이 능히 나라를 지키지 못하고, 신하로서 능히 충성을 다하지 못했으니 만 번 죽어도 아깝지 않다(軍不能守國 臣不能盡忠 萬死無惜)"[53]는 내용이었다. 그의 유서는 나라를 격동시켰다. 박승환 참령의 자결로 시작된 서울 시가전은 3일 동안 지속되었다. 이후 일제에 의해 1904년부터 강제 해산되거나 퇴출된 군인들과 군대 해산으로 쫓겨난 군인들은 지방으로 내려왔고, 각 지방의 의병과 결합하여 국민군의 중심이 되었다.

이것은 일제 또한 인정하는 부분이다. 일제의 기록도 "해산된 군인의 대부분은 지방으로 도망쳐 폭도의 무리에 투신해 오랜 화근의 불길이 종식되지 않은 불씨가 되었다"[54]고 밝히고 있다. 즉, "고종이 육성한 국군은 고종이 밀지로 거의시킨 의병과 하나가 됨으로써 '국민군으로서의 대한광복군' 또는 '대한독립의군'이 출범한 것이다."[55] 조소앙 선생도 한국광복군의 탄생은 1907년 8월 1일 국방군 해산과 동시에 이루어졌다고 밝힌 바 있다.[56]

1907년 8월 1일 이후 일제는 서울의 시위대를 해산하고, 지방 진

---

52) 박성수 해제, 『저상일월』(서울: 민속원, 2003), 385쪽.
53) 홍영기, 『한말 의병에서 독립군으로』(서울: 선인, 2017), 14쪽.
54) 조선주차군사령부, 「朝鮮暴徒討伐誌」, 『獨立運動史資料集(第3輯)』(서울: 고려서림, 1971), 685쪽.
55) 황태연, 『갑진왜란과 국민전쟁』, 249~250쪽.
56) 조소앙, 「광복군총사령부성립보고서(1940)」, 三均學會(편), 『素昻先生文集(上)』(서울: 햇불사, 1979), 283-287쪽.

위대 해산에도 착수했다. 이에 맞서 원주진위대는 8월 5일, 강화진위대는 8월 9일 봉기했고, 충청북도 충주군에서는 8월 6일 진위대 수백 명의 국민군이 왜병부대와 교전했고, 홍주분견대는 6일 병영을 해체하고 무장봉기했고, 봉기에 실패한 진주진위대는 의병에 가담했다. 이처럼 전국 각지에서 해산군인이 봉기하거나 의병에 가담함으로써 전국 차원에서 일제와의 전투가 벌어졌다.

국민군은 왜병에 맞서 상당한 전과를 올렸다. 이런 전과 때문에 서울을 제외한 지역에서 일제는 자신의 영향력을 확보할 수 없었다. 1907년 8월 30일 『대한매일신보』의 기사는 해산 직후 한반도 전역에서 다양한 방식의 전투가 벌어지고 있음을 확인할 수 있다. "영동에서 온 사람들(東來人)이 전하는 바(所傳)에 의거한즉, 강원일도一道와 충청북도에는 의병이 없는 읍邑이 없고 … 의병은 3만 명 이상인데 산포와 민정民丁이 낙종樂從해 일일증가日日增加하는 모양이라더라"[57)] 라는 기사에서 당시의 상황을 유추할 수 있다. 특히, 일제의 언론통제 속에서 이런 기사가 실릴 정도였다면, 전국의 상황은 전시 그 자체라고 볼 수 있다. 이런 전황戰況은 1926년 『동아일보』 기사에서 확인할 수 있다.

> 군대해산 사건이 생긴 광무 11년 칠월 하순부터 더욱 맹렬하야 경성부 외 뚝섬에까지 출현하게 되어 반도는 북으로부터 남에까지 방방곡곡에 의병 없는 곳이 없었다. 이리하야 의병의 수효는 광무 11년에 5만 명, 융희 2년에 7만 명으로 격증해…이 몇 해 동안은 한국 전토가 전시상태를 이루었다. … 그것은 국가적 일대전쟁이었다.[58)]

---

57) 「雜報: 義兵詳報」, 『大韓每日申報』, 1907년 8월 30일.
58) 「主人公 李秉武도 이제는 黃泉길에 (七): 韓國軍隊解散顚末 - 地方軍隊解散」, 『東亞日報』, 1926년 12월 15일.

1926년이 일제 식민지배 시기임을 감안하면, 1907년부터 전개된 3년간의 국민전쟁의 규모를 상상할 수 있을 것이다. 또한 용일春日주의자 정교도 1907년 상황을 "13도에서 의병이 곳곳에서 벌떼처럼 일어났는데, 일본인이 군대를 나누어 보내고 이를 공격"[59]했고, 2년 6개월이 지난 1910년 3월에도 "의병들이 곳곳에서 벌떼처럼 일어나 일본인을 죽이거나 다치게 한 것을 모두 기록할 수 없다"고 했다.[60] 3년 동안 전쟁은 지속된 것이다.

　일제 통감부는 1개 사단의 주둔군(1만 8천 명)만으로 국민군을 당할 수 없는 상황에 내몰렸다. 그래서 일제는 헌병대를 1907년 2천 명으로 증강하고 1909년 헌병을 6,700명으로 늘렸고, 일본 본토로부터 1개 여단과 헌병대 4개 중대를 증파 받아야만 했다.[61] 1908년 일본인 고위관리는 약 2만 명이 의병 진압에 동원되었고, 전국의 약 절반이 무장봉기의 상태에 놓여 있다고 전했다.[62] 실제 일제의 병력은 1개 사단(1만 2천 명), 7천 명의 제12혼성여단(九州부대), 2개 연대(6천 명) 등 도합 2만 5천 명이었고, 헌병(제14헌병대 2천 명)과 헌병보조원(6천 명)은 도합 8천 명, 경찰은 4만 4,216명, 일진회의 자위대는 도합 10만 명이었다.[63]

일제에게 연전연승했던 국민군, 그들은 대한민국 국군의 기원

　그래서 러시아 국경행정관 스미르노프는 1908년 4월 "몇몇 자료에 따르면 한국 내의 의병항쟁이 점점 기세를 떨쳐 점차 일본과의 전

---

59) 정교 저, 김우철 역, 『대한계년사(8)』(서울: 소명, 2004), 217쪽.
60) 정교 저, 김우철 역, 『대한계년사(9)』(서울: 소명, 2004), 118쪽.
61) 후지와라아키라, 『일본군사사』, 164쪽.
62) F. A. 매킨지 지음(1920), 신복룡 역주, 『한국의 독립운동』(서울: 집문당, 1999), 145쪽.
63) 국방부전사편찬위원회 편, 『의병항쟁사』(서울: 국사편찬위원회, 1984), 184쪽.

쟁 양상을 띠게 되었다"고 보고했다.[64] 동경주재 러시아대사 말렙스키-말레비치는 러시아 외무성에 "의병운동이 점점 새로운 지역으로 확대되고 있으며, 무력충돌을 하는 곳마다 한인 의병부대의 승리로 끝나고 있다"라는 전문을 보냈다.[65] 이런 승리의 주역에는 '대한국' 시대 고종의 지시로 육성된 국군의병장들이 있었다.

1907년경 국군의병장은 총 88명인데, 1910년까지 잡으면 국군의병장은 그 수효가 더 늘어 1910년까지 115여 명에 달해서 정미년 이후 의병장 430명 중 국군의병장은 전체의 26.7%에 차지했다.[66] '대한국'에서 육성된 국군이 항일전쟁의 중추를 형성했음을 알 수 있다. 동시에 『대동공보』 1909년 3월 14일 기사는 1908년 일제와 투쟁한 의병 규모를 약 8만 7천 명, 의병전사자 5,700명, 일본 군경의 사상자 수를 약 1만 명으로 파악하고 있다.[67]

1908년 왜병과 교전을 벌인 국민군 수는 총 8만 2,800명, 1909년 3만 8,600명이었으나, 교전 회수는 1908년 1,976회, 1909년 1,738회로 엇비슷했다.[68] 시간이 지날수록 교전을 벌인 국민군 수가 줄어든 것은 많은 국내의병들이 총기와 탄약이 고갈되면서 탄약과 총기를 찾아 북상해 만주와 연해주로 넘어갔기 때문이다. 1908년 매킨지가 제천에서 만난 지역 의병대장으로 추정되는 인물의 발언에서도 무기와 탄환의 고갈이 국민군에게 얼마나 중대한 문제였는지 알 수 있다. 이 의병대장은 매킨지에게 "우리에게 무기를 좀 사다 주십시오. 돈은 필요한 대로 요구하십시오. 그것은 문제가 없습니다. 무기를 구할 수만

---

64) 외교통상부, 『이범진의 생애와 항일독립운동』(서울: 외교통상부 러시아·CIS과, 2003), 208쪽.
65) 박종효, 『激變期의 한·러 關係史』, 651쪽.
66) 한용원, 『대한민국 국군 100년사』(서울: 오름, 2014), 68-69쪽.
67) 홍영기, 『한말 의병에서 독립군으로』, 162쪽.
68) 국방부전사편찬위원회, 『義兵抗爭史』, 188쪽.

있다면 5천 달러든 1만 달러든 필요한 대로 드리겠습니다. 다만 무기를 구해주십시오."[69]

종편 드라마로 최종회 시청률이 18.129%에 달했던 '미스터 션샤인'에서도 이와 유사한 장면이 등장한다. 우리의 국민군은 총기와 탄약이 없어 싸우지 못했던 것이다. 그러나 한일병탄 그 최후의 순간까지 국민군과 고종은 끝까지 싸웠고, 병탄이 된 이후에도 그 싸움을 멈추지 않았다. 그것은 목숨을 건 전쟁이었다.

3년 이상 진행된 국민전쟁은 일제 측 자료에 의하면, 1907년 8월에서 1911년 6월까지 총 2,852회, 국민군의 병력은 총 14만 1,815명에 달했다.[70] 그때까지 전사한 국민군의 총수는 조선총독부의 조사통계에 의하더라도 무려 1만 7,840명에 달했다.[71] 그야말로 총력전을 통한 일제와의 국민전쟁이 전개된 것이다. 이 와중에 퇴위한 고종태황제는 이강년, 이인영 등에게 거의밀지를 내렸으며, 전쟁의 주력은 '대한제국'에서 양성된 고종의 충직한 해산군인과 오랜 시간 항일 의병활동을 전개한 이름 없는 백성과 유생들이었다.

---

69) F. A. 매킨지, 『한국의 독립운동』, 141쪽.
70) 후지와라아키라, 『일본군사사』, 164쪽.
71) 홍순권, 『韓末 湖南地域 義兵運動史 硏究』(서울: 서울대출판부, 1994), 167쪽.

제6절

연해주망명정부 수립을 계획한 고종

우리 국민은 일제가 한국군을 해산하자 병탄에 착수할 것을 직감했고, 병탄을 막는데 사활적 노력을 다했다. 이 당시 고종이 국내 각지에 의병을 일으키라는 거의밀지를 보낸 것도 병탄을 막기 위한 사활을 건 몸부림이었다. 경향 각지에서 일어난 의병과 해산군인의 결합체 국민군은 3여 년간 목숨을 걸고 전쟁을 수행했으나 시간이 지날수록 상황은 악화되어 갔다. 따라서 독립을 지키는 방법은

첫째, 포로의 몸이 되어 있는 서울을 떠나 국민전쟁의 지휘소를 일제의 통제 밖으로 이동하는 것이다. 고종은 서울 지휘부를 노령 연해주로 옮기고 그곳에 해외망명정부 수립을 추진했다.

둘째, 러일전쟁에서 러시아가 패배했지만 러시아와 연대하여 제2차 러일전쟁을 통해 한국의 독립을 유지하는 외교 전략을 추진하는 것이다.

연해주망명정부 수립으로
대일항전의 기지 구축을 위한 필사의 노력

망명정부 수립계획은 러시아문서를 통해 알려졌다. 1908년 11월, 주한 러시아총영사관은 러시아외무성에 짧은 전문을 타전했는데, 그 내용은 고종이 "일본의 감시를 피해 외국에 종신 망명"을 요청한다는 것이다.[72] 이것은 러시아 상해상무관 괴예르가 주일 러시아대사 말렙스키-말레비치에게 보고(1908. 11. 12.)한 내용에서 다시 확인할 수 있다. "현상건이 … 황제가 조만간 서울을 벗어날 계획이므로 이를 지원할 대책을 마련하는 임무를 부여받았다고 알려왔다. 망명 계획의 1단계인 궁궐 탈출은 준비가 되었기 때문에 이후 한국을 벗어나 해외 망명을 성사시켜야 하는 임무가 현상건에게 부여되었는바, 그는 괴예르에게 협조를 요청했다."[73] 이 내용에 의하면 궁궐 탈출의 세부적 계획은 이미 수립되었으니, 국외로 이동하는 경로, 이동한 이후의 고종에 대한 러시아의 망명 수용, 망명 이후 협조를 러시아에 요청한 것으로 보인다.

그러나 괴예르는 해로보다 육로로 이동하는 방법을 추천했다. 육로로의 이동은 한국의 백성들이 있는 곳이므로 이곳을 통해 러시아로 들어가라는 것이다. 고종은 괴예르의 추천에 동의하고 은신처로 미리 요원을 파견했다고 알렸고, 괴예르는 주일 러시아 대사 말렙스키-말레비치에게 이 사실을 긴급 보고했다. 그러나 주일 러시아대사는 고종의 망명을 저지해야 한다는 의견을 러시아 외무성에 긴급 타전했

---

72) 박종효 편역, 『러시아國立文書保管所 소장 韓國關聯 文書要約集』(서울: 한국국제교류재단, 2002), 73쪽.
73) 최덕규, 「고종황제의 독립운동과 러시아 상하이정보국」, 71-73쪽.

다.[74] 그 이유는 러-일관계에 긴장이 조성되면 궁극적으로 다시 전쟁이 재개될지도 모를 것이라는 판단 때문이다. 이 당시 러시아의 다수파는 '대일 접근파'였고, '설욕파'는 소수파였다.

고종은 이미 러청은행에 예치한 자금을 통해 연해주로 망명해서 망명정부를 수립할 계획이었으나, 일제가 이미 이 돈을 불법적으로 인출하면서 망명계획은 차질을 빚었다. 그렇다고 계획을 중단할 고종이 아니었다. 만주와 연해주는 백만 명 이상의 한국인이 살고 있으며, 고종이 이미 씨를 뿌려놓은 '대한독립의군'의 활동 거점이기도 했다. 그래서 퇴위된 고종 태황제가 1909년 3월 15일 이 지역으로 밀지를 보냈던 것이다. 「서북간도와 부근 각지 인민들에 대한 칙유」의 내용은 다음과 같다.

> … 준동하던 이 섬 오랑캐가 긴 뱀이 되고 큰 멧돼지가 되어 우리의 8역을 먹으니 역시 저 군흉群凶이 이익을 쫓고 세에 붙어 그대들 만백성을 어육으로 만들고 있노라. 아! 짐이 얼굴 두꺼워 부끄럽고 부끄럽다. 짐은 임금이 아니던가! 짐이 재위 45년에 진실로 하늘을 감동시키지 못했으며 은혜로 백성을 궁구하지 못해 스스로 그 패망을 불러들였도다. 그래도 이미 망했다고 말하지 말라. (짐은) 오로지 그대들 만백성밖에 없노라. (우임금의) 유훈에 있기로 "백성이 나라의 근본이다(民惟邦本)"라고 했으니, 이것은 나 한 사람인의 대한이 아니라 실로 오로지 그대 만민의 대한일 뿐이니라! 오로지 독립이라야 나라이고, 오로지 자유라야 백성이니. 나라는 곧 백성의 누적이요 백성은 잘 무리 지을 수 있느니라. 아! 그대들은 또한 곧 심력 통일을 해내어 우리 대한의 광복에 써서 자손만대 길이 의뢰케 하

---

74) 박종효 편역, 『러시아國立文書保管所 소장 韓國關聯 文書要約集』, 74쪽.

라. 그대들의 몸을 튼튼히 하고 그대들의 피를 뜨겁게 해 그대들의 배움을 닦고 이미 제 기량을 비장하거든 때를 기다려 움직여야 하니, 망령되이 조급해 하지 말고, 게을러 늘어지지 말고, 앞지르지도 뒤처지지도 말고, 제 기회를 적중하되, 반드시 위험을 무릅쓰고 인내해야 큰 공훈을 이루리라. 아! 어찌 많이 고하리? 짐은 실로 부덕하니라. 개국 517년 3월 15일. 태황제.[75]

자신의 부덕함에도 불구하고, 대한은 고종의 것이 아니라 백성의 것이니 나라의 독립과 백성의 자유를 위해 온 힘을 다해달라는 뜻이다. 특히 "때를 기다려 움직여야 하니, 망령되이 조급히 하지 말고", "기회를 적중하되, 반드시 위험을 무릅쓰고 인내해야 큰 공훈"을 이룰 수 있다고 하였으니, 이것이야말로 고종의 연해주 망명계획을 알리고 어느 시점이 움직일 때인지 밝힌 것이다. 연해주 망명과 망명정부를 수립하여 북간도와 연해주를 중심으로 새로운 독립운동의 중심을 세우려던 것이다.

실패한 망명정부 수립과 일제에 의한 병탄

1910년 6~7월까지도 망명을 계속 시도했던 것으로 보인다. 괴예르의 보고에 따르면, 이갑李甲(1877~1917)은 서울에 머물러 있던 4월과 5월 고종을 수차례 만났는데 고종이 탈주를 결심하고 가까운 시일에 계획 실행을 준비하고 있다고 들었다는 것이다. 또한 궁궐을 탈출할

---

[75] 高宗(太皇帝), 「諭西北間島及附近各地民人等處(1909년 3월 15일)」, 『宮中秘書』(李王職實錄編纂會, 1927). 왕실도서관장서각 디지털아카이브.

수 있는 방법으로 1910년 5월 20일부로 임시내각 총리대신이 된 박제순이 비밀리에 고종의 탈출을 도와주고 있다는 것이다.[76]

이상설李相卨(1870~1917)과 정재관이 러시아 총참모본부의 정보장교인 엔켈(О. К. Энкель) 중령에게 전달한 내용에서도 망명계획과 준비과정을 확인할 수 있다. 이 둘은 한인들이 많이 살고 있는 수찬지역에서 1만 명의 의군을 양성할 수 있으며, 연해주 망명정부를 수립하고 러시아와 협력하여 항일독립투쟁의 거점을 확보하는 계획을 밝힌 것이다.

이런 다양한 계획과 준비, 실행에도 불구하고 고종의 망명과 연해주 망명정부 수립 계획은 수포로 돌아갔다. 그 핵심적 이유는 러시아의 '제국주의적 인종주의'였는데, 극동지역으로 황인종 유입을 금지시키려는 러시아의 정책이 결정적 역할을 했다. 즉, 망명의 근거지와 망명정부를 지원할 국가를 상실하게 된 것이다. 고종은 이 와중에도 실낱같은 희망을 품고 이상설을 통해 1910년 6월 21일 국내외를 망라하는 연합의병조직 '13도 의군'을 창설하고, 국내외 항일투쟁세력[77]을 규합했다. 그러나 이런 노력에도 불구하고 1910년 8월 22일 한국은 식민지의 처지가 되어버렸다.

---

76) 외교통상부, 『이범진의 생애와 항일독립운동』, 222-223쪽.
77) 최덕규, 「러시아의 동아시아정책과 고종의 연해주 망명정부 구상」, 200쪽.

고종과 '대한독립의군', 그리고 「관견管見」

1910년 한국이 병탄된 이후에도 고종은 태황제의 위치에서 독립을 위해 새로운 준비에 착수했고, 그 계획을 추진했다. 고종 태황제와 순종은 '대한독립의군부(이하 독립의군부)'를 재건하는 항일운동체 조직 건설에 착수했다. 1912년 9월 서울에서 곽한일郭漢一·김재순金在珣·윤돈구·이명상李明翔·이승욱李承旭·이인순李寅淳·이정노李鼎魯·이칙李侙·전용규田鎔圭 등이 이 항일운동체를 조직했고, 1912년 9월 28일(양력 11월 6일)과 12월(양력 1913년 2월) 극비황칙이 임병찬林炳贊 (1851~1916)에게 전달되었다. 곽한일과 이칙은 최익현의 문인이자 민종식閔宗植의 홍주의병에 참여한 재야유생이었고, 이정노·이인순·전용규·이명상·김재순·윤돈구·이승욱 등은 대한제국의 전직 관료출신들이다.[78] 즉, 독립의군부는 고종과 순종의 황칙에 의해 재야유생과 대한제국 전직 관료들의 연합을 통해 만들어진 조직이며, 식민지 한

---

78) 이성우, 「1910년대 독립의군부의 조직화 활동」, 『역사학보』 제224집(2014), 168~170쪽.

국의 해방을 위한 새로운 중심을 구축하기 위한 것이었다.

고종과 임병찬, 그리고 '대한독립의군부'

임병찬은 1913년 11월 「관견管見」[79]을 작성하여 고종태황제에게 상주하여 재가 받았고, 1914년 고종은 칙지를 내려 임병찬을 독립의군부 육군부장 전라남북도순무총장 겸 사령총장으로 삼았다. 임병찬의 「관견」에 의한 정치노선은 1919년 3·1운동으로 이어졌다. 이 정치노선은 '비폭력적 민족총궐기 정치투쟁론'인데, 이런 비폭력 노선은 세계사적으로 유례가 없는 투쟁전략이었다. 1919년 3월 1일 전국에서 대한독립만세를 외치며 비폭력 독립운동을 전개한 그 투쟁방식이 바로 「관견」에 들어있었던 것이다. 더욱 주목되는 것은 독립의군부 조직 핵심들은 이미 백성들에게 독립사상을 고취하여 독립을 선언한다는 구상을 가지고 있었다는 점이다. 백성들에게 비폭력 민족총궐기 사상을 전파하고, 이 내용으로 독립을 선언한다는 구상이 1919년 3·1운동으로 현실화 된 것이다.

임병찬은 인·지·덕의 힘으로 무력을 이기는 '이문승무以文勝武', '이문제무以文制武'의 비폭력 정치투쟁을 '제승지술制勝之術', 즉 승리하는 방법으로 제안했다. 그는 일제의 막강한 군사력에 대항하여 우리가 똑같이 무력으로 대항하면 백전백패이니, 우리는 지혜로써 일제를 물리쳐야 한다고 생각했다. 그래서 그 방법은 "한국 내에서 비폭력 정치투쟁을 계속해 일제의 한국통치 비용을 폭증시켜 한국문제

---

79) 이 부분은 졸고, 「국가와 시민사회의 항일연합항전: '패치워크 역사 접근방법'을 통한 3·1운동의 재해석을 중심으로」, 『시민사회와 NGO』 제17권 제1호(2019)의 내용을 부분적으로 수정한 것이다.

를 둘러싼 일본 조야의 내분을 극대화시키고 일제의 한국지배에 지치도록 괴롭혀 어쩔 수 없이 한반도에서 물러날 수밖에 없도록 만드는 것"이며, 동시에 "해외 기지에서 최대한 무력을 길러 기회가 닿는 대로 국내 진공투쟁을 벌여 싸워 열강의 우호적 관심을 일으키다가 열강이 일제와 개전하게 되는 결정적 시기가 오면 그때 열강 중 적절한 국가들과 동맹해 독립을 약속받고 독립전쟁을 더욱 가열하게 벌려 광복을 쟁취하는 것"이었다.[80] 즉, 1919년 3월 1일 전국적 차원에서 대한독립만세를 외쳤던 비폭력독립운동의 사실상의 기초가 된 것이 바로 「관견」이었다. 이 정치전략은 작성이 완료된 1913년 11월부터 서서히 전국으로 퍼져나갔다.

> 경성에 독립의군부 중앙 순무총장巡撫總長을 두고, 각 도에는 도 순무총장, 각 군에는 군수, 면에는 향장鄕長을 배치하여 내각 총리대신과 총독 이하 조선 내 대소 관헌에게 상시에 국권반환을 요구하는 서면을 보내어, 이로써 일본 관헌에게 조선통치의 어려움을 알게 한다. 그리고 외국에 대해서는 조선인이 일본에 열복(悅服, 기쁜 마음으로 복종함)하지 않는다는 것을 보여주며 또 조선인에게 국권회복의 여론을 일으키기 위해 관견(管見, 좁은 식견이라는 뜻)이라는 서면을 휴대하고 1914년 4월부터 5월까지 동지를 모집하던 중인 그들을 발견하여 검거한 것이다.[81]

위 인용문처럼 일제 경찰의 자료에 의해서도 「관견」이 비폭력투쟁

---

80) 황태연, 『갑진왜란과 국민전쟁』, 447쪽.
81) 1934년 조선총독부 경상북도경찰부에서 발행한 『高等警察要史』를 역주한 것이다. 안동독립운동기념관 기획, 류시중·박병원·김희곤 역주, 『국역 고등경찰요사』(서울: 선인, 2010), 335쪽.

을 통해 국권회복의 의지를 그리고 주변 열국列國에게 신념을 보여주는 방법이었음을 알 수 있다. 또한 1914년부터 대한독립의군부 구성을 위해 이 자료를 서면으로 휴대하고 만나는 사람들에게 전달하거나 내용을 전했다는 것을 알 수 있다. 특히 임병찬 스스로 「관견」에 대중이 보기 편하도록 국문을 첨가해서 국한문혼용으로 작성했다고 밝히고 있다.[82] 임병찬은 이명상, 이인순 등과 협의하여 각도 대표를 설정하였는데, 그 규모는 총 대표 27명과 각도와 각 군 대표 302명, 합쳐서 329명에 이르렀으며, 1914년 5월 3일 함경남도 관찰사 겸 순무총장에도 임명되어 독립의군부의 조직을 북한지방까지 확대하려고 노력했다. 그러나 1914년 5월 조직원이었던 김창식이 일경日警에게 체포되어 고문 끝에 독립의군부의 조직을 자백함으로써 국권회복운동은 중단되었다.

3·1대한독립만세운동의 정치전략을 제공한 「관견管見」

임병찬도 1914년 7월 25일(양력) 일제에 의해 체포되고, 일제의 포악한 행위에 분노하여 칼로 목을 찔러 자살을 시도했으나 여섯 군데를 잘못 찔러 많은 피를 쏟고 기절했다. 이후에도 단식을 두 번이나 시도하는 등 끝까지 일제에 맞서 싸우다가 거문도로 1년 유배를 당했다. 유배생활을 하던 1916년 5월 23일 향년 66세의 나이로 생을 마감했다. 이와 동시에 독립의군부 조직의 노출과 검거 선풍 속에서 다시금 고종과 순종에게 '궁금숙청'이 내려졌고, 1914년 5월 이후에는 어떠한 밀지도 백성들에게 전달할 수 없었다.

---
82) 임병찬, 『의병항쟁일기』(마산·서울: 한국인문과학원, 1986), 122쪽.

그러나 「관견」은 "일제의 무단통치에 맞선 비폭력 저항으로서 1919년 3·1운동의 선구적인 형태"로 해석되며,[83] 3·1운동에 포괄적인 영향을 미친 중요한 정치전략이었다. 즉, 독립의군부의 정치전략은 "① (인재를 모아) 단체조직 → ② (일본정부에) 서면상신·(鮮人에게 연설 등으로) 독립사상고취 → ③ (시기를 보아) 독립선언→ ④ (列國과 협조해) 독립달성"[84]을 이루려는 것이다. 따라서 고종과 순종의 지시에 의해 만들어진 독립의군부는 전국 차원의 단체를 조직하여 일본정부의 통치비용을 계속 상승시켜 일본 내부의 분열을 더욱 부추기고, 일본 내부의 사정이 어려웠을 때 국민적 힘을 모아 독립을 선언하고 열국에 협조를 요청하여 독립을 달성하는 것이었다. 이것은 순종이 1912년 내린 칙령의 "안으로 의용지사義勇志士들을 규합하고 밖으로 문명 열강들을 붙잡아서 창생을 구제하고 독립을 만회"하라는 방침과 임병찬이 작성하고 고종이 승인한 「관견」에 의한 '비폭력 평화투쟁'을 결합하고, 독립선언과 백성들의 독립 염원을 열국과 협조해서 독립을 달성하는 식민지시대의 새로운 독립전략이 만들어졌던 것이다.

독립의군부의 발각 이후에도 남은 사람들은 1915년 독립의군부 사건, 1916년 의병봉기 추진, 1918년 민단조합 참여를 통한 활동, 3·1운동 이후에도 지속적으로 독립운동을 이어갔다.[85] 중단 없는 대한의 독립을 위한 투쟁을 전개한 것이다. 이런 투쟁에 대해 일부 학자들의 '단순 복벽운동'이니 양반과 지배층만의 반일운동이니 하면서 폄하하는 것을 보면, 당대의 역사적 엄중함과 목숨을 건 투쟁에 대한 몰이해에 답답할 뿐이다. 나라의 독립과 백성의 자유를 위해 왕이든 대통령이든 투쟁의 중심을 세우는 것은 전 세계 모든 나라가 선택한 방

---

83) 김종수, 「돈헌 임병찬의 생애와 복벽운동」, 『전북사학』 제44호(2014), 51~52쪽.
84) 이성우, 「1910년대 독립의군부의 조직화 활동」, 171쪽.
85) 이성우, 「1910년대 독립의군부의 조직화 활동」, 188~189쪽.

법이었다는 사실에 대해 무지한 것이며, '대한국'이 이미 19세기 말에 신분제가 사라지고 자유롭고 평등한 백성의 나라(민국)와 사회였다는 것을 알지 못했다는 것이며, 근대화를 위해서라면 없는 왕도 만들어 옹립하거나 힘이 없는 왕에게 힘을 실어주어 근대화를 추진했던 많은 유럽 국가들의 역사에 대해 까막눈이었음을 자인하는 것이다.

제8절

고종의 독시毒弑와
3·1대한독립만세운동 *

   3·1운동과 임시정부 100주년을 맞이하여 학계에서 한 차례 고종 독살설에 대한 논쟁이 있었다. 필자의 판단은 고종은 일제에 의해 1919년 독살 당했다는 것이다. 우선, 1919년 3월 1일 아침에 경성 시내 한국인이 살고 있는 거주지에 살포되었다는 격문을 살펴보자.

> 오호 통제라, 우리 2천만 동포여. 우리 대행 태상황제 폐하 붕어의 원인을 아는가 모르는가. … 윤덕영尹德榮·한상학韓相鶴 등 2적으로 시선侍膳을 시키고 다시 두 궁녀로 하여금 밤에 식혜에 독약을 타게 하다. 옥체는 … 즉석에서 운명을 하시다. … 그리고 두 궁녀까지 남은 약을 마시게 해서 참살, 입을 봉했다. … 또 미국 대통령 윌슨 씨는 13개조의 성명을 발 한 이래 민족자결의 소리는 일세

---

* 이 부분은 졸고, 「국가와 시민사회의 항일연합항전: '패치워크 역사 접근방법'을 통한 3·1운동의 재해석을 중심으로」, 『시민사회와 NGO』 제17권 제1호(2019)의 내용을 부분적으로 수정한 것이다.

를 진동시켜 폴란드·아일랜드·체코 등 13국은 독립을 했다. 우리 한민족은 어찌 이 기회를 잃을 것인가. 이로써 재외 동포는 이를 기회 삼아서 국권 회복을 질성疾聲 읍소하고 있다. … 거국일치 굳게 결속해서 일어서면 이미 잃은 국권은 회복할 수 있고 이미 망한 민족은 구할 수 있고 선제 선후先帝先後 양 폐하의 대수 극원大讎極怨도 다 씻을 수 있고 설욕할 수 있다. 궐기하라. 우리 2천만 동포여.[86]

작성과 주체 미상의 이 격문은 3·1운동이 고종 서거와 민족자결주의 흐름이 결합되어 시작되었다는 것을 알려준다. 고종 서거의 원인이 독살이며, 민족자결의 세계적 흐름을 놓치지 말고, 나라의 독립과 고종의 원수를 갚기 위해 궐기하자는 것이었다. 이런 내용이 담긴 신문과 격문은 3·1운동 당시에 일반적이었던 것으로 추정된다.

일제의 고종 독살, 저항의 중심을 제거하라!

국사편찬위원회 삼일운동 데이터베이스 격문·선언서의 내용을 보면, 연도 미상의 경고문에는 "저 일본은 우리의 국모와 국부 곧 황후와 황제를 모두 암살한 자가 아니냐?"와 유사한 내용의 다양한 충고문, 경고문이 살포되었다. 「조선독립신문」 제2호(1919. 3. 20.)의 "우리 태황제를 시해한 역적. 이번 세계강화회의에 보낼 '조선이 스스로 원하여 합방하였다'는 내용의 문서에 이완용, 윤덕영, 조중응 등 일곱 명의 역적들이 도장을 찍고 나서 태황제께도 조인할 것을 강박하였지

---

86) 조선헌병대 사령부·조선총독부 경무총감부, 「조선 3·1 독립 소요 사건: 개황·사상 및 운동」, 독립운동편찬위원회 엮음, 『독립운동사자료집(제6집): 3·1운동사 자료집』(서울: 독립운동사편찬위원회, 1973), 860쪽.

만 태황제께서 크게 화를 내시며 윤허하지 않으시므로 그날 밤에 독살하였다고 한다"는 내용, 「국민회보」(1919. 3. 02.)의 "우리 태상황제 폐하께서 돌아가신 원인"을 "가장 큰 역적인 이완용은 윤덕영과 한상학을 시켜 시중을 들던 궁녀 두 사람을 핍박하여 한밤중에 식혜에 독약을 탄 후 드리게 하였다"는 내용에서도 알 수 있다. 또한 이승만을 집정관 총재로 하는 국민대회 선포문(1919년 4월)의 마지막 부분은 "돌아가신 황제와 돌아가신 황후 두 폐하의 원수를 갚기 위해 일어나자!"였다.

또한 곤도 이왕직사무관도 덕수궁 전하(고종-인용자)께서는 매우 건강하셨다가 갑자기 서거했다면서 믿어지지 않는다고 했다.[87] 아래의 인용문은 고종의 독살을 간접적으로 증언해 주는 내용들이다.

> 이태왕께서는 뇌일혈로 세상을 떠나신 것으로 되어 있지만, 그 진상은 독살이었다는 것이다. 이태왕께서는 그날 밤 대단히 상쾌하신 모습으로 측근자들과 옛이야기를 즐기고 계시었는데 밤이 이슥해서 다들 물러간 후 차를 한잔 드시고 침실로 돌아가시자 곧 절명하셨다는 것이다. … 이태왕님은 … 파리로 밀사를 보내실 계획을 세우시다가 일본 측에 감지된 것이다. 거듭되는 반항적 계획에 분노한 조선총독부에서는 시의(侍醫)인 안상호에게 독살할 것을 명령했다는 것이다.[88]

> 〈낙선재주변〉에는 … "순종이 덕수궁 부왕의 침전에 들어섰을 때 고종은 벌써 세상을 떠난 뒤로 흰 포목을 쓰고 고요히 누워 계셨다

---

87) 곤도 시로스케 지음, 이언숙 옮김, 『대한제국 황실비사』(서울: 이마고, 2007), 253쪽.
88) 이방자 저, 방기환 역, 『재일 영친왕비의 수기』(서울: 신태양사출판국, 1960), 40~45쪽.

고 한다. 너무도 갑작스럽고 애처로운 일이었다. 돌아가시던 그날 밤에도 좋아하시던 식혜를 들고 잠자리에 드셨다는데, 시종들도 모두 물러나와 잠자리에 들 즈음이었다. 갑자기 갈증이 나셨던지 차를 가져오라고 해 드시고는 다시 자리에 드셨다고 한다. 잠시 후에 갑자기 복통이 나셨는데 순간적인 일이었다. 아무도 어쩔 수 없는 일로 비운의 고종께서는 유언도 없이 곧 숨을 거두셨다. 일본 궁내성에서는 하루가 지난 23일에야 '뇌일혈로 승하하셨다'는 발표를 했다. 그런데 덕수궁의 시종들 사이에서 '고종이 돌아가신 것은 독살된 것'이라는 소문이 돌기 시작하더니 이 이상한 소문이 온 나라에 퍼졌다. 더욱이 입관하려고 염을 할 때에 시체에서 살이 묻어나 이 의문은 한층 더 굳어졌다. 독약을 탄 사람으로 한상학, 안상호 등의 이름이 오르내렸으나 확인할 길이 없었다."[89]

일제는 고종이 미국의회에 연두교서로 제출된 윌슨 대통령의 민족자결주의는 아시아지역 모든 식민지 민족들이 독립의 기조로 삼았으며, 역으로 일제를 필두로 하는 식민당국에게는 초유의 위기를 의미했다. 당연히 고종은 이러한 국제정세의 변화를 알고 파리강화회의에 의친왕 이강과 이화학당 하란사河蘭史 교수를 밀사로 파견할 계획이었다. 그리고 다른 한편으로 고종은 이회영의 제안으로 북경망명정부 수립을 받아들였고, 이회영은 고종이 머물 행궁을 빌려 수리까지 했다. 그러나 역사는 너무나 애석하게도 한국과 고종의 뜻대로 되지 않았다. 하란사는 유행성 감기로 사망하면서 밀사 파견은 무산되었고, 일제에 의한 고종 독시로 망명정부 수립 계획도 수포로 돌아갔다. 즉, 파리강화회의 밀사 파견과 망명계획을 사전에 입수한 일제가

---

89) 곤도 시로스케 지음, 이언숙 옮김, 『대한제국 황실비사』, 293쪽.

식민통치의 근본적 장애물인 고종을 독살하기로 결정한 것이다. 그래서 황태연은 고종 독시를 아래와 같이 압축적으로 정리했다. 당연히 지시는 조선총독부다.

> 현장 총지휘자: 당일 별입직 자작 이기용·이완용(李完鎔, 백작 李完用과 혼동 불가)
> 현장 행동대장: 남작 한창수, 당일 숙직사무관 한상학
> 독약처방자: 전의촉탁 안상호
> 현장 하수자: 성명미상의 지밀나인
> 사용된 독약: 청산가리(시안화칼륨)
> 시해목적: 고종의 파리밀사파견·북경망명기도 및 유사사건 재발방지[90]

일제의 고종 독살에 분노한 대한국민의 들불 같은 저항

백성은 일제에 의한 고종의 독시를 간파했다. 고종의 죽음을 애도하면서도 일본을 향한 격노가 표출되었다는 러시아 자료는 1919년 3·1운동의 기폭제가 고종이었음을 확인해 준다.

> 고종이 강제로 죽음에 이르게 되었다는 소문이 사람들 사이에 퍼졌고, 많은 사람들이 그렇게 믿고 있습니다. 장례식은 서울에서 거행되었는데 많은 조선 사람들이 지방에서도 올라와 참여했기에,

---

90) 황태연, 『갑진왜란과 국민전쟁』, 528쪽.

> 그 숫자가 어마어마했습니다(참가한 사람의 수가 30만 명에 이른다고 합니다). 그래서 철도 관리국은 수도로 향하는 순례객 무리들을 더 이상 받아들이지 말라고 명령까지 받았습니다. … 전 황제의 죽음은 백성의 마음이 표출되는 계기가 되었고, 일본을 향한 진실된 격노가 표출되는 통로가 되었습니다.[91]

친일파 윤치호의 기록도 이러한 사실을 확인해준다. "(3·1만세운동) 선동자들이, 윤덕영尹德榮과 한상학韓相鶴이 식산食酸([식혜食醯의 오기])에 뭔가를 타서 태황제를 독살했다. 그리고 윤덕영·이완용·조중응·한상룡·신흥우가 한국민들이 행복하고 일본의 통치에 만족하고 있다는 것을 증언하는 문서에 서명했다는 성명서들을 돌리고 있다."[92] 박은식도 고종의 장례식을 다음과 같이 묘사하고 있다. "서울에 있는 남녀노소들이 모두 삼베옷을 입고 돗자리를 깔고서 하늘을 향해 울부짖으면 눈물을 흘렸다. 곡을 하는 사람이 산과 바다를 이루었으며, 7일 동안 끊이지 않았다. 각 지방의 인민들도 일제히 망곡하였으며, 많은 사람들은 서울로 올라와 분통해하며 곡을 하였고 혹은 순국하는 자도 있었다."[93] 청년 유생 김황도 "대한문 앞에는 엎드려 통곡하는 사람들로 첩첩산중을 이루고 있었다"고 적고 있다.[94]

당시 "이것은 반드시 일인의 소위이다. 해아海牙(헤이그)의 전례가 발생하면 저희들의 행한 10년간의 학정이 폭로될까 두려워하여 어선

---

91) 「서울 주재 러시아 총영사 류트샤가 도쿄 주재 러시아 대사 크루펜스키에게 보낸 보고서(1919년 3월 31일)」. 와닌 유리 바실리예비치 외, 『러시아 시선에 비친 근대 한국』, 358쪽.
92) 『尹致昊日記(七)』, 1919년 3월 4일.
93) 박은식 지음(1920), 김도형 옮김, 『한국독립운동지혈사』(서울: 소명, 2004), 162쪽.
94) 「己未日記」, 음력 1919년 2월 1일. 서동일, 「김황의 일기에 나타난 유림의 3·1운동 경험과 독립운동 이해」, 『한국독립운동사연구』 제64집(2018), 56족에서 재인용.

御膳(임금의 음식)에 독을 넣은 것이다"라는 여론이 퍼져나갔다. 또한 당시 상황에 대해 33인의 민족대표였던 김병조金秉祚는 "흉음凶音이 사방으로 전하여 나가자 흉흉한 여론의 감정이 파도와 같아서 수십만 군중이 대궐 문 앞에 함성을 지르며 몰려들어 삼베로 옷을 입고 짚으로 자리를 깔고 엎드려 밤낮으로 호곡하며, 경향 각처의 상고商賈도 가게를 닫고 서로 조상하였다. 관·공·사립학교 모든 학생들도 남녀가 한가지로 스스로 학과를 파하고 머리 풀어 통곡하며, 거리를 전전하며 어머니와 아버지를 잃은 것과 똑같이 하기를 여러 달 계속하였다"고 전한다(김병조 1973. 3. 5.).[95] 3월 1일 만세 군중들은 "덕수궁에 이르러 세 차례 국궁례鞠躬禮를 행하고 만세를 숭호嵩呼하여 소리와 눈물을 함께 떨어뜨리니 전 성城이 파도 같이 흉용洶湧"[96]하였다 하니, 고종의 서거에 대한 슬픔은 곧 대한독립의 외침이었던 것이다.

이방자 여사는 "당시 서울에는 인산을 구경하려고 방방곡곡에서 유림들이 모여들어 백립을 쓴 사람들이 가득했고 남녀 학생들이 울부짖는 '대한독립만세' 소리와 고종황제의 승하를 조상弔喪하는 울음소리가 어우러져 장안이 떠나가는 듯했다"[97]고 전했다.

일본인의 눈에도 이는 마찬가지였다. "고쿠부 차관이 몇 번 경험한 정변을 돌이켜 생각해보고 나서 말하였다. 나는 몇 번 조선의 정변을 경험하였는데, 언제나 일본을 지지하는 자들이 있어서 배일排日의 공기가 아무리 짙다고 하더라도 반드시 친일을 표방하면서 나서는 인물이 있었다. 그런데 이번에는 단 한 사람도 독립론에 정면으로 반대하고 나서는 사람이 없다."[98]

---

95) 김병조, 「한국독립운동사략」, 독립운동편찬위원회 엮음. 『독립운동사자료집(제6집): 3·1운동사 자료집』(서울: 독립운동사편찬위원회, 1973), 35쪽.
96) 김병조, 「한국독립운동사략」, 47쪽.
97) "이방자 여사 회고록-세월이여 왕조여(7)," '고종 승하', 『경향신문』, 1984년 5월 15일.
98) 곤도 시로스케 지음, 이언숙 옮김, 『대한제국 황실비사』, 282~283쪽.

이상과 같이 1919년 전국적으로 울린 '대한독립 만세' 소리와 함께, 고종의 서거라는 슬픔 속에서 새로운 항일의 거점으로서 임시정부의 수립이라는 희망이 교차했던 시점이었다. "임시정부 창건은 3·1만세 운동의 소산이었고, 3·1만세 운동의 기폭제는 고종황제의 파리강화회의 밀사 파견 기도와 북경 망명 계획을 저지하려는 일제에 의한 고종의 암살이었다. 따라서 카이로선언의 궁극적 연원은 고종의 부단한 독립투쟁과 그의 독시로 소급된다."[99]

즉, 고종의 치열한 항일인생은 3·1만세 운동과 대한민국임시정부 수립으로 이어졌고, 대한민국임시정부를 중심으로 하는 독립군·광복군은 적의 중심을 목숨으로 공격하여 한국 국민과 중국 국민을 격동시켰고, 중국과의 연대를 가능하게 만들어 임시정부의 물적 토대를 공고히 하고 광복군을 결성할 수 있는 힘을 만들었으며, 궁극적으로 카이로선언에 대한민국의 독립이 적시되었다. 그래서 1940년 광복군 총사령부는 선언문을 통해 "육탄이 아니면 독립을 이룰 수 없고, 붉은 피가 아니면 민족을 구할 수 없다(非肉彈無以致獨立, 非赤血無以救民族)"[100]고 천명한 것이다.

---

99) 황태연, 『갑진왜란과 국민전쟁』, 486쪽.
100) 韓國光復軍總司令部成立典禮委員會, 「敬告中華民國將士書」(대한민국 22[1940]년 9월 17일). 『일제침략 하 한국36년사(12권)』, 국사편찬위원회 한국사데이터베이스.

제9절

고종의
죽음을 불사한 독립투쟁

    고종에 대한 편견과 그로 인해 굳어져 버린 역사해석은 그가 서거한 지 100년이 흘러도 변하지 않고 있다. '국망'의 책임은 여전히 고종의 몫으로만 남아 있다. 평생 목숨을 걸고 죽음을 불사하며 독립투쟁을 전개했던 고종에게 너무나 가혹한 평가다. 더 크게 하나가 된 한韓을 만들고자 했던 '대한大韓'의 꿈과 '대한국' 기간 동안 전개했던 백성의 나라로서 '민국民國' 건설의 꿈은 궁극적으로 1919년 임시정부의 국호가 대한민국大韓民國으로 결정되며 형식적 승인을 받았다. 이제 고종의 항일투쟁에 대한 역사적 재평가가 필요하다. 그래야 대한의 국민들이 나라를 지키기 위해 목숨을 걸고 싸우지 않겠나!

    나라의 독립을 위한 죽음을 불사한 망명정부 수립 시도와 다양한 밀지를 통한 거의 촉구, 그리고 이토를 죽이라는 의거 지시까지 고종의 삶은 생사의 경계선에 서 있었다. 그에게 나라 잃은 땅은 살아도 죽은 것이나 마찬가지였고, 독립을 위해서라면 죽음도 내놓았다. 세계의 흐름을 알았고, 나라의 위태로움의 수준을 알았고, 어떻게 타개해 나가야 할지 방도를 모색했고, 모색한 방도를 드팀없이 실천했다.

그러나 소위 개화파니 지식인이니 주장하는 자들은 세계 흐름에 둔감했고, 일제의 위험에 대해서도 자각하지 못했고, 중요한 순간마다 나라를 배신하는 친일 행위를 밥 먹듯이 행했다. 망국의 책임을 지우자면 바로 이들이다. 백성과 임금이 일제에 맞서 싸울 때, 일제에 들러붙거나 일제의 승리를 주장하거나 일본 중심의 대동아 평화를 믿었던 이들에게 책임을 물어야 하고, 다시는 이런 역사가 반복되지 않도록 해야 한다. 앞에서 언급된 황태연 교수의 글을 음미할 필요가 있다.

> 한국역사상 우리나라를 멸망시키거나 우리 영토 일부를 빼앗아 들어앉아 살며 약탈하는 외침은 왜국들이 서해·남해안 점령과 토왜土倭 정착기도, 임진왜란·갑오왜란·갑진왜란 등의 남풍이었지, 거란침입·몽골 침략·병자호란 등의 북풍이 아니었다. 삼국시대 이래 북풍은 한국을 덮치더라도 멸망시킨 적이 없다. 이런 까닭에 과거 사대주의자나 친러파의 언동, 또는 오늘날 숭미주의자들의 미국 찬양보다 부왜노들의 반국가활동에 더 각별한 주의를 기울여야 하는 것이다. 더욱이 대한민국이 반일독립국가인 점에서 더욱 그렇다.

일제가 청일전쟁을 개시한 것은 일본 스스로 밝히고 있듯, 조선의 정복에 있었다. 조선 주재 외교관 우치다사다스치는 "우리나라가 청국과 교전하는 것은 조선을 우리의 보호국으로 만드는 조약을 체결하기 위한 것"이라고 밝혔다. 1894년 7월 경복궁이 침탈당하고 왕이 생포되는 일을 겪으면서, 백성과 고종, 유생들은 일제의 본질적 의도를 간파했고 이에 맞서 목숨을 걸고 싸웠다. 우금치에 뿌려진 동학농민군의 피가 얼마인가. 동학농민전쟁을 거치면서 근 30만 명의 희생이 뒤따랐다. 그 사이 친일개화파들은 일본의 앞잡이가 되어 친일정부의 관료가 되었고, 이 친일정부는 백성의 군인을 동원하여 동학농민군을 토벌하도록 했다.

  10여 년이 지나 1904년 일제가 다시 경복궁을 침탈하고 러일전쟁을 전개할 때, 서울의 지식인들은 너나 할 것 없이 일본의 승리를 주장하고 일본의 승리에 환호했다. 그것은 을사늑약으로 귀결되었다. 백성과 고종은 이를 간파하고 전국적 차원의 백성 거의를 통해 일제와 한판 싸움을 준비할 때, 서울의 지식인과 개화파들은 정반대에 서서 친일 행각을 벌인 것이다. 역사를 통해 배운 교훈을 잊지 않는 것이 얼마나 중요한지 보여주는 사례다. 남방으로부터 오는 일제의 위협은 국난國難 수준이 아니라 국망國亡으로 귀결되었기 때문이다.

  이런 상황에서 식민지 근대화론을 자처하는 일군의 학자(?)들이 출간하여 국민적 분노를 일으키고 있는『반일종족주의』의 고종에 대한 해석 부분을 보면 이들의 의도가 무엇인지 확연히 드러난다. 제목은 '망국의 암주가 개명군주로 둔갑하다'이고, 망국의 주요 원인이 청과 러시아에 의존하는 외교전략 때문이라고 주장한다. 일제의 침탈은 사라지고 고종의 외교술이 망국의 원인으로 등장한다. 거기다 러시아 황제에게 '조선을 러시아의 보호령으로 삼아 달라'고 요청했다는 전혀 사료적 근거도 없는 내용을 슬며시 집어넣어 주장하고 있다. 또한 을사오적을 위한 변명까지 덧붙이고 있다. 역사를 완전히 거꾸로 독해하는 것이다. 한국을 두 번이나 침탈하고 국왕을 생포한 침략자 일제에게는 면죄부를 주고, 그에 맞서 죽음을 불사하고 항일전쟁·항일투쟁을 실천한 고종에게 죄를 덮어씌우고 있다.

  고종은 1919년 일제에게 독살당하기 전까지 자신의 행동이 자신을 죽음으로 몰고 갈 수 있다는 것을 알면서도 그 길을 걸었다. 그것이야말로 '절대고독'의 시간이었으며, 공포와 충의가 교차하는 시간이었을 것이다.

다시금 일본 극우 정치집단의 준동이 시작되었다. 이제라도 백성과 고종의 자세와 관점으로 남방의 위협을 극복하고 진정한 동아시아의 평화를 위한 걸음을 걸어 나갈 시점이다.

보론

시대의 여걸이었던 명성황후

명성황후에 대한 역사적 평가는 다양한 사실 발굴을 통해 상당 부분 복원되었다. 아마 시간이 더 지나면 고종도 명성황후와 마찬가지로 새롭게 복원될 것이라 확신한다.[101]

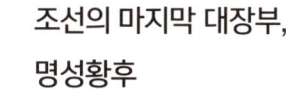

조선의 마지막 대장부, 명성황후

구한말 당시 일본에 조종당했던 친일내각은 일제와 더불어 명성황후를 적대시했다. 유길준俞吉濬(1856~1914)은 세계 역사상 최악의 악녀라고 비방했고, 김윤식金允植(1835-1922)은 명성황후의 시해 소식을 듣고 윤치호의 사촌에게 "아, 큰일이 성공했도다"라고 안도할 정도였다. 자기 나라의 국모를 시해했는데도 말이다. 윤치호尹致昊

---

101) 이 글은 김종욱, 『근대의 경계를 넘은 사람들: 조선 후기, 여성해방과 어린이 존중의 근대화 이야기』(서울: 모시는사람들, 2018) 중에서 명성황후 관련 부분을 재구성한 것이다.

(1865~1945)도 왕비 폐위를 옹호하고 왕비에 대한 살해행위가 가하다고 여길 마지막 사람이라고 자신의 일기에 밝히고 있다. 이 정도라면 일본의 백성임을 자임하는 것이며, 사람의 죽음에 대한 일말의 공감 능력도 없는 것이다. 이들이 대부분 친일내각의 주요 인물들이었으니 나라 꼴이 어떤 지경이었는지 충분히 이해할 수 있다.

무장하지 않은 문민을 총검으로 살해했다는 것은 국제법상 일반적 전쟁범죄에 해당된다. 명성황후는 일본 정부의 명령에 따른 일본 장교가 살해했으며, 일본 정부의 국모 살해에 대해 당연시한 것이 친일내각의 주요 인물들이니, 일본과 친일내각 주요 인물들은 전쟁범죄의 공범이자 공모자로 볼 수 있는 것이다. 명성황후 시해를 연구한 김문자는 시해사건의 성격을 다음과 같이 해석했다.

> 청일전쟁의 강화가 성립되고 삼국간섭이 일어난 후에도 조선에서 일본이 전신선을 확보하기 위하여 계속해서 일본군의 주둔을 희망하는 일본정부와 대본영의 뜻을 받은 전권공사 미우라 고로가 그 장애물이 되는 왕비 - 러시아와 결탁하여 일본에 대항하는 자세를 보이고 있던 왕비 - 를 제거하고 친일정권의 확립을 목표로 경성수비대라는 일본의 군대를 사용하여 일으킨 모략사건이다.[102]

명성황후를 시해한 인물은 경성수비대 본부 소속 미야모토다케타로오(宮本竹太郎) 소위라는 것이 밝혀졌다. 김문자의 『명성황후 시해와 일본인』, 강범석의 『왕후모살: 을미사변연구』 등에서 그 실체가 드러났으며, 당시 우치다사다스치(內田定槌)가 보냈던 극비 사신私信(최근에 발견)을 통해서도 명백해졌다. 그의 사신 내용을 보면 일본 정부

---

102) 김문자 지음, 김승일 옮김, 『명성황후: 시해와 일본인』(파주: 태학사, 2011), 405쪽.

의 직접적 만행이 벌어졌다는 것을 확인할 수 있다.

> 대궐의 높은 벽을 넘어 안에서 정문을 열자마자 앞에서 기다려 합류한 한 무리의 한병韓兵, 일본군, 소시 등은 소리를 지르며 문 안으로 진입하거나 발포하거나 칼을 휘두르면서 국왕, 왕비 등의 침실을 향해 쳐들어가 부녀 2~3명, 남자 2~3명을 살해한 뒤에 대원군이 국왕의 거소로 들어가 국왕을 면회했습니다. 다행히 국왕과 세자 부부는 무사했지만, 앞서 살해당한 부녀 중 한 명은 왕비라고 하는 바, 이를 살해한 자는 우리 수비대의 어느 육군 소위로서 그 사체는 오기와라가 한국인에게 명해 다른 곳에 운반해 즉시 불질러버리는 등 매우 난폭한 소행을 저질렀습니다.[103]

일제의 '어느 육군 소위' 즉, 미야모토 소위가 '살해당한 부녀 중 한 명'인 명성황후를 시해한 것이다. 이 얼마나 통탄할 일인가! 그래서 우치다 공사는 '매우 난폭한 소행을 저질렀다'고 이 사건을 규정한 것이다. 이런 흉악한 범죄를 저지른 일제는 물론, 이것을 두둔한 친일내각의 주요 인물들이 실제 조선을 망국의 길로 들어서게 하고, '대한국'이 일제에 병탄되는데 꼭두각시 역할을 했던 것이다.

■ 외국인들도 감탄한 명성황후의 모습

일제와 그 친일파들 외에 명성황후를 직접 경험한 외국인들의 시선은 전혀 달랐다. 1895~1896년 동안 조선내정을 탐사한 러시아 육

---

103) "우치다 사신(1895.10.8.)," 이종각, 『미야모토 소위, 명성황후를 찌르다』(서울: 메치미디어 2015), 부록 자료 2.

군 장교 카르네예프 대령은 "그녀(명성황후)는 조선이 일본인의 도움을 받지 않고 유럽식으로 문명화하고 개혁하는 것을 지지"했고, 따라서 "자기들의 뜻대로 조선을 통치하고 싶어 했던 일본인들의 눈에는 이 결단성 있고 현명한 왕비가 좋게 보였을 리 없었을 것"이라고 생각했다.[104] 명성황후는 일본의 통제를 받지 않는 독립된 조선의 문명화와 개혁을 추진하려고 했던 것이고, 이것을 막아선 것이 일제였다. 따라서 일본은 자신의 통제 하의 개혁이 아니면 수용하지 않을 태세였고, 그 앞길을 버티고 막았던 것이 명성황후였다. 그래서 일제는 그녀를 시해한 것이다.

그리고 스코틀랜드의 여성 화가인 장 드 팡주(Jean de Pange)는 명성황후를 '남다른 지성과 강한 의지력을 겸비한 여성'으로[105], 1883년 최초로 조선 주재 미국 특명전권공사로 부임한 루시우스 하우드 푸트(Lucius Harwood Foote, 1826~1913) 장군의 부인인 로즈 푸트(Rose F. Foote)는 "강하고 의지가 굳은 성격에다 똑똑하고 위엄 있고 동양 전체를 통틀어 가장 머리가 좋은 여성"이며, "유교에 심취한 학자일 뿐만 아니라 정부 문제를 다루는 데 통달했고 모든 조선의 정치적인 위기 상황마다 눈에 띄는 인물"로 기억하고 있다.[106] 푸트 여사는 또한 명성황후를 일본 장교에게 훈련받은 군인들을 내쫓고 개혁 내각의 친일파를 친조선적인 자신의 친구들로 바꾸려는 대담한 쿠데타를 계획한 인물이라 생각했다. 푸트 여사는 당시 상황을 김홍집 내각이 친일

---

104) 카르네예프 외, 『내가 본 조선, 조선인』, 90쪽.
105) 장 드 팡주·콘스탄스 테일러 지음, 심재중·황혜조 옮김, 『프랑스 역사학자의 한반도 여행기 코리아에서/ 스코틀랜드 여성 화가의 눈으로 본 한국의 일상』(파주: 살림, 2013), 147쪽. 이 여성 화가는 1894년부터 1901년까지 한국에 머문 것으로 알려져 있는데, 글의 내용에 1901년 가을, 황제인 고종을 알현했다고 한 내용이 있는 것으로 보아, 1902년 이후에 쓴 것으로 보인다.
106) 메리 V. 팅글리 로렌스·제임스 앨런 지음, 손나경·김대륜 옮김, 『미 외교관 부인이 만난 명성왕후·영국 선원 앨런의 청일전쟁 비망록』(파주: 살림, 2011), 34쪽.

내각이며, 따라서 이 내각을 뒤엎는 것을 쿠데타로 생각할 정도였던 것이다.

일제의 내부에서도 명성황후에 대한 평가는 상당했다. 명성황후 시해사건이 발생했을 당시 미우라 고로(三浦梧樓)의 전임자였던 이노우에 가오루(井上馨)는 명성황후의 '장시간에 걸쳐 호소하는 연설'을 듣고 "정말로 깊이 느꼈고, 대한방침을 전부 변경하고 싶었다"는 소회를 밝혔다.[107] 미우라 고로 역시 마찬가지로, "이 왕비는 여성으로서는 실로 드물게 재능 있는 훌륭한 사람이었다"고 평가했다.[108]

이처럼 왜곡된 역사의 어두운 안개를 걷어내면 새로운 역사적 사실이 나타난다. 즉, 마지막까지 조선의 독립을 위해 일제에 항거했던 명성황후의 모습이 세상에 드러난 것이다. 그래서 많은 사람들이 명성황후의 죽음에 슬퍼하고, 일제의 만행에 분노하는 것이다. 당대의 그 분노가 고종의 러시아공사관 망명으로 이어졌고, 망명 임시정부를 수립하여 친일내각을 분쇄하고, '대한국'을 수립하게 된 것이다.

---

107) 김문자 지음·김승일 옮김, 『명성황후』, 390쪽.
108) 三浦梧樓, 『觀樹將軍回顧錄』(東京: 政敎社, 1925), 324쪽. 김문자 지음·김승일 옮김, 『명성황후』, 394쪽에서 재인용.

참·고·문·헌

『高宗實錄』
高宗(太皇帝), "諭西北間島及附近各地民人等處(1909년 3월 15일),"
　　　　『宮中秘書』(李王職實錄編纂會, 1927). 왕실도서관장서각 디지털
　　　　아카이브.『己未日記』
『뮈텔일기』
『尹致昊日記』
『從義錄』
『駐韓日本公使館記錄』
『統監府文書』
곤도 시로스케 지음, 이언숙 옮김,『대한제국 황실비사』
　　　　(서울: 이마고, 2007).
국방부전사편찬위원회 편,『의병항쟁사』(서울: 국사편찬위원회, 1984).
김동진,『파란 눈의 한국 혼 헐버트』(서울: 참좋은 친구, 2010).
김문자 지음, 김승일 옮김,『명성황후: 시해와 일본인』(파주: 태학사, 2011).
김병조,「한국독립운동사략」, 독립운동편찬위원회 엮음.『독립운동사자료집
　　　　(제6집): 3·1운동사 자료집』(서울: 독립운동사편찬위원회, 1973).
김종수,「돈헌 임병찬의 생애와 복벽운동」.『전북사학』제44호(2014).
김종욱,「국가와 시민사회의 항일연합항전: '패치워크 역사 접근방법'을
　　　　통한 3·1운동의 재해석을 중심으로」,『시민사회와 NGO』제17권 제
　　　　1호(2019).
김종욱,『근대의 경계를 넘은 사람들: 조선 후기, 여성해방과 어린이 존중의
　　　　근대화 이야기』(서울: 모시는 사람들, 2018).
김종헌 편역,『러시아문서번역집(II)』(서울: 선인, 2011).
메리 V. 팅글리 로렌스·제임스 앨런 지음, 손나경·김대륜 옮김,
　　　　『미 외교관 부인이 만난 명성왕후·영국 선원 앨런의 청일전쟁
　　　　비망록』(파주: 살림, 2011).
박은식 지음(1920), 김도형 옮김,『한국독립운동지혈사』(서울: 소명, 2004).

박종효 저, 『激變期의 한·러 關係史』(서울: 선인, 2015).
박종효 편역, 『러시아國立文書保管所 소장 韓國關聯 文書要約集』
    (서울: 한국국제교류재단, 2002).
서동일, 「김황의 일기에 나타난 유림의 3·1운동 경험과 독립운동 이해」,
    『한국독립운동사연구』제64집(2018).
안동독립운동기념관 기획, 류시중·박병원·김희곤 역주,
    『국역 고등경찰요사』(서울: 선인, 2010).
오영섭, 『고종황제와 한말의병』(서울: 선인, 2007).
와닌 유리 바실리예비치 외 엮음, 이영준 옮김, 『러시아 시선에 비친
    근대 한국: 을미사변에서 광복까지』
    (성남, 한국학중앙연구원출판부, 2016).
외교통상부, 『이범진의 생애와 항일독립운동』
    (서울: 외교통상부 러시아·CIS과, 2003).
이방자 저, 방기환 역, 『재일 영친왕비의 수기』
    (서울: 신태양사출판국, 1960).
이성우, 「1910년대 독립의군부의 조직화 활동」, 『역사학보』제224집(2014).
이영재, 「3·1운동 100주년, 역사전쟁과 고종 독시(毒弑)」,
    『담론201』Vol.22 No.2(2019).
이영훈 외, 『반일종족주의』(서울: 미래사, 2019).
이종각, 『미야모토 소위, 명성황후를 찌르다』(서울: 매치미디어 2015).
임병찬, 『의병항쟁일기』(마산·서울: 한국인문과학원, 1986).
장 드 팡주·콘스탄스 테일러 지음, 심재중·황혜조 옮김, 『프랑스 역사학자의
    한반도 여행기 코리아에서/ 스코틀랜드 여성 화가의 눈으로 본
    한국의 일상』(파주: 살림, 2013).
정교 저, 김우철 역, 『대한계년사(8)』(서울: 소명, 2004).
정교 저, 김우철 역, 『대한계년사(9)』(서울: 소명, 2004).
조선주차군사령부, 「朝鮮暴徒討伐誌」, 독립운동사편찬위원회 엮음,
    『獨立運動史資料集(第3輯)』(서울: 고려서림, 1971).
조선헌병대 사령부·조선총독부 경무총감부, 「조선 3·1 독립 소요 사건:
    개황·사상 및 운동」, 독립운동편찬위원회 엮음, 『독립운동사자료집
    (제6집): 3·1운동사 자료집』(서울: 독립운동사편찬위원회, 1973).
조소앙, 「광복군총사령부성립보고서(1940)」, 三均學會(편),
    『素昻先生文集(上)』(서울: 횃불사, 1979).
최덕규, 「고종황제의 독립운동과 러시아 상하이정보국(1904-1909)」,
    『한국민족운동사연구』81(2014).
카르네프 외 지음, A. 이르계바예브·김정화 옮김, 『내가 본 조선, 조선인:

러시아장교 조선여행기』(서울: 가야넷, 2003).
韓國光復軍總司令部成立典禮委員會,「敬告中華民國將士書」
　　　(대한민국 22[1940]년 9월 17일).『일제침략 하 한국36년사(12권)』,
　　　국사편찬위원회 한국사데이터베이스.
한용원,『대한민국 국군 100년사』(서울: 오름, 2014).
홍순권,『韓末 湖南地域 義兵運動史 研究』(서울: 서울대출판부, 1994).
홍영기,『한말 의병에서 독립군으로』(서울: 선인, 2017).
황태연,『갑오왜란과 아관망명』(파주: 청계, 2017).
후지와라아키라 저, 서영식 역,『일본군사사』(서울: 제이앤씨, 2013).
F.A.매킨지 지음(1920), 신복룡 역주,『한국의 독립운동』
　　　(서울: 집문당, 1999).

Andre Schmid, *Korea between Empires, 1895-1919* (New York: Columbia University Press, 2002).
Homer B. Hulbert, *The History of Korea*, vol. 2 (Seoul: The Methodist Publishing House, 1905; 2013 reprinted by Nabu Press).
Homer B. Hulbert, *The Passing of Korea* (New York: Double Day, Page & Company, 1906).
Yur-bok Lee, "American Policy toward Korea during the Sino-Japanese War", *The Journal of Social Science and Humanities 43* (June 1976).

三浦梧樓,『觀樹將軍回顧錄』(東京: 政教社, 1925)
日本外務省 編,「對韓方針幷＝對韓施設綱領決定ノ件」,『日本外交文書』
　　　37권 제1책(東京: 日本國際聯合協會, 1953).

『경향신문』, 1984년 5월 15일.
『경향신문』, 2010년 7월 13일.
『大韓每日申報』, 1907년 8월 30일.
『東京朝日新聞』, 명치28(1895)년 3월 5일.
『東亞日報』, 1926년 12월 15일.
『연합뉴스』 2019년 3월 14일.

일제종족주의

제 7 장

한국 영토로서의
독도의 역사적·국제법적 지위

제1절
'독도포기역적죄'를 고발한다

제2절
독도가 대한민국 영토인 이유 1 :
자연, 지리적 조건

제3절
독도가 대한민국 영토인 이유 2 :
역사적 지배

제4절
독도가 대한민국 영토인 이유 3 :
국제법

제5절
독도가 대한민국 영토인 이유 4 :
실효적 지배

제6절
독도 확실히 지키는 역사전쟁

홍 찬 선

자유기고가,
전 머니투데이 편집국장

'독도포기역적죄'를 고발한다

　내 땅을 스스로 포기하는 것은 주인이 아니다. 나보다 못사는 사람들을 위해서나, 사회와 국가의 공익을 위해서 스스로 내놓는 자선이나 공헌이 아니라, 내 땅에 대한 아무런 권리도 없는 남이 내 땅을 자기 땅이라고 우기는데 그걸 지키지 않고 스스로 포기하는 것은 주인 될 자격이 없다.

　나라 땅인 영토를 포기해야 한다고 주장하는 사람은 나라의 주인이 아니다. 주인이 아닐뿐더러 그런 정신 나간 사람은 영토를 남에게 떼어주려고 하는 민족반역자이자 국가의 역적이라고 할 수 있다. "독도는 한국인을 지배하는 반일종족주의의 가장 치열한 상징"이라며 "독도가 한국 영토를 증명하는 자료가 없다"는 망발을 하고 있는 이영훈 등이 그런 '독도포기역적죄'를 저지르고 있다.

독도가
'반일종족주의의 최고 상징'이라고?

그런데 일본의 극우보수집단보다 더 어처구니없는 사람이 한국에 나타났다. 한국 국민들 대다수가 공감하지 못하는『반일종족주의』란 책의 대표 저자인 이영훈 씨가 그 사람이다. 그는 "독도가 오늘날 한국인을 지배하는 반일종족주의의 가장 치열한 상징"[1]이라고 폄하한다. '삼국시대부터 대한제국 때까지 한국은 독도에 대한 관심이 거의 없었다'며 역사왜곡을 손바닥 뒤집듯 한다. 급기야 "(독도에서의) 도발적인 시설이나 관광도 철수해야 한다. 그리고선 길게 침묵해야 한다"[2]고 주장한다.

이 글의 저자를 가리고 읽는다면 글 쓴 사람이 한국인인지, 일본인인지 헷갈릴 정도다. 이영훈도 그런 것을 느꼈음인지 무슨 양심선언이나 하듯 다음과 같이 변명하고 있다. "저는 한 사람의 지식인입니다. 지식인이 대중의 눈치를 보며 할 말을 않거나 글의 논조를 바꾼다면, 그 사람은 지식인이라 할 수 없습니다. 참된 지식인은 세계인입니다. 세계인으로서 자유인입니다. 세계인의 관점에서 자신이 속한 국가의 이해관계조차 공평하게 바라보아야 합니다"[3]라고 말이다.

'학자적 양심' 저버린 이영훈,
지식인과 세계인의 허상

---

1) 이영훈, 「독도, 반일종족주의의 최고 상징」, 이영훈 외,『반일종족주의』(서울: 미래사, 2019), 151쪽.
2) 이영훈 외,『반일종족주의』, 173쪽.
3) 이영훈 외,『반일종족주의』, 152쪽.

이영훈은 그의 말대로 지식인일까. 참된 지식인으로 세계인이며, 세계인으로 자유인일까. 절대 그렇지 않다. 노엄 촘스키는 『지식인의 책무』에서 "인간사에 중대한 의미를 갖는 문제에 대한 진실을 그 문제에 대한 뭔가를 해낼 수 있는 대중에게 알리려고 노력하는 것이 지식인의 책무다"[4]라고 강조했다. 지식인은 '학자적 양심'과 중립적 관점에서 진리를 찾아내, 잘못된 것과 부조리한 권력에 맞서 진리를 지키기 위해 싸우는 것이 해야 할 일이라는 설명이다.

이런 기준으로 볼 때 이영훈은 자신이 거론한 지식인으로서의 책무를 다 한 것일까. 한발 더 나아가 세계인으로서 자유인을 거론할 자격이 있을까. 필자의 판단으로는 전혀 그렇지 않다. 이유는 크게 세 가지다.

첫째, 자료를 매우 편파적으로 악용하고 있다는 사실이다. 이영훈은 한국이 독도영유권을 주장하며 제시하는 자료에 대해서만 문제점을 파헤친다. 그것도 심술궂은 시어머니가 착한 며느리를 골탕 먹이기 위해 일부러 트집 잡듯이 시시콜콜 따진다. 반면 독도가 한국 영토라고 밝힌 수많은 일본 자료에 대해선 한마디도 언급하지 않는다. 중립적 관점에서 진리를 밝혀내야 한다는 학자적 양심을 버젓이 내다 버린 것이다.

둘째, '세계인의 관점에서 자신이 속한 국가의 이해관계조차 공평하게 바라보아야 한다'는 그의 발언에 진실성이 없다는 점이다. 한국 영토가 확실한 독도를 자기 땅이라고 우기는 일본이 있는 현실에서, '독도가 한국 영토라는 주장에는 근거가 없다'는 주장은 결과적으로 '공평하게' 바라볼 수 없기 때문이다. 게다가 이영훈의 주장이 역사적 사실을 왜곡하고, 일본 주장을 교묘하게 대변하고 있다는 점에서 더

---

[4] <나무위키(https://namu.wiki/> 2019. 9. 19. 검색.

욱 그렇다.[5] 어느 정도 철만 들어도 알 수 있는 이치를 평생 학문 연구를 해온 학자가 알지 못한다면 그것은 알려고 하지 않기 때문이라고 의심할 수밖에 없을 것이다.

한국 독자와 국민 무시하고 우롱하는 이영훈의 역사왜곡

셋째, 이영훈의 글은 한국의 독자와 국민을 무시하고 우롱하고 있다는 점이다. 그는 일본이 독도를 1904년에 시마네현에 슬그머니 포함시킨 것의 국제법적 무효성에 대해선 일언반구도 언급하지 않은 채, 심흥택 울릉군수가 1906년에 "본군 소속의 독도가 일본으로 편입되었다"고 보고했을 때 중앙정부가 별다른 반응을 보이지 않았다고 역사를 왜곡한다. "대한제국이 독도에 대한 인식이 없는 가운데 일본의 행위를 그리 중요하게 여기지 않았기 때문"[6]이라는 것이다.

하지만 당시 의정부 참정대신 박제순은 울릉군수 보고에 대해 "독도가 (일본의) 영지라는 설은 전혀 사실무근에 속하니 해당 도서의 형

---

5) 이영훈은 일본 豊田(풍전, 도요타)재단의 연구비 지원을 받아 1987년부터 한국 근대경제사를 연구하는 한국과 일본 연구자 13명이 출판한 2권의 책<안병직 외, 『近代朝鮮의 經濟構造』(서울: 비봉출판사, 1989)과 이영훈 외, 『近代朝鮮 水利組合研究』(서울: 일조각, 1992)>에 주요 저자로 참여했다. 안병직은 『近代朝鮮의 經濟構造』<서문>에서 "이 공동연구는 일본의 豊田재단으로부터 1988년에 「韓國의 經濟發展에 관한 歷史的 研究」라는 테마로 연구보조금을 받았다는 것을 밝히고, 동 재단에 대하여 謝意를 표하는 바이다"라고 밝히고 있다. 宮嶋博史도 『近代朝鮮 水利組合研究』<서문>에서 "도요타財團으로부터 연구비의 지원이 없었더라면, 이번의 공동연구는 출발부터 불가능하였다. 특히 동재단의 山岡義典 씨는 공동연구의 구상에서 출판의 단계에 이르기까지 관대하면서 헌신적인 도움을 주셨다."고 썼다. 이 두 저서가 『반일종족주의』와 직접적 관련성이 있다고 말할 수는 없지만, 학문적 맥락은 있을 것이라고 추정할 수는 있다고 생각된다.
6) 이영훈 외, 『반일종족주의』, 169쪽.

편과 일인들의 행동 여하를 다시 조사해 보고할 것"[7]이라고 지시했다. 내부대신 이지용도 "유람하는 길에 땅의 경계나 인구를 적어가는 것은 혹 괴이쩍지 않다고 용인할 수도 있겠지만 독도를 가리켜 일본 속지라고 했다니 전혀 그럴 리가 없는데 이번에 받은 보고는 심히 의아하다"[8]고 했다. 친일파였던 박제순과 이지용마저 슬그머니 독도를 시마네현 소속으로 편입한 일제의 만행을 규탄한 것이다.

황현도 "울릉도 앞바다에서 동쪽으로 200리 거리에 섬이 하나 있다. 이 섬을 獨島라고 한다. 이 섬은 옛날에 울릉도에 속해 있었으나 일본인들은 그들의 영토라고 하면서 조사를 해 갔다"[9]고 비판하고 있다. 관련 자료가 많고 찾아보면 금세 알 수 있는데도, 이영훈은 한국 독자와 국민들이 그런 노력을 기울이지 않을 것이라고 무시했다고 볼 수 있다.

앞으로 자세히 살펴보면 명확해지는 것처럼 독도가 지리적, 역사적, 국제법적, 실효지배로 대한민국 영토인데도, 독도가 한국 영토라는 확실한 증거가 없다고, 일본의 극우보수집단 시각에서 궤변을 늘어놓는 이영훈의 주장은 일언반구도 대꾸할 가치가 없다. 하지만 한국 땅인 독도를 슬그머니 일본 땅인 것처럼 주장하는 '독도포기역적죄'를 저지르고 있는 이영훈의 왜곡과 망발을 바로잡지 않으면, 훗날 그의 글이 사실인 것처럼 알려질 우려가 있다. 이를 바로잡고자 진정한 지식인의 시각으로 독도가 대한민국 영토임을 차근 차근 따져 보기로 한다.

---

7) 황태연, 『백성의 나라 대한제국』(파주: 청계, 2017), 765쪽.
8) 「大韓每日申報」 1906년 5월1일자. 강준식, 『독도의 진실』(서울: 소담출판사, 2012), 28쪽에서 재인용.
9) 황현, 임형택 외 교주, 『梅泉野錄』(서울: 문학과지성사, 2005), <일인의 독도탐사>.

독도가 대한민국 영토인 이유 1: 자연, 지리적 조건

 독도는 외로운 섬일까. 전혀 그렇지 않다. 독도는 동도(우산봉)와 서도(대한봉)가 우뚝 솟아있고 그 주변을 89개의 바위섬이 둘러싸고 있다. 독도경비대가 주둔하고 있는 동도는 해발 98.6m에 면적이 2만 2,620평이다. 독도 주민이 살고 있는 서도는 해발 168.5m, 면적은 2만 7,390평에 이른다. 독도 전체 면적은 5만 7,890평이다.

 이렇게 작지도 외롭지도 않은 독도는 울릉도에서 87km 떨어져 있다. 맑은 날에는 사람 눈(육안)으로도 볼 수 있는 가까운 거리다. 『세종실록지리지』에서는 이를 다음과 같이 기록하고 있다. "우산과 武陵(무릉) 두 섬은 현의 동쪽 바다 가운데 있다. 두 섬은 서로 떨어짐이 멀지 않다. 날씨가 좋으면 바라볼 수 있다. 신라 때는 우산국이라 칭했는데, 울릉도라고도 했다."[10]

---

10) 『세종실록지리지』(세종 14년, 1432년). 울릉도에서 나고 자란 서법가(書法家) 박덕준 선생은 "어릴 적에 어른들은 독도를 늘 독섬이라고 했다. 이웃 동네 석포에 올라서면 맑은 날 가물가물 눈으로 보이는 섬, 독도는 울릉도에 딸린 섬"이라고 말한다(홍찬선 외,『독도 플래시몹』(서울: 넥센미디어, 2016), 296쪽).

■ 독도는 울릉도에서 육안으로 볼 수 있다

항해술이 발달하지 않았던 과거에는 육안(肉眼, 망원경 같은 보조기구 없이 자연그대로의 맨 눈)으로 보이느냐 안 보이느냐가 영토로 편입하느냐 하지 않느냐의 중요한 기준이 된다. 일본에서 독도와 가장 가까운 隱岐(오키)섬에서 독도까지 거리는 157.5km로 거의 2배나 된다. 육안으로 보이지 않는 것은 당연하다. 일본 역사서에 그런 기록을 찾아볼 수도 없다.

그런데도 이영훈은 이런 지리적 요소엔 그다지 관심이 없는 듯하다. "독도는 땅도 없고 물도 없기 때문에 사람이 살 수 있는 환경이 아니다. 국제법에서는 그런 곳을 섬이라 하지 않고 바다에 솟은 큰 바위일 뿐이다. 6세기의 우산국이 울릉도에서 동남으로 87km나 떨어진 바위섬을 그의 강역으로 했는지 알 수 없는 일이다. 어쨌든 그 바위섬이 나라 이름을 계승할 리 없다"[11]고 자료의 '자의적 해석'에 매달리고 있다. 87km 떨어진 울릉도에서 강역으로 삼기 어려웠다면, 157km나 되는 오키섬에서 강역으로 삼는 건 더욱더 불가능했을 것이라는 점에는 공감하지 않는 것이다.

울릉도에서 독도를 육안으로 볼 수 있다는 한국 기록은 또 있다. 1694년 9월19일부터 10월3일까지 울릉도를 조사한 삼척 영장 장한상은 〈鬱陵島事蹟(울릉도사적)〉에서 "비가 개이고 구름 걷힌 날 산에 들어가 중봉(성인봉- 인용자)에 올라 보니 … 서쪽으로는 구불구불한 대관령 모습이 보이고, 동쪽으로 바다를 바라보니 동남쪽에 섬 하나가 희미하게 있는데 크기는 울릉도의 삼분의 일이 안 되고 거리는 300여 리에 지나지 않았습니다. 그리고 남쪽과 북쪽에는 망망대해가 펼쳐

---

11) 이영훈 외, 『반일종족주의』, 155쪽.

져 물빛과 하늘빛이 같았습니다"[12]고 서술하고 있다.

■ 장한상과 박세당이 밝힌 우산도 = 독도

장한상이 말한 '동남쪽에 섬 하나가 희미하게 보이는 것'은 독도를 가리킨다. 이는 그가 "섬의 산봉우리에 올라 저 나라 강역을 자세히 살펴보니 아득할 뿐 눈에 들어오는 섬이 없어 그 거리가 얼마나 되는지 모르겠는데, 울릉도의 지리적 형세는 아마도 저 나라와 우리나라 사이에 있는 듯합니다."라고 부연하고 있기 때문이다. 또 그는 "동쪽으로 5리쯤 되는 곳에 작은 섬이 하나 있다"[13]고 하여 '죽도'를 따로 설명하고 있다. 죽도는 대나무가 자라는 섬이라고 해서 붙은 이름으로 울릉도에서 아주 가까운 곳에 있는 섬이다. 장한상이 우산도나 독도라는 말을 직접 쓰지는 않았지만 '동남쪽의 희미한 섬'이 독도를 가리킨다는 것은 문맥상 명확한 셈이다.

반면 박세당은 우산도를 독도를 지칭해 표현하고 있다. 그는 「울릉도」라는 글에서 "(울릉도와 우산도- 인용자) 두 섬이 여기(영해 부근- 인용자)에서 그다지 멀지 않아 한 번 큰바람이 불면 이를 수 있는 정도이다. 우산于山도는 지세가 낮아 날씨가 매우 맑지 않거나 정상에 오르지 않으면 보이지 않는다. 울릉이 (우산도보다- 인용자) 조금 더 높아 풍랑이 잦아지면 (육지에서- 인용자) 사슴과 노루들이 이따금 바다 건너오는 것을 예사로 볼 수 있다."[14]

---

12) 장한상,「鬱陵島事蹟」, 유미림,『우리 사료 속의 독도와 울릉도』(서울: 지식산업사, 2013), 59쪽에서 재인용. 장한상의 <울릉도사적>은 1977년 11월, 국사편찬위원회가 주관한 울릉도.독도학술조사사업의 일환으로 장한상 후손가에서 발굴됐다. 이 사료 발굴로 한국은 숙종 연간에 이미 독도에 관해 인지하고 있었음이 확인됐다.
13) 장한상,「鬱陵島事蹟」, 유미림,『우리 사료 속의 독도와 울릉도』, 60쪽.
14) 박세당,「울릉도」, "盖二島去此不甚遠 一飄風可至 于山島勢卑 不因海氣極晴朗 不登

안용복과 비슷한 시기인 숙종 대에 활동했던 장한상과 박세당의 우산도에 대한 언급은 울릉도 옆에 있는 죽도나 관음도가 아니라는 것을 알 수 있다. 울릉도에 가보면 금세 알 수 있는 것처럼, 죽도와 관음도는 흐린 날뿐 아니라 높은 곳에 오르지 않더라도 뚜렷하게 볼 수 있을 정도로 가깝기 때문이다. 따라서 일본과 이영훈이 우산도가 독도가 아니라 죽도나 관음도라고 주장하는 것은 울릉도를 가보지 않고 자료만 보고 오독하는 실수를 하고 있거나, 아니면 가본 뒤에도 사실과 다르게 억지를 부리고 있다고 밖에 생각할 수 없다.

이영훈은 "두 섬은 서로 떨어짐이 멀지 않다. 날씨가 좋으면 바라볼 수 있다"라고 한 세종실록지리지의 기록에 대해 "바로 그 환상의 기술이다. 두 섬의 거리가 멀지 않으면 서로 바라보임이 당연한데 굳이 "날씨가 좋으면"이라는 단서를 붙인 것 자체가 상상의 산물이라고 할 수 있다"[15]고 억지를 부린다. 관음도와 죽도는 날씨가 좋든 나쁘든 보이지만, 독도는 울릉도와 떨어짐이 멀지 않지만, 상당한 거리가 있어 날씨가 좋아야만 볼 수 있다는 자연조건에 대해선 전혀 이해할 수도 없고, 이해하려고도 하지 않았음을 반증하고 있는 셈이다.

最高頂則不可見 鬱陵稍峻風浪息則尋常可見麋鹿熊獐往往越海出來", 유미림, 『우리 사료 속의 독도와 울릉도』, 60쪽에서 재인용. 박세당의 「울릉도」는 박세당의 11대손인 박찬호 씨가 2001년, 장서각에 '서계 종택 고문서'를 기탁하면서 알려졌다.

15) 이영훈 외, 『반일종족주의』, 157쪽.

제3절

독도가 대한민국 영토인 이유 2: 역사적 지배

우산국이라는 지명이 자료에 등장한 것은 삼국시대부터였다. 김부식이 지은 『삼국사기』에 다음과 같은 문장이 나온다. "우산국이 신라에 귀의했다. 매년 토산물을 공납했다. 우산국은 溟州(명주)의 동쪽 바다에 있는 섬이다. 혹은 울릉도라고도 한다. 땅의 크기는 백 리다. 험준한 것을 믿고 신라에 불복했다. 이찬 이사부 장군이 정벌했다."[16]

▎독도(우산)는 삼국시대부터 한국이 지배

한국은 삼국사기의 이 기록을 바탕으로 우산도가 독도라고 여기고 있다. 이는 위에서 살펴본 대로 세종실록지리지와 장한상 및 박세당의 설명에서도 설득력 있게 설명되고 있다. 하지만 이영훈은 삼국

---

[16] "十三年夏六月于山國歸服 歲以土宜爲貢 于山國在溟州正東海島或名鬱陵島方一百里 恃險不服 伊湌異斯夫爲何瑟羅州君主…恐懼則降", 金富軾, 이강래 교감, <신라본기 智證마립간>, 『원본 三國史記』(서울: 한길사, 1998), 63~64쪽.

사기 기록에 대해 "우산이란 울릉도에서 성립한 나라 이름일 뿐이고, 그 울릉도에 독도가 포함되었는지를 알 수 없다. 그럴 수도 있고 안 그럴 수도 있다. 그럼에도 한국인은 우산을 무조건 독도라고 단정하고 있다. '일종의 폐습'이라고 할 수 있다"며 "어느 일본인 학자가 그렇게 지적했는데, 따지고 보면 틀린 말이 아니다"[17]라고 주장한다.

이영훈은 스스로 인정하듯이 "우산이 독도일 수도 있고 안 그럴 수도 있는데" 일본인 학자만을 인용해 그것은 '일종의 폐습'이라고 폄하하고 있다. 장한상의 「울릉도사적」이 1977년에 발굴되고, 박세당의 「울릉도」도 2001년에 발굴돼 우산도가 독도를 가리킨다는 것이 새롭게 밝혀졌는데도, 어찌 된 일인지 이영훈의 눈에는 그런 사실이 들어오지 않았다.

이영훈은 일본의 江戸(에도)막부로부터 독도의 조선영유권을 인정받은 안용복의 민간외교활동도 폄하하고 있다. 주지하다시피 안용복 安龍福은 1696년(숙종 22년) 유일부, 유봉석 등과 일본으로 넘어가 대마도주로부터 "(울릉도와 독도- 인용자) 두 섬은 이미 그대들의 나라에 속했으니 뒤에 혹 다시 침범해 넘어가는 자(일본인- 인용자)가 있거나 도주가 혹 함부로 침범하거든, 모두 국서를 만들어 역관을 정해 들여보내면 엄중히 처벌할 것"이라는 공약을 받고 귀국했다. 하지만 조선 정부는 '월경죄'(국경을 허가 없이 넘는 죄)를 적용해 안용복을 유배형에 처했다.[18]

---

17) 이영훈 외, 『반일종족주의』, 153쪽. 이영훈은 여기서 일본인 학자가 누구인지 명확히 밝히지 않고 있다. 다만 이영훈의 글 끝부분에서 제시하고 있는 <참고문헌>에 '池內敏 (2012), 『竹島問題란 무엇인가』, 名古屋出版會'를 제시하고 있어 일본인 학자가 池內敏이라고 추정할 수 있다. 학자라면 자신이 주장하고 있는 근거가 무엇인지를 정확히 제시하는 것이 기본소양(의무)인데 이렇게 두루뭉술하게 서술하는 것 자체가 '학자적 비양심'의 한 예라고 할 수 있다.
18) 『肅宗實錄』, 숙종22년(1694년) 10월13일. 황태연, 『백성의 나라 대한제국』(파주: 청계, 2017), 726~728쪽에서 재인용. 안용복이 귀국한 뒤 조선 조정은 안용복을 犯境(국

성호 이익은 『성호사설』에서 안용복을 영웅이라 평가하고, 장수급으로 등용해 그 뜻을 펼쳐보게 하지 않았음을 한탄하고 있다. "내 생각에 안용복은 곧 영웅에 짝한다. 미천한 일개 군졸로 만 번의 죽음을 무릅쓰고 국가를 위해 강적과 겨루어 간악한 싹을 잘라버리고 누대의 싸움을 그치게 했으며, 한 고을의 땅을 회복했으니 부개자(傅介子)(한 소제 때 누란왕의 목을 벤 외교 사절)와 진탕(陳湯)(한 원제 때 질지선우를 잡은 장군)이 한 일과 비교해도 더 어려운 그 일은 뛰어난 자가 아니면 해낼 수 없는 일이었다. 그런데 조정에서는 상을 줄 생각은 않고 사형선고를 내리더니 뒤에 귀양을 보냄으로써 꺾고 빠뜨리는데 여념이 없었으니 슬픈 일이로다." "만약 위난을 당할 때 안용복과 같은 자를 대오에서 발탁하여 장수급으로 등용하고 그 뜻을 펼쳐보게 했다면 그 이룬 바가 어찌 이에서 그쳤겠는가."[19]

■ 안용복의 대일 독도외교전 승리

이익이 한탄한 대로 조선 정부가 안용복을 죄 준 것이 가슴 아픈데 이영훈은 아예 안용복의 공을 인정하지 않아 생채기에 소금까지 뿌리고 있다. 그는 "일본은 안용복을 상대하지 않고 조선으로 추방했다. (중략). 안용복은 스스로 우산도를 목도했다고 믿은 한국사 최초의 유일한 사람이었다. 일본 어민이 그 섬을 松島(마쓰시마)라고 부르며 자기네 영토라고 간주하는 것을 보고 '그건 조선의 우산도'라고 주장했다. 그런데 조선 정부는 안용복의 그런 주장에 하등의 관심을 표하지

경을 넘음)죄로 사형에 처하려는 논의를 했으나, 국가에서 못하는 일을 능히 해냈음으로 공로와 죄과가 서로 덮을 만 하다는 의견을 받아들여 유배형에 처했다. 그 후 안용복의 행적은 기록에 나타나지 않는다.

19) 이익, 『성호사설』 <울릉도>, 강준식, 『독도의 진실』, 110~111쪽에서 재인용.

않았다"[20]고 기술하고 있다.

하지만 이것은 명백한 역사왜곡이다. 안용복 사건이 일어나고 있을 때 에도막부 집정이었던 阿部豊後守(아베분고노카미)는 '죽도(울릉도)는 이나바,호키주의 부속이 아니고 죽도와 송도(독도)외에 양주兩州의 부속 섬은 없다'[21]는 돗토리번의 회신을 받고, 관백이었던 德川康吉(도쿠카와츠나요시)의 재가를 얻어 다음과 같이 명한 기록이 있기 때문이다.

"죽도가 이나바에 속한다고 말하나 아직 우리 백성이 거주한 적이 없다. (중략). 지금 그곳의 거리를 헤아려 보건대 이나바로부터는 160리 남짓 떨어져 있고 조선으로부터는 40리 남짓 떨어져 있다. 이는 일찍이 조선의 지계地界임이 틀림없는 것이다. (중략). 처음부터 이 섬을 조선에서 빼앗은 것이 아니므로 지금 그것을 다시 돌려준다고 말할 수 없다. 단지 우리나라 백성이 가서 어채하는 것을 금지할 따름이다."[22]

기록상으로 독도(일본이 송도라고 부르는)가 조선령이라는 사실이 명확해진 것이다. 조선정부는 2년 간격으로 변장邊將을 울릉도에 보내 수검하고 토벌하는 정책을 1702년(숙종 28년)부터 정례화했다. 이 제도는 흉년 때는 3년마다로 조정되고, 영조 때는 3년마다로 느슨해졌지만 고종시대까지 꾸준히 이어졌다.[23]

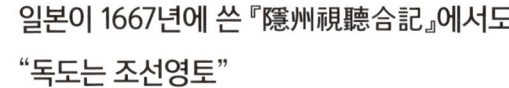
일본이 1667년에 쓴 『隱州視聽合記』에서도 "독도는 조선영토"

---

20) 이영훈 외, 『반일종족주의』, 161쪽.
21) 송병기 편, 『독도영유권자료선』 (춘천: 한림대학교출판부, 2004), 218쪽.
22) 『朝鮮通交大紀』 권8, 65쪽. 송병기 편, 『독도영유권자료선』.
23) 황태연, 『백성의 나라 대한제국』, 729~730쪽.

『고사기古事記』(712년)는 일본에서 가장 오래된 역사서로 일본열도를 만든 신들의 이야기를 싣고 있다. 그런데 『고사기古事記』에는 신들이 홋카이도 오키나와 독도를 만들었다는 사실이 없다. 일본의 고유영토가 아니기 때문이다. 또 교키라는 스님이 8세기에 일본 전역을 걸어 다니며 만든 뒤 17세기까지 일본의 공식지도 역할을 했던 〈교키도(行基圖)〉에도 독도 홋카이도 오키나와가 없다. 그때까지도 독도는 일본 영토가 아니었다는 것을 명확히 밝히고 있는 것이다.[24]

이뿐만이 아니다. 일본 외무성이 '독도가 일본 영토라고 주장하는 증거'로 1954년 2월10일, 주일한국대표부에 보낸 구술서(note verbale)에 『隱州視聽合記은주시청합기』라는 문헌이 있다. 이 문헌은 사이토라는 은주 군대(郡代)가 은주(隱州, 지금의 隱岐(오키)섬)에 대한 지리 역사 인구 명승 고적 고사 의례 등을 종합해 마쓰에번에게 보고한 보고서다. 이 보고서 안에 당시 일본의 서북쪽 국경에 대한 언급이 나오는데, 울릉도와 독도는 일본 영토가 아님을 밝히고 있다.[25] 관련된 내용은 다음과 같다.

> 은주는 (일본- 인용자) 북쪽 바다에 있는 섬이라 오키섬이라 한다. 여기서부터 (중략) 북동쪽으로는 갈 수 있는 땅이 없다. 북서쪽 사이로 이틀 낮 하룻밤을 가면 마쓰시마(독도)가 있고 또 하루 낮 길에 다케시마(울릉도)가 있다. 속칭 이소다케시마라고도 하는데 대나무 물고기 물개가 많다.[26]

이 글 바로 뒤에 한일 양국이 달리 해석하는 문장이 나온다. 바로

---

24) 호사카 유지, 『독도, 1500년의 역사』 (파주: 교보문고, 2016), 151~154쪽.
25) 강준식, 『독도의 진실』, 118~126쪽.
26) 강준식, 『독도의 진실』, 120~121쪽.

문제의 "此二島無人之地 見高麗如自雲州望隱州 然則日本之乾地 以此州爲限矣(차이도무인지지 견고려여자운주망은주 연즉일본지건지 이차주위한의)" 이 문장이다. 이 문장을 한국에서는 "이 두 섬은 사람이 살지 않는 땅으로, 고려를 보는 것이 운주(현 시마네현 동부의 이즈모노구니)에서 은주를 바라보는 것과 같다. 따라서 일본의 북서쪽 땅은 이 주로서 끝을 삼는다"고 해석한다. 반면 일본은 "이 두 섬은 무인도로서 고려를 보듯이 운주로부터 은주를 보는 것과 같다. 그렇다면 곧 일본의 북서의 땅, 이 섬을 가지고 국경을 삼는다"고 풀이한다. 한국은 "일본 북서쪽의 끝(국경)은 은주"라고 보고, 일본은 "일본 북서쪽의 끝은 울릉도"라고 주장한다.[27]

어느 쪽 해석이 맞을까. 한일 학자들의 의견이 엇갈리는 가운데 두 명의 일본인 학자의 설명으로 "일본 북서쪽 끝은 은주"가 맞다는 결론이 내려졌다. 오니시(大西俊輝)는 "州는 원래 강 한가운데 생긴 모래톱을 가리키는 상형문자로부터 시작됐다. 농업이 시작되자 사람들은 관개가 쉬운 주에 모여 살았다. 사람이 모이면 나라가 생긴다. 그래서 상고시대 중국에서는 사람이 모인 땅, 즉 나라를 주로 표현했다. 반면 島나 嶋는 산과 새가 합쳐진 회의문자로 철새가 쉬는 바다나 호수 안의 작은 산을 말한다. 마쓰시마(독도)와 다케시마(울릉도)는 島이지만 州는 아니다. 사람이 살지 않기 때문이다."고 설명했다.

이케우치(池內敏)의 해석은 더 명쾌하다. 『은주시청합기』는 오키국의 지리 책으로 마쓰에번에 제출된 보고서이다. 보고서에서 州가 쓰인 곳은 66군데인데 모두 나라(國)의 뜻으로 쓰였다. 그런데 한군데만 섬(島)의 뜻으로 '무리하게 바꿔 읽지 않으면 이해할 수 없다'고 한다면 보고서 자체를 다시 써야 했을 것이다. 누가 읽어도 한 번 읽어

---

27) 강준식, 『독도의 진실』, 121쪽.

서 내용이 뚜렷하지 못하면 보고서로서의 가치가 없다." "此州는 오키국이라고밖에 읽을 수 없다. 그럼에도 불구하고 아직 문제 부분만큼은 섬으로 바꿔 읽지 않으면 안 된다는 등으로 말하는 것은 학문적으로 전혀 성립되지 않는 감정론에 지나지 않는다." "이상을 근거로『은주시청합기』의 결론은 '오키국이 일본의 북서쪽의 끝이다'라고 하지 않을 수 없다. 따라서 독도 울릉도는 당시 일본 판도에서 벗어난 것으로 인식되고 있었다고 할 수밖에 없다".[28]

1667년경에는 울릉도와 독도가 조선령(대한민국 영토)이라는 게 일본 자료에 의해서 명확하게 확인된 것이다. 이렇게 일본인에 의해서 명확하게 독도가 대한민국 영토라는 사실이 밝혀진 자료에 대해서 이영훈은 침묵한다. 그가 이 자료를 보지 못했다면 진실을 밝히려는 학자의 노력을 덜한 것이고, 보고도 못 본 체하고 다른 주장을 했다면 학자적 양심을 저버린 것이다.[29]

독도 = 조선령 인정한 에도막부 태정관 지령

일본은 1870년대까지만 하더라도 울릉도와 독도에 대한 관심이 거의 없었다. 이는 당시 일본 정부의 입김이 강하게 작용한 상태에서 출판된 책에서 확인할 수 있다. 우선 도조 다모쓰가 1875년에 편찬한 『朝鮮誌略조선지략』에서는 울릉도에 대해 다음과 같이 기술하고 있다. "子山島 또는 弓嵩라는 이름이 있다. 우리나라(일본, 인용자)에서는

---

28) 이케우치 사토시(池內敏), 『천황 외교와 武威』, 강준식, 『독도의 진실』, 124~125쪽에서 재인용.
29) 여기서 이케우치 사토시는 이영훈이 참고문헌으로 제시한 <『竹島問題란 무엇인가』(名古屋: 名古屋出版會, 2012)>를 쓴 바로 그 사람이다.

다케시마(竹島)라고 일컫는다. 강원도 안에 있다. 3년마다 한 번 水營의 관리를 파견하여 이 섬을 검사한다. 수로는 1천 리라고 한다".[30] 울릉도가 조선령이라는 것을 명기하고 독도에 대한 언급이 없다.

서양인의 저술을 발췌, 번역한『朝鮮事情』(1876)은 당시 팽배했던 정한론征韓論분위기에 편승해서 조선 정벌에 도움을 줄 목적으로 출판됐다. 하지만 여기에서는 울릉도에 대한 기술이 없다. 1881년에 출판된『朝鮮地誌』에도 울릉도 관련내용이 보이지 않는다. 첨부지도에도 울릉도와 독도는 그려져 있지 않다. 1887년의『朝鮮八道誌』에도 울릉도 관련 내용이 없고 첨부된〈조선전국약도〉에도 울릉도와 독도는 그려져 있지 않다.

더욱이 메이지유신 정부에서 국가최고기관이었던 태정관은 1877년3월, "다케시마 외 일도가 일본과는 관계 없다"[31]는 지령을 내렸다. 이는 당시 일부 일본인들이 다케시마(울릉도)와 마쓰시마(독도)에 대한 개간요청이 이어진데 따른 답변이었다. 여기서 '다케시마 외 일도'는 마쓰시마, 즉 독도라는 사실을 일본 정부가 공식적으로 인정한 것이다. 하지만 일본인은 1881년에도 '마쓰시마 개간청원서'를 시마네현에 제출했다. 당시 내무성 관리이던 니시무라 스테조는 1881년 11월 29일, 외무성에 관련 사항을 조회할 때 '외 일도는 마쓰시마이다'라는 것을 붉은 글씨로 명확히 표기했다. 외무성은 이에 대한 답변에서 12월 1일, 조선국 울릉도 즉 다케시마, 마쓰시마에 대한 건은 이미 도항을 금지한 바 있음"이라고 밝혔다. 내무성은 이런 외무성 답변을 받은 뒤 시마네현에게 "서면상의 마쓰시마는 이전의 지령(1877년의 태정관 지료, 인용자)대로 우리나라와는 관계없음을 명심해야 하며 따라서

---

30) 유미림,『우리 사료 속의 독도와 울릉도』, 237~238쪽.
31) 유미림,『우리 사료 속의 독도와 울릉도』, 240쪽.

개간 청원은 허가할 대상이 아님"(1882. 1. 31.)이라고 분명히 했다.[32]

'태정관 지령'을 전혀 언급하지 않은 이영훈의 침소봉대

하지만 이영훈은 어찌된 영문인지 울릉도와 독도가 조선영토임을 확실히 인정한 '태정관 지령'에 대해선 일언반구도 언급하지 않는다. 일본이 1870~80년대까지만 해도 울릉도와 독도에 대해 그다지 관심을 기울이지 않았다는 사실에 대해서도 애써 무시하고 있다.

반면 한국에 불리한 자료는 구석에 박혀 있었던 것까지 끄집어내는 노력을 기울인다. 1911년 미국 로스앤젤레스 교민들이 출간한 이승만의 『독립정신』이란 책 앞부분에 실려 있는 〈죠션디도〉[33]가 그것이다. 이 지도에는 독도가 표기되어 있지 않고, 울릉도 바로 남쪽에 '돌도'가 표시되어 있다.

이영훈은 이에 대해 "'돌도'가 곧 석도이다. 다만 울릉도 동북에 있어야 할 섬을 남에다 그린 것을 착오라고 하겠다. 어쨌든 대한제국 칙령 41호 중의 석도가 동남 87km 해상의 독도가 아님은 이 지도의 발견으로 더없이 명확해졌다고 생각한다. 저는 왜 지금까지 수많은 독도 연구자들이 이 지도에 주목하지 않았는지를 의아하게 생각한다"[34]고 서술하고 있다. 매우 중요한 사실을 새롭게 발견한 듯 치기를 느낄 정도의 의기양양이라고 할 수 있다.

하지만 이영훈 스스로도 언급하고 있듯이 '울릉도 동북에 있어야 할 섬을 남에다 그린 것은 착오'일 정도로 일제의 대한제국 강제합병

---

32) 유미림, 『우리 사료 속의 독도와 울릉도』, 240~241쪽.
33) 이승만, 『독립정신 영인본』 (서울: 연세대학교 대학출판문화원, 2019), 37쪽.
34) 이영훈, 『반일종족주의』, 168쪽.

으로 미국으로 망명을 떠난 교민들이 만든 지도이기 때문에 잘못이 적지 않다는 것을 이해할 만한 상황이다. 게다가 이영훈은 위에서 설명한 것처럼, 일본 정부나 정부 영향을 받아 제작된 일본의 1880년대 지도에서 울릉도와 독도가 누락된 것에 대해선 함구하고 있다. '보고 싶은 것만 보고', '나에게 유리한 자료만 제시하는' 비양심을 보여주는 사례라고 지적하지 않을 수 없다.

제4절

독도가 대한민국 영토인 이유 3: 국제법

대한제국 정부는 1900년 10월 25일, 칙령 제41호를 반포해 울릉도와 독도를 제국의 군부郡府행정체제에 공식으로 편입시켰다. '울릉도를 울도로 개칭하고 도감을 군수로 개정한 건'이라는 제목을 단 칙령 41호 제1조는 "울릉도를 울도라 개칭하야 강원도에 부속하고 도감을 군수로 개정하야 관제 중에 편입하고 군등은 오등으로 할 것"이라고 규정했다. 또 2조에서는 "군청 위치는 태하동台霞洞으로 정하고 구역은 울릉 전도와 죽도竹島, 석도石島를 관할할 것"[35]이라고 밝혔다. 여기서 석도가 바로 독도다.

▌〈독도 = 한국 영토〉임을 밝힌 '대한제국 칙령 41호'

대한제국은 울릉도와 독도의 행정편입을 『관보』로 반포함으로써

---

35) 『官報』, 광무4년(1900) 10월27일, 황태연, 『백성의 나라 대한제국』, 748쪽 재인용.

근대 국제법상의 영유권 절차를 완료했다.[36] 대한제국 정부는 나아가 1901년 9월, 내부대신 이건하가 울릉도 관할문서를 마련하고, 1902년 4월, 내부의 〈울릉도절목〉을 제정해 시행했다. 1903년 4월, 심흥택이 2대 군수로 부임해 태하동에서 도동에 신축된 군아로 이전해 일군의 위상을 갖추었다. 울릉도와 독도에 대한 실효적 지배를 관철한 것이다.[37]

독도가 대한민국 영토라는 사료史料에 시비 걸기를 좋아하는 이영훈은 '대한제국 칙령 41호'에 대해서도 억지성 문제를 제기하고 있다. "울릉전도와 죽도, 석도를 관할한다"고 한 칙령에서 "석도가 독도가 아니라 오늘날의 관음도이며, 한국 정부나 학자들이 석도가 독도라고 주장하는 것은 일종의 자가당착"[38]이라는 것이다. 그는 "칙령 41호에 의해 15세기 초 울릉도를 비우면서 생겨난 우산도가 이리저리 떠돌다가 결국 소멸했다. 그 유서 깊은 섬을 대한제국이 더 이상 언급하지 않게 된 것은 그것이 환상의 섬임을 이윽고 깨달았기 때문"[39]이라고 소설 같은 얘기를 하고 있다. 석도가 독도라는 주장을 도저히 납득할 수 없다는 것이다.[40]

게다가 이영훈은 일본이 1904년에 슬그머니 독도를 자기 영토로

---

36) 국제법상 영유권 확정은 관계국에 '통고'까지 해야만 완성되지만, 대한제국의 울릉도와 독도 행정편입은 일본공사에게 별도로 통고할 필요가 없었다. 1900년 6월, 외부대신 박제순과 일본공사 하야시 사이에 관련 외교문서가 이미 여러 번 교환되었기 때문이다. 황태연,『백성의 나라 대한제국』, 748~749쪽.
37) 황태연,『백성의 나라 대한제국』, 748~749쪽.
38) 이영훈 외,『반일종족주의』, 165쪽.
39) 이영훈 외,『반일종족주의』, 164쪽.
40) 이영훈은 일본이 독도를 가리키는 명칭이 마쓰시마(松島)와 다케시마(竹島) 사이에서 오락가락 하고 있는 것에 대해선 전혀 언급하지 않고 있다. 竹島라는 이름은 그 섬에서 대나무가 자란다는 뜻을 갖고 있을텐데, 독도에는 대나무가 전혀 발견되지 않는다. 그럼에도 '세계인으로서 자유인인 지식인'을 자처하는 이영훈은 일본의 이런 주장에 대해 침묵하고 있는 것은 그의 '지식인' 개념이 상당히 왜곡돼 있다고 밖에 볼 수 없다.

편입한 것에 대해서는 매우 긍정적으로 묘사하고 있다. "어떤 계기로 독도의 내력을 조사한 다음, 그것이 조선왕조에 소속한 적이 없음을 확인하고서 독도를 자국 영토에 편입했다. 울릉군수가 1906년에 그 사실을 우연히 안 뒤 '본군 소속 독도가 일본에 편입됐다'고 중앙정부에 보고했으나 중앙정부는 별다른 반응을 보이지 않았다"[41)는 것이다.

■ '칙령 41호'도 부정하는 이영훈

하지만 이영훈은 여기서도 한국 독자와 국민들을 무시하는 것은 물론 역사적 사실까지도 심각하게 왜곡하고 있다. 일본이 1904년에 독도를 일본영토에 편입시켰다는 것은 새빨간 거짓말이고, 국제법적으로도 아무런 효력이 없는 것이었다. 일본은 독도를 일본 영토에 편입했다는 것을 『관보』에 게재하지도 않았고, 관계국인 대한제국에 통고하지도 않았기 때문이다. 단지 국제법적 효력이 없는 시마네현 지방정부가 임의적으로 슬그머니 독도를 자기네 땅이라고 우긴 것이다. 이렇게 명확하게 '법적 하자'가 있는 일본의 독도 영토편입을 마치 합법적으로 이루어진 것처럼, 뻔뻔스럽게 기술하고 있다.

일본 정부는 1905년 1월 28일 독도를 주인이 없는 무주지無主地로 둔갑시켜 선점한다는 내부결정을 내렸다. 하지만 이 결정은 태정관이 1877년 3월 29일에 울릉도와 독도를 조선령으로 재확인한 결정을 감춘 사기극이었다. 특히 내각결정이 1905년 1월 28일에 내려졌음에도 시마네현은 1년여가 지난 1906년 2월 22일에야 다케시마를 시마네현의 행정구역으로 편입한다는 '시메니현고시 제40호'를 현청

---

41) 이영훈 외, 『반일종족주의』, 169쪽.

내 회람문으로 고시했다. 1905년 11월, 을사늑약으로 한국의 외교권을 강탈하고 1906년 1월 통감부가 설치돼 한국정부가 무력화되는 것을 기다렸던 것으로 보인다. 하지만 이 고시도 국제법상으론 아무런 의미도 없는 것이다. 시마네현은 중앙관보에 게재하지도 않았고, 지방기관은 국제법상 영유권 결정 문제를 고시할 자격 있는 중앙정부 외교기관이 아니기 때문이다.[42]

이영훈은 한술 더 뜬다. "일본이 독도를 자국의 영토로 편입할 때 그것을 인지한 대한제국은 분쟁을 제기하지 않았다. 그로 인해 오늘날 한국 정부가 독도 문제를 국제사법재판소로 가져가자는 일본 정부의 주장을 받아들일 수 없는 처지임은 모두가 잘 아는 사실이다. 솔직히 말해 한국 정부가 독도가 역사적으로 그의 고유한 영토임을 증명하기 위해 국제사회에 제시할 증거는 하나도 존재하지 않은 실정"이라는 것이다. 그는 "독자 여러분은 불쾌하게 들을지 모르겠지만 국제사법재판소의 공평무사한 법관들은 그렇게 판단할 것이다. 저는 한 사람의 지식인으로서 그 점을 지적하지 않을 수 없다"[43]고 어처구니없는 발언까지 하고 있다.

주지하다시피 국제사법재판소(ICJ)는 국제연합(UN) 총회 및 안전보장이사회에서 선출된 15명의 재판관으로 구성돼 국제법을 적용해 심리한다. ICJ 판결은 구속력을 갖고, 안전보장이사회에서 적당한 조치를 취하도록 규정돼 있지만 강제적 관할권은 없다. 게다가 국제법의 상당수가 여전히 과거 강대국들의 기초 아래 형성되어 있는데다 국제사회에서도 힘의 논리가 남아 있기 때문이다. 당연히 한국 영토인 독도를 ICJ에 들고 가서 어느 나라 영토인지 판결해달라고 하는 것은 그

---

42) 황태연, 『백성의 나라 대한제국』, 758~762쪽.
43) 이영훈 외, 『반일종족주의』, 169~170쪽.

야말로 어처구니없는 정신 나간 일이다.

사정이 이러한데도 ICJ를 거론하는 이영훈은 어느 나라 국민인지를 묻기 전에, 정말로 학자적 양심을 가진 지식인이라고 할 수 있을지 의심하지 않을 수 없는 대목이다. '독도는 한국 영토'이며 '독도가 일본 영토가 아님'을 증명하는 수많은 자료에 대해선 보려고 하지 않거나 애써 왜곡하면서 약간의 문제점이 제기되는 자료만을 침소봉대하고 있기 때문이다. 참으로 아는 게 병, 식자우환이라는 말이 딱 들어맞는다고 할 수 있다.

■ 石島석도 = 獨島독도인 이유

'대한제국 칙령 41호'에서 밝힌 石島가 지금의 독도임은 명확하다. 석도가 독도로 처음 표기된 것은 1904년이다. 일본군함 니다카(新高)호는 『행동일지』 1904년 9월 25일조에 "리앙쿠르암(1849년 1월 27일 독도를 발견한 프랑스 포경선 리앙쿠르호의 이름을 딴 것- 인용자)은 한인이 獨島라고 적고 우리나라(일본) 어부들은 리앙꼬시마로 호칭한다"[44)]고 기록하고 있다.

한국 공문서에 獨島가 처음 등장한 것은 1905년이다. 『舊韓國外交文書』 1905년 2월 23일자에서 "일본이 獨島를 강탈하여 竹島라 하고 島根현에 편입하다"라고 기록한 것이 그것이다. 심흥택 울릉군수도 1906년 보고서에서 石島를 獨島로 표기하고 있다.[45)]

독도는 울릉도에 사는 사람들이 독섬이라고 불렀다. 돌로 이루어진 섬이라는 뜻이다. 독섬을 '칙령 41호'에서는 石島라 표기하고, 심

---

44) 『軍艦新高行動日誌』(日本防衛廳戰史部), 황태연, 『백성의 나라 대한제국』, 749쪽에서 재인용.
45) 황태연, 『백성의 나라 대한제국』, 749쪽.

흥택 보고서에선 왜 獨島라고 표기했을까. 그것은 임금이 하교하는 교지, 교서, 윤음, 왕령, 칙령 등의 글 품격에 맞는 '정식 한문'에서는 순 우리말로 된 토속지명을 訓譯(훈역, 뜻에 맞춰 번역하는 것)이 상례였던 반면, 관리들의 별단 보고나 관문(關文, 상급기관에서 아래로 하달되는 공문), 하급관리의 상달보고 등에서는 '이두식 한문'이 관행이었기 때문이었다. 이두식 한문에서는 실용에 맞춰 토속지명을 音譯(음역)하거나 음역과 훈역을 적당히 결합해 표기했다.[46]

칙령 41호가 발령됐을 당시 울릉도에 살던 주민의 대다수(85%)는 전라도 사람이었다. 그들은 독도를 독섬이라 불렀다. 독섬이라는 같은 섬이 황제칙령의 정식한문체에서는 石島로, 심흥택 군수의 보고서에선 獨島로 표기됐던 것이다. 독섬을 음역해 獨島로 표기하다 보니, 요즘에서는 돌로 된 섬이라는 원래 뜻보다는 獨의 의미로 해석돼 '외로운 섬, 외딴 섬'이라는 뜻으로 부가됐다.

카이로선언 포츠담선언:
〈독도 = 대한민국 영토〉 보장

일제는 1910년 총칼로 위협해 대한제국을 강제로 병합했다. 이로써 울릉도와 독도도 '합법'이라는 겉모습을 한 사기극으로 강탈당하고 말았다. 하지만 일제의 강압으로 체결된 '한국병합조약'은 원천 무효였다. 당시 국권의 최고, 최종 책임자인 순종 황제가 병합서에 서명 날인하지 않았기 때문이다. 게다가 1910년 8월 29일 순종황제 이름으로 발표된 병합을 알리는 〈칙유〉에 대한제국 관계 대신의 직함과 이름이 하나도 보이지 않는다. 같은 날 발표된 일본 천왕의 〈조서〉에

---

46) 황태연, 『백성의 나라 대한제국』, 751쪽.

11인의 대신들이 병서한 것과 대조적으로, 대한제국 대신들이 나오지 않는 것은 병합승인문서로서는 치명적 결함이다.[47]

 게다가 순종황제는 1926년 4월 26일 붕어하기 직전, 자신의 곁을 지키고 있던 궁내대신 조정구趙鼎九에게 구술한 유조遺詔에서 "병합 인준은 내가 한 것이 아니다"라고 밝혔다. 미국 샌프란시스코 한국교민들이 발행한 『신한민보新韓民報』에 보도된 유조에서 순종은 "지난 날의 병합인준은 강포한 이웃이 역신의 무리와 함께 제멋대로 해서 제멋대로 선포한 것이요 다 내가 한 바가 아니라"며 "오직 나를 유폐하고 나를 위협하여 나로 하여금 명백히 말할 수 없게 한 것으로 내가 한 것이 아니니 (중략) 백성으로 하여금 병합이 내가 한 것이 아닌 것을 분명히 알게 하면 이전의 소위 병합 인준과 양국讓國의 조칙은 스스로 파기에 돌아가고 말 것이리라. 여러분들이여 노력하여 광복하라. 짐의 혼백이 저승에서 여러분을 도우리라"[48]고 밝혔다.

 이처럼 원천 무효인 일제의 대한제국 강탈에 대해 〈카이로선언〉과 〈포츠담선언〉에서는 한국의 독립과 병합 전 영토회복을 천명하고 있다. 중미영 3개국 정상이 1943년 11월 26일 이집트 카이로에서 합의한 뒤 그해 12월1일 테헤란에서 발표한 〈카이로선언〉은 "(미중영) 세 강대국은 한국백성의 노예상태를 유념하고 적절한 시점에 한국이 자유로워지고 독립적이 돼야 한다고 결의한다"[49]고 밝혔다. 1945년 7월 26일에 발표된 〈포츠담선언〉 8조에서도 "일본의 주권은 혼슈(本州)

---

47) 이태진, 〈한국황제의 '한국병합조약' 비준 거부〉, 이태진, 『끝나지 않은 역사-식민지배 청산을 위한 역사인식』(파주: 태학사, 2017), 74쪽.
48) 『新韓民報』 1926년 7월8일자. 이태진, 『끝나지 않은 역사-식민지배 청산을 위한 역사인식』, 74쪽에서 재인용.
49) "The aforesaid three great powers, mindful of the enslavement of the people of Korea, are determined that in due course Korea shall become free and independent", 황태연, 『갑진왜란과 국민전쟁』(파주: 청계, 2017), 593쪽에서 재인용.

훗카이도 규슈 시코쿠와 연합국이 결정하는 작은 섬들에 제한된다"[50]
고 명시, 카이로선언에서 결정한 한국의 독립을 재확인했다.

연합국 최고사령관 지령(SCAPIN) 677호도 밝힌 〈독도 = 대한민국 영토〉

〈카이로선언〉과 〈포츠담선언〉을 통해 한국의 자유 독립이 확정됐으며, 울릉도와 독도를 포함한 영토도 되찾게 됐다. 이는 일본이 태평양전쟁에서 무조건 항복한 뒤 일본을 통치한 연합군 최고사령부에서 발표한 지령('연합국 최고사령관 지령, SCAPIN')에서 명확히 밝히고 있다.

1946년 1월 29일에 발표된 'SCAPIN 677호'는 3조에서 "일본의 범위에서 제외되는 지역으로 (a) 울릉도, 리앙쿠르록(독도), 제주도"[51]라고 명시하고 있다. 4조에서도 "일본제국 정부의 정치적 행정 관할권에서 특히 제외되는 지역으로 (c) 조선"을 천명하고 있다. 다만 6조에서는 "이 지령중의 조항은 모두 포츠담선언 제8조에 있는 작은 섬의 최종적 결정에 관한 연합국 측의 정책을 나타내는 것으로 해석되어서는 안된다"는 단서조항을 달고 있다.

일본은 이 단서조항을 걸고넘어지고 있다. 'SCAPIN677' 3조에서 독도를 일본 영토에서 제외했지만 그것이 최종적으로 결정된 사항은 아니라는 억지다.[52] 일본 정부는 "SCAPIN677과 포츠담명령인 '포

---

50) "The terms of the Cairo Declaration shall be carried out and Japanese sovereignty shall be limited to the islands of Honshu Hokkaido Kyushu Shikoku and such minor islands as we determine", <Potsdam Declaration> 8조, 김신, 『독도를 지키는 법』(서울: 지영사, 2018), 91쪽에서 재인용.
51) "Japan is defined to (중략), and excluding (a) Utsuryo(Ullung), Liancourt Rocks(Take Island) and Quelpart(Saishu or Cheju) Island", <SCAPIN-677>, 1946. 1. 26, 김신, 『독도를 지키는 법』, 112쪽에서 재인용.
52) 일본 외무성 홈페이지.

츠담정령 제40호(조선총독부 교통국 공제조합의 본방 내에 있는 재산의 정리에 관한 정령)'가 일본 '법률 제16호'에 계속 존치되었다는 사실, 그리고 '포츠담정령 제291호(구 일본점령지역에 본점을 둔 회사의 본방내에 있는 재산의 정리에 관한 정령)' 역시 '법률 제43호'에 계속 존치되었다는 사실을 언급하고 있지 않기 때문이다. 게다가 '샌프란시스코 평화조약'이 발효된 1952년 4월 28일까지 SCAPIN677 외에 어떤 지령도 발표하지 않았기 때문에 SCAPIN677은 샌프란시스코 평화조약이 발효할 때까지 계속 유효했다. 뿐만 아니라 포츠담명령이 일본 국회를 통과해 계속 존속하고 유효하기 때문에 관련법도 현재까지도 계속 효력이 있다. 이에 따라 샌프란시스코 평화조약 발효 후에 독도가 울릉도 제주도와 함께 대한민국에 반환돼, 한국이 주권을 행사하고 있는 것이다.[53)]

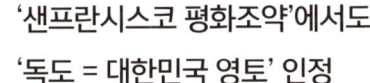 '샌프란시스코 평화조약'에서도 '독도 = 대한민국 영토' 인정

6·25전쟁 기간 중에 체결돼 발효된 '샌프란시스코 평화조약'에서도 '독도 = 대한민국 영토'를 묵시적으로 인정하고 있다. 이 조약 제2조는 "일본은 한국의 독립을 인정하고, 제주도 거문도 울릉도를 비롯한 한국에 대한 모든 권리와 소유권 및 청구권을 포기한다(Japan recognizing the independence of Korea, renounce all right, title and claim to Korea, including the islands of Quelpart, Port Hamilton and Dagelet)"[54)]고 규정하고 있다.

---

53) 김신, 『독도를 지키는 법』, 55쪽.
54) <Treaty of Peace with Japan>, 김신, 『독도를 지키는 법』, 259쪽에서 재인용.

일본은 이 조약 내용을 근거로 독도가 일본영토라고 주장하고 있다. 하지만 이는 조약문을 자기 입맛에 맞게 자의적으로 해석하고 있는 것에 불과하다. 위에서 알 수 있듯이 '샌프란시스코 평화조약'에는 독도에 대한 어떤 언급도 나오지 않는다. 다만 독도가 명문에서 빠졌을 뿐 SCAPIN677조에서 명확히 밝혔던 영토조항과 거의 대부분 일치한다. 게다가 평화조약 19조 d항에서 "연합국 총사령부의 모든 지령을 유효한 것으로 인정한다"고 규정했다고 해서, 그리고 'SCAPIN677'가 "패전국 일본의 영역을 최종적으로 결정하는 것은 아니다"라는 단서조항을 명기했다고 해서, 독도가 일본영토라고 인정한 것은 전혀 아니다.

이에 따라 일본은 이런 조약과 법령에 따라 울릉도 거문도 제주도와 함께 독도도 한국에 반환한 것이다.[55] 이는 '포츠담명령 40호'가 '법률 16호'로(나중에 법률 116호로 개정됨), '포츠담명령 291호'가 '법률 43호'로 제정돼 계속 효력을 갖는 점에서도 확인된다.

▌'샌프란시스코 평화조약'마저 왜곡하는 이영훈

사정이 이렇게 명명백백한데도 이영훈은 애써 이런 사실들을 보지 않고 있다. 그는 "샌프란시스코 평화조약 협상 과정에서 한국정부가 미국에게 독도를 일본영토에서 분리해달라고 요청하면서도 합당한 근거를 제시하지 못했다"며 "미국 국무부가 1951년 8월, 한국 정부에 회신한 내용을 읽으면 등골이 서늘할 정도로 정확한 대답이었다"고 습관처럼 왜곡하고 있다. "독도, 다른 이름으로는 다케시마(竹島) 혹

---

55) 김신, 『독도를 지키는 법』, 258~259쪽.

은 리앙쿠르암으로 불리는 것과 관련해서 우리 정보에 따르면, 통상 사람이 거주하지 않은 이 바윗덩어리는 한국의 일부로 취급된 적이 없으며, 1905년 이래 일본 시마네현 오키섬 관할 하에 놓여 있었다. 한국은 이전에 결코 이 섬에 대한 권리를 주장하지 않았다"[56]는 것이다.

하지만 '실증주의 역사학'을 주창하는 이영훈은 미 국무부 회신에 나온 '우리 정보에 따르면'이라는 말이 어떤 뜻인지를 전혀 알지도 못하고, 알려고도 하지 않는 오류를 범하고 있다. 주지하다시피 '샌프란시스코 평화조약'은 한국이 6·25전쟁을 치르는 동안에, 한국 대표팀 참여가 거절된 상황에서 맺어졌다. 따라서 미 국무부가 파악한 '우리 정보'는 일본이 제공한 정보일 뿐이다. 그러므로 회신내용은 '일본 주장'을 그대로 옮겨 놓은 것에 불과하다. 그런데도 이영훈은 저런 엉터리 같은 서술에 '등골이 서늘할 정도'라고 궤변을 늘어놓고 있다.

특히 이영훈이 제시하는 미 국무부 입장이란 것은 이른바 '러스크 서한'이라는 것인데, 이것은 국제법적 효력이 없는 문서다. 이 러스크 서한은 연합국 협의를 거치지도 않았고, 일본에도 통보되지 않은 상태에서 한국에만 보낸 비밀문서이기 때문이다. 1998년에 처음으로 공개된 '러스크 서한'은 '샌프란시스코 평화조약'이 발효되고 난 지 1년도 넘은 1953년 7월 22일까지 일본에 알리지 않았다. 또 러스크 서한은 〈포츠담선언〉을 따를 필요가 없다는 견해를 포함하고 있기 때문에도 무효다.[57] '독도가 일본의 영토라는 미국의 견해'를 담은 '러스크 서한'은 샌프란시스코 평화조약으로 인해 아무런 효력을 갖지 못한다. 그럼에도 일본이 무효인 '러스크 서한'을 집요하게 거론하는 이유

---

56) 이영훈 외, 『반일종족주의』, 170~171쪽.
57) 호사카 유지, 『독도, 1500년의 역사』, 61~73쪽.

는 미국의 견해를 전 세계의 견해로 착각하기 쉬운 사람들의 심리를 이용한 고도의 왜곡이자 심리작전이다.[58] 그런데도 이영훈이 '러스크 서한'이란 출처도 숨긴 채 '등골이 서늘할 정도'를 운운하며 침소봉대 하는 것은 일본 극우세력의 나팔수라고 해도 과언이 아닐 것이다.

게다가 미국은 협상초기에 SCAPIN677에 따라 독도를 한국영토에 포함시키는 초안을 마련했다. 미국이 연합국을 대표해 1947년부터 작성한 제5차 초안까지는 독도를 한국 영토로 기록했다. 5차 초안은 "일본은 이로써 한국을 위하여 한국의 본토와 제주도, 거문도, 울릉도, 다케시마를 포함한 한국의 모든 해안 도서들에 대한 모든 권리와 권원을 포기한다"[59]고 했다. 이는 SCAPIN 677dmf 그대로 적용한 결과다. 하지만 당시 일본 정부의 정치고문이던 윌리엄 시볼드는 일본의 강한 로비를 받고 6차 초안에 독도를 일본 영토에 포함시켰다. 그러나 7차 초안은 다시 독도를 한국 영토에 포함시켰다. 이후 엎치락 뒤치락 한 끝에 최종적으로 독도를 아예 조약문에서 제외시키는 편법으로 마무리했다.[60]

미국은 6·25전쟁에서 일본을 병참기지로 활용해야 하는 현실적 필요성을 감안해 독도를 제외했음에도 불구하고, 독도를 일본 영토에 포함시켜 달라는 일본의 줄기찬 로비를 물리친 것이다. 이에 따라 독도는 대한민국 영토로 반환돼 지금도 대한민국이 주권을 행사하고 있는 것이다.

이영훈은 이승만 전 대통령을 존경하고 그의 사상을 계승하겠다고 만든 '이승만 학당'의 교장임에도 불구하고 독도를 한국 영토에 포함시킨 이 대통령을 '폄하'하는 발언도 서슴지 않고 있다. 그야말로 그

---

58) 호사카 유지, 『독도, 1500년의 역사』, 73쪽.
59) 호사카 유지, 『독도, 1500년의 역사』, 56쪽.
60) 호사카 유지, 『독도, 1500년의 역사』, 56~61쪽.

의 말처럼 자가당착에 빠져 있는 것이다. 그가 "주지하듯이 1952년 1월 이승만 대통령은 평화선을 발표하여 독도를 한국 영토에 편입했다. 이후 한일 간에 독도 분쟁이 시작됐다. 미국은 (위의 인용문처럼) 한국에 통보했음에도 불구하고 두 나라 분쟁에 개입하지 않았다. 영토 분쟁이 이성과 법리의 문제라기보다 감성과 흥분의 대상인 경우가 많기 때문이다"[61]고 서술하고 있기 때문이다.

이영훈은 '한일간 독도분쟁'의 원인이 마치 '이승만 대통령의 평화선'에 있는 것처럼 역사를 왜곡하고 있다. 분쟁의 원인이 지리적, 역사적, 국제법적으로 대한민국 영토임이 명명백백한 독도에 대해 일본이 자기네 땅이라고 우기는 것에 있음은 미국을 비롯한 전 세계가 알고 있는데도 이영훈은 손바닥으로 하늘을 가리겠다는 잘못, 아니 오만을 부리고 있다.

그는 또 이승만 대통령이 한국 해군에게 평화선을 넘는 일본 어선을 나포하도록 명령해 일본어선 326척을 나포해 일본인 3,094명을 체포했다는 사실도 거론하지 않는다. "이 곤란한 문제(독도분쟁, 인용자)를 두고 이승만 정부 이후 역대 정부는 현명하게 대처해 왔다. 독도가 우리 영토라는 입장을 고수하면서도 상대방을 자극하는 공격적 자세는 자제해 왔다"[62]며 왜곡하고 있다.

■ '독도가 일본의 부속 섬이 아니다'라고 밝힌 일본 법령[63]

---

61) 이영훈 외, 『반일종족주의』, 171쪽.
62) 이영훈 외, 『반일종족주의』, 171쪽.
63) 이하 논의의 법령 출처는 김신, <독도가 외국이거나 일본의 부속 섬이 아니라는 법령>, 김신, 『독도를 지키는 법』, 291~323쪽.

제7장, 한국 영토로서의 독도의 역사적·국제법적 지위   ■ 379

일본은 '일본의 부속섬'을 명기하고 있는 법률 정령 성령 고시 등에서 독도를 울릉도 제주도와 함께 일본의 부속섬에서 제외하거나 외국으로 정의하고 있다. 일본 스스로도 '외교적 이익'을 위해 독도가 일본 땅이라고 우기지만, 법적으로는 한국 영토임을 인정하고 있는 것이다.

우선 1946년 8월 16일에 발표된 일본 '대장성 고시 654호'에서 '회사경리응급조치법 시행령 25조 1호'의 규정에 의해 외국에 포함되는 지역으로 1. 조선 대만 관동주 남양군도 및 화태, 4. 다케시마(竹島)라고 밝히고 있다.

1946년 8월 27일에 발표된 '사법성령 77호'에서도 '법률 11호'에서 명기하고 있는 일본 영토로서 혼슈 북해도 시코쿠 큐슈의 부속도서에 제외되는 섬에 다케시마(竹島)를 포함시키고 있다. '호적법 시행규칙'으로 1947년 12월 29일에 발표된 '사법성령 94호'에서도 조선과 竹島를 일본의 영토가 아니라고 규정하고 있다.

이밖에 1948년 7월 7일의 '대장성령 59호'와 그해 7월 19일의 '대장성령 219호' 및 1948년 8월 31일의 '체신성령 1호', 1948년 9월 27일의 '농림성령 87호', 1949년 1월 4일의 '외무성령 1호', 1949년 5월 26일의 '대장성령 36호', 1950년 1월 28일의 '통상산업성령 1호', 1950년 4월 25일의 '정령 95호', 그해 5월 6일의 '대장성령 50호' 등 24개 법령에서 독도를 일본 영토에서 제외시킨다는 사실을 명기하고 있다.

특히 일본의 방공식별구역(JADIZ)을 밝힌 '법률 165호(자위대법, 1954년 6월9일)'에 따라 제정된 '방위청 훈령 36호' 2조에서 독도는 한국방공식별구역(KADIZ) 구역 내에 위치하고 있다고 밝히고 있다.[64]

---

64) 김신, 『독도를 지키는 법』, 321~323쪽.

일본 스스로도 이렇게 독도가 자기네 땅이 아니라 한국 영토임을 실토하고 있는 수많은 자료가 있는데, 일본어를 자유자재로 구사하는 이영훈은 이런 자료를 읽지 않고 '독도가 한국영토라고 하는 것은 환상'이라는 '일본식 망언'을 되풀이하고 있는 저의가 심히 의심스럽다. 다시 한번 이런 서술 태도가 '한 사람의 참된 지식인', '세계인으로서 자유인', '자신이 속한 국가의 이해관계조차 공평하게 바라보는' 학자적 양심을 갖고 있는지 묻지 않을 수 없다.

'한일기본협약'에서도 명확해진 '독도 = 대한민국 영토'

독도가 대한민국 영토라는 사실을 밝혀줄 자료가 이렇게 많은데도 불구하고 일본이 여전히 독도가 자기네 땅이라고 우기는 꼬투리를 제공한 것은 1965년에 체결된 '한일협정'이었다. 한일협정은 '기본관계에 관한 조약'을 비롯해 '재일교포의 법적 지위와 대우에 관한 협정' '어업에 관한 협정' '청구권. 경제협력에 관한 협정' '문화재. 문화재 협력에 관한 협정' 등 4개의 협정들로 구성돼 있다.

한일협정이 체결된 당시로써는 어쩔 수 없는 현실적 문제가 있었을지 몰라도, 현재 시점에서 되돌아보면 문제점이 적지 않다. 그 가운데서도 '기본조약 제2조'의 "1910년 8월 22일(합일병합조약 체결일, 인용자) 및 그 이전에 대한제국과 대일본제국 사이에 체결된 모든 조약 및 협정이 이미 무효임(are already null and void)을 확인한다"는 내용이 특히 아쉽다. 이 조문은 대한민국과 일본 사이의 기본 관계 및 이에 대한 양국 당국의 해석이 부딪쳐 식민지배상에 대한 배상을 포함

한 것으로 인식하게 만들었기 때문이다.[65]

특히 이 조문은 당초 한국이 제시한 "대한민국 및 일본국은 1910년 8월 22일 이전에 구 대한제국과 대일본제국 간에 체결된 모든 조약 또는 협정은 무효라는 것(are null and void)을 확인한다"는 것에서 이미(already)라는 단어를 추가한 것이다. 한국의 당초안에 따르면 일본의 식민지배는 불법으로 규정된다. 따라서 일본은 강하게 반발했고, 1953년10월부터 시작된 3차 한일회담이 결렬된 뒤 4년 동안 회담 자체가 열리지 않았다. 그 후에도 수차례 열린 회담에서도 합의점을 찾지 못하다가, 1965년 2월 19일 한일 외무장관이 자리한 '청운각 회합'에서 '무효(are null and void)'를 '이미 무효(are already null and void)'로 수정하기로 합의했다. '무효'를 '이미 무효'로 바꾸어 '무효의 시점에 대해 각기의 해석이 가능한 여지를 만들어' "체결당시에는 유효였다"고 해석할 여지를 만들기를 바라는 일본의 요청을 받아들인 것이다.[66]

따라서 한일국교회복에서 최대 걸림돌로 작용했던 일본의 식민지배 인정문제는 상호이해를 거치지 않고 외교관계를 서두른 '동상이몽'의 결과였으며, 아직까지도 한일갈등의 불씨를 해소하지 못하는 원인을 남겨놓았다.

■ '미해결의 해결'과 '독도밀약'

한일협정에서 한일은 독도문제에 대해 "앞으로 해결해야 한다는 것으로써 일단 해결한 것으로 간주한다. 따라서 한일기본조약에서는

---

[65] 이태진, 『끝나지 않은 역사-식민지배 청산을 위한 역사인식』, 326쪽.
[66] 이태진, 『끝나지 않은 역사-식민지배 청산을 위한 역사인식』, 326~328쪽.

언급하지 않는다"고 합의한다. 정일권-고노이치로 사이에 합의된 이것을 통상 '미해결의 해결'이라고 한다. 하지만 한일 양국은 당시 다음과 같은 내용의 '독도밀약'을 맺고 공개하지 않기로 한 것으로 전해지고 있다. 독도밀약에 대해 한일 정부는 공식적으로 부인하고 있지만, 이 과정에 참여한 김종필의 친형인 김종락 씨의 월간중앙 인터뷰와 일본의 시마모토 겐로 요미우리 서울특파원의 증언 등에 의해 사실인 것으로 드러나고 있다.[67]

> **독도밀약**[68]
> 1. 독도는 앞으로 대한민국과 일본 모두 자국의 영토라고 주장한다. 이에 반론하는 이의를 제기하지 않는다.
> 2. 장래에 어업구역을 설정할 경우 양국이 독도를 자국 영토로 하는 선을 획정하고 두 선이 중복되는 부분은 공동수역으로 한다.
> 3. 현재 대한민국이 점거한 현상을 유지한다. 그러나 경비원을 증강하거나 새로운 시설의 건축이나 증축은 하지 않는다.
> 4. 양국은 이 합의를 계속 지켜 나간다.

한일 양국 정부가 독도밀약을 부인하고 있으나 양국 정부는 아직까지도 독도밀약이 있는 것처럼 행동하는 것으로 보인다. 예를 들어 독도에 있는 접안시설을 좀더 확충하면 울릉도에서 독도로 가는 뱃길의 파도가 조금 높은 날에도 갈 수 있을 터인데, 무슨 까닭인지 접안시설을 늘리지 않고 있다. 독도 경비대 규모도 일정수준을 유지하고 있다. 참으로 묘한 현상유지라고 할 수 있다.

---

67) 장계황, 『독도! 단군조선 이래 우리 땅』(서울: 한국역사영토재단, 2019), 37~38쪽.
68) 장계황, 『독도! 단군조선 이래 우리 땅』, 38쪽.

독도가 대한민국 영토인 이유 4: 실효적 지배

독도는 주민도 살고 있어 무인도가 아닌 유인도다. 고 최종덕씨는 1963년부터 독도에 들어가 생활하다 1981년 10월 14일에는 주소를 독도로 옮겨 사상 최초의 독도 주민이 됐다.[69] 그는 독도에서 생활하기 위해 독도에서 유일하게 민물(淡水, 담수)이 나오는 서도의 '물골'을 정비했다. 또 서도를 걸어 넘어 살림집에 이르는 길에 998계단을 만들었다. 풍랑이 심해 배로 물골에 갈 수 없을 때가 많아, 갈 수 없을 때를 대비하기 위해서였다. 이렇게 독도에서 생활터전을 마련한 그는 처 조갑순과 딸 최경숙의 주민등록도 독도로 옮겼다. 그와 함께 바닷일을 했던 제주 해녀들도 독도로 주민등록을 옮기도록 해 독도에 마을을 조성하고자 했다.[70]

그가 1987년에 뇌출혈로 사망한 뒤엔 김성도 씨가 독도 주민으로 살다 2018년 10월 21일에 서거했다. 그 뒤 김성도 씨의 사위인 김경

---

69) 김호동 편저, 『영원한 독도인 최종덕』 (서울: 경인문화사, 2012), 18쪽.
70) 김호동 편저, 『영원한 독도인 최종덕』, 7쪽.

철 씨 부부가 2019년 8월부터 장모인 김신렬 씨와 함께 독도에서 살고 있다.

독도에 주소지를 두고 실제로 살고 있는 주민이 있다는 사실은 여러 가지 점에서 매우 중요하다. 우선 경제수역과 대륙붕과의 관련이다. 1982년 4월에 채택된 유엔해양법협약 제121조 제3항은 "인간의 거주 또는 독자적 경제생활을 지탱할 수 없는 암석은 배타적 경제수역 또는 대륙붕을 가질 수 없다"고 규정하고 있다. 하지만 제1항의 도서(islands) 요건, 즉 인간이 거주하는 섬이면 경제수역과 대륙붕을 가질 수 있다.

최종덕 씨의 독도 거주는 독도가 유인도라는 것을 증명한다. 즉 먹을 수 있는 민물, 즉 식수를 자체적으로 충당한다. 또 독도 동도의 천장굴 주변에 수령 100년 이상의 사철나무가 있다.[71] 조류의 배설물에 의해 저절로 싹이 터 자란 것으로 추정되고 있다. 상주인구가 2가구 이상이어야 한다는 주장이 있지만 이는 유엔협약에 명시돼 있지는 않다.

최종덕 씨와 그 뒤를 이은 김성도 씨 및 김경철 씨 등의 독도 거주는 한국이 독도를 확실하게 실효적 지배를 하고 있다는 것을 뜻한다. 실효적 지배는 영토임을 증명하는 아주 중요한 팩트다.

■ 실효적 지배란

실효적 지배란 대한민국의 행정력과 공권력이 동시에 미치고 있다는 것을 의미한다. 이는 독도 주민 김신렬씨나 김경철 씨 주소로 편지를 보내면 독도에서 그 편지를 받아볼 수 있다는 것을 뜻한다. 만일

---

71) 김호동 편저, 『영원한 독도인 최종덕』, 16쪽

독도에서 폭력행위나 절도행위가 일어난다면 한국 형법에 의해 한국 법정에서 재판받는다. 단순히 한국 경찰인 독도수비대가 주둔하고 있다는 것보다 훨씬 더 중요한 실효적 지배가 행정력과 공권력이라는 얘기다.

대한제국도 독도를 실효적으로 지배했다. 일본 어민들은 1900년대 초, 독도 수역에서 잡은 강치와 전복 같은 해산물을 울릉도에서 가공해 일본으로 수출하면서 대한제국에 세금을 냈다. 울릉도의 경부警部 니시무라 게이조는 부산 영사관의 시데하라 기주로 영사에게 1902년 5월, 〈한국 울릉도 사정韓國鬱陵島事情〉이란 보고서를 올렸다. 이 보고서에는 "이 섬(울릉도- 인용자)의 정동 약 50해리에 3소도가 있다. 이를 량코도라고 한다. 우리나라 사람은 마쓰시마(松島)라고 한다. 거기에 다소의 전복이 있으므로 본도에서 출어하는 자가 있다. 그러나 그 섬에 음료수가 없으므로 오래도록 출어할 수 없고 4~5일이 지나 본도로 귀항한다"[72]고 적혀있다. 독도에서 전복을 채취한 일본인들은 울릉도에서 〈울도군 절목〉에 따라 1%의 세금을 내고 일본으로 수출했을 것이 확실시된다. 〈칙령 41호〉에서 독도(석도)를 울릉도 관할로 한다고 명시하고 있기 때문이다.

일본인들은 독도에서 강치를 잡아 울릉도에서 수출한 기록이 남아 있다. 1904년에 강치가죽 1,600관과 강치기름 2석을, 1905년에 강치기름 83상자와 강치절임 150관이 수출됐다. 독도 강치가 울릉도 수출품 통계에 잡혀 있다는 것은 울도군이 수출세를 징수했다고 볼 수 있다.[73]

일본이 이처럼 대한제국의 징세 요구에 응했다는 것은 독도가 한

---

72) 유미림, 『우리 사료 속의 독도와 울릉도』, 222쪽에서 재인용.
73) 유미림, 『우리 사료 속의 독도와 울릉도』, 227~228쪽.

국 영토라는 것을 인정했음을 뜻한다. 이와 같은 수세관행은 일본인들이 1880년대부터 1905년에 이르기까지 울릉도와 그 주변해역에서의 경제활동에 가해진 대한제국의 징세권에 동의함으로써 성립된 것이다. 일본이 강해짐에 따라 울릉도 일본인들이 세금을 회피하려 한 흔적은 보이지만 그 경우에도 독도가 일본 영토라고 주장하거나 일본 영토이므로 세금을 낼 수 없다고 항의한 흔적은 보이지 않기 때문이다.[74]

---

74) 유미림, 『우리 사료 속의 독도와 울릉도』, 233~234쪽.

제6절

독도를 확실히 지키는 역사전쟁

세계 각국은 1969년에 『조약법에 관한 비엔나 협정(Vienna Convention on the Law of Treaties)』을 체결했다. 비엔나협정 32조는 "국제간 조약에 있어서 조약 해석에 의문이 있을 때에는 '조약의 준비물과 결론의 환경'을 해석의 보조수단으로 적용한다."고 규정하고 있다. '샌프란시스코 평화조약'에 따르더라도 독도가 한국 영토임은 명확하지만, 일본이 이 조약문을 문제 삼는다면 비엔나협정에 따라 『연합국의 구 일본영토 처리에 관한 합의서(SCAPIN 677호)』를 중심으로 결정하면 된다.[75] 이미 살펴본 것처럼 'SCAPIN 677'에서는 독도를 일본 영토에서 제외하고 대한민국 영토로 명기하고 있다. 일본이 전가의 보도처럼 악용하는 '샌프란시스코 평화조약'도 '비엔나협정' 아래에서는 더 이상 독도를 일본영토라고 주장할 수 없는 것이다.

---

75) 장계황, 『독도! 단군조선 이래 우리 땅』, 104~105쪽.

▍ 신이 미워하는 것:
　교만한 눈, 거짓된 혀, 형제 이간하는 자…

　그럼에도 불구하고 아베 총리를 비롯한 일본의 극우세력들은 때와 장소를 가리지 않고 "독도가 일본 땅"이라고 억지를 쓴다. 이영훈을 비롯한 일부 한국인들도 때로는 은근히, 때로는 노골적으로 일본의 극우세력과 같은 목소리를 낸다.

　이영훈은 "독도는 1951년 미 국무부가 밝힌 대로 커다란 바윗덩어리에 불과하다. 땅이 없고 물이 없어 사람이 사는 섬이 아니다. 국제사회가 영해를 가르는 지표로 인정하는 섬이 아니다. 그것을 민족의 혈맥이 솟은 것으로 신성시하는 종족주의 선동은 멈춰야 한다"[76]고 '선동'하고 있다.

　이 대목을 보면 이영훈은 독도에 한 번도 가보지 않은 것 같다. 독도는 아무것도 살 수 없는 바윗덩어리가 아니다. 서도에는 사람이 먹고 살 수 있을 정도의 민물이 있다. 또 동도와 서도 비탈에는 독도 국화와 사철나무 등이 거센 비바람을 맞고서 자란다. '실증주의'를 그렇게 강조하는 학자라면 왜곡된 일본 자료에 파묻혀 지내지만 말고, 현장이 어떻게 생겼고 현장에서 어떤 일이 일어나고 있는지 직접 가서 살펴보는 게 정도라고 할 수 있다.

　그는 곧이어 "냉철하게 우산도와 석도의 실체를 살펴야 한다. 도발적인 시설이나 관광도 철수하고 길게 침묵해야 한다. 그 사이 일본과의 분쟁은 낮은 수준에서 일종의 의례로 관리되어야 한다. 최종 해결은 먼 훗날의 세대로 미뤄야 한다"고 일본인처럼 말하고 있다.

　사마광은 『자치통감』에서 "소인과 일을 하는 것은 어리석은 이를

---
76) 이영훈 외, 『반일종족주의』, 173쪽.

얻는 것만 같지 못하다"고 꼬집었다. "군자는 재주를 끼고서 善을 위하고 소인은 재주를 끼고서 惡을 위한다. 어리석은 자는 비록 不善한 짓을 해도 지략이 능히 두루 하지 못하고 힘이 능히 이기지 못한다"[77]는 설명이다. 한마디로 아는 게 병이라는 말이다. 이는 니체가 "우리는 아는 것은 너무 적고 배우는 데도 서툴다. 그러므로 우리는 거짓말을 할 수밖에 없는 것이다"[78]라고 거짓말 잘하는 시인을 비판한 것과 일맥상통한다.

『구약성서』〈잠언〉에서는 "여호와의 미워하시는 것이 육칠 가지니, 곧 교만한 눈과 거짓된 혀와 무죄한 자의 피를 흘리는 손과 악한 계교를 꾀하는 마음과 빨리 악으로 달려가는 발과 거짓을 말하는 망령된 증인과 형제 사이를 이간하는 자니라"[79]고 밝히고 있다. 사마광과 니체, 그리고 잠언의 명언은 모두 이영훈 같은 헛똑똑이들을 경계하고 질책하는 말이라고 할 수 있을 것이다.

▎독도는 대한민국 영토; 절대 반일종족주의 환상 아니다

독도가 대한민국 영토라는 사실을 뒷받침하는 자료는 수없이 많다. 또 독도가 일본 영토가 아니라는 자료도 널려 있다. 특히 일본 스스로 제정한 법령에서도 수두룩하게 찾을 수 있다. 그런데도 아직까지 독도가 대한민국 영토라는 사실을 의심하거나, 독도가 일본 땅이라고 주장하는 사람들은 사물을 제대로 인식하지 못하는 병증이 있거

---

77) 이윤숙, 『주역대관-리더십의 제왕학』(서울: 한자와유학경전연구소, 2018), 290~292쪽에서 재인용.
78) 프리드리히 니체, 장희창 옮김, 『차라투스트라는 이렇게 말했다』(서울: 민음사, 2007), 225쪽.
79) 〈잠언〉 6장 16~19절, 하용조 목사 편, 『비전성경』(서울: 두란노, 2000), 915쪽.

나, 아니면 그런 의심과 주장을 함으로써 적절하지 않은 대가를 챙기려 한다는 합리적 의심을 할 수밖에 없을 것이다.

조선 정부는 울릉도와 독도에 대해 육지인이 넘어가 살지 못하도록 섬을 비우는 '쇄출刷出정책'[80]을 펴왔다. 그렇다고 아예 버려둔 것은 아니고 2년 내지 3년마다 순찰을 돌면서 정부 몰래 넘어간 사람들을 붙들어 다시 육지로 데려왔다. 흉년이 들거나 정치적으로 불안정할 때 일시적으로 그런 정책을 소홀히 한 적은 있으나 완전히 버린 적은 없었다. 대한제국은 '칙령 41호'로 독도가 대한제국 영토임을 근대법적으로 확정했고, 태평양전쟁 후 연합군 최고사령부 지령(SCAPIN 677)과 '샌프란시스코 평화조약'에서도 독도의 한국 영유권은 인정받았다.

상식적으로 봐도 대한민국이 독도수비대를 두고, 대한민국 주민이 살고 있으며, 대한민국 관광선이 독도에 오고가는 현실만 봐도 독도는 대한민국 영토다. 경제적으로나 외교적으로 한국보다 우위에 있는 일본이 대한민국의 이같은 실효지배를 인정할 수밖에 없다는 사실 그 자체가 독도는 대한민국 영토임을 인정하고 있다는 반증이다.

그런데도 이영훈은 "조선시대에 독도에 관한 인식이 없었다. 독도는 대한민국 성립 이후, 그것도 지난 20년 사이에 급하게 반일 민족주의의 상징으로 떠올랐다"[81]고 근거 없는 궤변을 늘어놓고 있다. 이영훈의 주장이 왜곡된 망설이라는 것은 이 글에서 지리적, 역사적, 국제

---

80) 태종 때 공조판서 황희는 '울릉도 주민을 육지로 나오게 하지 말고 곡물과 농기구를 주어 그들의 생업을 안정케 하라'는 일부 의견에 대해 "쇄출의 계책이 옳다. 저들은 일찍이 부역을 피해 편히 살아온 사람들로 만일 세금을 정하고 관리자를 둔다면 이를 싫어할 것이 틀림없으니 그곳에 오래 머물러 있게 할 수 없다"고 주장했다. 태종은 황희 주장을 받아들여 섬을 비우는 쇄출정책을 채택했다. 일본인들은 이 쇄출정책을 공도(空島)정책이란 용어를 만들어 썼는데, 쇄출정책 또는 빈섬정책으로 써야 할 것이다. 강준식, 『독도의 진실』, 47쪽.
81) 이영훈 외, 『반일종족주의』, 151쪽.

법적, 실효적 지배라는 측면에서 자세하게 제시됐다.

사정이 있어 오랫동안 사용하지 않고 비워둔 내 땅에, 다른 사람이 와서 자기 땅이라고 우기는 것은 도둑이며 강도가 폭력을 행사하는 것이다. 그런 폭력에 맞서 싸우는 것은 정의이며 정당방위다.

힘이 약해 35년 동안, 아니 51년 동안 지배당한 억울함이 아직도 생생한데, '지식인이며 세계인이고 자유인'이라는 미사여구를 내세워 독자와 국민을 무시하고 기만하는 '독도포기반역죄'는 더 이상 되풀이 되어서는 안된다. 그런 반역죄인을 치죄하기 위해서라도 올바른 역사를 세우고 독도는 대한민국 영토라는 사실을 재삼재사 확인하는 '역사전쟁'을 치열하게 펼쳐 나아가야 한다.

역사는 항상 정의의 편이다. 비록 단기적으로 악과 폭력이 이기는 것처럼 착각을 불러일으키기도 한다. 하지만 결국 승리하는 것은 정의라는 것이 역사가 보여주고 있는 진리이자 철의 법칙이다. 인생은 짧고 역사는 영원하다. 기껏해야 100년 사는 사람이 길고 긴 역사와 대결하려고 하는 것은 계란으로 바위 치는 일일 뿐이다.

참·고·문·헌

강준식,『독도의 진실』(서울: 소담출판사, 2012).
김신,『독도를 지키는 법』(서울: 지영사, 2018).
김호동 편저,『영원한 독도인 최종덕』(서울: 경인문화사, 2012).
송병기 편,『독도영유권자료선』(춘천: 한림대학교출판부, 2004).
유미림,『우리 사료 속의 독도와 울릉도』(서울: 지식산업사, 2013).
안병직 외,『近代朝鮮의 經濟構造』(서울: 비봉출판사, 1989).
이승만,『독립정신 영인본』(서울: 연세대학교 대학출판문화원, 2019).
이영훈 외,『近代朝鮮 水利組合硏究』(서울: 일조각, 1992).
이영훈 외,『반일종족주의』(서울: (주)미래사, 2019).
이태진,『끝나지 않은 역사-식민지배 청산을 위한 역사인식』
　　　(파주: 태학사, 2017).
장계황,『독도! 단군조선 이래 우리 땅』(서울: 한국역사영토재단, 2019).
호사카 유지,『독도, 1500년의 역사』(파주: 교보문고, 2016).
홍찬선 외,『독도 플래시몹』(서울: 넥센미디어, 2016).
홍찬선,『패치워크 인문학 - 역사 우울증을 뛰어넘다』(서울: 넥센미디어,
　　　2019).
황태연,『백성의 나라 대한제국』(파주: 청계, 2017).
황태연,『갑진왜란과 국민전쟁』(파주: 청계, 2017).
황현, 임형택 외 교주,『매천야록』(서울: 문학과지성사, 2005).

에필로그
Epilogue

 오늘날 일제종족주의적 부왜노들이 전개하고 있는 학술적 논변들은 학문적 가치나 과학적 근거가 전혀 없는 괴설들입니다. 이상의 논의에서 그들의 일제종족주의적 논변의 근본오류와 괴설적 특성들은 충분히 폭로되었습니다. 부왜노들의 반국가적·반인도적 도발에 분노한 독자들은 여기에 실린 논박 글들을 읽고 그들의 오류를 여실히 알 수 있게 되었을 것으로 믿습니다.

 그러나 그들에 대한 반격은 그들의 오류를 학술적 논증으로 반박하는 것으로 그쳐선 아니 됩니다. 왜냐하면 그들이 학술활동의 경계 내에서만 그런 괴설을 주장하는 것이 아니기 때문입니다. 그들은 학술의 경계를 넘어 이승만학당 유튜브활동, 방송책자(『반일종족주의』)의 출판, 유엔기구를 통한 부왜·반한反韓활동, '징용자상' 및 '평화의 소녀상' 건립 반대운동 등 다양한 반국가적 정치활동을 벌이고 있습니다. 총론에서 밝혔듯이 우리 헌법은 "3·1운동으로 건립된 대한민국임시정부의 법통"을 "계승"한다고 밝힘으로써 저항적 민족주의를 대한민국의 이념적 국기國基로, 그리고 '반일독립국가'를 대한민국의 국가정체성으로 선언했습니다. 그런데 작금 일제종족주의를 추종하는 국내 부왜노附倭奴들이 근거 없이 우리의 이 저항적 반일민족주의를 '반일종족주의'로 폄하함으로써 우리나라의 국기를 파괴하고 있습니다다. 그들은 단순한 학술모임이 아니라, 반국가단체들을 조직하고 대한민국의 반일독립국가적 국체國體 변경을 목표로 '국가변란'을 기도하는 반국가세력인 것입니다. 부왜노들의 이 부왜·반한反韓 정치활동은 학술적 논박만으로는 진압할 수 없습니다. 법적 제재로만이 이것을 진압할 수 있습니다.

이런 까닭에 이 책에서는 서양의 '역사부정죄 처벌법'의 선례에 따라 '일제 식민통치 옹호 행위 및 일본의 역사부정에 대한 내응 행위 처벌 특별법'을 제정해 이들을 법적으로 규제할 것을 주장했습니다. 그리고 이 특별법 제정이 좌절되면 검·경은 '악명 높은' 국가보안법을 적용해서라도 작금의 부왜노들을 처벌해야 할 것이라고 논변했습니다. 이에 따라 이 책은 이런 입법과 국가보안법의 법리검토를 촉구했습니다.

필자들은 부왜노들의 일제종족주의의 정당화, 일제 식민통치 옹호, 한국민족주의에 대한 폄하, 징병·징용자와 위안부 피해자에 대한 제2차 만행에 분노한 국민들이 부왜노들의 논리를 쳐부술 명쾌한 논리와 통쾌한 반박을 요청한다는 것을 피부로 느끼며 이 글들을 집필했습니다. 필자들은 최대한 국민의 요청에 호응해 이 요청을 충족시켜 주려고 노력했습니다. 우리의 노력이 얼마나 주효한가는 독자의 판단에 달려 있습니다. 이 책의 궁극적 목표는 부왜노들의 일제옹호적 역사부정과 위안부 피해자 노인들과 그 유가족들에 대한 제2차 반인도적 만행, 그리고 반국가활동을 진압할 수 있는 법률을 제정하는 국민운동을 일으키고 최종적으로 그들을 처벌하는 것입니다.

대표필자 황태연

필자소개

■ 황태연

현재, 동국대학교 정치외교학과 교수. 독일 프랑크푸르트 괴테대학교 정치학박사. 서울대학교 대학원(외교학과) 석사, 서울대 외교학과 졸업. 저서: 『공자철학과 서구 계몽주의의 기원(상·하)』(2019), 『공자의 인식론과 역학』(2018), 『한국근대화의 정치사상』(2018), 『갑오왜란과 아관망명』(2017), 『백성의 나라 대한제국』(2017), 『갑진왜란과 국민전쟁』(2017), 『대한민국 국호의 유래와 민국의 의미』(2016), 『조선시대 공공성의 구조변동』(2016, 공저), 『패치워크문명의 이론』(2016), 『감정과 공감의 해석학(1·2)』(2014·2015), 『공자와 세계(1-5)』(2011), 『중도개혁주의 정치철학』(2008), 『실증주역(상·하)』(2008), 『계몽의 기획』(2004), 『분권형 대통령제 연구』(2003, 공저), 『계몽의 기획』(2004), 『실증주역(상·하)』(2003, 2008), 『지역패권의 나라』(1997), 『지배와 이성』(1994), *Herrschaft und Arbeit im neueren technischen Wandel*(1992), 『환경정치학』(1992).

■ 김종욱

현재, 경희대학교 후마니타스칼리지 외래교수. 동국대학교 정치학박사. 전 청와대 국가안전보장회의 사무처 행정관, 통일부장관 정책

보좌관, 민주연구원 부원장, 국회 정책연구위원. 저서:『근대의 경계를 넘은 사람들』(모시는사람들, 2018),『분단의 행위자-네트워크와 수행성』(한울, 2015, 공저),『북한의 권력과 일상생활』(한울, 2013, 공저),『박근혜현상』(위즈덤하우스, 2010, 공저),『북한의 일상생활세계』(한울, 2010, 공저),『경제와 사회민주주의』(한울, 2012, 번역서), 논문:「국가와 시민사회의 항일연합항전」(2019),「조선후기 동학의 여성해방사상과 근대성」(2018),「예외상태의 일상화와 통치술로서의 국방위원장 체제」(2013),「한반도 평화공영체제 구성과 동아시아 공동체 건설」(2011),「오바마 행정부의 동북아시아 외교전략과 우리 정부의 정책방향」(2009).

■ 서창훈

현재, 상명대학교 계당교양교육원 외래교수. 동국대 대학원 정치학 박사. 독일 뮌스터대학교 정치학 박사과정 수료. 동국대 대학원 정치학 석사. 동국대 정치외교학과 졸업. 박사학위논문:『독일 사회민주당의 세계화 노선에 대한 분석』(2016). 논문:「주관적 행복의 객관적 조건: 정부의 행복정책과 행복학 연구에 관한 비판적 검토」(2016),「직관의 투표, 이성의 투표」(2015) 등.

■ 유용화

현재, 한국외국어 대학교 미네르바 교양대학 초빙교수. 현재, 동국대학교 정치행정학부 객원교수. 현재, KTV 국민방송 대한뉴스 앵커, 국회방송 정치토론 왈가왈부 MC. 동국대학교 정치학 박사. 고려대학교 사학과 졸업. 전 국회정책연구위원, 미국 존스홉킨스 국제관계 대학원 SAIS 방문학자, YTN 객원해설위원, ㈜ 노동자 신문 기자. 저서:『유용화의 생활정치 이야기』(2010),『정치는 왜』(2012). 논문: 한국정당의 국회의원후보 공천에 관한 연구(2017), 한국정당 1인 지배하의 권력적 공천성격에 관한 연구(2015).

■ 이영재

현재, 한양대학교 제3섹터연구소 학술연구교수, 동국대학교 정치외교학과 겸임교수, 동양정치사상사학회 편집위원. 동국대학교 정치학 박사. 전 한국정치사상학회 연구이사, 민주화보상심의위원회 전문위원. 저서: 『근대와 민』(2018), 『공장과 신화』(2016), 『조선시대 공공성의 구조변동』(공저, 2016), 『민의 나라, 조선』(2015). 논문: 「3·1운동 100주년, 역사전쟁과 고종독시」(2019), 「사회적 자본 개념의 미분화 비판」(2018), 「소통적 연대원리의 공감이론적 재구축을 위한 시론적 모색」(2018), 「'동정심'에 관한 통섭적 고찰」(2017), 「대원군 사주에 의한 동학농민전쟁설 비판」(2016), 「다층적 이행기 정의의 포괄적 청산과 화해 실험」(2015), 「한국민주주의 공고화화 5·18 특별법」(2015), 「스코틀랜드 도덕철학의 전통에서 본 Adam Smith 도덕감정론의 함의」(2015), 「조선시대 시민사회 논쟁의 비판적 재해석」(2014), 「조선시대 시민사회 논쟁의 비판적 재해석」(2014).

■ 홍찬선

현재, 자유기고가, 시인. 전 머니투데이 북경특파원·편집국장, 한국경제신문·동아일보 기자. 동국대 정치학과 박사과정 수료. 서강대 MBA 졸업. 서강대 경영학과. 서울대 경제학과 졸업. 일본 中央大 기업연구소 객원연구원, 중국 청화대 경제관리학원 고급금융연수과정 수료. 저서: 『미국의 금융지배전략과 주식자본주의』, 『패치워크 인문학』. 역서: 『비즈니스 경제학』, 『철학이 있는 부자』 등이 있으며, 시집: 『틈

』,『결』,『길 - 대한제국 鎭魂曲』(2018),『삶 - DMZ 解冤歌』(2019),『얼 - 3·1정신 魂讚頌』(2019).